Michael Moll

Mobil Reisen
Die schönsten
Auto- & Wohnmobil-Touren im

BALTIKUM

Estland - Lettland - Litauen-
Kaliningrad

Die Grand Tour
für individuelles
Wohnmobil-Cruising,
Caravaning und Auto-Touring.

Mobil R
Ba

Mobil Reisen
Band 52

MICHAEL MOLL

MOBIL REISEN
Die schönsten
AUTO- & WOHNMOBIL-TOUREN

BALTIKUM

ESTLAND – LETTLAND – LITAUEN – KALININGRAD

Die Grand Tour für individuelles Wohnmobil-Cruising, Caravaning und Auto-Touring.

WERNER RAU VERLAG STUTTGART

Text und Fotos (falls nicht anders gekennzeichnet): Michael Moll.

Idee, Buchgestaltung, Karten und Stadtpläne: Werner Rau.

Titelfoto: Rīga (Lettland) – Panoramablick über die Daugava. *Foto mit freundlicher Genehmigung: Baltische Tourismus Zentrale, Berlin.*

1. Auflage 2007/2008

Herstellung: Druckerei Steinmeier, Nördlingen
Printed in Germany

ISBN 978-3-926145-32-1
Geo Nr. 663 10133

INHALT

Zum Kennen lernen

Anreise

Mobil Reisen: BALTIKUM – Die schönsten Auto- und Wohnmobil-Touren

Litauen

Lettland

Estland

Russland

Mobil Reisen Extra – Radtouren

Praktische und nützliche Informationen von A bis Z

Kurzessays

Karten und Stadtpläne

MOBIL REISEN - DIE SCHÖNSTEN AUTO- & WOHNMOBIL-TOUREN

Nicht suchen, sondern finden, erleben und genießen!
Rau's Tourenbücher sagen konkret wo's langgeht.

„Die schönsten Auto- & Wohnmobil-Touren" aus der Reihe **MOBIL REISEN** sind handliche, praktische Reiseführer für individuelles Wohnmobil-Cruising – oder einfach für erlebnisreiches Reisen auf eigene Faust.

Aber auch für Caravaner, für Urlauber, die mit einem Mietwagen unterwegs sind (Fly & Drive), ja selbst für Motorrad-Tourer sind die beschriebenen Routen und Touren für eine abwechslungsreiche Ferienreise bestens geeignet.

Zusammen mit ihren bewährten Tourenvorschlägen und Reisetipps bieten Ihnen **„Die schönsten Auto- & Wohnmobil-Touren"** eine gelungene Mischung aus zeitgemäßer Informationsvielfalt, Kultur und aktuellen Tipps für täglich neue Reiseerlebnisse.

Gehen Sie mit dem vorliegenden Band **„Mobil Reisen - Die schönsten Auto- & Wohnmobil-Touren im BALTIKUM"** auf Ihre ganz individuelle Entdeckungsreise.

In der Titelei unserer neuen Reiseführer finden Sie zwei Begriffe, die Sie auf den ersten Blick vielleicht nicht gleich mit Wohnmobilreisen in Verbindung bringen – „Grand Tour" und „Wohnmobil-Cruising".

Mit **„Grand Tour"** wollen wir einen traditionsreichen Begriff aus dem Bereich des Reisens wieder aufgreifen, der einstmals für die „Große Reise", das große Reiseabenteuer, für das Entdecken und Finden auf eigene Faust stand. Und genau das wollen wir mit unseren ausgesuchten Routen und schönsten Touren versuchen, Ihnen eine Hilfe geben, damit Sie Ihr Reiseziel auf neuen Wegen für sich ganz neu entdecken können.

Und **„Wohnmobil-Cruising"** will heißen, dass Sie mit den Routenvorschlägen unserer Reiseführer zu unvergesslichen „Kreuzfahrten" mit Ihrer „Landjacht" aufbrechen können. Jeden Tag werden Sie neue Landschaften, Sehenswürdigkeiten und Städte erkunden, Neues entdecken, Reisehöhepunkte erleben. Dieser Reiseführer sagt Ihnen kompetent und verlässlich wo's lang geht!

Alle Angaben wurden vor Ort recherchiert! Alle Informationen sind mit größter Sorgfalt nach dem zum Zeitpunkt der Manuskripterstellung aktuellsten erreichbaren Stand zusammengestellt. Änderungen sind aber nicht auszuschließen, leider auch nicht Irrtümer. Autor und Verleger können deshalb keine Haftung für die gemachten Angaben übernehmen. Und alle genannten Preise sollten nur als Anhaltspunkte verstanden werden.

Zuschriften mit reiserelevanten Neuigkeiten aus dem Baltikum sind immer sehr willkommen, unterstützen sie doch unser Bestreben **„Die schönsten Auto- & Wohnmobil-Touren im BALTIKUM"** aus der Reihe **MOBIL REISEN** immer auf dem neuesten Stand zu halten.

Gute Reise!
Michael Moll, Werner Rau

Werner Rau Verlag, Feldbergstraße 54, D – 70569 Stuttgart.
E-mail: RauVerlag@aol.com
Internet: http://www.rau-verlag.de oder www.mobil-reisen.eu

KURZPORTRAIT BALTIKUM

Das Baltikum besteht aus den drei einzelnen Staaten **Estland (Eesti), Lettland (Latvija)** und **Litauen (Lietuva)**, die alle drei an die Ostsee grenzen.

Von Nord nach Süd kann man sich die Reihenfolge der Länder ganz einfach merken, indem man sie alphabetisch aufzählt.

Das nördlichste Land, Estland, grenzt an Russland sowie im Süden des Landes an Lettland. Dieses wiederum grenzt an Belarus (Weißrussland) und Russland sowie an Litauen. Das südlichste der drei baltischen Staaten grenzt nicht nur an Belarus und Polen, sondern auch an die russische Exklave um Kaliningrad, dem ehemaligen Königsberg.

Das Baltikum umfasst eine **Fläche** von ca. 175.016 qkm und ist damit knapp halb so groß wie die Bundesrepublik Deutschland.

Davon entfallen auf **Litauen (Lietuva)** als größter der drei Staaten 65.200 qkm. Dies entspricht in etwa der Größe von Niedersachsen und Sachsen-Anhalt zusammen. Dafür hat Litauen allerdings den kürzesten Küstenabschnitt von nur 99 Kilometer Länge, inklusive einer der schönsten Küsten Europas, der Kurischen Nehrung.

Der flächenmäßig zweitgrößte Staat **Lettland (Latvija)** ist mit 64.589 qkm nur etwas kleiner als Litauen. Lettland hat von den drei Staaten die längste West-Ost-Ausdehnung von knapp 450 km Länge. Bei einem Blick auf die Karte fällt in Lettland als erstes die Rīgaer Bucht auf, die im Norden von der estnischen Insel Saaremaa flankiert wird.

Estland (Eesti) ist mit seinen 45.227 qkm der kleinste baltische Staat und im Vergleich etwas kleiner als Niedersachsen.

Wer vom Baltikum spricht, darf aber dabei auch nicht das russische Gebiet um Königsberg vergessen. Diese Exklave grenzt im Süden an Polen und im Norden und Osten an Litauen, sowie im Westen an die Ostsee. Hier teilt sich Russland die Kurische Nehrung mit Litauen.

ESTLAND (EESTI)

Bevölkerung

In Estland leben etwas weniger als 1,4 Millionen Menschen und es werden seit einigen Jahren immer weniger Menschen. Dabei spielt Auswanderung bei dem Bevölkerungsrückgang aber weniger eine Rolle.

Die Mehrzahl der Einwohner sind Esten mit einem Bevölkerungsanteil von 65%, sowie Russen mit 28%. Die restlichen 7% teilen sich Ukrainer, Weißrussen und Finnen auf.

Die **Bevölkerungsdichte** liegt im Schnitt bei 32 Einwohnern je qkm. Jedoch leben über 70% der Esten in den Städten.

Rund ein Drittel der Bevölkerung gehört der **evangelisch-lutherischen Glaubensrichtung** an. In der von Russen dominierten Region herrscht der **russisch-orthodoxe** Glaube vor, dies entspricht 20% der gläubigen Bevölkerung.

Die meisten Esten leben in ihrer **Hauptstadt Tallinn** (399.850 Einwohner), die sich lediglich 80 km von der finnischen Hauptstadt Helsinki entfernt befindet. Die nächstgrößeren Städte in Estland sind **Tartu** (102.000 Einw.), **Narva** (73.000 Einw.) und **Kohtla-Järve** (51.000 Einw.).

Die offizielle **Amtssprache** ist Estnisch. Estnisch gehört, wie Finnisch und Ungarisch, zur finno-ugrischen Sprachgruppe. Man spricht aber auch viel Russisch. Immer mehr setzen sich Englisch, Finnisch und Deutsch durch.

Nationalfeiertag ist der 24. Februar (Tag der Unabhängigkeit 1918).

In Estland gilt die **Osteuropäische Zeit** (OEZ = MEZ+1). Von Ende März bis Ende Oktober gilt die Sommerzeit, bei der die Uhr um eine Stunde vorgerückt wird.

Die estnische **Nationalflagge** besteht aus drei quer verlaufenden gleich hohen Balken. Von oben nach unten sind diese blau, schwarz und weiß. Diese Farben symbolisieren den Himmel, die Erde und den Frieden.

Staatswesen und Verwaltung

Im Jahr 1991 erlangte Estland wieder seine Unabhängigkeit von der Sowjetunion und bestätigte im Jahr darauf durch ein Referendum die derzeit gültige Verfassung. Der estnische Präsident ist das Oberhaupt des Staates, die Regierung wird vom Premierminister geführt.

Die Unabhängigkeit wird am 24. Februar gefeiert. Dieses Datum bedeutete 1918 die Unabhängigkeit der ersten estnischen

Republik. Der Tag an welchem vor wenigen Jahren die Freiheit von der Sowjetbesetzung errungen wurde gilt deshalb nicht als „Tag der Unabhängigkeit", da es sich hier ja nicht um die ursprüngliche Proklamation der Unabhängigkeit handelte, sondern um die Wiedererlangung und das Wiederaufleben bereits bestehender Rechte.

Wirtschaftliche Schwerpunkte

Der Handel mit Rohstoffen und Erzeugnissen aus den Bereichen Holz, Textil und Metall stellt den Kern der estnischen Wirtschaft dar. Hier wird etwa ein Drittel des Bruttoinlandsproduktes generiert.

Zusätzlich wird die Wirtschaft auch durch den Servicesektor, insbesondere in den Branchen Transport und Tourismus, gestützt. Dieser Bereich trägt zu einem knappen Drittel zum Bruttoinlandsprodukt bei.

Das Volumen des Güterumschlags, insbesondere des Transithandels mit Öl aus Russland, sowie des Passagierverkehrs verzeichnet seit Jahren zweistellige Zuwachsraten.

Die Landwirtschaft spielt hingegen nur noch eine untergeordnete Rolle. Ihr Anteil liegt mittlerweile bei unter 4%.

Liberale Bedingungen in der Außenwirtschaftspolitik sowie die EU-Mitgliedschaft seit 2004 und ein Einkommensteuersatz von 26% schaffen gute Investitionsbedingungen für ausländische Unternehmen. Die Privatisierung der früheren Staatsbetriebe ist inzwischen abgeschlossen.

Umweltpolitisch problematisch ist insbesondere die anhaltende Luftverschmutzung in der Region Ida-Virumaa im Nordosten des Landes. Bei der Verbrennung von Ölschiefer, die etwa 90% der Strom- und Wärmeversorgung sichert, entstehen 88% des Gesamtausstoßes an Stickstoff und 95% des Staubs (feste Partikel) in Estland. Die Modernisierung der Großkraftwerke fand mit Hilfe ausländischer Finanzmittel, u.a. mit einem Darlehen der Kreditanstalt für Wiederaufbau in Höhe von € 90 Mio. statt.

Über die Hälfte des verbrannten Ölschiefers bleiben als Asche zurück, die auf Halden gelagert wird.

Hinzu kommt das Problem der Landschaftszerstörung durch die Tagebaue, in denen der Ölschiefer gewonnen wird. Bis zum Jahr 2012 läuft die im Rahmen des EU-Beitritts festgelegte Übergangsfrist, bis zu deren Ablauf der Ölschiefersektor in Estland restrukturiert sein soll.

Auf dem Weg dorthin erhalten die großen Kraftwerke neue Technologien, um dem europäischen Standard bei Effizienz und Schadstoffausstoß gerecht zu werden.

Alternative Energieträger stecken noch in den Kinderschuhen. Ein Windpark zur Energiegewinnung wurde westlich von Tallinn im Oktober 2002 angelegt. Dieser wird gerne in der Bevölkerung als Sehenswürdigkeit deklariert, so stolz sind die Esten auf die neue Technologie, die im Übrigen durch die Bundesrepublik Deutschland gefördert wurde. So sind also erste Ansätze erkennbar, um das Ziel von 5% an alternativen Energieträgern bis zum Jahr 2010 zu erreichen.

Was weiterhin Probleme bereitet, ist die Entsorgung des ständig zunehmenden Konsumabfalls. Durch die Schließung veralteter Deponien wird die Anzahl der Deponien deutlich verringert und das Müllaufkommen auf wenige Deponien konzentriert, die den EU-Standards angepasst werden können.

Durch die damit verbundenen höheren Kosten und der insbesondere im ländlichen Raum noch nicht befriedigend geregelten Entsorgung entstehen landesweit immer mehr wilde Deponien. Bisher werden erst etwa 10% des anfallenden Mülls wiederverwertet.

Doch seit einiger Zeit werden auch Sammelsysteme für organischen Abfall in größeren Städten eingerichtet. Kleinere Gemeinden sollen in nächster Zeit folgen.

Trotz einer recht langen Übergangszeit bewirkten die EU-Beitrittsverhandlungen auch hier einen Wechsel in der Politik und stärken auf lange Sicht das Bewusstsein für die Bewahrung einer möglichst intakten Lebensumwelt.

Landesnatur

Estland liegt im nordwestlichen Teil des Osteuropäischen Plateaus, wo die Höhenunterschiede klein sind. Der Südosten und Osten des Landes liegen nur ein wenig höher als der westliche Landesteil. Die durchschnittliche Höhenlage beträgt 50 m über dem Meeresspiegel. Der höchste Gipfel, der **Große Eierberg - Suur Munamägi**, ragt 318 m über dem Meeresspiegel empor.

Zum Staatengebiet gehören über 1.500 kleinere und größere **Inseln**. Die wichtigsten hiervon sind Saaremaa, Hiiumaa, Muhu und Vormsi. Insgesamt nehmen die Inseln etwa 9,2% der Landesfläche Estlands ein.

Die **Küstenlinie**, inklusive der Inseln, beträgt 3.794 km. Dort befinden sich zahlreiche kleine Buchten mit Sandstränden, Schärenlandschaften und zerklüftete Steilküsten.

Die artenreiche Pflanzenwelt im Binnenland und an den Buchten der Ostsee bietet den Zugvögeln im Frühjahr und Herbst reiche Nahrung. In der Rīgaer Bucht und in der Meerenge Väinameri nähren sich Millionen von Eisenten, Samt- und Trauerenten, auf den Strandwiesen halten sich hunderttausende von Weißwangen- und Ringelgänsen auf.

Im Binnenland gibt es fast ebenso viele Seen wie Inseln vor der Küste, 1.400 an der Zahl. Der größte von ihnen, der Peipussee, grenzt im Osten direkt an Russland und erstreckt sich über eine Fläche von 3.555 qkm. Er ist damit der viertgrößte See Europas.

LETTLAND (LIETUVA)

Bevölkerung

Die **Gesamteinwohnerzahl** beträgt ca. 2,3 Mio. Davon entfallen rund 56% auf Letten, 32% sind Russen, 4% Weißrussen und 3% Ukrainer. Andere nationale Minderheiten sind Polen und Litauer. Weit mehr als die Hälfte der Bevölkerung lebt in den Städten.

Die Gesamtbevölkerung verteilt sich auf einer Fläche von 64.589 qkm. So ergibt sich eine **Bevölkerungsdichte** von 36,1 Einwohnern pro qkm.

Der größte Teil der Bevölkerung gehört der **evangelisch-lutherischen Kirche** an. Im Osten des Landes dominiert jedoch die römisch-katholische Kirche. Neben der russisch-orthodoxen und der Jüdischen Synagogengemeinschaft existiert die deutsch-evangelisch-lutherische Kirche mit 5 Gemeinden.

Die **Hauptstadt Rīga** liegt südöstlich der Rīgaer Bucht und hat bei sinkender Tendenz rund 740.000 Einwohner.

Die zweitgrößte Stadt Lettlands ist **Daugavpils** im Südosten des Landes und hat nur noch 130.000 Einwohner. Von der Einwohnerzahl dicht gefolgt wird sie von der Hafen- und Industriestadt **Liepāja**.

Die offizielle **Amtssprache** ist Lettisch. Russisch ist allerdings weit verbreitet.

Nationalfeiertag ist der Tag der Proklamation im Jahr 1918, der 18. November.

In Lettland gilt wie in Estland die **Osteuropäische Zeit** (OEZ = MEZ +1). Von Ende März bis Ende Oktober gilt wie in Deutschland die Sommerzeit, bei der die Zeit um eine Stunde vorgestellt wird.

Die lettische **Nationalflagge** erinnert ein wenig an die österreichische. Drei horizontal verlaufende Balken in den Farben rot-weiß-rot. Allerdings sind die roten Balken etwas größer und haben einen anderen Rotstich als die des Alpenlandes.

Staatswesen und Verwaltung

Die Republik Lettland ist eine parlamentarische Demokratie westlichen Musters. Die Gemeinden haben einen relativ begrenzten Kreis von Zuständigkeiten.

Die Verfassung, auf Lettisch **Satversme** stammt aus dem Jahr 1922 und wurde am 21.08.1991 wieder in Kraft gesetzt.

Von der ursprünglichen Verfassung weichen einzelne Bestimmungen ab, die 1991 ergänzt oder geändert wurden. So liegt beispielsweise das Wahlalter jetzt bei 18 Jahren und die Amtszeit des Parlaments beträgt nunmehr vier Jahre. Die Grundrechte sind in einem 1992 beschlossenen Gesetz niedergelegt.

Wichtigstes Staatsorgan ist das aus einer Kammer bestehende Parlament **Saeima**. Es verfügt über sehr weitgehende Kompetenzen, auch bei der Bestellung von Amtsträgern. So wählt es z.B. sämtliche Richter.

Wirtschaftliche Schwerpunkte

Einstmals war Lettland von der Landwirtschaft geprägt. Doch seit 1945 ist die Wirtschaft des Landes einem Strukturwandel unterworfen, der das Land von einem agrarreichen Staat zu einer modernen Industrieregion verwandelte. Zu Zeiten der Sowjetunion war der Grad der Industrialisierung und der Verkehrserschließung weit höher als der sowjetische Durchschnitt.

Doch die Letten profitierten nicht vom Reichtum ihrer Republik. Sie mussten im Rahmen der Wirtschaftsplanung den größten Teil ihrer produzierten Güter in die anderen Sowjetrepubliken liefern.

Die Wirtschaft des Landes ist mittlerweile fast komplett privatisiert. Und auch sozialstaatliche Elemente des Wirtschaftssystems sind in Form von Koalitionsfreiheit, Mindestlohn, Arbeitslosenunterstützung, Kündigungsschutz, Lohnfortzahlung im Krankheitsfall und Altersrente verwirklicht, ihre Weiterentwicklung stößt jedoch an finanzielle Grenzen.

Der lettische Außenhandel verzeichnet seit Jahren einen Anstieg im zweistelligen Prozentbereich. Exportiert werden hauptsächlich Holzprodukte, Textilien, Metallwaren, Chemikalien und Maschinen. Die Einfuhr wird dominiert von Maschinen und Ausrüstungen, Textilwaren und Lebensmittel.

Größter nationaler Außenhandelspartner Lettlands ist Deutschland mit einem Anteil von 15,7 % an den Gesamtexporten und 17,1 % an den Gesamtimporten.

Weitere wichtige Handelspartner Lettlands sind Großbritannien, Schweden, Russland, Finnland, Litauen, Dänemark und Estland.

Landesnatur

Lettland bietet nur wenig nördlich der geographischen Mitte Europas fast unberührte Natur. An der 497 km langen Küste wechseln sich weiße Sandstrände mit felsigen Abschnitten ab. Man höre und staune – in Lettland ist der **längste Sandstrand Europas** zu finden. Und viele Strandabschnitte sind mit der begehrten „Blauen Fahne" ausgezeichnet.

Mehr als 2.000 Seen und über 12.000 Flüsse und Bäche befinden sich im Landesinneren.

Die Hälfte des Landes ist von Kiefern- und Mischwäldern bedeckt, uralte majestätische Eichen, Linden und Eschen, früher als Heiligtümer verehrt, gelten heute noch als Nationalsymbol.

Große Vogelpopulationen, darunter einige seltene Arten, zeugen von einem intakten Ökosystem. So können im Sommer in ganz Lettland Weißstörche aus unmittelbarer Nähe beobachtet werden. Und mit etwas Glück kann man sogar einen der selteneren Schwarzstörche erspähen.

Mit 311m ist der **Gaizinkalns** der höchste Punkt des Landes. Er liegt zentral in der Landesmitte. Der Fluss **Daugava**, der nordwestlich von Moskau entspringt, teilt das Land in zwei Hälften. Er erreicht im Südwesten des Landes bei Daugavpils lettisches Staatsgebiet, fließt quer durch das Land und mündet schließlich bei Rīga in die Ostsee.

Einen Superlativ, den der mittlere Baltikumstaat vorweisen kann, ist die **Ventas rumba**. Hierbei handelt es sich mit seinen 249 Metern um den breitesten Wasserfall Europas. Er befindet sich rund 5 Kilometer südlich von Kuldīga, das wiederum 90 Kilometer nordöstlich von Liepāja liegt.

LITAUEN (LIETUVA)

Bevölkerung

Bei Litauen handelt es sich nicht nur um das flächenmäßig größte Land des Baltikums, es ist auch der einwohnerstärkste Staat.

3,7 Mio. Menschen leben im südlichsten der drei baltischen Staaten. Davon sind 83,5% Litauer, 6,7% Polen und 6,3% Russen. Daneben leben noch die weiteren Nationalitäten der Weißrussen und Ukrainer in einer geringen Minderheit.

Gleichzeitig ist Litauen auch das am dichtesten besiedelte Land mit 56,7 Einwohnern je qkm. Im Vergleich zu Deutschland (230 Einwohner/qkm) ist Litauen aber noch relativ dünn besiedelt. Die meisten Menschen leben auch hier in den Städten, und zwar 70% der Bevölkerung.

Die Nähe zu Polen macht sich in der Religionszugehörigkeit stark bemerkbar. So ist der größte Teil der Litauer **katholisch**, daneben gibt es Protestanten sowie Russisch-orthodoxe.

Vilnius ist die einzige Hauptstadt des Baltikums, die nicht an der Ostsee liegt. Ganz im Gegenteil liegt sie lediglich 40 Kilometer von der polnischen Grenze und 30 Kilometer von der Grenze zu Belarus entfernt im äußersten Südosten des Landes. Gleichzeitig ist sie mit ca. 554.000 Einwohnern die größte Stadt Litauens und liegt am Zusammenfluss der Neris und der Vilnia.

Weitere wichtige Städte sind **Kaunas** mit rund 379.000 Einwohnern sowie **Klaipėda** (190.000 Einw.)

Die **Amtssprache** ist Litauisch.

Litauen verfügt über **zwei Nationalfeiertage**. Am 16. Februar wird die Wiederherstellung der Souveränität von 1918 gefeiert und am 06. Juli gedenkt man der Staatsgründung im Jahr 1250 mit der Krönung von Fürst Mindaugas.

In Litauen gilt ebenfalls die **Osteuropäische Zeit** (OEZ = MEZ +1).

So wie in den anderen beiden baltischen Staaten hat auch in Litauen die **Nationalflagge** drei quer verlaufende Balken. Von oben nach unten sind sie gelb, grün und rot.

Staatswesen und Verwaltung

Litauen ist eine parlamentarische Demokratie mit ausgeprägten präsidialen Elementen.

Am 25.10.1992 wurde durch ein Referendum die Verfassung angenommen. In ihr ist die Gewaltenteilung von Exekutive, Legislative und Jurisdiktion verankert. Die Verfassung enthält einen Grundrechtskatalog, der dem deutschen Grundgesetz vergleichbar ist.

Das Parlament **„Seimas"** besteht aus einer Kammer mit 141 Abgeordneten. Dieses wird alle vier Jahre neu gewählt.

Wirtschaftliche Schwerpunkte

Nachdem die litauische Wirtschaftspolitik in den letzten Jahren erfolgreich sowohl das Haushaltsdefizit als auch das Leistungsbilanzdefizit senken konnte, muss sie sich nun auf die Verringerung der Arbeitslosigkeit und den Umbau des sozialen Systems konzentrieren. Die Privatisierungspolitik macht weitere Fortschritte.

Der durchschnittliche Lebensstandard in Litauen liegt jedoch nur bei circa 30 % des EU-Durchschnitts. Damit gehört Litauen zu den ärmsten EU-Ländern. Das durchschnittliche Monatsgehalt beträgt 332 Euro, der Mindestlohn liegt bei 125 €. Die Arbeitslosigkeit liegt bei rund 11%. Ein Sechstel aller Beschäftigten ist in der Landwirtschaft tätig.

Der Energiesektor Litauens ist durch Großinvestitionen früherer sowjetischer Regierungen geprägt.

Die Raffinerie Mažeikiai ist das umsatzstärkste Unternehmen des Landes.

Das **Kernkraftwerk Ignalina** verfügt über höhere Stromerzeugungskapazitäten (2600 MW) als der maximale Stromverbrauch ganz Litauens.

Im September 1999 entschied die Regierung, den ersten Reaktorblock des Kernkraftwerks (Tschernobyl-Typ) vor dem Jahr 2005 zu schließen; die Schließung des zweiten Blocks ist nun für 2009 festgelegt worden.

Aus einem von der Europäischen Bank für Wiederaufbau und Entwicklung verwalteten Fonds erhielt Litauen finanzielle Unterstützung für die Stilllegung des ersten Reaktorblocks.

Landesnatur

Die litauische Ostseeküste ist geprägt von der **Kurischen Nehrung**, die auch als „Sahara Europas" bezeichnet wird.

Dabei handelt es sich um eine 100 Kilometer lange Landzunge aus Wald- und Sanddünen. An ihrer breitesten Stelle bringt sie es auf 1.500 m, die engste Stelle ist knapp 400 m breit.

Von Klaipėda setzt man mit einer Fähre über das Kurische Haff. Ohne Visum für Russland kann man jedoch nur den nördlichen Abschnitt bereisen, denn Litauen und das Kaliningrader Gebiet teilen sich die Nehrung jeweils zur Hälfte.

Die Kurische Nehrung ist Nationalpark und als Weltkulturerbe der Unesco in die Liste der schützenswertesten Naturparks aufgenommen. Bis zu 60 m hoch türmt sich der Sand an der Nehrung. 50 km feinster Sandstrand, dahinter ein Kiefernwald, in dem Elche und Wildschweine zu Hause sind.

Das dazugehörige Kurische Haff zwischen der Halbinsel und dem litauischen Festland ist dreimal so groß wie der Bodensee und gleichzeitig ein Paradies für Angler und Ornithologen.

Die höchste Erhebung Litauens, der 284 m hohe **Būdakalnis**, liegt im baltischen Hochrücken.

Wie in Lettland ist auch Litauen überwiegend mit Wald bedeckt. Gleichzeitig zählt Litauen nicht weniger als 3.000 Seen.

GESCHICHTE IN STICHWORTEN

Die ersten Anzeichen frühgeschichtlicher Siedlungen haben die Jäger und Sammler der Kunda-Kultur hinterlassen. Diese wird zurückdatiert auf die Zeit 9000 Jahre v.Chr. 6000 Jahre später wanderten die Vorfahren der finno-ugrischen-Stämme in die Küstenregion ein und besiedelten neben den Ureinwohnern die baltische Region.

Ab der Zeit um Christi Geburt begann der rege Handel mit Bernstein. Hauptabnehmer war damals natürlich das Römische Reich.

7. – 9. Jh. n. Chr. – Die Wikinger beginnen mit ihren Raubzügen und fallen in die baltische Region ein.

1009 – Der Name Litauen wird in den Quedlinburger Annalen erstmalig erwähnt

1030 – Fürst Jaroslaw fällt in Estland ein und baut die Burg Tartu.

11. – 12. Jh. – Die Russen streben nach Westen, werden aber von den Semgallen geschlagen und geben ihre Bestrebungen auf.

1180 – Kaufleute und Missionare besegeln die Küste. Die blutige Missionierung begann unter dem Orden von Meinhard von Segeberg.

1201 – Bischof Albert I. gründet an der Mündung der Düna die Festung Riga.

1208 – Der Degenorden beginnt in Estland mit Gewalt die Christianisierung.

1219 – Der dänische König Waldemar II. erobert die Burg Toompea und lässt die Festung Reval errichten. Damit ist die heutige Stadt Tallinn gegründet. Der Name Tallinn stammt aus dem dänischen und bedeutet „die dänische Stadt" (Taani linn).

1237 – Der livländische deutsche Ordensritterstaat wird gegründet.

1253 – Die einzelnen Fürstentümer werden unter König Mindaugas nach seiner Krönung zu einem gesamten Staat vereinigt. Gleichzeitig wird Riga Erzbistum und bedeutende Hansestadt.

1323 – Die heutige Hauptstadt Litauens Vilnius wird erstmals urkundlich erwähnt.

1346 – Die Dänen verkaufen Tallinn wieder an den Deutschen Orden.

1386 – Durch die „Krakauer Hochzeit" zwischen dem litauischen Großfürsten Jagiełło und der polnischen Prinzessin Hedwig werden diese beiden Länder nun durch die polnisch-litauische Dynastie der Jagellonen regiert.

1387 – Die Christianisierung Litauens beginnt.

1392 – Der Großfürst Vytautas herrscht über Litauen. Unter ihm erlangt das Land seine größte Ausdehnung von der Ostsee bis zum Schwarzen Meer.

1410 – Die Schlacht bei Tannenberg bedeutet für den Deutschen Orden eine herbe Niederlage gegen das polnisch-litauische Heer.

16. Jh. – Die Reformation beginnt.

1558 – 1595 – Der Livländische Krieg verwüstet weite Teile der Region, Estland gehört nun zu Schweden.

1621 – Gustav II. Adolf erobert Riga und die größten Teile Livlands.

1700 – 1721 – Großer Nordischer Krieg. Estland und Livland fallen an Russland.

1795 – Das polnisch-litauische Doppelreich zerfällt und Litauen sowie das Herzogtum Kurland und Semgallen fallen ebenfalls an Russland.

1816 – Aufhebung der Leibeigenschaft in Estland.

1817 – Auch in Kurland wird die Leibeigenschaft aufgehoben.

1869 – 1873 – Die ersten Liederfeste in Estland (Tartu) und Lettland (Riga) finden statt.

1905 – Die Russische Revolution. Litauen erhält einen eigenen Landtag. Die Revolution wird von Russland niedergeschlagen. Es finden Massenstreiks statt. Tausende von Aufständischen werden hingerichtet.

1914 – 1918 – Der Erste Weltkrieg. Litauen wird bereits im Jahr 1915 von deutschen Truppen besetzt. Im Februar 1918 ist das gesamte Baltikum von Deutschland besetzt.

16. 02. 1918 – Nach Ende des Ersten Weltkrieges wird Litauen als erster baltischer Staat wieder unabhängig.

24. 02. 1918 – Nur acht Tage später erlangt auch Estland seine Unabhängigkeit.

18. 11. 1918 – Als letzter Staat im Baltikum ruft auch Lettland seine Unabhängigkeit aus.

1920 – Alle drei baltischen Staaten schließen einen Friedensvertrag mit Russland ab.

1921 – 1922 – Estland, Lettland und Litauen werden in den Völkerbund aufgenommen.

23. 08. 1939 – Deutschland und Russland vereinbaren einen Nichtangriffspakt (Hitler-Stalin-Pakt).

01. 09. 1939 – Deutschland überfällt Polen und löst damit den Zweiten Weltkrieg aus.

1940 – Als Folge des Krieges annektiert Russland die baltischen Staaten. Damit ist die Unabhängigkeit dieser Staaten nach nur zwei Jahrzehnten beendet. Die drei Staaten sind nun Sowjetrepubliken. Massendeportationen nach Sibirien werden durchgeführt.

1941 – 1944 – Nazi-Deutschland besetzt das Baltikum und beginnt sofort mit der Judenvernichtung.

08. 05. 1945 – Kapitulation der deutschen Wehrmacht. Die baltischen Staaten werden von der Sowjetunion zurückerobert und sind fortan wieder Sowjetrepubliken.

1949 – Hunderttausende sind weiterhin auf der Flucht. Es folgt die zweite große Deportationswelle nach Sibirien, da viele Balten die Sowjets nicht als Befreier feierten sondern sie als Partisanen bekämpften.

1985 – Michail Gorbatschow wird zum Obersten Sowjet gewählt.

1988 – In Litauen wird die nationale Volksbewegung „Sajudis" gegründet, in Lettland die Volksfront „Tautas Fronte" und in Estland die Volksfront „Rahvarinne".

Am **11. 09. 1988** findet die „Singende Revolution" statt, bei der 300.000 Menschen in Tallinn eine Kundgebung der Volksfront abhalten.

16. 11. 1988 – Estland erklärt seine Souveränität.

28. 07. 1989 – Auch Lettland erklärt seine Souveränität.

23. 08. 1989 – Zum 50. Jahrestag des Hitler-Stalin-Paktes erinnert eine 600 km lange Menschenkette, an der über eine Million Menschen teilnehmen. Die Menschenkette, die als „Baltischer Weg" in die Geschichte eingeht, beginnt in der litauischen Hauptstadt Vilnius und verläuft über Riga bis nach Tallinn.

11. 03. 1990 – Litauen erklärt seine Unabhängigkeit. Die Sowjetunion verhängt daraufhin eine Wirtschaftsblockade.

04. 05. 1990 – Lettland erlässt eine Unabhängigkeitserklärung.

14. 05. 1990 – Die Unabhängigkeitserklärung Estlands wird von Moskau nicht anerkannt.

Januar 1991 – Putschversuch in Lettland und Litauen, dass mit Blutvergießen endet. Sowjetische Soldaten stürmen in Vilnius das Parlament und den Fernsehturm. Dabei sterben 14 Menschen. In Riga wird das Innenministerium gestürmt. Vier Menschen sterben bei diesem Versuch.

02. 06. 1991 – Der neu gewählte russische Staatspräsident Boris Jelzin erkennt die Unabhängigkeitserklärungen der drei baltischen Staaten an.

19. 08. 1991 – In Moskau erfolgt ein Putschversuch. Dieser wird niedergeschlagen. Daraufhin setzen die drei Staaten nun ihre Unabhängigkeit durch.

26. 08. 1991 – Island ist weltweit der erste Staat, der die drei Republiken anerkennt.

06. 09. 1991 – Nun hat auch der Staatsrat der UdSSR die drei baltischen Staaten als unabhängig anerkannt.

September 1991 – Estland, Lettland und Litauen werden in die UNO aufgenommen.

1993 – Estland und Litauen werden Mitglied des Europarates. In Estland wird die neue Währung „Kroon" und in Lettland die Währung „Lat" eingeführt. Litauen führt die Währung „Litas" ein.

1995 – Lettland wird ebenfalls Mitglied des Europarates.

2004 – Die drei baltischen Staaten werden Mitglied der Europäischen Union.

NAMHAFTE PERSÖNLICHKEITEN AUS DEN BALTISCHEN STAATEN

***Karl Ernst von Baer* (1792 – 1876), Entdecker der Eizelle von Säuger und Mensch.**

Karl Ernst von Baer wurde am 28. Februar 1792 im estnischen Landesteil Järvamaa geboren. Nach einem Schulbesuch in Tallinn studierte er Medizin in Tartu.

Nach dem Abschluss seiner Doktorarbeit ging er jeweils für ein Jahr nach Wien und Würzburg. Dort erwachte sein Interesse an der Anatomie und er begann sich für Entwicklungsfragen zu interessieren. Im Jahr 1816 habilitierte er schließlich an der Universität in Königsberg, wo er das Zoologische Museum gründete und es als Direktor leitete.

Dort begann er neben seinen anatomischen Forschungen auch mit embryologischen Studien an Tieren.

Im Jahr 1827 veröffentlichte er seine Entdeckung der menschlichen Eizelle, die heute unter dem Begriff „Baersche Regel" bekannt ist.

Doch man erkannte zu dem Zeitpunkt die Bedeutung seiner Forschung nicht und so fiel es ihm schwer, Finanzhilfen für weitere Projekte zu erhalten.

Er ging nach St. Petersburg und leitete dort das Zoologische Museum an der Akademie der Wissenschaften. In Russland weitete er seine Forschungen auf die Gebiete Geographie, Ökologie und Anthropologie aus. Er startete eine Expedition nach Nova Zemlya, untersuchte eiszeitliche Spuren im Süden Finnlands und machte als Erster auf die Bedeutung des Permafrostes aufmerksam.

Nach weiteren naturwissenschaftlichen Erfolgen in Russland kehrte er im Jahr 1867 wieder nach Tartu zurück, wo er neun Jahre darauf verstarb.

***Krišjānis Barons* (*31. Oktober 1835 in Strutele, Lettland – † 8. März 1923 in Rīga) Volkskundler, Schriftsteller und Herausgeber.**

Krišjānis Barons gilt als Vater der Dainas („Dainu tēvs") und wurde wegen seiner volkskundlichen Arbeit bekannt. 217.996 lettische Volkslieder und Gedichte sammelte und systematisierte er zwischen 1894 und 1915 in sechs Bänden. In der politisch-literarischen Bewegung „Junge Letten" spielte er eine wesentliche Rolle. Die 100-Lats-Banknote zeigt sein Bild. Im Übrigen die einzige lettische Banknote, die mit einem Gesicht verziert ist. Das zeigt die Hochachtung des lettischen Volkes vor Barons.

***Mikalojus Konstantinas Čiurlionis* (*1875 in Varėna – † 1911 in Pustelnik bei Warschau), litauischer Komponist und Maler.**

Als Sohn eines Organisten kam Čiurlionis früh in Kontakt mit Musik und erhielt von 1889 bis 1893 Unterricht in der Orchesterschule von Plungė. Daraufhin folgte ein Musikstudium in den Fächern Klavier und Komposition am Warschauer Musikinstitut. Schließlich perfektionierte er seine musikalische Ausbildung zu Beginn des 20. Jahrhunderts am Leipziger Konservatorium.

Nach dem dortigen Abschluss ging er wieder nach Warschau um Malunterricht zu nehmen.

Im Anschluss an seine Schülerzeit an der Warschauer Schule der Schönen Künste gab er Konzerte und war an zahllosen Kunstausstellungen beteiligt. Für kurze Zeit ging er wieder nach Litauen zurück und verbrachte dort zwei Jahre, bevor er sich in St. Petersburg niederließ.

Auf Grund von psychischen Problemen folgten jedoch zahlreiche Klinikaufenthalte. Bereits im Alter von 35 Jahren verstarb der Künstler an einer Lungenentzündung. In Litauen gilt er als Nationalheld

Posthum wurde ihm gerade in Litauen größte Anerkennung zuteil. Sowohl seine Musik als auch seine Gemälde erlebten große Resonanz. 1987 wurde eine Čiurlionis-Gesellschaft ins Leben gerufen.

Vytautas Landsbergis gilt als größter Kenner seines Schaffens. Heute besitzt Čiurlionis in seinem Heimatland den Status eines Nationalhelden, doch auch international sind seine Werke anerkannt. Insbesondere deshalb, weil sich seine musikalischen und malerischen Werke miteinander verbinden. So malte er zum Beispiel Gemälde und bezeichnete sie mit den musikalischen Begriffen Allegro und Andante.

***Steponas Darius* (1896 – 1933) und *Stasys Girėnas* (1893 – 1933), Piloten.**

Der litauische 10-Litas-Schein zeigt auf der Vorderseite ihr Konterfei, während auf der Rückseite ihr Flugzeug abgebildet ist.

Beinahe jede größere Stadt verfügt über eine Darius ir Girėno gatvė (Darius und Gireno-Straße) und das Fußballstadion von

Kaunas trägt ebenso ihren Namen. Doch wie kommen zwei einfache Piloten zu dieser Ehre?

Im Juni 1932 kauften sich die beiden Piloten ein gebrauchtes Flugzeug vom Typ Belanca CH-300 Pacemaker und ließen diese für einen geplanten Langstreckenflug umbauen. Nach Fertigstellung tauften sie das orangefarbene Flugzeug auf den lateinischen Namen für Litauen: „Lituanica".

Ihr Ziel: Die Überquerung des Atlantiks von den Vereinigten Staaten in ihre Heimat. Es sollte der zweitlängste Non-Stop Flug der damaligen Zeit werden und war hinsichtlich der Flugroute einer der exaktesten, obwohl die gut ausgebildeten Piloten nur über einen Kompass verfügten.

Nach monatelangen, akribischen Vorbereitungen hob die Maschine am 15. Juli 1933 in New York ab, um 7.186 km später in Kaunas zu landen. Nach 37 Stunden und 11 Minuten befanden sich die beiden Flugpioniere bereits in der Nähe des heutigen Myślibórz in Polen und hatten nur noch 650 Kilometer zurück zu legen. Doch soweit kam es nicht mehr. Aus bis heute ungeklärten Gründen stürzte die Maschine dort nach exakt 6.411 km ab. Das Flugzeug war perfekt ausgerüstet, die Piloten qualifiziert ausgebildet und im Tank war noch genug Treibstoff. So konnte man nur annehmen, dass es an den schwierigen Wetterbedingungen gelegen hat, dass diese Atlantiküberquerung einen tödlichen Ausgang nahm.

Ein deutsches Flugzeug überführte die Reste der Maschine und die beiden Leichname nach Litauen. Da das Land zu dem Zeitpunkt noch sehr jung und dementsprechend die Bevölkerung national gesinnt war, war dieser Flug ein herausragendes Ereignis. Die Trauer über den Absturz war dementsprechend groß. Die litauische Regierung veranlasste ein pompöses Begräbnis der beiden Piloten in Kaunas, zu dem rund 60.000 Menschen erschienen. Zu dem Zeitpunkt hatte die Stadt gerade einmal 100.000 Einwohner. Drei Jahre nach dem Absturz wurde ein Mausoleum für Darius und Girėnas errichtet.

***Sergei Michailowitsch Eisenstein* (*1898 in Rīga – † 11. Februar 1948 in Moskau), Regisseur.**

Eisenstein begann als Karikaturenzeichner, arbeitete als Bühnenbildner und Kostümzeichner. Als Regisseur wurde er berühmt durch den Filmklassiker „Panzerkreuzer Potemkin" sowie durch den Film „Oktober - Zehn Tage, die die Welt erschütterten".

Spätere Filme wurden in der Sowjetzeit ein Opfer der Zensur. So auch Teil 2 seines als Dreiteiler geplanten Werkes: „Iwan, der Schreckliche". Interessant ist, dass der erste Teil noch mit dem Stalinpreis ausgezeichnet wurde, jedoch beim zweiten Teil zu viele Parallelen zwischen Iwan und dem damaligen Machthaber Stalin gezeigt wurden.

Eisenstein starb im Alter von 50 Jahren am 11. Februar 1948 nach einem Herzinfarkt.

***Großfürst Jagiełło (Władysław II)*.**

Großfürst Jagiełło gilt durch seine Heirat mit der polnischen Königin Hedwig im Jahr 1386 als Begründer der Jagellonen-Dynastie. Die festliche Trauung ist auch als „Krakauer Hochzeit" bekannt.

Die polnisch-litauische Verbindung herrschte über Polen, Böhmen, Ungarn und natürlich über das Großfürstentum Litauen.

Die Nachkommen des Fürsten schufen im 15. und 16. Jahrhundert den größten Staat in Mitteleuropa und die bis heute größte Staatsfläche Litauens, das kurzfristig sogar bis zum Schwarzen Meer reichte.

***Lydia Koidula* (*24. Januar 1843 in Vändra – † 11. August 1886 in Kronstadt), Lyrikerin.**

Die estnische Schriftstellerin galt als Begründerin der estnischen Dramatik und war in der estnischen Nationalbewegung aktiv. Neben patriotischer Lyrik und zahlreichen Gedichten schrieb sie auch einige Dorfkomödien.

***Otto von Kotzebue* (*30. Dezember 1788 in Tallinn – † 3. Februar 1846 in Tallinn), Forschungsreisender.**

Otto von Kotzbue war der Sohn des in Weimar geborenen Dichters August von Kotzebue. Bereits im Alter von 18 Jahren nahm er an einer Weltreise unter der Leitung von Adam Johann von Krusenstern teil. Ein Jahrzehnt später leitete er selber eine Expedition zur Erforschung des Atlantiks und Pazifiks. Dabei wurden zahlreiche Inseln sowie der nach ihm benannte Kotzebue-Sound entdeckt und kartographiert. Die Kleinstadt Kotzebue im US-Bundesstaat Alaska wurde ebenfalls nach ihm benannt.

***Friedrich Reinhold Kreutzwald* (*26. Dezember 1803 in Jõepere – † 25. August 1882 in Tartu), Arzt und Schriftsteller.**

Kreutzwald kam auf einem Gutshof bei Rakvere zur Welt, war als Lehrer in Tallinn und St. Petersburg tätig und studierte schließlich Medizin in Tartu.

Er wurde Mitglied in einem Studentenzirkel, der von Friedrich Robert Fählmann geleitet wurde. Dieser diente der Pflege der estnischen Sprache und Kultur und war Vorgänger der Gelehrten Estnischen Gesellschaft, die im Jahr 1838 daraus entstand.

Nach seinem Medizinstudium behandelte Kreutzwald über vier Jahrzehnte lang hauptsächlich arme Leute in der Kleinstadt Võru.

Daneben war er als Schriftsteller tätig und übersetzte manches deutsche Werk ins Estnische. Als im Jahre 1850 Fählmann verstarb, übertrug man ihm die Aufgabe, dessen Sammlung estnischer Sagen und Volkslieder zu Ende zu führen. Diese Sammlung ging als „Kalevipoeg" in die Geschichte ein und wurde zum Nationalepos Estlands.

***Adam Johann Baron von Krusenstern* (*1770 in Hagudi bei Rapla – † 1846 in Kiltsi), Seefahrer.**

Von Krusenstern leitete in den Jahren 1803 bis 1806 eine russische Weltumsegelungsexpedition, an der auch Otto von Kotzebue teilnahm. Nach seiner Rückkehr wurde von Krusenstern zum Admiral befördert und zum Ehrenmitglied der Akademie der Wissenschaften in St. Petersburg ernannt.

Nach ihm wurden zahlreiche geographische Orte benannt, so zum Beispiel das Kap Krusenstern an der Küste Alaskas, die heutige Kleine Diomeden-Insel in der Beringstraße, eine der Marshall-Inseln sowie ein Mondkrater.

***Zenta Mauriņa* (*15. Dezember 1897 in Lejasciems – † 25. April 1978 in Basel), Schriftstellerin.**

Bereits im Alter von fünf Jahren erkrankte sie an Kinderlähmung und war seitdem an den Rollstuhl gebunden. Nach dem Zweiten Weltkrieg flüchtete sie vor den Sowjets nach Schweden, wo sie die nächsten 20 Jahre verbrachte. 1966 zog sie in das baden-württembergische Bad Krozingen. Zwei Jahre später erhielt sie das Bundesverdienstkreuz 1. Klasse, dem drei Jahre später der Konrad-Adenauer-Preis der Deutschlandstiftung folgte. Ihre Werke befassen sich hauptsächlich mit dem Schicksal ihres Heimatlands und sind geprägt durch die Freiheit und Unterdrückung im 20. Jahrhundert.

Von Zenta Mauriņa stammen u. a. die Erzählungen „Im Anfang war die Freude" sowie zahlreiche Essays.

***Wilhelm Ostwald* (*2. September 1853 in Riga – † 4. April 1932 in Leipzig), Chemiker.**

Wilhelm Ostwald gilt als Begründer und Organisator der physikalischen Chemie und erhielt im Jahr 1909 den Chemie-Nobelpreis für seine Forschungen auf dem Gebiet der Katalyse.

***Jānis Rainis*, eigentlich *Jānis Pliekšans* (*11. September 1865 in Jēkabpils – † 12. September 1929 in Majori), Dichter und Politiker.**

Neben klassischen Werken übersetzte Rainis auch Goethe's Faust und hatte mit seinen Arbeiten einen wesentlichen Einfluss auf die literarische Sprache Lettlands.

Doch Rainis war auch als Politiker aktiv und galt als geistiger Führer der Revolution von 1905. Diese scheiterte jedoch und er musste mit seiner Frau das Land verlassen. In der Schweiz lebten sie bis zum dem Zeitpunkt als Lettland wieder unabhängig wurde.

Nach der triumphalen Rückkehr der Rainis wurde Jānis Mitglied des Zentralkomitees der Lettischen Sozialdemokratischen Arbeiterpartei und war ein Jahr lang Bildungsminister.

Sein Ziel, Präsident des Landes zu werden, konnte er jedoch nicht erreichen und verlor dadurch an politischem Einfluss. An seinem Geburtstag am 11. September wird alljährlich das nationale Dichterfest abgehalten.

***Antanas Smetona* (*10. August 1874 in Uzulenis – † 9. Januar 1944 in Cleveland, USA), erster Präsident der Republik Litauen.**

Smetona war Zeit seines Lebens engagiert, sein Heimatland Litauen unabhängig werden zu lassen. Bereits in seiner Jugendzeit protestierte er. Damals allerdings gegen die orthodoxe Kirche und wurde dafür mehrfach vom Gymnasium verwiesen.

Später war er einer der ersten Mitglieder der Litauischen Demokratischen Partei, die er daraufhin im Seimas, dem litauischen Parlament, vertrat.

Neben seinen politischen Aktivitäten war Smetona zugleich für mehrere Zeitungen und Verlage tätig und unterrichtete Litauisch.

Ein wichtiges Datum in seiner Karriere dürfte der 16. Februar 1918 gewesen sein, als er die Unabhängigkeitserklärung Litauens mit unterschrieb. Am 4. April des Folgejahres wird er durch den Staatsrat zum ersten Präsidenten der Republik Litauen ernannt. Doch bereits ein Jahr später gibt er dieses Amt an Aleksandras Stulginskis ab.

Im Anschluss arbeitet er als Journalist und hält als Kunsttheorie- und Geschichtsprofessor Vorlesungen.

Ein erneuter Einstieg in die Politik beschert ihm im Jahr 1926 zum zweiten Mal die Präsidentschaft der Republik.

Als die UdSSR ein Ultimatum an Litauen stellt, schlägt Smetona den bewaffneten Widerstand vor, findet hierfür jedoch keine Anhänger, so dass er heimlich nach Deutschland, in die Schweiz und später in die USA flieht. Er stirbt bei einem Feuer auf seinem Anwesen in Cleveland/Ohio.

***Vytautas* (*1350 – † 27. Oktober 1430), Großfürst von Litauen.**

Vytautas, dem Sohn von Kęstutis, wurde im Jahr 1392 das gesamte Land Litauen übertragen, nachdem es in den Jahren zuvor zu ständigen Reibereien zwischen der Fürstenfamilie gab. Dabei ging es um Macht und Landbesitz.

Im Jahr 1401 wurde Vytautas Großfürst, worauf er schon lange wartete. Obwohl er nun die vollständige Macht über Litauen innehatte, erkannte er die polnisch-litauische Union an, die besagte, dass die Großfürsten Litauens und die Könige Polens nur mit Zustimmung beider Partner gewählt werden. Diese Union schuf ein Machtverhältnis, mit dem sie gemeinsam im Jahr 1410 in der Schlacht bei Tannenberg den Deutschen Orden schlagen konnten.

WIE KOMMT MAN HIN?

Bei der Wahl des Anreiseweges existieren zwei populäre Möglichkeiten – einerseits die Fährüberfahrt in einen der Hafenstädte (Klaipėda in Litauen, Rīga in Lettland oder Tallinn in Estland, siehe unter „Mit dem Schiff"), andererseits den Landweg durch Polen.

Auf dem Landwege bleiben einem allerdings nicht viele Auswahlmöglichkeiten.

Wer kein Visum für die Russische Förderation um das Königsberger Gebiet im Westen oder für Belarus im Osten besitzt, kann nur über den schmalen Korridor der polnisch-litauischen Grenze einreisen.

Die Hauptroute ist die Europastrasse 67 zwischen dem polnischen Suwałki und dem litauischen Kaunas. Etwas weiter südöstlich befindet sich noch eine weniger frequentierte Straßenverbindung zwischen Ogrodniki und Lazdijai.

Wer aus dem Norden durch Polen fährt, nutzt am besten die Strecke über Bydgoszcz und Olsztyn. Im Süden verläuft alternativ die Route über Wrocław und Warschau. Zu beachten ist, dass dies die Transitstrecken zwischen Ost und West und daher auch teilweise sehr stark befahren sind.

Die Strecke zwischen Berlin und Vilnius beträgt rund 1.000 km.

Campingplätze entlang des Anreiseweges in Polen:

Camping Glininanki in Wrocław, ul. Kosmonautów 2, Tel. 0048/71-353 86 17, im Nordwesten der Stadt an der Straße 94 in Richtung Zielona Góra gelegen, geöffnet von Ende Mai bis Ende August, ca. 100 Stellplätze und ein Restaurant.

Camping Olimpijski in Wrocław, ul. Paderewskiego 35, Tel. 0048/71-348 46 51. Ca. 200 Stellplätze, Mietbungalows, Einkaufsmöglichkeit. Der Platz befindet sich am Ostrand der Stadt an der Straße 455 in unmittelbarer Nähe des Stadions Olimpijski, geöffnet Anfang Mai bis Mitte Oktober.

Camping Zielona Góra, ul. Sulechowska 39, Tel. 0048/68-325 59 42.

Camping Warszawa, ul. Żwirki i Wigury 32, Tel. 0048/22-825 43 91.

Camping Warszawa, ul. Bitwy Warszawskiej 15/17, Tel. 0048/823 37 48.

Camping Warszawa, ul. Odrębna 16, Tel. 0048/22-612 79 51.

Camping Białystok, ul. Jana Pawła II 77, Tel. 0048/85-651 16 41.

Camping Olsztyn, ul. Sielska 12, Tel. 0048/89-527 82 08.

In Polen gilt zwischen 01. Oktober und 28. Februar die Pflicht, mit **Abblendlicht** zu fahren. Motorräder müssen das ganze Jahr mit Abblendlicht fahren. Das Telefonieren ist während der Fahrt verboten.

Wohnmobilstellplätze sind in Polen noch nicht populär. Aber es bestehen an Tankstellen Möglichkeiten, eine Übernachtung einzulegen. Allerdings befinden sich diese fast immer an lauten Hauptverkehrsstraßen und sind nur bedingt zu empfehlen.

MIT DER BAHN

Die meisten Bahnverbindungen aus dem Bundesgebiet verlaufen über Berlin. So gibt es täglich Verbindungen von Berlin über Warschau in die Baltischen Staaten. Die Fahrtzeit von Berlin nach Vilnius beträgt rund 19 Stunden. Die Route führt über Warschau – Białystok – Suwałki – Sestokai – Marijampole – Kaunas – Vilnius.

Nach Möglichkeit sollten Reisende in „Warszawa Centralna" umsteigen. Zum Beispiel in den Nachtzug ab Warschau nach Vilnius, der an ungeraden Tagen um 21.50 Uhr abfährt und in der litauischen Hauptstadt um 8.52 Uhr ankommt.

Genauere Informationen zu den Fahrplänen und dem Streckenverlauf erhält man bei der Reiseauskunft der Deutschen Bahn oder im Internet unter www.bahn.de

MIT DEM BUS

Es gibt Busverbindungen aus vielen Städten Deutschlands in die Baltischen Staaten. Der Preis beträgt je nach Abfahrtsort bis zu € 150,-. Von Berlin beträgt die Fahrzeit nach Vilnius 18 Stunden, nach Rīga 21 Stunden und nach Tallinn 26 Stunden.

Im **Linienbusverkehr** fahren folgende Firmen:

Autokraft – Ab Kiel ZOB-Hamburg-Berlin-Estland, nur dienstags 14.15 Uhr, Tel. 0431-666 22 22, Fax: 0431-666 26 66, E-Mail: info@autokraft.de, Web: www.autokraft.de

Eurolines – Aus vielen deutschen Städten nach Kaunas, Vilnius, Rīga, Pärnu, Tallinn, Web: www.eurolines.com

Bayern Express, Tel. 030-86 09 61 10, Fax: 030-89 09 61 11, Web: www.berlinlinienbus.de

Deutsche Touring GmbH, Tel. 069-790 32 29, Fax: 069-790 32 28, E-Mail: service@deutsche-touring.com, Web: www.deutsche-touring.com

Weilke Reisen – Ruhrgebiet/Münster – Rīga, samstags und montags, Tel. 02571-501 93, Fax: 02571-501 97.

Autostars in Lettland, Tel. 00371-7 31 18 10, Fax: 00371-7 31 18 60, E-Mail: autostars.riga@apollo.lv, Web: www.auto-stars.biz.lv.

Ecolines – Aus vielen Städten Deutschlands nach Rīga, Tel. 00371-728 98 73, E-Mail: ecolines@ecolines.lv, Web: www.ecolines.lv

Salza-Tours, Lutz König – Erfurt-Lepizig-Potsdam-Alytas-Vilnius-Kaunas-Klaipeda, Tel. 03603-826 70, Fax: 03603-82 67 77, E-Mail: de@baltic-line.com, Web: www.baltic-line.com

MIT DEM FLUGZEUG

Baltische Flughäfen, die von Deutschland aus angeflogen werden, sind Vilnius, Palanga, Kaunas (Litauen), Rīga (Lettland) und Tallinn (Estland). Die Flugzeit beträgt bei Direktflügen bis zu 2,5 Stunden.

Es gibt folgende **Direktverbindungen**:

Berlin – Rīga (Freitag, Sonntag, Air Baltic),
Frankfurt – Vilnius (täglich außer Samstag, Lufthansa),
Frankfurt – Rīga (täglich, Lufthansa),
Frankfurt – Tallinn (täglich außer Freitag, Estonian Air),
Hamburg – Kaunas/Palanga (täglich, Air Lithuania),
Hamburg – Tallinn (Montag, Mittwoch, Freitag, Estonian Air).

Weitere Verbindungen bestehen von den Flughäfen Köln/Bonn, Düsseldorf, Stuttgart und Hannover, die jedoch mit einem Zwischenstopp in Kopenhagen verbunden sind.

Web: www.airbaltic.com, www.estonian-air.ee, www.lufthansa.com, www.airlithuania.lt.

MIT DEM SCHIFF

Von Kiel, Lübeck und Rostock können die baltischen Städte Klaipėda (Litauen), Liepāja und Rīga (Lettland) sowie Tallinn in Estland angesteuert werden.

Die Überfahrten dauern zwischen Kiel und Klaipėda 26 Stunden, Lübeck – Rīga 38 Stunden, Rostock – Liepāja 24 Stunden und Rostock – Tallinn 20 Stunden.

Die Abfahrt von Kiel nach Klaipėda ist täglich um 16.00 Uhr. Web: www.scandlines-baltikum.de

Nach Rīga fährt zweimal wöchentlich (Mittwoch 13.00 Uhr und Samstag 23.00 Uhr die Fährgesellschaft Latlines (www.latlines.lv)

In das lettische Liepāja fährt am Mittwoch und Samstag um 19.00 Uhr Scandlines (www.scandlines.lt/lines.html).

MOBIL REISEN
Die schönsten
AUTO- & WOHNMOBIL-TOUREN

BALTIKUM

Schloss Trakai bei Vilnius (Litauen)

LITAUEN / LIETUVA

1. KLAIPĖDA (MEMEL) – KURŠIŲ NERIJA/KURISCHE NEHRUNG

Länge der Tour: Rund 100 km, ohne Abstecher.

Strecke: Straße 167 über die **Kurische Nehrung**.

Abstecher: Rundfahrt über Straßen 168, A13/E272 und A11 bis **Palanga** und **Kretinga**.

Empfohlene Reisedauer: Mindestens zwei Tage.

Reisehöhepunkte auf dieser Tour: **Thomas-Mann-Haus****, Düne bei **Nida*****, Landschaft der **Kurischen Nehrung*****.

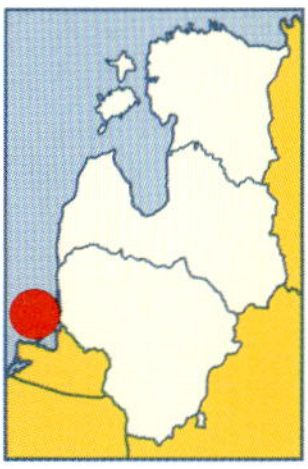

Klaipėda (Memel) war einstmals eine der nordöstlichsten Städte Deutschlands.

Über ein halbes Jahrtausend stand die Stadt, die damals Memel genannt wurde, unter dem Einfluss der Deutschen. Was die wenigsten wissen: Sie war sogar mal Hauptstadt von Deutschland. Jedoch ist dies nur ein ganz kurzes Kapitel in der Stadtchronik, als Berlin nämlich im Jahr 1807 Besuch von einem Franzosen namens Napoleon bekam.

Fast 200.000 Menschen leben heute in der Hafenstadt, die als einzige in Litauen im Winter eisfrei ist.

Wer über Russland anreist oder mit dem Schiff direkt von Deutschland aus, der wird zuerst ein wenig abgeschreckt, da auf den ersten Blick nur Hafenkräne und Industrie zu sehen sind. Ebenso ergeht es einem bei einer Fahrt aus der Stadt heraus. Die Vororte sind geprägt von zahlreichen Hochhaus-Siedlungen, die den Einfluss der Sowjets nach dem Zweiten Weltkrieg zeigen.

Das Erstaunliche ist die Art der Stadtfläche. Klaipėda ist sehr schmal, nur bis zu drei Kilometer breit, doch dafür zieht sie sich fast 20 km an der Küste entlang.

Im Herzen der Stadt befindet sich eine ansehnliche **Altstadt**, die sich an das südliche Ufer des kleinen Flusses Danė schmiegt. Im schachbrettartigen Altstadtviertel befinden sich zahlreiche Fachwerkhäuser sowie Reste einer Burg, die sich einstmals hier erhob.

In der Nähe betritt man den **Theaterplatz**, der am westlichen Rand der Altstadt

liegt. Mitten auf dem Platz blickt man direkt auf das **Standbild „Ännchen von Tharau"**. Es wurde 1989 wieder enthüllt, ist aber lediglich eine Kopie der Figur, die bereits

Ännchen von Tharau
Text: Simon Dach, Melodie: Heinrich Albert (ursprünglich), Friedrich Silcher (neu seit 1827)

Hochdeutsch

Ännchen von Tharau ist's, die mir gefällt,
Sie ist mein Leben, mein Gut und mein Geld.
Ännchen von Tharau hat wieder ihr Herz
Auf mich gerichtet in Lieb und in Schmerz.

Ännchen von Tharau, mein Reichthum, mein Gut,
Du meine Seele, mein Fleisch und mein Blut!
Käm alles Wetter gleich auf uns zu schlahn,
Wir sind gesinnet bei einander zu stahn.

Krankheit, Verfolgung, Betrübnis und Pein
Soll unsrer Liebe Verknotigung sein.
Recht als ein Palmenbaum über sich steigt,
Je mehr ihn Hagel und Regen anficht;
So wird die Lieb' in uns mächtig und groß
Durch Kreuz, durch Leiden, durch allerlei Noth.

Würdest du gleich einmal von mir getrennt,
Lebtest, da wo man die Sonne kaum kennt;
Ich will dir folgen durch Wälder, durch Meer,
Durch Eisen, durch Kerker, durch feindliches Heer.

Ännchen von Tharau, mein Licht, meine Sonn,
Mein Leben schließ' ich um deines herum.
Was ich gebiete, wird von dir getan,
Was ich verbiete, das lässt du mir stahn.

Was hat die Liebe doch für ein Bestand,
Wo nicht ein Herz ist, ein Mund, eine Hand?
Wo man sich peiniget, zanket und schlägt,
Und gleich den Hunden und Katzen begeht.

Ännchen von Tharau, das wolln wir nicht tun;
Du bist mein Täubchen, mein Schäfchen, mein Huhn.
Was ich begehre, begehrst du auch,
Ich lass den Rock dir, du lässt mir den Brauch.

Dies ist dem Ännchen die süßeste Ruh',
Ein Leb' und Seele wird aus Ich und Du.
Dies macht das Leben zum himmlischen Reich,
Durch Zanken wird es der Hölle gleich.

1912 an der Stelle stand. Das Ännchen steht auf dem Springbrunnen, der nach Simon Dach benannt ist, dem Dichter, der das Gedicht schuf.

ROUTE: Es gibt zwei Möglichkeiten von Klaipėda auf die Kurische Nehrung zu gelangen. **Eine Fähre** *befindet sich an der Mündung der Danė. Wohnmobile werden unter Umständen zurückgeschickt mit der Bitte, die etwas weiter südlich gelegene Fähre zu nutzen. Diese befindet sich an der Kreuzung Agluonos gatvė und Minijos gatvė. Die Überfahrt dauert nur wenige Minuten und kostet für zwei Personen und einem*

Ännchen von Tharau

Samländisch

Anke van Tharaw öß, de my geföllt,
Se öß mihn Lewen, mihn Goet on mihn Gölt.
Anke van Tharaw heft wedder eer Hart
Op my geröchtet ön Löw' on ön Schmart.

Anke van Tharaw mihn Rihkdom, min Goet,
Du mihne Seele, mihn Fleesch on mihn Bloet.
Quöm' allet Wedder glihk ön ons tho schlahn,
Wy syn gesönnt by een anger tho stahn.

Kranckheit, Verfälgung, Bedröfnös on Pihn,
Sal vnsrer Löve Vernöttinge syn.
Recht as een Palmen-Bohm äver söck stöcht,
Je mehr en Hagel on Regen anföcht.
So wardt de Löw' ön onß mächtich on groht,
Dörch Kryhtz, dörch Lyden, dörch allerley Noht.

Wördest du glihk een mahl van my getrennt,
Leedest dar, wor öm dee Sönne kuhmt kennt;
Eck wöll dy fälgen dörch Wölder, dörch Mär,
Dörch Yhß, dörch Ihsen, dörch fihndlöcket Hähr.

Anke van Tharaw, mihn Licht, mihn Sönn,
Mihn Leven schluht öck ön dihnet henönn.
Wat öck geböde, wart van dy gedahn,
Wat öck verböde, dat lätstu my stahn.

Wat heft de Löve däch ver een Bestand,
Wor nich een Hart öß, een Mund, eene Hand?
Wor öm söck hartaget, kabbelt on schleyht,
On glihk den Hungen on Katten begeyht.

Anke van Tharaw dat war wy nich dohn,
Du böst mihn Dühfken my Schahpken mihn Hohn.
Wat öck begehre, begehrest du ohck,
Eck laht den Rack dy, du lätst my de Brohk.

Dit öß dat, Anke, du söteste Ruh'
Een Lihf on Seele wart uht öck on Du.
Dit mahckt dat Lewen tom Hämmlischen Rihk,
Dörch Zancken wart et der Hellen gelihk.

Wohnmobil rund 20,00 Euro. Im Anschluss daran befinden Sie sich auf der Straße 167, die nach Süden führt.

Exakt 98 km lang erstreckt sich die Halbinsel der **Kurischen Nehrung** zwischen dem Kurischen Haff und der Ostsee. Ohne Schiff ist sie nur von Russland aus befahrbar, wo die Halbinsel beginnt. Sie endet wenige Meter vor der litauischen Stadt Klaipėda.

Ohne Visum ist jedoch nur der nördliche Teil der Halbinsel bereisbar, denn genau auf der Hälfte des lang gestreckten Landes befindet sich die Grenzstation. Ein Viertel von Neringa, wie die Kurische Nehrung auch genannt wird, ist mit Sanddünen bedeckt. Der Rest besteht hauptsächlich aus Kiefern- und Birkenwäldern, die in dem lockeren Sandboden Halt gefunden haben. Rehe, Füchse, Hasen und Wildschweine le-

Praktische Hinweise – Klaipėda (Memel)

Touristeninformation, Tomo gatvė 2, Tel.: 46-41 21 86, Fax: 46-41 21 85, E-Mail: kltic@takas.lt, Web: www.klaipeda.lt.

Feste und Folklore: Auf der Burg Klaipėda wird in der ersten Juniwoche regelmäßig das Jazzfestival organisiert. Das größte Fest in der Stadt ist das Meeresfest mit Konzerten, Ausstellungen, Messen und Schiffsausflügen.

Restaurant

Restaurant Navalis, Herkaus Manto gatvė 23, Tel.: 46-40 42 00, Fax: 46-40 42 02, E-Mail: info@navalis.lt, Web: www.navalis.lt. Spezialität des Hauses ist Sushi, sowie auf offenem Feuer gereichte Desserts. Geöffnet von 12 – 24.00 Uhr.

Hotels

Hotel Klaipeda, Naujojo sodo Straße 1, Tel.: 46-40 43 72, Fax: 46-40 43 73, E-Mail: hotel@klaipedahotel.lt, Web: www.klaipedahotel.lt. Das größte Hotel an der gesamten litauischen Küste mit 210 Zimmern inkl. Sat-TV, Telefon und Mini-Bar. Im Erdgeschoss befindet sich seit 2004 der Nachtclub „Honolulu", der im hawaiianischen Stil eingerichtet ist.

ben hier, selbst Elche sollen gelegentlich gesichtet worden sein.

Im Jahr 1991 wurde die Kurische Nehrung zum **Nationalpark** erklärt und es folgte neun Jahre später die Eintragung in die Liste der UNESCO-Weltnaturerben.

Die Direktion des Nationalparks Kurische Nehrung ist wie folgt erreichbar: Kuršių Nerija NP, Smiltynės gatvė 11, 5800 Klaipėda, Tel.: 46-39 11 73, Fax: 46-39 11 79, E-Mail: kinfo@takas.lt, Web: www.nerija.lt.

Fast 3.000 Menschen leben auf litauischer Seite in den kleinen Ortschaften Alksnynė, Juodkrantė, Pervalka, Preila und Nida. In **Nida** befindet sich zugleich das administrative und auch touristische Zentrum der Halbinsel.

Mein Tipp! Fahren Sie zuerst bis zum Campingplatz von Nida, stellen Sie dort das Fahrzeug ab und machen Sie sich mit dem Fahrrad auf Erkundungstour über die Nehrung.

Auf dem Weg von Norden nach Süden erreichen wir zunächst die Ortschaft **Juodkrantė**. Der einstige deutsche Name Schwarzort entstammt wahrscheinlich der Tatsache, dass die Gemeinde bzw. das Ufer recht dunkel erscheint.

schier endlos, Strände und Dünen auf der Kurischen Nehrung

Erwähnt wurde Juodkrantė zum ersten Mal im Jahr 1429. Richtig Aufsehen erregte der Ort aber erst in der Mitte des 19. Jahrhunderts, als über 2.000 Tonnen Bernstein in unmittelbarer Nähe gefunden und abgebaut wurden. Im Anschluss entwickelte sich der Ort zu einem Kurort, der weit über die Grenzen hinaus bekannt war.

Der Kurbetrieb endet zwar mit Beginn des Zweiten Weltkrieges, aber auch heute kann man noch genüsslich über die Promenade schlendern.

Dort befindet sich ein **Skulpturenpark**, den man Ende des letzten Jahrzehnts angelegte. Unter dem Motto „Die Erde und das Wasser" fand zwei Jahre lang ein Bildhauersymposium statt, bei dem über 30 Skulpturen von ausländischen und auch litauischen Bildhauern geschaffen wurden.

Die Dorfkirche gehört eigentlich zur evangelischen Gemeinde, dient aber auch der katholischen Bevölkerung für deren Messen. Während der Sowjetzeit war in der Kirche, einem Ziegelbau, ein Miniaturenmuseum untergebracht.

In **Pervalka** gibt es nicht viel zu sehen. Lediglich 40 Menschen wohnen in der kleinen Gemeinde, die gegründet wurde, weil die ursprünglichen Ortschaften Nagliai und Karvaiciai vom Sande verweht wurden.

Südlich von Pervalka erhebt sich eine 53 m hohe Düne mit dem Namen **Skirpstas**.

Auf dem weiteren Weg gen Süden befindet sich auf der linken Seite die nächste Düne. Sie heißt **Karvaiciai** und hat unter sich den gleichnamigen Ort begraben, aus dem die Einwohner von Pervalka und Preila stammen.

Der Abzweig nach **Preila** erscheint kurz darauf. Mit etwas mehr als 200 Einwohnern ist Preila der drittgrößte Ort der Nehrung.

Kurz vor dem Grenzübergang geht es abermals nach links.

Nida ist, wie bereits erwähnt, das touristische Zentrum der Nehrung. Der Ort hat kaum mehr als 1.600 Einwohner, muss aber pro Jahr rund 50.000 Besucher verkraften. Dennoch ist das Städtchen nicht überlaufen und es gibt keinen übermäßigen touristischen Rummel.

Gemütlich stehen die kleinen Holzhäuser an den Straßenseiten und geben ein schönes Bild ab, das teilweise an Skandinavien erinnert.

Das wohl bekannteste Haus ist das **Thomas-Mann-Haus (Thomo Manno Kultūros Centras)** in der Skruzdynės gatvė 17 *(geöffnet Juni – August täglich 10 – 18 Uhr, sonst Di – Sa 11 – 17 Uhr; Eintritt 2 Lt.)*

Thomas Mann hielt sich 1929 zum ersten Mal in Nida auf, nachdem er von einem Urlaub aus dem heutigen Svetlogorsk zurückkam. Es gefiel ihm so gut, dass er es

Thomas Mann

Geboren wurde Paul Thomas Mann, wie er mit vollem Namen hieß, am 6. Juni 1875 in Lübeck. Schon während der Schulzeit schien ihm klar zu sein, dass er Schriftsteller sein möchte, da er bereits im Alter von 14 Jahren mit „Thomas Mann – lyrisch-dramatischer Schriftsteller" unterschrieb.

Nach dem Schulbesuch nahm er einen bürgerlichen Beruf auf und arbeitete in einer Versicherung. Doch dies langweilte ihn sehr und er beendete die Tätigkeit im Jahr 1895. Kurz zuvor erschien sein erstes Werk, die Kurznovelle „Gefallen".

Sein erster großer Roman war „Buddenbrocks. Verfall einer Familie", der 1901 erschien und für den Mann im Jahr 1929 den Literaturnobelpreis erhielt.

Schon früh erkannte Thomas Mann die Gefahren der aufstrebenden Nationalsozialisten und appellierte in einer Rede in Berlin an die Vernunft. Schließlich kehrte er mit seiner Frau Deutschland den Rücken und zog nach Südfrankreich, später in die Schweiz und schließlich in die USA. Zwischenzeitlich wurde ihm die deutsche Staatsangehörigkeit aberkannt.

Weitere Werke von ihm sind „Der Zauberberg", „Lotte in Weimar" und „Doktor Faustus".

Thomas Mann starb nach kurzer Krankheit im Alter von 80 Jahren in Zürich.

Praktische Hinweise – Kurische Nehrung

Touristeninformation Neringa, Taikos gatvė 4, Tel.: 46-95 23 45, Fax: 46-95 25 38, E-Mail: agilainfo@is.lt, Web: www.agila.is.lt.

Feste und Folklore: Mitte Juni wird traditionell jedes Jahr die Sommersaison feierlich eröffnet. Alle Ortschaften auf der Nehrung bieten ein umfangreiches Angebot mit Ausstellungen und Märkten an. In Nida findet Ende Juni ein Folklorefestival statt. Mitte Juli wird im Sommerhaus von Thomas Mann und in der Kirche zu Nida das internationale Kunstfestival von Thomas Mann veranstaltet. Dabei gibt es zahlreiche Konzerte, Filmvorführungen und Kunstausstellungen sowie Literaturnachmittage. In Juodkrantė wird zur selben Zeit das Fischerfest organisiert, bei dem der Festzug des Neptuns stattfindet. Ende August zeigen Museumsfachleute und Archäologen in Nida das Handwerk des Altertums und des frühen Mittelalters.

Restaurants

Restaurant Seklyčia, Lotmiškio gatvė 1. Tel.: 46-95 00 00, Fax. 46-95 00 01, E-Mail: restoranas.seklycia@robala.w3.lt, Web: www.robala.w3.lt. Dieses Restaurant bietet alles von europäischer über litauische bis zur vegetarischen Küche. Geöffnet von 9 – 24.00 Uhr. Es befindet sich am südlichen Rand von Nida.

Camping

Camping Nida, Taikos gatvė 45a, Tel.: 46-95 20 45, Fax: 46-95 20 45, E-Mail: info@kempingas.lt, Web: www.kempingas.lt. Der sehr moderne Campingplatz (1 ha) wurde erst 2002 eröffnet und bietet auf Rasengittersteinen Platz für Wohnmobile und Caravans. Außerdem gibt es eine kleine Wiese für Zelttouristen. Im Hauptgebäude befinden sich auch 10 Zimmer und Appartements mit TV, Kühlschrank und Bad mit Fußbodenheizung. Es lassen sich Safe, Zelt, Schlafsack, Bettwäsche und Grillzubehör mieten. Zum Platz gehört ein Tennisplatz, Basketball, Badmintonplatz, Fahrradverleih und eine Entsorgungsmöglichkeit. Der Campingplatz ist nur wenige Meter vom Zugang zur Düne entfernt. Die Sanitäreinrichtungen sind modern und werden regelmäßig sauber gehalten. Die Übernachtung kostet 60,00 Lt. je Stellplatz und 15,00 Lt pro Person, Komfortausstattung.

kaufte und ein Jahr später mit seiner Familie als Sommerhaus bezog. Bis 1932 verbrachte er drei Sommer in Nida und schrieb dort „Joseph und seine Brüder". Als er 1933 emigrierte, ging das Haus in den Besitz von Hermann Göring über, der es als Jagdhaus benutzte. Als der Zweite Weltkrieg zu Ende ging, war das Haus abbruchreif, doch der Schriftsteller Antanas Vencloca setzte sich für den Erhalt ein und so konnte nach der Restaurierung im Juli 1967 eine Gedenkstätte eingeweiht werden. Das für diese Region typisch roter Holzhaus mit dem weit heruntergezogenen Dach beherbergt seit dem Jahr 1995 das Thomas-Mann-Kulturzentrum. Es beinhaltet unter anderem mehrere so genannte Übersetzungswerkstätten die zur Förderung von jungen Übersetzern und dem literarischen Austausch dienen. Es werden gelegentlich Ausstellungen und Lesungen in dem gemütlichen Gebäude veranstaltet.

Ein weiterer Höhepunkt von Nida, und das im wahrsten Sinne des Wortes, ist die **Düne**, die sich südlich der Stadt erhebt. Vor dem Campingplatz führt eine kleine Straße aufwärts zu einem Parkplatz. Hinter diesem verläuft ein Fußweg weiter hinauf bis zu einer Sonnenuhr. Wenn Sie nun nach rechts schauen, dann sehen Sie drei Farben – das Blau der Ostsee, das Grün der rechts liegenden Wälder und das Braun-Beige des Sandes. Sand soweit das Auge reicht.

Am Horizont gut zu erkennen ist die große Düne. Diese darf nicht betreten werden, einerseits aus Gründen des Naturschutzes, andererseits auch weil die Düne die Grenze zu Russland markiert. Mit bloßem Auge gerade noch so zu erkennen, ist die Grenzbeschilderung.

Bernstein, ein sehr beliebtes Souvenir aus dem Baltikum

Der Weg dorthin lohnt sich. Es geht im steten Auf und Ab durch meterhohen Sand durch zwei kleine Täler. Das Tal des Schweigens, in dem es tatsächlich still zu sein scheint sowie das Tal des Todes. Dieses ist schnell zu erkennen. Zahlreiche Holz-

Praktische Hinweise – Palanga

Touristeninformation, Kretingos gatvė 1, Tel.: 46-04 88 11, Fax: 46-04 88 22, E-Mail: palangaturinfo@is.lt, Web: www.palangatic.lt.

Feste und Folklore: Die Sommersaison wird mit der auf der Kurischen Nehrung im Juni gleichzeitig eröffnet. Zahlreiche Konzerte und Sportturniere sowie ein Feuerwerk werden veranstaltet. Die Nachtserenaden im Bernsteinmuseum finden in der ersten Augustwoche statt und beinhalten Abende der klassischen Musik.

Restaurants

Restaurant und Café Medūza, Kontininkų gatvė 9, Tel.: 46-05 64 50, Fax: 46-04 81 48, E-Mail: viesbuties@pkmeduza.lt, Web: www.pkmeduza.lt. 150 m von der Ostsee entfernt mit Blick in den Kiefernwald. Im Restaurant gibt es überwiegend italienische Küche, im Café kontinentale Gerichte. Geöffnet von 12 – 24.00 Uhr.

Restaurant Žuvinė, Basanavičiaus gatvė 37a, Tel.: 46-04 80 70, E-Mail: zuvine@feliksas.lt, Web: www.feliksas.lt. Modernes Fischrestaurant. Der Fisch wird gebacken, gekocht oder geräuchert gereicht. Das witzige Interieur besteht aus Wandregalen mit Büchern und Weinflaschen.

Hotels

Hotel Gamanta, Plytų gatvė 7, Tel.: 46-04 88 85, Fax: 46-04 88 89, E-Mail: info@gamanta.lt, Web: www.gamanta.lt. Modernes Hotel mit klimatisierten Zimmern, Sauna und Swimmingpool. Im Erdgeschoss befindet sich ein Restaurant mit europäischer Küche.

Camping

Palanga Camping, Vytauto g. 8, Tel.: 46-05 35 33. Nur fünf Gehminuten von der Ostsee entfernt, von Mai bis September geöffnet. Relativ kleiner Platz (0,5 ha) mit einfachen Duschen und sehr einfachem WC-Häuschen bietet es 25 Plätze für Wohnmobile, Mindestausstattung.

Bernstein – Das Gold des Baltikums

Bernstein wird oft auch als das „Gold der Ostsee" bezeichnet. In der Regel benutzt man Bernstein als Schmuckstück und es ranken sich Legenden um das so genannte Bernsteinzimmer. Aber was ist Bernstein eigentlich genau? Um es vorweg zu nehmen, Bernstein ist trotz der Bezeichnung „Stein" nicht mineralisch. Es entstand in den letzten 260 Millionen Jahren und besteht im Grunde aus zähflüssigem Harz der damaligen Bäume.

In den 90er Jahren des letzten Jahrhunderts machte Bernstein in dem verfilmten Buch von Michael Crichton „Jurassic Park" Furore. In der Geschichte wird erzählt, in einem Bernstein sei ein frühzeitlicher Moskito gefunden worden, in dessen Blut sich DNS von Dinosauriern befindet, die mittels moderner Technologie geklont werden können. Dies ist natürlich nur Fiktion, doch Bernstein mit so genannten Inklusen, also Einschlüssen von kleinen Tieren, werden tatsächlich gefunden und sind für Paläontologen von großem Interesse. Diese Insekten starben, als sie auf dem noch flüssigen Harz landeten und sich von dort nicht fortbewegen konnten.

Bernstein wird – aufs Feinste poliert – sehr gerne als Schmuckstück getragen.

Besonders berühmt war (und ist wieder) das legendäre Bernsteinzimmer. Ursprünglich befand es sich im Schloss von Königsberg. Seit dem Zweiten Weltkrieg aber ist es auf mysteriöse Weise verschwunden.

Fast ein Vierteljahrhundert waren russische Spezialisten damit beschäftigt, diesen Prunksalon wieder detailgetreu zu rekonstruieren. Und im Jahr 2003 konnte das Juwel – nun im St. Petersburger Katharinenpalast, aber wieder komplett mit original baltischem Bernstein gestaltet – endlich vollendet werden.

Bernstein kann im Übrigen elektrostatisch aufgeladen werden. Und es gab in der Vergangenheit zahlreiche Versuche zur Elektrizitäterzeugung mit diesem Harz. Nicht umsonst heißt Bernstein im griechischen „Elektron".

Man unterscheidet zwischen **Rohbernstein** (ungeschliffen und originalbelassen), **Naturbernstein** (geschliffen und poliert, farblich nicht verändert) und

kreuze erinnern an die französischen Soldaten, die 1870 bis 1872 in dem Tal gefangen genommen wurden und starben.

Die Sonnenuhr oberhalb des Campingplatzes ist leider defekt. Anatol, ein Orkan im Jahre 1999, ließ den Obelisken umstürzen. Die Trümmer sind um das Ziffernblatt verteilt.

ABSTECHER NACH PALANGA UND KRETINGA

Wer Ruhe sowie einsame Strände sucht und einen gemütlichen Fischerort besichtigen möchte, der ist in **Palanga** schlicht falsch. Palanga ist ein Kurort und erwartet das ganze Jahr hindurch Besucher, doch am schlimmsten ist es in den Sommermonaten, wenn die Stadt mit Touristen überbevölkert ist. Ein Souvenirstand nach dem nächsten, zahlreiche Menschen bis spät in die Nacht auf den Straßen und viele Aktivitäten sind dann zu erwarten.

Ein Höhepunkt der Stadt ist der **Botanische Garten (Botanikos parkas)**. Gegründet wurde er im Jahr 1897 und erhielt seine Gestaltung durch den französischen Landschaftsarchitekten Eduard Andre, der mit seinem Sohn drei Jahre in Palanga lebte.

Der Garten befindet sich im Süden der Stadt und dehnt sich westwärts bis an den Strand aus.

Dort wiederum findet man die 470 m lange **Seebrücke**. Sie wurde 1997 gebaut, ist aber nicht die erste Brücke dieser Art, die an der Stelle errichtet wurde.

Neben der Flora im Botanischen Garten kann man dort auch das sehenswerte **Bernsteinmuseum (Gintaro muziejus)**, Vytauto gatvė 17 *(geöffnet Di – Sa 10 – 20 Uhr, So 10 – 19 Uhr)* bewundern. Es beher-

Pressbernstein. Letzterer wird in der Regel als **Echtbernstein** oder **Ambroid** angeboten, entstand aber nicht natürlich, sondern unter hohem Druck und hoher Temperatur. Bei der Herstellung von Pressbernstein werden die Formen und Farbtöne verändert.

Eine wichtige physikalische Eigenschaft von Bernstein – im Gegensatz zu mineralischen Steinen – ist seine Schwimmfähigkeit. Harz ist nur ein wenig schwerer als Wasser und sinkt auf Grund seiner geringen Dichte in Süßwasser sofort. In stark salzhaltigem Wasser jedoch, wie zum Beispiel in einer gesättigten Kochsalzlösung, bleibt Bernstein an der Wasseroberfläche. Durch diese Eigenschaft wird das Sammeln und Sortieren erleichtert.

Die bekannteste und auch ergiebigste Fundregion innerhalb Europas ist der Ostseeraum. Besonders auf der Halbinsel des Kaliningrader Gebietes, also zwischen dem Frischen Haff in Polen und dem Kurischen Haff in Litauen, ist die Chance am größten, fündig zu werden. Doch auch an der deutschen, niederländischen und dänischen Küste kann das Millionen Jahre alte Harz, insbesondere nach starken Stürmen, gefunden werden. Selbst im europäischen Binnenland lagern einige Vorräte an Bernstein. Vorkommen gibt es auch in Tschechien, Rumänien und Ungarn. Man spricht dort vom „Mährischen Bernstein" oder „Rumänit". Außerhalb des europäischen Kontinents ist Bernstein ebenso zu finden. Der Madagaskar-Bernstein beispielsweise ist jedoch nur 1.000 – 10.000 Jahre alt.

Jetzt bleibt nur noch zu klären, warum der Bernstein, der ja im übertragenen Sinne auf Bäumen wächst, am Ufer der Ostsee angeschwemmt wird. Im Zeitraum des Alt-Tertiärs, also vor rund 40 bis 50 Millionen Jahren, gab es die Ostsee, wie wir sie heute kennen, noch nicht. Damals verlief die Küstenlinie von Norwegen bis zum heutigen Gebiet der Oder und der Bereich des Binnenlandes war mit Kiefern bewachsen. Die Kiefernwälder versanken im Laufe der Zeit in Mooren und als der Meeresspiegel anstieg, lockerten die Wellenbewegungen und Strömungen den einstigen Waldboden auf und spülten das alternde Harz heraus.

Daher findet man in der Regel bei den Inklusen nur Landbewohner oder Insekten. Allerdings ist die Chance, überhaupt eine Inkluse zu finden, äußerst gering. Nur jeder 500. Bernstein enthält Teile eines Lebewesens.

bergt seit 1963 in 15 Zimmern über 4.500 Ausstellungsstücke aus Bernstein, die allesamt in der näheren Umgebung gefunden und schließlich bearbeitet wurden.

Von der Seebrücke zurück in das lebhafte Stadtzentrum und zur Hauptstraße. Zwischen all den zahlreichen Geschäften erhebt sich die **St. Maria-Kirche**. Das neogotische Gebäude wurde von einem schwedischen Architekten errichtet und ist mit 76 m Höhe das höchste Gebäude von Palanga.

Kretinga ist eine kleine Stadt mit rund 20.000 Einwohnern. Sie wurde zum ersten Mal im Zusammenhang mit der Errichtung einer Burg erwähnt.

Die **Touristeninformation** findet man in der Vilniaus gatvė 20, Tel. 44-57 76 12, Fax: 44-55 35 05, E-Mail: tic_kretinga@mail.lt.

Sehenswert ist die **Mariä-Verkündigungskirche** am Rathausplatz. Sie stammt aus den Anfängen des 17. Jahrhunderts und ist mit zahlreichen Holzschnitzereien ausgestattet. Nicht weit davon entfernt erkennt man an dem stufenförmigen Giebel das Franziskanerkloster, das zur gleichen Zeit wie die Kirche gebaut wurde.

In der Vilniaus gatvė befindet sich ein ehemaliges **Herrenhaus** *(geöffnet Mi, Do, So 10 – 18 Uhr, Fr und Sa 10 – 19 Uhr)*, das seit Anfang der 1990er Jahre ein **Museum** beherbergt. Es zeigt eine Dauerausstellung über alte litauische Volkskunst sowie Exponate der Grafenfamilie Tyszkiewicz, die einst Herren des Adelsgutes waren. Zu ihrer Zeit wurde im Jahr 1875 ein **Wintergarten** *(geöffnet nur Di)* angelegt, der heute fast 600 verschiedene Pflanzen präsentiert

2. KLAIPĖDA (MEMEL) – KAUNAS (KAUEN)

Länge der Tour: Rund 234 km, ohne Abstecher.

Strecke: Straße 141 von **Klaipėda (Memel)** über **Šilutė (Heydekrug)** und **Jurbarkas** bis **Kaunas (Kauen)**.

Empfohlene Reisedauer: Mindestens ein Tag.

Reisehöhepunkte auf dieser Tour: Stadtbesichtigung von **Kaunas (Kauen)****.

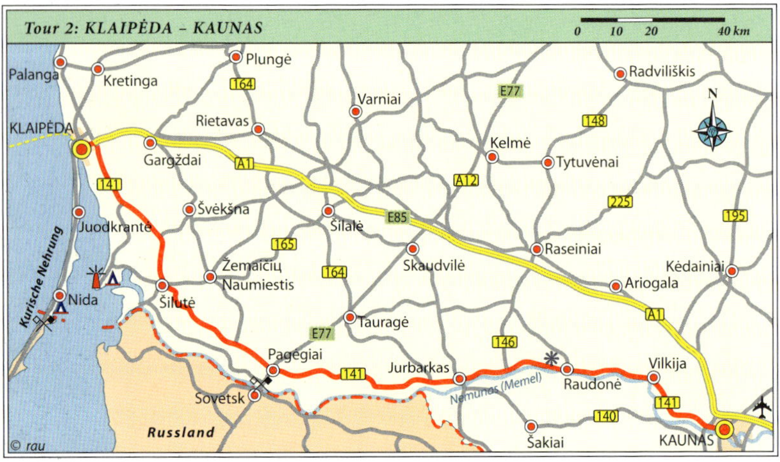

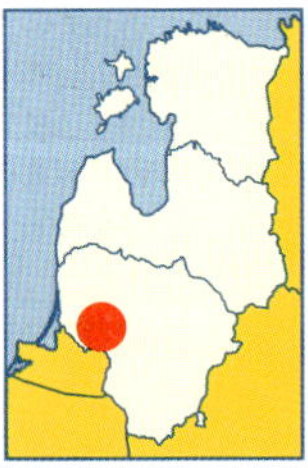

*ROUTE: Im Osten von Klaipėda kreuzt die A1 die A13, die nach Norden führt. An derselben Stelle bringt uns die Straße 141 nach Süden in den Ort **Šilutė (Heydekrug)**.*

In **Šilutė (Heydekrug)** selbst gibt es nicht viel zu sehen. Lediglich eine Kirche aus den 20er Jahren des letzten Jahrhunderts ist ein Blickfang. Vielmehr dient der Ort als Ausgangspunkt für eine Fahrt auf die Rusnė-Insel oder auf die Halbinsel Ventes Ragas, die in das Kurische Haff hineinragt.

*ROUTE: Von Šilutė fahren wir die 141 weiter über die Ortschaften **Pagėgiai** und **Viešvilė** immer nördlich des Nemunas bis nach **Jurbarkas**, wo wir auf Litauens größten Fluss treffen.*

Praktische Hinweise – Šilutė (Heydekrug)

Touristeninformation, Lietuvininkų gatvė 10/Parko gatvė 2, Tel.: 44-17 77 95, Fax: 44-17 77 85, E-Mail: a.tutlys@takas.lt, Web: www.siluteinfo.lt.

Camping

Camping Ventainė, Tel.: 44-16 85 25, Fax: 44-14 74 22, E-Mail: ventaine@takas.lt, Web: www.ventaine.lt. Auf der kleinen Halbinsel Ventes Ragas befindet sich ein Bauernhof direkt am Kurischen Haff im Regionalpark des Nemunas Delta. Er verfügt über rund 30 Plätze für Wohnmobile und Caravans sowie 100 Zeltplätze auf einer großen Wiese (2 ha). Zum Bauernhof gehört auch ein Hotel mit 27 Zimmern, römischen Bädern und Billardraum. Des Weiteren werden Motorboote verliehen und Bungalows angeboten, gute Standardausstattung.

Die Geschichte des Städtchens **Jurbarkas** beginnt Mitte des 13. Jahrhunderts als der Deutsche Orden an der Mündung des Flusses Mituva in den Nemunas eine Burg errichtete. Diese Georgenburg genannte Festung wurde aber nach der Niederlage gegen das polnisch-litauische Heer im Jahr 1410 aufgegeben. Heute ist von der Festung ist leider nichts mehr zu sehen.

Später wurde die Stadt aufgrund der Grenzlage zu einem bedeutenden Handelsplatz mit Zollamt.

Doch in der Sowjet-Ära verlor der Ort an Charme und ist heute kaum sehenswert.

Die zweitürmige **Hl. Dreifaltigkeitskirche** stammt aus dem Jahr 1907 und steht in unmittelbarer Nähe der längsten Nemunas-Brücke des Landes.

Östlich der Stadt befinden sich am Fluss Nemunas **zwei sehenswerte Burgen**.

Zuerst erreicht man über die Straße 141 die Burg bzw. das **Schloss Panemunė** bei Pilis. Es befand sich einstmals in der Hand der ungarischen Kaufmannsfamilie Eperjes und wurde zu Beginn des 17. Jahrhunderts erbaut. Nach jahrzehntelangem Verfall begann man in der Sowjetzeit mit der Restaurierung. Heute liegt das Schloss mitten in einem kleinen Regionalpark.

Nur zehn Kilometer weiter erwartet den Besucher das **Schloss Raudonė**, das ebenfalls von einem Park umgeben ist und durch den Einfluss des Zweiten Weltkrieges stark zerstört wurde. Doch auch hier ist der Wiederaufbau abgeschlossen und das Schloss ragt nun wieder mit seinem 33 m hohen Turm weit sichtbar über den Fluss Nemunas hinweg.

*→ **ROUTE:** Teilweise direkt am Nemunas-Ufer fahren wir weiterhin auf der 141, bis wir in **Kaunas**, der zweitgrößten Stadt des Landes ankommen.*

Rund 380.000 Einwohner leben in **Kaunas (Kauen),** der zweitgrößten Stadt des Landes.

Am östlichen Stadtrand befindet sich das so genannte **Kaunasser Meer**. Dabei handelt es sich natürlich nicht um ein Meer, aber mit über 63 qkm ist dieser Stausee recht beachtlich.

Im Innenstadtbereich treffen die beiden Flüsse Nemunas (Memel) und Neris aufeinander. Direkt an der Mündung des Flusses Neris in den Nemunas stand schon im 13. Jahrhundert eine kleine Ansiedlung innerhalb einer steinernen Burg.

Zu Beginn des 15. Jahrhunderts durfte sich Kaunas nach den Magdeburger Stadtrechten schließlich als „Stadt" bezeichnen. Die Entwicklung des Ortes ging schnell voran und neben einem Zollamt existierte am Nemunas ein Hafen.

Der Fluss Nemunas ist – wie oben schon kurz angedeutet – auch als Memel bekannt. So wurde der Wasserlauf genannt, als das Deutsche Reich bis an das Ufer und noch weiter reichte. Als „Memelland" wird die Region zwischen dem Fluss der Stadt Klaipėda bezeichnet.

Wie in vielen baltischen Städten änderte sich das Stadtbild schlagartig, als erst die Schweden die Macht übernahmen, schließlich die Russen kamen und auch Napoleon kurzzeitig das Sagen hatte.

Und zwischendurch gab es immer wieder Stadtbrände. Doch einen Titel hat die Stadt alleine in Litauen, sie ist Hansestadt, die einzige im südlichsten baltischen Land.

Zusätzlich können die Einwohner behaupten, ihre Stadt sei mal Hauptstadt gewesen. Dies jedoch nur kurz, als die Rotarmisten Vilnius besetzt hielten und die Regierung nach Kaunas umziehen musste. Dies nützte der Stadt insofern, dass sie wirtschaftlich und kulturell für diese kur-

PRAKTISCHE HINWEISE – JURBARKAS

Touristeninformation, Dariaus ir Girėno gatvė 94, Tel.: 44-77 02 01, E-Mail: tour.info.c@jurbarkas.omnitel.net, Web: www.omnitel.net/jurtic.

Feste und Folklore: **„Die Blüten von Panemunes"** heißt das traditionelle Fest, das auf der Burg Raudonė östlich von Jurbarkas im Mai stattfindet. Neben Konzerten werden auch Handwerkermärkte geboten.

Hotels

Hotel Jurbarkas, Dariaus ir Girėno str. 98, Tel.: 44-75 16 46, E-Mail: hotel@jurbarkas.com. Mehrgeschossiger Betonbau mit Blick auf den Nemunas; inkl. Supermarkt, Internetcafé und Sauna.

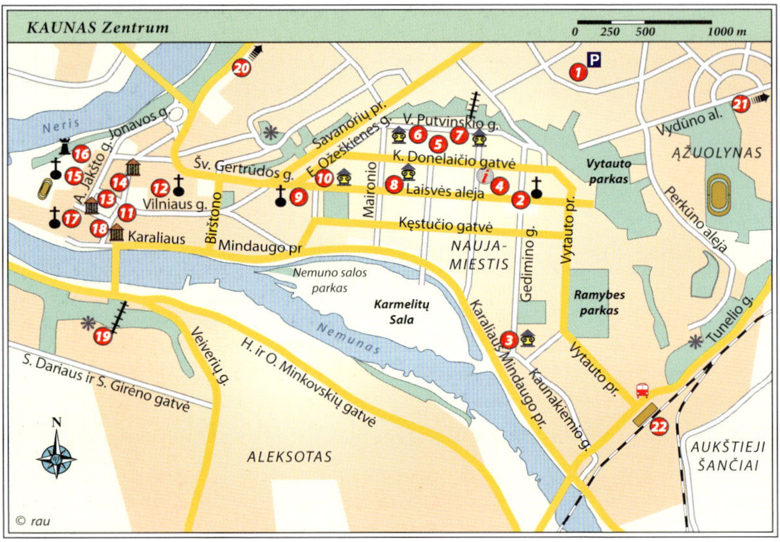

*KAUNAS (KAUEN) – **1** Parkplatz/Bergstation – **2** Unabhängigkeitsplatz/Michaelskirche – **3** Žilinskas-Museum – **4** Touristen-Information – **5** Vienybės Platz – **6** Kriegsmuseum – **7** Teufelsmuseum, Puppenmuseum – **9** St. Gertrud-Kirche – **10** Zoologisches Museum – **11** Rathausplatz – **12** St. Peter-und-Paul-Kirche – **13** Rathaus – **14** Maironis-Haus – **15** Georgenkirche – **16** Burg – **17** St. Franziskus-Kirche – **18** Perkūnas-Haus – **19** Aleksotas-Hügel – **20** IX. Fort – **21** Kaunasser Stausee*

ze Zeitspanne aufblühte. In dieser Periode entstand der Botanische Garten und die Universität wurde gegründet.

Die Grausamkeiten des Zweiten Weltkrieges kamen als Vorboten des eigentlichen Krieges nach Kaunas. Noch bevor die deutsche Wehrmacht einmarschierte, verübten die Litauer ein Pogrom gegen die in Kaunas lebenden Juden. Die Deutschen haben schließlich ein Ghetto errichtet, in dem mehrere zehntausend Juden umkamen.

Mit dem Ende des Weltkrieges musste die Stadt ihren Titel als Hauptstadt wieder an Vilnius abgeben, die zur Hauptstadt der Sowjetrepublik wurde.

Wenn wir den Innenstadtbereich nach einer langen Fahrt durch die Vororte erreicht haben, biegen wir nach Überquerung des Neris rechts ab und fahren in einer Linkskurve direkt auf die **Altstadt** zu.

Parkplätze sind in der Altstadt leider Mangelware und man ist gezwungen in einer der Seitenstraßen auf der linken Seite das Fahrzeug abzustellen. Die Straßen auf der rechten Seite sind relativ klein, eng und bieten nicht viele Parkplätze.

Sinnvoll ist es, den steilen Savanorių prospektas hinauf zu fahren, sich dort einen Parkplatz zu suchen, um dann mit der **Standseilbahn (1)** hinab zum Ufer des Nemunas zu gelangen.

Die Bergstation der Standseilbahn befindet sich an der **Auferstehungskirche**, die bis heute nicht fertig gestellt wurde und in der sich zwischendurch eine Radiofabrik befand. Das Gotteshaus mit dem über 60 m hohen Turm wird aber zurzeit restauriert und soll bald fertig gestellt werden.

Wenn Sie mit der Standseilbahn hinab fahren, beginnen Sie an der Talstation den **Stadtrundgang** und gehen direkt geradeaus in die nach dem polnischen Dichter Adam Mickiewicz benannte Straße A. Mickevičiaus gatvė.

An der zweiten Querstraße befinden Sie sich auf der Hauptstraße, die die Altstadt mit der Neustadt verbindet. In der so genannten Neustadt schließlich biegen Sie von der Laisvės Allee nach links ab, um zum **Unabhängigkeitsplatz** zu gelangen.

Dort erhebt sich das byzantinische Gebäude der **Heiligen Michaels-Kirche (Sobor, 2)**. Errichtet wurde die Kirche von russischen Architekten für die Armee des Zaren. Das Gotteshaus ist mit den fünf Kuppeln weithin sichtbar und gehört heute der katholischen Gemeinde. 1962 war der Kirchenbau zweitweise geschlossen und wurde dann drei Jahrzehnte lang als Museum benutzt. Doch heute finden hier wieder regelmäßig heilige Messen der katholischen Kirche statt.

Von der Kirche geht es rechts die Straße hinab in Richtung Fluss-Ufer. Dort befindet sich rechter Hand die **Kunstgalerie von Mykolas Žilinskas (3),** *geöffnet Di – So 11 – 17.00 Uhr (Eintritt 5,00 Lt, englischsprachige Führung 25,00 Lt).* Weitere Informationen unter Tel.: 323-27 88. Die Galerie zeigt antike und ägyptische Malkunst und erklärt die Geschichte der Porzellanmalerei im Europa der letzten 300 Jahre.

Wer sich weniger für diese Art von Kunst erwärmen kann, geht direkt von der orthodoxen Kirche über die Laisvės Allee in die Altstadt.

Auf fast 2 km befinden sich nun zahlreiche kleinere und größere Geschäfte, Restaurants und Sehenswürdigkeiten. **Raucher aufgepasst!** In dieser Fußgängerzone ist es nicht erlaubt, sich eine Zigarette anzuzünden! Seit 1990 nimmt die Stadt nämlich am internationalen Projekt der gesunden Stadt teil und verbietet das Rauchen auf der Laisvės Allee.

Vor dem **Kaufhaus Merkurijus** auf der rechten Seite, befindet sich die **Touristeninformation (4)** in Haus Nummer 36.

Am Kaufhaus biegen Sie rechts ab und gelangen zum **Vienybės Platz (5)**, der zu sowjetischen Zeiten Lenin-Platz hieß.

1928 errichtete man auf dem Platz zum ersten Mal eine Statue, die Litauens Unabhängigkeit symbolisieren soll. Kein Wunder, dass diese während der Okkupation entfernt wurde. Doch schon 1989 hat man es neu enthüllt.

Zu sehen gibt es am Vienybės Platz zudem den Garten des **Kriegsmuseums (6)** in dem sich einige Büsten und Statuen für bedeutende Schriftsteller und Politiker des Landes befinden. Im Garten brennt ständig ein Feuer, das als ewige Flamme und zusammen mit den Holzkreuzen hier an die Gefallenen erinnern, die für Litauens Unabhängigkeit gekämpft haben. Zu den Unabhängigkeitskämpfern zählt zum Beispiel auch der Student *Romas Kalanta*, der sich 1972 aus Protest gegen die Sowjetherrschaft selbst verbrannte.

Wer das Kriegsmuseum *(geöffnet Mi – So 10 – 17.00 Uhr, am letzten Do im Monat geschlossen, Eintritt 2,00 Lt. Informationen unter Tel.: 32-07 65)* auch von innen besichtigen möchte, der sieht dort zeitgenössische Dokumente, typische Waffen und auch Wrackteile des abgestürzten Flugzeuges, mit dem die beiden Piloten Darius und Stasys Girėnas den Atlantik überqueren wollten.

Als Alternative hat man im selben Gebäude die Möglichkeit das **Nationale Čiurlionis-Museum** für die bildende Kunst zu besichtigen. Es zeigt Werke der Malerei und Grafik des Künstlers M. K. Čiurlionis sowie eine Ausstellung über die alte litauische Malerei des 20. Jahrhunderts. *Öffnungszeiten Ciurlionis-Kunstmuseum: Di – So 12 – 18.00 Uhr (April – Oktober), sonst 11 – 17.00 Uhr. Jeden letzten Dienstag des Monats sind die Tore verschlossen. Eintritt 5,00 Lt. Weitere Informationen unter Tel.: 20-44 46, Fax: 20-46 12, E-Mail: mkc@takas.lt.*

Gleich gegenüber muss es mit dem Teufel zugehen. Zumindest ist es dort „höllisch" interessant, denn zahlreiche Darstellungen des Teufels wurden vom Künstler A. Žmuidzinavičius geschaffen und werden in seiner ehemaligen Wohnung und seinem **Atelier (7)** präsentiert. *Öffnungszeiten Teufelsmuseum: Di – So 11 – 17.00 Uhr und kostet 5,00 Lt. Nähere Informationen unter Tel 20-35 14.*

Zurück zur Fußgängerzone geht es direkt nach rechts. Linker Hand in Haus Nummer 87a, dem **Puppenmuseum (8),** ist zwar nicht der Teufel zu sehen, dafür werden hier viele Puppen ausgestellt. Die wunderschön gefertigten Handpuppen werden normalerweise im Puppentheater (Nykštukas) in der Adam Mickiewicz Straße vorgeführt. Der Eintritt kostet 1,00 Lt, mit einem kleinen theatralischen Programm liegt der Preis bei 3,00 Lt. Buchungen unter Tel.: 22-16 91 oder per Fax: 22-71 58.

Wenige Meter nach dem Puppenmuseum sieht man das **Denkmal des Großfürsten Vytautas**. Der aus Litauen stammende Bildhauer Grybas entwarf das Denkmal, das im Andenken an den 560. Todestag des geehrten Großfürsten enthüllt wurde. Unter der Figur sind vier Soldaten zu erkennen, die seine Gegner symbolisieren; einen Teutonen, einen Tataren, einen Polen und einen Russen. Die Litauer mussten auch dieses Denkmal 1990 neu enthüllen, nachdem die Russen wieder aus dem Land verschwanden.

Wer will hat am Denkmal die Möglichkeit nach rechts zu gehen und gelangt dann zum Pantomimentheater und zur Philharmonie.

Als nächstes folgt die **St. Gertrud-Kirche (9)**. Das Backstein-Bauwerk wurde im 15. Jahrhundert im gotischen Stil erbaut. Gleich gegenüber sehen Sie den Eingang des **Zoologischen Museums (10)**. 140.000 Exponate aus dem gesamten Spektrum des Tierreiches befinden sich in der 1919 gegründeten Ausstellung. Neben den zahlreichen Tier-Präparationen bietet das Museum auch einen kleinen Kinosaal, in dem interessante Naturdokumentationen gezeigt werden. Geöffnet: Di – So 11 – 19.00 Uhr Eintritt 5,00 Lt.

Hinter der St. Gertrud-Kirche kehren wir nun links in die Vilniaus gatvė. Auf den ersten Metern handelt es sich schlicht um eine gewöhnliche Fußgängerzone mit zahlreichen Boutiquen, Cafés und Geschäften wie in anderen Städten auch.

Nur die **Statuen der drei Präsidenten Litauens** auf der rechten Seite erinnern daran, dass man sich in der zeitweiligen Hauptstadt Litauens befindet. Diese drei Staatsoberhäupter (Smetona, Grinius und Stulgiskis) regierten das Land von Kaunas aus.

Interessanter wird die Straße Vilniaus gatvė jedoch kurz vor ihrem Ende an der westlichsten Stelle, wo sie in den **Rathausplatz (Rotušės aikštė, 11)** übergeht.

Auf der rechten Seite passieren wir als erstes die **St. Peter-und-Paul-Kathedrale (Šv. Petro ir Povilo arkikatedra, 12)** mit ihrem 55 m hohen Kirchturm. Das gotische Gotteshaus wurde ursprünglich im ersten Viertel des 15. Jahrhunderts errichtet.

Doch so wie es sich heute präsentiert, hat es zu Beginn nicht ausgesehen. Am Besten denken Sie sich alle Anbauten weg, bis nur noch der Chor übrig bleibt. Dann haben Sie die Kirche, wie sie nach der ersten Fertigstellung ausgesehen hat. Der Rest ist im Laufe der Jahrhunderte hinzugekommen.

Auf der südlichen Seite befindet sich die Grabstätte des Pfarrers und Dichters Mačiulis-Maironis. Das Innere der Kirche präsentiert sich mit neun reich verzierten Altären und einer Sakristei mit Kreuzgewölbe.

Das Haus neben der St. Peter-und-Paul-Kirche ähnelt auf den ersten Blick zwar einer Kirche, it aber keine. Es wird im Volksmund gerne als **„Weißer Schwan"** bezeichnet. Nahe liegend, denn das schneeweiße Gebäude mit dem Turm sieht aus wie ein Schwan – oder auch wie eine Kirche.

Tatsächlich handelt es sich um das **Rathaus (13)**. Errichtet werden sollte es schon im 16. Jahrhundert, doch schwere Zerstörungen stoppten das Bauprojekt, so dass es erst Mitte des 17. Jahrhunderts fertig gestellt werden konnte.

Gotische, barocke und frühklassizistische Elemente machen das Bauwerk, architektonisch betrachtet, interessanter als manch eine Kirche. Auch wenn man glauben möchte, dass in dem Rathaus einstmals Messen abgehalten wurden, ist dies nicht der Fall. Es gab lediglich eine Zeit, in der das Haus zweckentfremdet wurde, als es nämlich dem Zaren als standesgemäße Unterkunft dienen musste, wenn er sich in der Stadt aufhielt.

Seit dem letzten großen Umbau 1970 befinden sich heute zwei Institutionen im Rathaus. Einerseits das Standesamt und andererseits in den Kellergewölben eine **Keramikausstellung**. Sie zeigt litauische Keramik und die Geschichte des Porzellans *(geöffnet. Di – So 11 – 17.00 Uhr, am letzten Dienstag des Monats ist geschlossen).*

Wenn Sie im Uhrzeigersinn einmal rund um das Rathaus gehen, können Sie unterwegs einige interessante Gebäude und Museen besichtigen.

Es beginnt mit dem **Haus Nummer 13,** das heute als **Literatur- und Maironis-Museum** dient *(geöffnet Di – So 9 -17.00 Uhr, Eintritt 3,00 Lt. Info-Tel.: 20-67 89)*. Vor dem Haus befindet sich eine Statue des bereits erwähnten Literaten und Pfarrers Mačius-Maironis. Hier hat er lange Zeit gewohnt, daher wird es auch heute noch als **Maironis-Haus (14)** bezeichnet. Die ehemaligen Wohnräume dienen heute als „Gedenkwohnung" an den dichtenden Gottesmann. Zusätzlich gibt es in der ersten Etage eine Ausstellung mit Exponaten aus der Entwicklung der litauischen Literatur.

Im **Haus Nummer 19** befindet sich das **Museum der Post, Telekommunikation**

und Informatik *(geöffnet Mi, Do, Sa u. So von 10 – 18.00 Uhr, Eintritt 2,00 Lt)*. Es zeigt Informatives über das Post- und Telekommunikationswesen in Litauen.

Auf der Rückseite des Rathauses sieht man die **Georgenkirche (15)**, in der heute die medizinische Fakultät der Universität von Kaunas untergebracht ist.

Weiter geht es zum **Masalski-Palast.** In der ehemaligen Stadtresidentz der Fürsten Masalski ist heute ein Priesterseminar untergebracht.

Nördlich davon findet man die restaurierte **Burg (16)**. Man begann im 13. Jahrhundert damit, sie zu errichten. Damals war das befestigte Gebäude das erste von Bedeutung hier. Rasch etablierte sich um die Burg eine Siedlung, aus der schließlich die heutige Stadt geworden ist.

Die strategisch günstige Lage am Zusammenfluss von Neris und Nemunas machte die Festung bei den Feinden der Stadt bald zu einem begehrten Ziel. Und so dauerte es auch nicht lange, bis sie 1362 erobert und zerstört wurde.

Das **Pharmazie- und Medizingeschichtsmuseum** *(geöffnet Mi – So 11 – 17.00 Uhr, Eintritt 2,00 Lt. Info-Tel.: 20-15 69, Fax. 20-15 75, E-Mail: kaunas.med.muz@takas.lt)*, das letzte Museum am Rathausplatz, befindet sich in **Haus Nummer 28**. Es zeigt eine schöne Ausstellung über die Geschichte der Medizinischen Universität Kaunas. Im Inneren ist eine Apotheke inklusive Laboratorium und Kellerräumen aus dem 19. Jahrhundert nachgebildet.

Wer weiter bis zum Ufer des Flusses Nemunas geht, trifft auf das **Sportmuseum** *(geöfnet: Mi – Mo 10 – 17.00 Uhr, Eintritt 2,00 Lt). Info-Tel.: 22-06 91)*. Neben der Entwicklung der Sportgeschichte Litauens informiert es über die Teilnahme an internationalen Wettkämpfen und erinnert an litauische Sportler.

Zwei weitere wichtige Gebäude befinden sich auf der Südseite des Rathausplatzes.

Schnell zu erkennen ist die **St. Franziskuskirche (17)**, für deren Bau man fast 100 Jahre benötigte. Sie wurde 1753 errichtet, diente erst den Franziskanern als Ordenskirche, war danach die Alexander-Nevskij-Kathedrale und musste in der Sowjetzeit schließlich als Schule herhalten. Seit Anfang der 1990er Jahre hat sie ihre Funktion als Gotteshaus zurückbekommen.

Als zweites erhebt sich das Jesuitengymnasium im gotischen **Perkūnas-Haus (18)**. Es stammt aus dem 15. Jahrhundert und wurde von Kaufleuten geplant und genutzt, da es als Handelshaus des Hansebundes diente.

Bei Umbauarbeiten Anfang des 19. Jahrhunderts fand man in einer Mauer eine Bronzestatue, die den Donnergott (Perkūnas) darstellt. Nach dem Einzug des litauischen Theaters im Jahr 1844 hat man das Bauwerk im letzten Jahrhundert mehrfach umgebaut und restauriert, bis es sein heutiges Aussehen erhielt.

Die letzte Sehenswürdigkeit in der Altstadt ist schließlich die **Vytautas-Kirche** aus dem 15. Jahrhundert. Sie ist eines der ältesten Kaunasser Gebäude im gotischen Stil und kann eine bewegte Geschichte vorweisen. Ursprünglich gehörte sie den Franziskaner. Später kam die französische Armee unter Napoleon und richtete in dem Gotteshaus ein Waffenlager ein. Danach wurde sie eine Zeit lang als orthodoxe Kathedrale benutzt. In der Kirche befindet sich die Grabstätte des Schriftstellers Tumas-Vaižgantas.

Von hier aus können wir nun die Altstadt verlassen und die Brücke über den Nemunas benutzen. Sie bringt uns zu einer weiteren **Standseilbahn**, die auf den **Aleksotas-Hügel (19)** fährt. Von dort oben genießt man einen schönen Ausblick auf die Stadt. Auf der rechten Seite kann man die kleine Insel im Fluss erkennen, die mit ihrer schönen Parkanlage zum Spazieren und Picknicken einlädt.

Damit schließen wir unseren Rundgang durch Kaunas.

Eine wesentliche Sehenswürdigkeit bleibt jedoch noch. Hierfür müssen wir allerdings noch einmal mit dem Fahrzeug in Richtung Klaipėda fahren, diesmal jedoch über die Autobahn.

Nach rund 6 km sehen wir schon eine Skulpturengruppe, die auf ein **Fort (20)** hinweist. Dieses Fort gehörte zu den Festungsanlagen der Stadt aus jüngerer Zeit. Begonnen hatte man mit dem Bau zu Beginn des 20. Jahrhunderts und fertig gestellt wurde die Anlage am letzten Abend vor Beginn des Ersten Weltkrieges.

stellenweise sind die Dünen an der Ostsee über 60 m hoch

Im Zweiten Weltkrieg wurde das Fort von den Nationalsozialisten genutzt und erhielt den Decknamen Fabrik Nr. 1005-B. 80.000 Menschen wurden hier ermordet, etwas weniger als die Hälfte waren jüdischen Glaubens.

Nach Ende des Zweiten Weltkrieges übernahmen andere Machthaber das Kommando, nutzten diese „Fabrik" aber zu ähnlichen Zwecken. Denn auch in der Zeit der Okkupation durch die Sowjetunion wurden hier Erschießungen durchgeführt.

Heute können die Räumlichkeiten, teils nur mit einer Führung, besichtigt werden.

Die genaue Adresse des IX. Forts lautet: Žemaičių gatvė 73, weitere Informationen erhält man unter Tel.: 37-77 50.

Öffnungszeiten IX. Fort: April bis Oktober Mi – Mo 10 – 18.00 Uhr, sonst bis 16.00 Uhr. Eintritt 5,00 Lt, Führungen durch das Museum 10,00 Lt, durch die Festung und das Gefängnis aus der Sowjetzeit 20,00 Lt und durch die Kellerräume 10,00 Lt.

Am östlichen Ende der Stadt geht es nicht so bedrückend zu. Dort befindet sich, wie bereits erwähnt, der **Kaunasser Stausee (Kauno marios 21).** Er ist das größte künstliche Gewässer im Land und entstand 1959, als das Wasserkraftwerk gebaut wurde. Allein die gesamte Uferlänge beläuft sich auf rund 200 km und umfasst eine Wasseroberfläche von 63,5 qkm. Die tiefste Stelle im See liegt bei rund 22 Metern.

Um den See herum hat man 1992 einen **Regionalpark** eingerichtet, um die Natur und die Kulturdenkmäler zu schützen. Das gesamte Areal umfasst mehr als 10.000 ha. Man kann am Ufer durch zahlreiche Kiefernwälder spazieren gehen oder das **Kloster bei Pažaislis** besichtigen, bei dem es sich um ein prachtvolles Bauwerk der Barockkunst handelt.

In **Rumšiškės**, das sich gleich an der Autobahn nach Vilnius befindet, liegt das **Ethnographische Museum** oder auch **Brauchtumsmuseum** genannt *(geöffnet Ostern bis Oktober Mi – So 10 – 18 Uhr).*

Dieses Freilichtmuseum informiert über die Architektur und Volkskunde der in dieser Gegend lebenden Litauer. Zahlreiche Wohn- und Wirtschaftsgebäude aus den verschiedensten Regionen des Landes wurden hierher geschafft und entsprechend wieder aufgebaut, so dass man als Besucher durch vier verschiedene „Regionen" wandelt, die nachgestellt wurden.

Über 50 Häuser präsentieren Dauerausstellungen mit Möbeln, Textilien, Küchen- und Arbeitsgeräten.

Neben den Wohn- und Handwerksbereichen wurde ein kleiner Teil des Geländes abgetrennt für einen Eisenbahnwaggon, der zur Deportation der litauischen Bevölkerung genutzt wurde und daran erinnern soll.

Und wer lieber mit dem Schiff den See überqueren will, hat die Möglichkeit dies mit einem der beiden **Ausflugsboote** zu machen. Sie heißen **‚Algirdas'** und **‚Nemunas'** und fahren sogar bis zum nächsten Ort auf unserer Reise durch Litauen, nach Birštonas.

Alles in allem ist der Regionalpark ein beliebtes Ausflugsziel bei der Kaunasser Bevölkerung, doch auf Grund der Größe des Territoriums verläuft sich glücklicherweise der Besucherandrang auch am Wochenende.

Die Direktion des Regionalparks ist wie folgt zu erreichen: Miškininkų gatvė 2, Vaišvydava, Tel.: 38-30 70, E-Mail: kmarios@takas.lt, Web: http://miskai.gamta.lt/parkai/3_0.htm.

Praktische Hinweise – Kaunas (Kauen)

Touristeninformation, Laisvės al. 36, Tel.: 37-32 34 36, Fax: 37-42 36 78, E-Mail: turizmas@takas.lt, Web: www.kaunas.lt.

Feste und Folklore: Im Mai wird regelmäßig in einem großen Fest der Geburtstag der Stadt gefeiert. Dabei werden Feuerwerke abgeschossen und die wichtigsten Punkte der Stadt verwandeln sich in bunte Festspielorte. Weitere Festivals sind im April der „Kaunas Jazz" mit zahlreichen Freilichtkonzerten sowie das Musikfest von Pažaislis, das den Besuchern seit 1996 die klassische Musik näher bringt. Anfang Mai wird der Wettbewerb des Bernsteintanzpaares veranstaltet, bei denen die besten Tanzpaare aus Europa ihr Können demonstrieren.

Restaurants

Restaurant Bernelių užeiga, Donelaičio gatvė 11, Tel.: 20-77 00 oder in der Valančiaus gatvė 9, Tel.: 20-91 13 oder in der Baltų gatvė 81, Tel.: 36-53 97, Web: www.berneliuuzeiga.lt. Diese drei Restaurants gehören zusammen und bieten leckere typische Gerichte aus Litauen. Alle drei haben geöffnet von 10 – 01.00 Uhr und befinden sich jeweils in rustikal eingerichteten Räumlichkeiten.

Restaurant Čarlstonas, Kęstučio gatvė 93, Tel.: 37-20 29 93, fax. 37-22 57 69, E-Mail: carlstonas@one.lt, Web: www.carlstonas.lt. Französische Küche in einer einmaligen Atmosphäre. Geöffnet von 11 – 24.00 Uhr täglich.

Restaurant Legenda, Šiaurės pr. 5a, Tel.: 37-40 84 56, Fax: 37-40 84 57, E-Mail: info@restoranaslegenda.lt, Web: www.restoranaslegenda.lt. Wer es russisch mag, der ist hier richtig. In dem aus Stammhölzern gebauten Gebäude werden typisch russische Gerichte zubereitet. Das gesamte Interieur ist im russischen Stil eingerichtet. Kein Wunder, dass am Wochenende russische Lieder gesungen werden. Geöffnet von 11 – 24.00 Uhr, am Wochenende bis 02.00 Uhr.

Weinkeller Senamiesčio vyninė, M. Daukšos gatvė 23, Tel.: 22-76 56. Über 100 Weinsorten aus aller Welt kann man hier bei europäischer Küche kosten. Geöffnet von 11 – 23.00 Uhr. Am Wochenende erst ab 12.00 Uhr.

Café und Bar Skliautas, Rotušės Platz 26. Eines der zahlreichen Cafés am Rathausplatz. Mit Terrasse und Live-Musik in den Abendstunden. Geöffnet von 10 – 24.00 Uhr.

Hotels

Hotel Kaunas, Laisvės av. 79, Tel.: 75-08 50, Fax: 75-08 51, E-Mail: kaunas@kaunashotel.lt. Web: www.kaunashotel.lt. Dieses Vier-Sterne-Hotel liegt direkt in der Fußgängerzone der Neustadt und ist das beste Haus am Platze. Es bietet 57 modern eingerichtete Zimmer mit Telefon, Sat-TV und Mini-Bar sowie einen Fitnessraum, einen Swimmingpool, eine Sauna und ein Restaurant im Erdgeschoss.

Hotel Minotel, V. Kuzmos gatvė 8, Tel.: 20-37 59, Fax: 22-03 55, E-Mail: minotel@kaunas.omnitel.net, Web: www.minotel.lt. Ebenfalls zentral gelegen ist dieses Drei-Sterne-Hotel. Es beherbergt neben 23 gemütlichen Zimmern ein Restaurant mit Außenterrasse.

Best Western Hotel Santakos, J. Gruodžio, gatvė 21, Tel.: 30-27 02, Fax: 30-27 00, E-Mail: office@santaka.lt, Web: www.santaka.lt. Auch dieses Hotel ist modern ausgestattet und wurde mit vier Sternen ausgezeichnet. Im Untergeschoss des rustikalen Backsteingebäudes befindet sich eine Sauna, ein Schwimmbad und der Nachtclub Europa.

Takioji Neris, K. Donelaičio gatvė 27, Tel.: 30-61 00, E-Mail: takneris@takas.lt, Web: www.travel.lt/neris. Das höchste Hotel der Stadt verfügt über 175 moderne Zimmer, von denen die meisten einen schönen Blick auf die Altstadt und den Fluss Neris geben. Im Erdgeschoss befindet sich neben dem Restaurant, ein Café und eine Bar. Zum Haus gehört auch ein bewachter Parkplatz.

3. KAUNAS (KAUEN) - DRUSKININKAI

Länge der Tour: Rund 165 km, ohne Abstecher.

Strecke: A1 bis **Rumšiškės** – Straße 188 – Straße 129 – A16/E28 bis **Birštonas** – A16/E28 bis Straße 129 – Straße 129 – Straße 220 bis **Alytus** – Straße 132 bis **Seirijai** – Straße 180 über **Leipalingis** nach **Druskininkai.**

Empfohlene Reisedauer: Mindestens ein Tag.

Reisehöhepunkte auf dieser Tour: Spaziergänge durch die Kurorte **Birštonas*** und **Druskininkai****.

*ROUTE: **Kaunas** verlassen wir über die A1 / E85 in Richtung Vilnius. Von der Schnellstraße ab zur Ausfahrt **Rumšiškės**, wo wir auf die 188 für kurze Zeit südwärts fahren. Sie mündet in die Straße 129, die uns 38 km weiter südlich zur A16 / 28 bringt. Dort biegen wir rechts ab bis wir nach 9 km **Birštonas** erreicht haben.*

Der **Fluss Nemunas** (Memel) macht eine große Kurve und inmitten dieser Schlinge liegt der kleine Kurort **Birštonas** mit etwas über 6.000 Einwohnern.

Die Ortschaft wurde im 14. Jahrhundert zum ersten Mal erwähnt, kann aber keine besonderen Sehenswürdigkeiten vorweisen.

Als Reiseziel dient Birštonas eher Erholungssuchenden und Naturfreunden, denn die Attraktion des Ortes ist die Landschaft, die ihn umgibt. Bereits die Fürsten, die in dieser Gegend einst auf Jagd gingen, schätzten die landschaftlich schöne Umgebung.

Vor allem aber ist Birštonas **Kurort**, der durch durch seine Mineralquellen bekannt wurde.

Die ersten zu behandelnden Gäste kamen bereits im 19. Jahrhundert. Ein weiterer Grund für die Errichtung der zahlreichen Sanatorien ist aber auch das hier vorherrschende milde Klima.

Die Sanatorien selbst sind heute mit modernsten Gerätschaften ausgestattet und helfen mit den verschiedensten Therapien unter anderem bei Rheuma- und Ge-

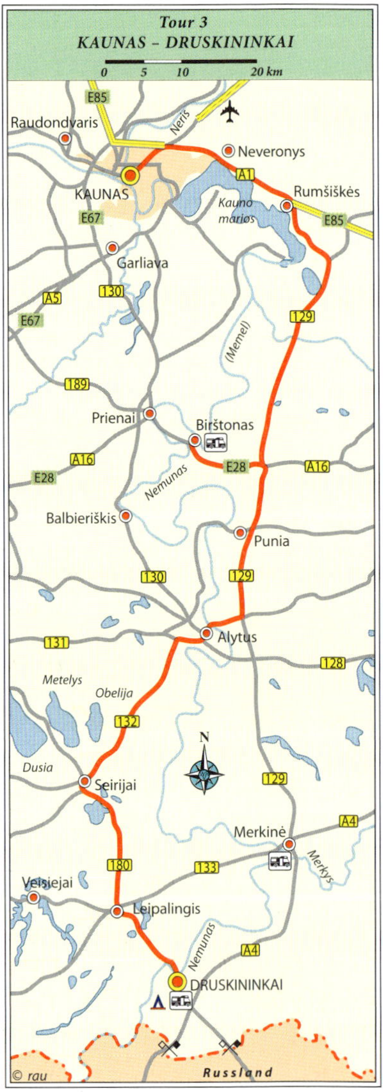

typische Holzbauarchitektur im Südwesten Litauens

lenkerkrankungen. Gearbeitet und geheilt wird mit Massagen, ätherischen Ölen und natürlich mit dem hiesigen Heilwasser.

Informationen erhält man unter Tel.: 31-96 55 20, E-Mail: satulpe@mnail.lt, Web: www.lietuva.lt/tulpe.

Zwischen den Behandlungen besteht die Möglichkeit, den kleinen **Berg Vytautas** zu besteigen. Oben angekommen, kann man die Aussicht auf den Fluss und die Ortschaft genießen.

→ ROUTE: *Birštonas verlassen wir auf demselben Weg, auf dem wir hergekommen sind. Wir fahren auf der A16 / E28 zurück bis zur Kreuzung der Straße 129. Diese bringt uns südwärts bis nach* ***Alytus****.*

Die Ortschaft **Alytus** kann man getrost links liegen lassen. Sie ist zwar die sechstgrößte Stadt des Landes, hat jedoch keinerlei Sehenswürdigkeiten anzubieten.

Interessant sind höchstens die Lage und die Geschichte des Ortes, die beide eng miteinander verbunden sind. Denn Alytus war in der Vergangenheit eine geteilte Stadt.

Die Grenze war der Fluss Nemunas, der die Stadt in zwei Hälften teilte. Eine gehörte zum Deutschen Orden, die andere zur Litauisch-Polnischen Union.

Später verlief hier die Grenze zwischen Russland und Preußen und danach wieder-

PRAKTISCHE HINWEISE – BIRŠTONAS

Touristeninformation, Jaunimo gatvė 3, Tel.: 38-15 91 77, E-Mail: anyksciai.turizmas@is.lt, Web: www.anyksciai.lt.

Feste und Folklore: Ende März wird das traditionelle **Jazzfestival** veranstaltet und Ende April trägt man den **Rudermarathon** aus. Am letzten Wochenende im Mai findet der so genannte **Poesie-Frühling** statt, während am zweiten Juniwochenende das **Kurortfest** mit zahlreichen Veranstaltungen auf dem gesamten Stadtgebiet veranstaltet wird. Dazu zählt ein Volleyballturnier, Motorbootrennen und ein Luftballonspektakel für die Kinder. Im Juli sucht man im internationalen Wettstreit den **„Kräftigsten von Nemunas"**.

Wohnmobil-Stellplatz

Wohnmobil-Stellplatz, am Gesundheitszentrum Birstono Nemuno Vingis in der Turistu g. 20 besteht, mitten im Wald gelegen, die Möglichkeit im Wohnmobil zu nächtigen. Der Platz liegt auf der anderen Fluss-Seite und ist folglich über **Prienai** zu erreichen. Keine Ver- und Entsorgungsmöglichkeit.

Praktische Hinweise – Alytus

Touristeninformation, Rotušės a. 14a, Tel.: 31-55 20 10, Fax: 31-55 19 82 2, E-Mail: tour.info@alytus.omnitel.net, Web: www.omnitel.net/alytus.

Restaurants

Restaurant Duetas, Rotušės a. 12a, Tel.: 31-57 31 03, E-Mail: duetas@aktv.lt. Modernes Restaurant mit kontinentaler Küche und kostenlosem Parkplatz. Geöffnet von 10 – 23.00 Uhr, Fr und Sa bis 02.00 Uhr.

um zwischen Polen und Litauen. Heute ist Alytus schlicht eine Industriestadt mit wenig architektonischen Besonderheiten.

*Route: Von **Alytus** aus geht es über die Straße 132 bis **Seirijai.** Dort wechseln wir auf die 180 und fahren über **Leipalingis** bis nach **Druskininkai**.*

„Druska" ist die litauische Bezeichnung für Salz. Salzhaltig wiederum sind die Mineralquellen, die im Dreiländereck von Polen, Litauen und Weißrussland hervor treten. So kam die Stadt **Druskininkai** zu ihrem Namen.

Entstanden ist der Ort recht spät im 17. Jahrhundert. Vor etwas über 200 Jahren schon erkannte man die Heilkraft des Wassers und man erklärte die Ortschaft erst zur Heilstätte und später zum **Kurort**.

ein Spaziergang durch den Kurort Druskininkai

im Kurpark von Druskininkai

Mit der Fertigstellung der Eisenbahnstrecke zwischen St. Petersburg und Warschau florierte das Geschäft mit den Kurbehandlungen. Heute leben ungefähr 21.000 Menschen in der Stadt, die neun Sanatorien beherbergt.

Zusätzlich zum Mikroklima, das hier herrscht, liegt die Ortschaft in einer pittoresken Landschaft mit zahlreichen Kiefernwäldern, die nicht nur zum Wandern einladen, sondern in denen auch zahlreiche Fahrradwege angelegt wurden.

Der Maler Jonynas und der Skulpturenkünstler Lipchitz, zwei populäre Künstler des Landes, wurden in Druskininkai geboren.

Die Innenstadt von Druskininkai ist ruhig und gemütlich. Umgeben ist sie vom Fluss Nemunas im Norden sowie von den beiden Seen Vijūnėlio und Druskonio im Süden.

Wenn man nicht auf dem Campingplatz übernachten möchte, so hat man dort jedoch gute Parkmöglichkeiten.

Vom Campingplatz gehen wir nach links durch die bewaldete Straße, bis wir am schönen **Druskonio See** mit seinen schönen Wasserspielen vorbei kommen.

Auf der linken Seite, gleich am Ufer des Sees, steht ein kleines neoklassizistisches Gebäude, in dem sich das **Städtische Museum** (Čiurlinio gatvė) befindet *(geöffnet täglich von 11 – 17.00 Uhr, Eintritt 3,00 Lt)*.

Auf der anderen Straßenseite beginnt die **Vilniaus Allee**. Sie ist die Fußgängerzone und wichtigste Straße in der Stadt.

Direkt auf der rechten Seite erhebt sich hinter den hohen Bäumen der Turm der neogotischen **Kirche der Heiligen Maria**. Sie stammt vom Ende des 19. Jahrhunderts.

Wenige Meter darauf erscheint eines der Kurhäuser von Druskininkai, das eine eigentümliche Architektur hat.

Das größte **Kurhaus** der Stadt erkennt man an der grün-weißen Fassade des Hauses Nummer 11.

Bis zu 60 gesundheitsfördernde Maßnahmen finden im Kurhaus Anwendung. Es beginnt bei Dampfbädern und reicht bis zu zahlreichen verschiedenen Massagen.

Darüber hinaus helfen moderne Schlamm- und Mineralbäder rund um die beiden Mineralwasserquellen Dzūkija und Druskininkai bei der Heilbehandlung .

Auf der von Bäumen gesäumten **Vilniaus Allee** geht es weiter nordwärts. Unter dem dichten Laubwerk sind auf dem Weg einige witzige und sehenswerte **Skulpturen** aufgestellt. Der „**Badende**" zieht hierbei wohl die meisten Blicke auf sich.

Ein etwas größeres Denkmal befindet sich dahinter rechts. Es wurde anlässlich des 100. Geburtstages von M.K. Čiurlionis errichtet. Čiurlionis war ein populärer Komponist sowie Maler und verbrachte sehr viel Zeit in Druskininkai.

Ihm zu Ehren wurde sogar eine Straße nach ihm benannt. Dort findet man im Haus Nummer 41 ein **Čurlionio-Museum**, das sich mit seinen Werken beschäftigt *(geöffnet Di – So 11 – 17.00 Uhr)*. Es ist gleichzeitig das Haus, in dem Čiurlionis große Teile seiner Kindheit verbrachte.

Die Fußgängerzone **Vilniaus Allee** wird auf dem weiteren Weg „städtischer". Seit dem Jahr 2006 befindet sich am nördlichen Ende der Einkaufsstraße ein größeres **Einkaufszentrum** mit zahlreichen gastronomischen Einrichtungen. Der Grundriss des Gebäudes ist interessant und erinnert an die Scheren einer Krabbe.

die orthodoxe Kirche in Druskininkai

Gleich dahinter fließt der Nemunas gemächlich durch die Landschaft, die auf der Nordseite relativ unbebaut ist und zahlreiche Wandermöglichkeiten durch den Wald bietet.

Westlich der Einkaufsstraße befindet sich in einem hübschen Villenviertel ein großer Kreisverkehr, in dessen Zentrum eine kleine blaue Holzkirche zu sehen ist. Das **orthodoxe Gotteshaus** stammt aus dem Jahr 1865 und ist mit sechs kleinen Zwiebeltürmchen versehen. *Geöffnet: Mo – Fr 14 – 17.00 Uhr, Sa 17 - 19.00 Uhr und So 9 – 12.00 Uhr.*

Praktische Hinweise – Druskininkai

Touristeninformation, Gardino gatvė 3, Tel.: 31-35 17 77, E-Mail: druskininkutib@post.vija.lt, Web: www.druskonis.lt/info.

- Touristeninformation, Čiurlionis gatvė 65

Feste und Folklore: Das Fest des Kurortes findet in den Maiwochen innerhalb der Grünanlagen statt und bietet für Einheimische und Kurgäste ein abwechslungsreiches Programm. Während der gesamten Sommermonate werden zu Ehren von M.K. Čiurlionis Kammer- oder Orgelmusikabende abgehalten. Im Juli und August kann man auf der Terrasse des Städtischen Museums den Konzerten der Kammermusik lauschen.

Restaurants

Restaurant Druskininkai, V. Kudirkos gatvė 43, Tel.: 31-35 25 66, Fax: 31-35 13 45. Täglich von 8 – 23.00 Uhr geöffnet.

Restaurant Dangaus Skliautas, Kurorto gatvė 8, Tel.: 31-35 18 19. Geöffnet hat dieses gemütliche Lokal fast rund um die Uhr. Am Wochenende schließt es um 04.00 Uhr, sonst um 02.00 und öffnet schon wieder um 10.00 Uhr. Vom Lokal mit europäischer Küche hat man einen schönen Blick auf den Nemunas.

Restaurant Medūna, Liepų gatvė 2, Tel.: 31-35 80 33, E-Mail ssigita@takas.lt.

Sicilija I, Taikos gatvė 9, Tel.: 31-35 18 65. Italienische Pizzeria.

Café Aris, Druskininkų gatvė 3, Tel.: 31-35 70 09. Geöffnet von 9 – 23.00 Uhr, am Wochenende auch bis 02.00 Uhr.

Hotel

Hotel Regina, T. Kosciuškos gatvė 3, Tel.: 31 35 90 60, Fax: 31-35 90 61, E-Mail: reservation@regina.lt, Web: www.regina.lt. Das Hotel befindet sich nur wenige Schritte nordwärts von der orthodoxen Kirche entfernt auf der rechten Seite. Die 40 Zimmer in dem modernen Gebäude verfügen über Sat-TV und Telefon sowie über Badezimmer mit Fön. Im Erdgeschoss des eleganten Hotels ist eine Bar untergebracht. Die Zimmer kosten in der Hauptsaison zwischen 55 und 116,00 Euro.

Hotel Viešbutis, V. Kudirkos gatvė 43, Tel.: 31-35 25 66, Fax: 31-35 13 45, E-Mail: druskininkai@vetra.lt, Web: www.hotel-druskininkai.lt. das luxuriöse und moderne Vier-Sterne-Hotel ist das beste Haus am Platze und liegt in unmittelbarer Nähe der Marienkirche. Die 51 Zimmer verfügen über Klimaanlage, Sat-TV, Telefon, Mini-Bar, Safe, Internetanschluss und Fußbodenheizung im Badezimmer. Die Preise liegen zwischen 58,00 Euro für ein Einzelzimmer bis 203,00 Euro für die Präsidentensuite. Zum Haus gehört ein türkisches Bad, eine Fitnesshalle (nur eine Stunde kostenlos), Autoverleih, Fahrradverleih und ein Parkplatz

Hotel Violeta, Kurorto gatvė 4, Tel.: 31-36 06 00, Fax: 31-36 06 02. E-Mail: info@violeta.lt, Web: www.violeta.lt. Direkt am Ufer des Nemunas liegt das malerische Hotelgebäude. Es beherbergt zwei Einzel- und 13 Doppelzimmer sowie vier Luxusappartements und ein günstigeres Appartement. Die Räumlichkeiten verfügen über Sat-TV, Internetanschlussmöglichkeit, Minibar, Fön und Fußbodenheizung im Bad. Zum Haus gehören eine Tiefgarage, zwei Bars, ein Wintergarten und eine Außenterrasse direkt am Ufer des Flusses.

Camping

Camping Kempingas****, Gardino gatvė. 3, 66204 Druskininkai, Tel.: 313-60 800, 313-60 803, E-Mail: information@druskininkai.lt, Web: www.druskininkai.lt. Dieser Platz (1,5 ha) besteht erst seit Juli 2005. Geöffnet ist er von April bis Oktober und bietet 45 parzellierte Plätze auf Rasengittersteinen. Man erreicht ihn über die Wegbeschilderung an der Statoil-Tankstelle auf der A4. Der 4-Sterne-Campingplatz verfügt über 8 Bungalows für je 5-8 Personen, eine Waschmaschine mit Trockner, eine schöne komplett eingerichtete Küche, Babywickelraum, Fahrradverleih, Volleyballfeld, Entsorgungsmöglichkeit, Internetanschlussmöglichkeit für Laptops sowie moderne und saubere Sanitäreinrichtungen. Ein Kinderspielplatz soll folgen. Die Übernachtung kostet für ein Wohnmobil bis zu zwei Personen 15,00 Euro. Ein Platz für das Zelt 3,00 Euro, je Person ebenfalls 3,00 Euro, Komfortausstattung.

Wohnmobil-Stellplatz

Wohnmobil-Stellplatz, direkt auf dem Parkplatz der Touristeninformation in der Gardino-Straße bzw. vor dem Campingplatz. Duschen und WC des Campingplatzes dürfen mitbenutzt werden, **Ver- und Entsorgungsmöglichkeit**.

4. DRUSKININKAI – VILNIUS (WILNA)

Länge der Tour: Rund 100 km, ohne Abstecher.

Strecke: Straße Richtung **Merkinė** – A4 über **Merkinė** und **Senoji Varėna** bis Straße 128 – Schotterweg bis **Rūdiškės** – Straße 220 bis **Trakai** – A16/E28 bis A14 – A14 bis **Vilnius (Wilna)**.

Empfohlene Reisedauer: Mindestens ein Tag.

Reisehöhepunkte auf dieser Tour: Denkmalpark **Grūtas Parkas****, Wanderung durch den **Dzukija-Nationalpark***, Besichtigung der **Burg Trakai*****, Stadtrundgang durch **Vilnius (Wilna)*****.

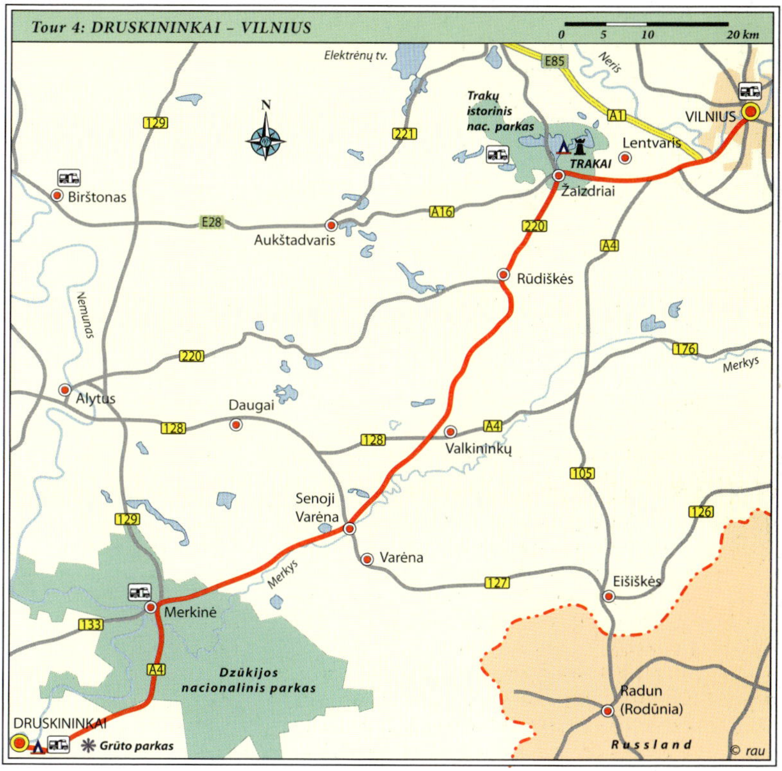

Route: *In* ***Druskininkai*** *benutzen wir die A4 in Richtung* ***Vilnius****. Nach einem Kilometer erreichen wir die Holzvilla* ***Girios Aidas****.*

Bei **Girios Aidas** *(geöffnet Mi – So 10 – 18.00 Uhr; Eintritt 4,00 Lt)* handelt es sich um eine hübsche Holzvilla, in der eine Ausstellung über die Flora und Fauna innerhalb eines Waldes gezeigt wird. Daher auch der Name, denn Girios Aidas bedeutet „Waldecho". Schon vor der Villa sieht man einige holzgeschnitzte Figuren, die sich lohnen, fotografiert zu werden.

Route: *Weitere 5,5 km geht es auf der A4 ostwärts bis zum Ort* ***Grūtas****. Dort biegen wir rechts ab und folgen der Beschilderung* ***Grūtas Parkas****.*

Lenin-Skulptur in Grutos Parkas

Als die baltischen Staaten ihre Unabhängigkeit wieder erlangten, bauten sie nicht nur viele Dinge auf, die durch den Sowjeteinfluss zerfielen, sondern sie bauten auch gewisse Dinge wieder ab. Denkmäler, die an den wichtigsten Plätzen der Stadt standen und nicht erwünscht waren, wurden rasch demontiert und entfernt.

So verschwanden die Büsten und überdimensionierten Statuen von Marx, Lenin und Stalin in der Versenkung. Bis zu dem Tag, als ein findiger Geschäftsmann sie hervor holte, auf seinem Privatgelände aufstellte und dieses dann **Grūtas Parkas** nannte *(geöffnet 9 – 19.00 Uhr; Eintritt 10 Lt pro Person, plus 5 Lt für die Fotografier-Genehmigung, die man sich an die Brust heften muss, sowie 10 Lt für die Genehmigung, wenn man mit der Kamera filmen möchte. Info-Tel.: 35-54 84, Fax: 34-74 51, E-Mail: hesona@druskininkai.omnitel.net).*

Die Eröffnung des Parks, in dem nun zahlreiche Denkmäler aus der Sowjetzeit ausgestellt sind, konnte jedoch erst im Frühjahr 2000 erfolgen. Erst musste das litauische Parlament beraten, ob dies eine so gute Idee sei, denn man befürchtete eine Art Wallfahrtsort der Kommunisten.

Weltweit sorgte die geplante Ausstellung für Schlagzeilen. Für den Park eine willkommene Werbung, wie man vor dem Eingang sehen kann. Eine mehrere Meter lange Schautafel zeigt die Zeitungsausschnitte aus aller Herren Länder.

Im Park bewegt man sich auf einem Holzrundweg und sieht neben den Statuen auch zahlreiche Fotodokumente, wo sich die einzelnen Figuren zuvor befanden. Daneben gibt es noch kleinere Ausstellungsräume, die dem Besucher die Sowjetzeit näher erläutern.

→ **ROUTE:** *Für die nächsten 18 Kilometer bleiben wir weiterhin auf der A4. Es erscheint der Abzweig auf die Straße 133. Nach links führt sie nach wenigen hundert Metern in den Ort* ***Merkinė****.*

Etwas unspektakulär erscheint **Merkinė** mit seinem Supermarkt, der kleinen Tourismusinformation und dem vernachlässigten Kirchenbauwerk. Bedeutsamer war die Stadt im 14. Jahrhundert, als sich dort eine Burg befand. Von ihr ist heute jedoch nichts mehr zu sehen.

Merkinė ist der zentrale Mittelpunkt des **Dzukija-Nationalparks**, in dem wir uns hier befinden. Seine Fläche von fast 55.000 ha Größe reicht von der Grenze zu Belarus bis zum Fluss Nemunas. Vier Fünftel davon bestehen aus Kiefernwald, die um den 168 m hohen Berg Daligakalnis herum wachsen.

Der Park ist kaum bewohnt und beherbergt drei Reservate und 28 verschiedenartige Schutzgebiete.

Zahlreiche Pflanzen- und Tierarten, von denen einige vom Aussterben bedroht sind, wachsen und leben in der Region.

Von den erwähnten Schutzgebieten dienen vier dem Schutz der hiesigen Kultur. So kann man die traditionell angelegten Dörfer wie **Dubinikas, Musteika** oder **Zervynai** besichtigen, die mit altertümlichen Bauernhäusern aufwarten.

Geprägt wird der Nationalpark durch den Fluss Ūla, der auf einer Länge von 84 km durch die Wälder fließt. Er entspringt in Weißrussland und erreicht die litauischen Wälder bei Dubičiai.

Auf seinem weiteren Weg passiert er den Ort Krokšlys. Dort hat man zwei Eichen zu Ehren der Flugpioniere Girėnas und Darius gepflanzt, die bei ihrer Atlantiküberquerung ums Leben kamen.

Für eine Kanufahrt auf den Flüssen Ūla und Merkys muss man sich bei der Parkverwaltung anmelden. Trotzdem sollten sich

Praktische Hinweise – Merkinė

Touristeninformation, Merkinė, Vilniaus gatvė 3, Tel.: 31-05 72 45, Fax: 83-10 57 24 5, E-Mail: merkine@dzukijosparkas.lt, Web: www.dzukijosparkas.lt. Geöffnet von Mo – Fr 8 – 17.30 und Sa 9 – 16.00 Uhr.

Wohnmobil-Stellplatz

Wohnmobil-Stellplatzmöglichkeit – Wer in Merkinė an der Kirche vorbei fährt und hinter der Linkskurve die Brücke überquert, der kann direkt dahinter links in den kleinen Feldweg abbiegen und zum Fluss runter fahren. Die Stelle bietet sich als idealer Ort zum freien Stehen mit dem Wohnmobil an, jedoch kein offizieller Stellplatz und keine Ver- und Entsorgungsmöglichkeit.

Kanubegeisterte nicht davon abhalten lassen, hier eine Kanutour zu unternehmen.

Daneben bestehen natürlich die Möglichkeiten einer Wanderung oder einer Radtour durch die Wälder.

So beginnt beispielsweise in Marcinkonys der 14 km lange **Zackagiris-Wanderweg**. Auf ihm streift man Bienenstöcke, Bibersiedlungen und eine Wanderdüne, die noch heute junge Pflanzen unter sich begräbt. Das Informationszentrum hält ein Prospekt über den Wanderweg bereit.

Die Parkverwaltung des Nationalparks ist wie folgt zu erreichen: Dzųkija NP, Miškininkų gatvė 61 in Marcinkonys, Tel.: 31-04 44 66, Fax. 31-04 44 71, E-Mail: dzukijanp@is.lt oder in der Vilniaus gatvė 2 in Merkinė, Tel.: 31-05 72 45.

Der Ort **Marcinkonys**, der als größtes Dorf Litauens gilt, verfügt über einen Bahnhof und ein **Ethnographisches Museum**, das sich direkt daneben befindet *(geöffnet Mai bis September Di – Sa 9 – 16.00 Uhr), sonst ab 10.00 Uhr; Eintritt. Info-Tel.: 61-65 26 23).*

Die Museumssammlung wurde 1991 eröffnet. Die Ausstellungen geben Einblick in die traditionelle Lebensweise der Dzuken, wie die Bewohner des Nationalparks heißen. So gibt es zum Beispiel Werkzeuge der Waldarbeiter oder Erklärungen über den Fischfang in den zahlreichen Seen der Umgebung zu sehen.

*ROUTE: Von **Merkinė** aus geht es über die Straße A4 nordostwärts. Dabei passieren wir nach 24 km den Abzweig nach **Varėna**, das sich 5 km abseits der Landstraße befindet. Nach weiteren 15 km verlassen wir die A4 und biegen links ab in Richtung Alytus und anschließend sofort wieder rechts nach **Lieponys**. Von hier geht es nun über eine Schotterpiste weiter Richtung Norden. Lieponys lassen wir links liegen, überqueren die Bahngleise, passieren die drei Wohnhäuser von **Pagelužys** und biegen in **Žeronys** links ab. Dort gibt es nur kurz Asphalt, danach geht es auf Schotter weiter bis in das 1 km entfernte **Rūdiškės**. Hinter den Bahngleisen biegen wir rechts ab und fahren auf der Straße 220 bis nach **Trakai**. Dort am Ende geht es rechts in den Ort hinein.*

Senuhų Trakų bedeutet so viel wie **Alt-Trakai** und liegt rund 5 km südlich vom eigentlichen **Trakai**.

Großfürst Gediminas soll in der ersten Hälfte des 14. Jahrhunderts die Stadt gegründet haben.

Während der Zeit, als sein Sohn und später sein Enkel regierten, wurden die Stadt und die Region von den Kämpfen gegen den Deutschen Orden geprägt.

Gleichzeitig wurden in der zweiten Hälfte des 14. Jahrhunderts zwei Burgen auf dem heutigen Stadtgebiet erbaut. Die Steinburg von Alt-Trakai wurde aber bereits im Jahr 1391 wieder zerstört und bis heute nicht mehr aufgebaut.

Die zweite **Burg** hingegen ist heute der eigentliche Anziehungspunkt im Ort. Sie befindet sich auf einer Insel im Norden des Galvė-Sees, dessen Ufer bis an das Stadtgebiet des neuen Trakais reicht.

Im Jahr 1409 erhielt Trakai die Magdeburger Stadtrechte und zahlreiche Kaufleute aus England und Deutschland ließen sich in dem Ort nieder. Damit verlor das Alt-Trakai endgültig an Bedeutung.

Das neue Trakai wuchs in den folgenden Jahrhunderten stark an und wurde sehr bedeutend. Unter anderem auch, weil hier der litauische Obergerichtshof tagte und es sich bei Trakai um die Residenz des Großfürsten handelte.

Schloss Trakai bei Vilnius

Große Einwohnerverluste erlitt die Stadt, als erst die Pest wütete und schließlich im 17. und 18. Jahrhundert die Kriege große Zerstörungen mit sich brachten.

Heute leben rund 7.000 Menschen in dem Ort, der von zahlreichen Seen umgeben ist und jedes Jahr von einigen Tausend Touristen besucht wird.

Bereits seit dem Mittelalter geben sich Staatsoberhäupter die Klinke in die Hand und werden traditionell bis heute auf der so genannten **Inselburg** empfangen. Für Touristen ist die Burg ein beliebtes Fotomotiv, und man kann sie auch von innen besichtigen *(geöffnet 10 – 18.00 Uhr; Eintritt 8,00 Lt, Hunde sind verboten).*

Zu erreichen ist sie über eine schmale Holzbrücke. Am Ende durchschreitet man ein Tor und befindet sich erst einmal in der Vorburg. Diese ist durch einen tiefen Graben von der Hauptburg getrennt.

Die Vorburg besitzt die Form eines unregelmäßigen Trapezes und ist von einer Mauer mit drei Türmen umgeben. Benutzt wurde die Vorburg als Zufluchtsort für die Bürger der Stadt bei Angriffen.

Das Innere der Vorburg wird von einem großen Hof dominiert. An ihn grenzen auf der Westseite die Kasematten an, in denen heute in einer kleinen Ausstellung Waffen, Porzellan und komplett eingerichtete Zimmer der einstigen Burgmannschaft zu sehen sind.

In der Hauptburg, die früher nur über eine Zugbrücke zu erreichen war, ist der Große Saal untergebracht. Dieser ist mit einem schönen gotischen Sterngewölbe verziert.

Es lohnt sich aber auch einfach nur der Spaziergang auf der Insel um die Burg herum. Besonders der Gang durch den Graben zwischen Vorburg und Hauptpalast lässt ahnen, wie sicher man sich innerhalb der Mauern fühlen konnte.

Das Fahrgastschiff **„Skaistis"** fährt mehrmals täglich zur vollen Stunde zwischen 11 – 17.00 Uhr über den **Galvė-See**. Die 45-minütige Tour kostet 15,00 Lt. Informationen erhält man unter Tel.: 86-59 97 29 2. Als Alternative besteht die Möglichkeit, mit einer kleinen Segelyacht über den See zu schippern. Die Kapitäne bieten etwas aufdringlich vor dem Schloss ihre Dienste an, mit ihnen eine Rundfahrt zu machen. Die Fahrt kostet 60,00 Lt und dauert 40 Minuten. Am Festland gibt es auch einen Tretbootverleih.

Von der Holzbrücke aus sieht man in Richtung Osten am Ufer einige Ruinen. Sie gehören zur **Halbinselburg**, die sich im Norden des Ortes befand und von elf Türmen geschützt wurde. Beide Burgen wurden im Jahr 1655 zerstört, doch nur die Inselburg wurde wieder komplett aufgebaut. Von der Halbinselburg wurden bisher nur vier Türme wieder errichtet.

Doch Trakai besteht nicht nur aus der Insel- und der Halbinselburg. Auf dem Festland befindet sich eine kleine **Promenade**, auf der man an zahlreichen Souvenirständen vorbei schlendern, oder in den umliegenden Cafés den Blick auf die Inselburg genießen kann.

Trakai ist auch bekannt für eine religiöse Minderheit, den **Karäern**. Diese heute mit 150 Menschen kleinste Volksgruppe Litauens wurde bereits in der Mitte des 16. Jahrhunderts in Trakai angesiedelt. Die Religion der Karäer ähnelt dem Islam, ging jedoch aus dem Judentum hervor. Ihre Sprache ist der türkischen Sprachfamilie zuzuordnen.

Wenn Sie sich an der Promenade nach links halten, so gehen Sie über die Karäer Straße und erkennen die typischen Wohnhäuser der Gemeindemitglieder. Die der Straße zugewandte Hausseite zeigt immer den Giebel des Gebäudes sowie drei kleine Fenster.

Im Haus Nummer 22 befindet sich ein **Museum** *(geöffent: Mi – So 10 – 18.00 Uhr)*, das über weitere Lebensweisen und Traditionen der Karäer informiert. Das Gebäude selbst ist das Gebetshaus der Karäer, die Kenessa, was soviel wie Tempel bedeutet.

Noch ein Stück weiter links befindet sich die **Kirche der heiligen Mutter Maria**. Sie wurde im Jahr 1409 von Großfürst Vytautas gestiftet und im gotischen Stil errichtet. Auch sie wurde im Schicksalsjahr 1655 zu großen Teilen zerstört, doch der Wiederaufbau begann 1788.

Es wird vermutet, dass das Marienbildnis über dem Altar im Jahr 1123 im damaligen Konstantinopel gemalt wurde. Es wurde durch Papst Klemens XI. gekrönt und war nach der Schwarzen Madonna im polnischen Częstochowa das zweite gekrönte Bild im polnisch-litauischen Staat.

Hinter der Kirche treffen wir auf einen Kreisverkehr, an dem sich ein kleiner Turm erhebt. Es handelt sich um die **Kapellensäule**, die die Skulptur des Hl. Johannes Nepomuk beherbergt. Im 17. Jahrhundert soll sie auf dem Marktplatz gestanden haben.

Der Hl. Nepomuk gilt als Schutzheiliger der Fischer und der Städte am Wasser. Unverständlich, warum die Kapellensäule im Jahr 1961 auf Veranlassung der sowjetischen Regierung entfernt wurde. Am 16. Mai 1990 hat man die Säule wieder feierlich enthüllt.

In einem ehemaligen Dominikanerkloster ist heute, nahe der Kapellensäule, die Verwaltung des Historischen Museums von Trakai untergebracht. Das Kloster wurde in der zweiten Hälfte des 18. Jahrhunderts erbaut, doch nur rund 100 Jahre als geistliches Gebäude genutzt. Später zog die zaristische Geheimpolizei, dann die polnische Grenzpolizei und schließlich der sowjetische Geheimdienst KGB in das Bauwerk ein.

Gehen wir nun die Karaimų gatvė (Karäer Straße) wieder zurück, an den Karäerhäusern und der Promenade vorbei, überqueren die kleine Brücke, die den Galvé-See vom Totoriškių-See trennt und gelangen in einen etwas moderneren Vorort Trakais.

Ein kleiner Spaziergang lohnt an dieser Stelle über die beiden Friedhöfe der Karäer.

Hinter den Freidhöfen geht es links zum **Vogelschutzgebiet Plomėnų**. Es grenzt an den gleichnamigen See und beherbergt auf einer Fläche von 314 Hektar fast 90 Vogelarten, von denen zwei Drittel hier nisten und brüten.

Das Vogelschutzgebiet, die Altstadt, die Inselburg und zahlreiche Seen in unmittelbarer Nähe ergeben den **„Historischen Nationalpark von Trakai“ – Trakų istorinis nacionalinis parkas**, der im Jahr 1991 gegründet wurde. Er dient dem Schutz der historischen und archäologischen Kultur- und Naturdenkmäler und ist der einzige seiner Art in ganz Litauen.

Die Verwaltung des Nationalparks Trakai ist unter folgender Adresse zu erreichen: Trakai NP, Karaimų gatvė 5, 4050 Trakai, Tel.: 52-85 57 76, Fax: 52-85 57 56, E-Mail: hinterlandas.parkas@is.lt, Web: www.is.lt/area.patria.

*ROUTE: In **Trakai** fahren wir über die Hauptstraße an der Polizeistation und dem Kreisverkehr vorbei auf die A16/E28. Sie führt uns nach 26 km ostwärts geradewegs in die litauische Hauptstadt. Im Stadtgebiet von **Vilnius** wird die Straße teilweise dreispurig. Halten Sie sich bitte rechts, da das Zentrum (Centras) sehr spät nach rechts ausgeschildert ist. Achtung, auf der Straße befinden sich mehrere so genannte „Starenkästen“, die*

Praktische Hinweise – Trakai

Touristeninformation, Vytauto gatvė 69, Tel.: 52-85 19 34, E-Mail: trakaitic@is.lt, Web: www.trakai.lt.

Feste und Folklore: Ende Mai traditionelles **Volksfest** mit zahlreichen Konzerten. Ende Juni **Rennen um den See Totoriskes**. Ebenfalls im Juni internationale **Regatta** des akademischen Ruderklubs auf dem Galvé-See.

Am 15. Juli wird anlässlich der Schlacht von Tannenberg (in Polen hat man den Deutschen Orden geschlagen) das **Pferderennen um den Pokal „Vytautas der Große"**. Im Spätsommer **Volksmusikfestival**. Und schließlich wird vor der Kulisse der Halbinselburg das **Mittelalterfest** veranstaltet. Dabei werden zahlreiche Handwerksmärkte aufgestellt und man führt Ritterkämpfe vor. Mutige können barfuß über heiße Glut zu gehen.

Internetcafé, Vytauto gatvė 19, Tel.: 8-52 85 57 77, Fax: 8-52 85 40 00, E-Mail: info@tetrodas.lt, Web: www.tetrodas.lt.

Restaurants

Restaurant Kybynlar, Karaimų gatvė 29, Tel.: 52-85 51 79, E-Mail: kybynlar@taks.lt, Web: www.kybynlar.lt. Bei einem Besuch in Trakai ein Muss, denn das Restaurant serviert Gerichte aus der Küche der Karäer. Angeboten werden in zwei großen Sälen, Fleisch- und Geflügelgerichte sowie geräucherter Fisch. Mit Außenterrasse direkt am Galvė-See. Geöffnet von 11 – 23 .00 Uhr, in den Sommermonaten Fr und So bis 24.00 Uhr.

Apvalaus Stalo Klubas, Karaimų gatvė 53a, Tel.: 52-85 55 95, Web: asklubas.lt. Gediegenes Restaurant mit angeschlossener Pizzeria in angenehmer Atmosphäre, ebenfalls mit Terrasse und Blick auf die Inselburg.

Café-Bar Turistas, Karaimų gatvė 66a, Tel.: 52-85 91 64. In der Nähe des Seeufers im westlichen Teil der Stadt. Moderne Bar mit Kinderspielplatz und Terrasse inklusive Blick auf die Burg.

Hotels

Hotel Tarku, Ežero gatvė 7, Tel.: 52-85 55 05, E-Mail: hotel.traku@takas.lt, Web: http://members.hotels.lt/traku. Das gemütliche Hotel bietet 4 Doppel-, 2 Einzel- und 3 so genannte Luxuszimmer. Alle sind mit Sat-TV und Telefon ausgestattet und gemütlich eingerichtet. Zum Haus gehören auch eine Sauna, ein Schwimmbad und ein gemütliches Kaminzimmer sowie eine Bar.

Camping

Camping Slėnyje, Slėnio 1 (Užutrakis), Tel.: 528-53 880, E-Mail: kempinggasslenyje@one.lt, Web: www.camptrakai.lt. Rund 100 Stellplätze für Zelte und Wohnmobile auf Rasen. Der Platz (3 ha) liegt auf einer Halbinsel im Norden des Galvė-Sees und wurde 1992 gegründet. Des Weiteren existieren 7 Bungalows mit je 4 Zimmern. Restaurant und saubere Sanitäreinrichtung. Komfortausstattung. Die Entsorgung für chemische Toiletten befindet sich hinter dem Sanitärgebäude. Eine Wasserrutsche führt in den See. Ansonsten keine Bademöglichkeit, da am Ufer viel Schilf wächst. Angeln ist erlaubt. Die Anreise erfolgt über die westliche Uferstraße des Galvė-Sees. Der Platz ist gut ausgeschildert und bietet 90 Wohnmobilen und Caravans Platz und kostet 8,00 Lt je Wohnmobil und 16,00 Lt je Person. Vor dem Campingplatz hält ein Bus, mit dem man bequem in die Altstadt von Trakai fahren kann. .

Wohnmobil-Stellplatz

Wohnmobil-Stellplatz, westlich von Trakai befindet sich das kleine Dorf Jovariškės. Es liegt inmitten des Nationalparks Trakai. Der Besitzer eines dortigen Bauernhofes, Antanas Gedvilas, bietet Stellplatzmöglichkeiten auf seinem Gelände. Man kann ihn vorher telefonisch (Tel.: 52-87 44 94) oder per E-Mail (g.antanas@is.lt) erreichen. Frischwasser.

teure Fotos machen, wenn man zu schnell unterwegs ist.

Der Sage nach begann in **Vilnius (Wilna)** alles mit einem Traum.

Fürst Gediminas, der in Trakai lebte, kam von einer Jagd in den Wäldern nicht mehr vor Dunkelheit zurück und schlug sein Nachtlager an der Mündung der Vilna in die Neris auf. Dort träumt er von einem eisernen Wolf, der laut jaulend auf einem Hügel steht und unbezwingbar ist. Nach seiner Rückkehr in Trakai ließ Gediminas den Traum deuten. Man sagte ihm, dass er an der Stelle, wo sich der Wolf befand, eine Burg zu errichten hätte. Diese wäre genauso unbezwingbar.

Diesem Ratschlag folgt der Fürst und es entstand an der Stelle die Stadt **Vilnius**.

Legende hin oder her, Tatsache ist, dass der Fürst im Jahr 1323 die Stadt zum ersten Mal schriftlich erwähnte und in einem Schreiben an die Hansestädte, den Papst und an zahlreiche Kaufleute von seiner neu gegründeten Hauptstadt berichtete.

Um Kaufleuten und Handwerkern die Stadt schmackhaft zu machen, lockte er mit zahlreichen Angeboten, wie Steuerermäßigung und Landschenkungen.

Die neue Hauptstadt entwickelte sich rasant und die natürliche Befestigung durch die zwei Flüsse reichte nicht mehr aus. Anfang des 16. Jahrhunderts baute man daher eine knapp 3 Kilometer lange Mauer um die Stadt, in der sich neun Tore befanden.

Das Jesuitenkolleg wurde im Jahr 1570 gegründet und war Vorreiter für die erste baltische Universität.

Doch die Blütezeit nahm ein abruptes Ende als sich Litauen mit Polen durch die Union von Lublin vereinte. Vilnius wurde unbedeutend.

Nach einem verheerenden Brand im Jahr 1610 kamen die Russen und besetzten die Stadt. Damit begann ein Wechselspiel von Machthabern. Die Russen wurden von den Schweden verdrängt, diese wieder von den Russen, es folgten Polen und schließlich Napoleon, der auf seinem Weg nach Russland auch nicht vor Vilnius Halt machte.

Am Ende des 19. Jahrhunderts erhielt die Stadt den Beinamen „Jerusalem des Nordens", denn rund die Hälfte der damaligen 150.000 Einwohner war jüdischen Glaubens.

Der Einfluss fremder Mächte war auch im 20. Jahrhundert nicht beendet. Nach der Besetzung durch die deutsche Wehrmacht kamen die Sowjets zum Zug und hielten über vier Jahrzehnte die Stellung. Doch das änderte sich 1991 als Litauen endlich die Unabhängigkeit erlangte. Leider starben dabei am 13. Januar 1991 14 Menschen im Fernsehturm, als dieser von sowjetischen Fallschirmspringern gestürmt wurde.

Heute ist Vilnius mit rund 540.000 Einwohnern das, was es einst sein sollte – die

der Rathausplatz in Vilnius

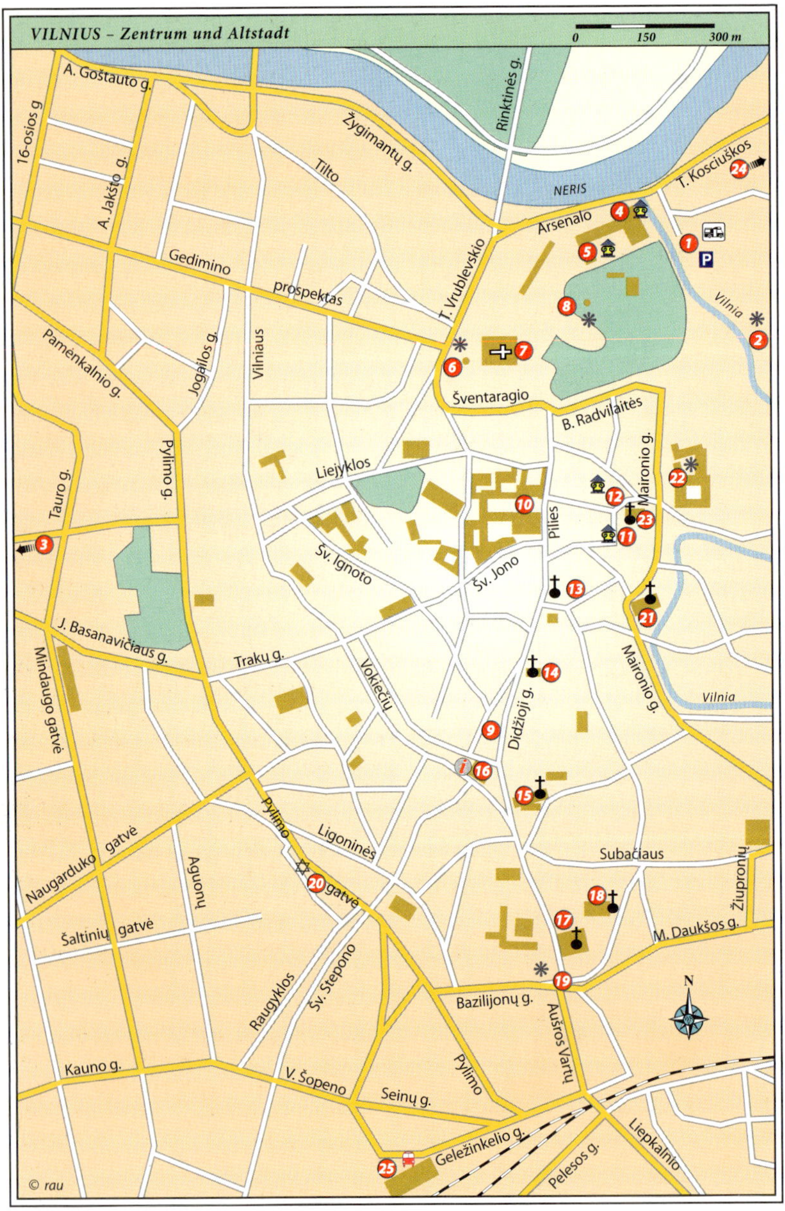

*VILNIUS (WILNA) – **1** Stellplatz/Parkplatz – **2** Berg der drei Kreuze – **3** Fernsehturm – **4** Museum für Angewandte Kunst – **5** Nationalmuseum – **6** Glockenturm – **7** Kathedrale – **8** Gediminas-Turm – **9** Rotušės Platz – **10** Universität – **11** Bernsteinmuseum – **12** Mickevičius-Museum – **13** Piatnickaya Kirche – **14** St. Nikolai-Kirche – **15** St. Kasimirkirche – **16** Tourismus-Information – **17** Theresienkirche – **18** orthodoxe Heiliggeistkirche – **19** Tor der Morgenröte – **20** Synagoge – **21** orthodoxe Kirche der Heiligen Mutter Gottes – **22** gotisches Ensemble – **23** St. Michaelskirche – **24** St. Peter-und-Paul-Kirche – **25** Bahnhof*

Hauptstadt eines unabhängigen Litauens.

Die beste Parkmöglichkeit in **Vilnius** hat man im Norden der Altstadt. Am südlichen Ufer des Flusses Neris verläuft die breite Straße T. Kosciuškos. Genau an der Mündung des kleinen Wasserlaufs Vilnia befindet sich ein bewachter **Parkplatz (1)**, auf

dem man mit einem **Wohnmobil auch nächtigen** kann und darf. Die Übernachtung auf dem Parkplatz kostet 13 Lt. je Person.

Der Parkplatz bzw. Stellplatz – von dem man übrigens vermuten kann, dass sich an dieser Stelle vor rund 700 Jahren das besagte Nachtlager von Fürst Gediminas befunden haben muss – ist ein idealer **Ausgangspunkt**, um die Stadt zu erkunden, da es im Stadtgebiet keinen Campingplatz gibt.

Bevor wir nun den Wasserlauf Vilnia überqueren und in die Altstadt gehen, verschaffen wir uns von dem Hügel des **Kalnų Park** einen Überblick über die Stadt. Die Vilnia war im Übrigen der Namensgeber der Stadt. Er bedeutet so viel wie „Welle".

Wenn wir den Parkplatz für unseren **Stadtrundgang** verlassen, gehen wir sofort rechts den Weg hinauf und am **Freilichttheater** vorbei, bis wir die drei aus Beton gefertigten **Kreuze** erreichen. Sie stehen in Erinnerung an sieben Franziskanermönchen, die im 17. Jahrhundert ermordet wurden. Vier der Toten warf man in den Fluss, während drei Mönche erhängt wurden.

Die heutigen Kreuze sind bereits die dritten, die an dieser Stelle aufgestellt wurden. Die Originalholzkreuze wurden 1916 zerstört. Die neu errichteten Kreuze wurden von der Sowjetführung im Jahr 1950 gesprengt. Erst 1989 ließ man die heutigen Betonkreuze neu aufstellen.

Von dem Hügel aus bietet sich ein schöner Blick auf die Stadt mit ihren zahlreichen Kirchtürmen.

Vor rund 100 Jahren behauptete man, es sei egal, aus welcher Richtung man sich der Stadt nähert, man sehe immer mindestens vier Kirchen.

Heute kommt noch ein weiteres Gebäude hinzu. Am anderen Neris-Ufer sieht man den **Fernsehturm (Paukščių Takas, 3)**, *geöffnet 10 – 21.00 Uhr; Eintritt 15 Lt.* Er ist mit seinen 326 m Höhe das höchste Gebäude des Landes und bietet in 165 m Höhe eine **Aussichtsplattform**, von der man ebenfalls einen wunderbaren Blick über die Stadt hat.

Der 1980 errichtete Turm machte 1991 weltweit Schlagzeilen als die Sowjets ihn, wie oben beschrieben, stürmten. Gedenksteine befinden sich heute an den Stellen, wo damals die Toten lagen. Heute kann man eine Ausstellung über die Geschehnisse von damals verfolgen. Die Straße am Turm wurde nach dem 13. Januar benannt: Sausio 13-osios gatvė.

Um die Kirchen, die Altstadt und den Gediminas Prospekt zu besichtigen, verlassen wir die Drei Kreuze und gehen den Hügel hinab, bis wir das Neris-Ufer erreicht haben. Wir überqueren die kleine Brücke der Vilnia und haben auf der linken Seite das **Museum für Angewandte Kunst - Lietuvos Dailės Muziėjus (4)**, *geöffnet Di – Sa 12 – 18.00 Uhr, So 12 – 17.00 Uhr; Eintritt 4,00 Lt, Info-Tel.: 52-12 18 13.*

Im Museum sind nicht nur Kunstwerke aus Litauen und dem Ausland wie zum Beispiel Porzellan, Keramik oder Möbel sondern auch Mauerreste des Alten Arsenals zu sehen. Es handelt sich dabei um ein Zeughaus aus dem 16. Jahrhundert. Ebenso kann man Teile der einstigen Stadtbefestigung betrachten.

Direkt im Anschluss liegt das Gebäude des **Nationalmuseums - Lietuvos Nacionalinis Muziėjus (5)**, *geöffent: Mai – September Di – Sa 10 – 17.00 Uhr, So 10 – 15.00 Uhr, sonst Mi – So 10 – 18.00 Uhr; Eintritt 4,00 Lt. Info-Tel.: 52-62 94 26.* Hier ist eine ständige Ausstellung über die Landesgeschichte von der Steinzeit bis in die Moderne untergebracht.

Wenn wir uns nun links halten, so sehen wir den frei stehenden **Glockenturm (6) der Kathedrale von Vilnius**.

Hier am Kathedralenplatz befand sich einst die so genannte Untere Burg, die jedoch Mitte des 17. Jahrhundert zerstört wurde. Sie war mit Mauern und Gängen mit der Oberen Burg verbunden, zu der wir später kommen werden.

Der 57 m hohe Glockenturm war einstmals ein Teil der Befestigungsanlagen, beherbergt 16 Glocken und ist vermutlich eines der ältesten Bauwerke der Stadt. Es wird angenommen, dass der untere Bauabschnitt aus dem 14. Jahrhundert stammt. Die oberen Etagen wurden später ergänzt.

Das Blechdach mit der vergoldeten Kugel auf den Turm wurde erst im Jahr 1893 aufgesetzt.

Unmittelbar neben dem Glockenturm ist das Wahrzeichen der Stadt, die **Kathedrale - Arkikatedra bazilika (7)** zu sehen. Die sechs dorischen Säulen sind rund 20 m hoch und hinterlassen einen mediterranen Eindruck. Dabei erinnern sie an einen griechischen Tempel. Die vier Statuen zwischen den Säulen stellen die vier Evangelisten sowie Moses und Abraham dar. Weiter oben erkennt man die Figuren der drei Heiligen sowie Noah mit seiner Familie, wie sie sich für die Rettung vor der Flut bedanken.

Die Seitenflanken sind ebenfalls mit jeweils sechs Säulen versehen.

Auf der Südseite, zur Altstadt hin gerichtet, sind dazwischen litauische Fürsten dargestellt. Auf der anderen Seite stehen Statuen von Heiligen und Aposteln.

Die Kathedrale wurde im 15. Jahrhundert gebaut, nachdem ein Vorgängerbau durch ein Feuer vernichtet worden war. Doch auch dieser Bau wurde ein Opfer des „Roten Hahns" und brennte bei dem Großfeuer von 1610 nieder. Das danach erbaute barocke Gotteshaus erhielt sein heutiges Gesicht schließlich im 18. Jahrhundert. Im letzten Jahrhundert schließlich wurde die Kathedrale auf Befehl der Sowjets als Konzertsaal zweckentfremdet.

Im Inneren findet man in drei Kirchenschiffen insgesamt 11 Kapellen, fünf davon z. B. auf der Nordseite und eine mehr auf der Südseite. In der hinteren rechten Ecke ist die **Kasimir-Kapelle** aus dem 17. Jahrhundert zu finden, die wertvollste Kapelle der Kathedrale.

Wenn Sie außerhalb der Kirche an den Statuen der litauischen Fürsten vorbeigehen, kommen Sie zu einem kleinen kopfsteingepflasterten Weg. Dieser führt Sie hinauf zum **Gediminas-Turm (8)** auf dem Burgberg. Der Turm, auf dem ständig die litauische Flagge weht, wurde in den letzten 30er Jahren restauriert und ist der übrig gebliebene Westturm einer ehemaligen Festung.Im Turm befindet sich ein kleines **Museum**, das überwiegend über die Architektur der Burg informiert; Eintritt 4,00 Lt.

Die Festung war zunächst aus Holz, wurde jedoch nach einem zerstörerischen Brand im Jahr 1419 durch einen Backsteinbau ersetzt. Die Ausdehnung der gotischen Wehranlage mit der Kapelle des Hl. Martin ist heute jedoch nur noch zu erahnen. Der von einem Zaun umgebene Burghügel kann nur zwischen 10 und 19.00 Uhr, in den Wintermonaten lediglich bis 17.00 Uhr besichtigt werden.

Gegenüber der Kathedrale befindet sich, wie bereits erwähnt, der **Gedimino Prospektas**. Bei dieser rund 1,5 km langen Straße handelt es sich um die Haupteinkaufsstraße des so genannten neuen Zentrums. Der Weg verläuft von der Kathedrale an den größten Plätzen der Stadt vorbei bis zum Ufer der Neris. Zahlreiche Cafés, Restaurants und Geschäfte säumen die breite Straße genauso wie einige staatliche Gebäude. Das Justiz-, das Landwirtschafts- und das Verkehrsministerium sind ebenso zu sehen, wie das Parlamentsgebäude am Ende der Straße.

Zum Glück nicht mehr staatlich ist die Einrichtung in Haus Nummer 40. Das ehemalige Gerichtsgebäude beherbergte zuletzt den KGB. Davor hatte sich in der Nazi-Zeit die Gestapo dort eingerichtet.

Heute informiert im Haus das **KGB-Museum bzw. Museum der Genozid-Opfer** über die dunkle Geschichte der damaligen Zeit *(geöffnet Di – Sa 10 – 17.00 Uhr, So 10 – 15.00 Uhr; Eintritt 2 Lt, Info-Tel.: 52-49 62 64)*. Zu sehen gibt es unter anderem die Zellen der dort Inhaftierten, die original belassen wurden, inklusive der verzweifelten Worte, die die Insassen in die Wände ritzten.

Zurück zum Kathedralenplatz und in den **Altstadtbereich von Vilnius**.

Südlich der Kathedrale beginnt die **Pilies gatvė**. Sie ist eine der ältesten Straßen, war im Mittelalter die wichtigste von Vilnius und ist noch heute gut für einen gemütlichen Stadtbummel durch die Altstadt.

Die Pilies gatvė führt zum **Rotušės Platz (9)**, trägt dort den Namen Didžioji gatvė, zweigt vor der Konzerthalle nach links ab und verläuft als Aušros Vartų weiter bis zum **Tor der Morgenröte (Medininkų aušros).** Dieses ist das einzig erhalten gebliebene Tor der alten Stadtmauer.

Auf dem Weg dorthin passieren Sie als Erstes das Gebäude der **Universität (10)**. Sie ist die älteste Hochschule des Baltikums, wurde bereits im Jahr 1579 gegründet und war der direkte Nachfolger des Jesuitenkollegs. Die nächsten 200 Jahre unterstand sie auch weiterhin dem Jesuitenorden.

St. Nikolai-Kirche, Vilnius

Am einfachsten kommt man über die parallel verlaufende Universiteto gatvė zur Uni und befindet sich gleich im Hof der Universitäts-Bibliothek, in der fast 5 Mio. Bücher untergebracht sind *(geöffnet Mo – Sa 9 – 21.00 Uhr)*.

Das Areal der Universität beherbergt zahlreiche Höfe. An den größten und wichtigsten Hof grenzt neben dem Hauptgebäude der Hochschule auch die gotische **Johanniskirche**. Sie wurde 1387 erbaut. Aber nach einem Brand in der ersten Hälfte des 18. Jahrhunderts erhielt sie starke barocke Züge.

Gegenüber der Universität beginnt die Mykolo gatvė. In ihr ist das **Bernsteinmuseum - Gintaro muziejus (11)** zu finden, *(geöffnet täglich 10 – 19.00 Uhr. Info-Tel.: 52-62 30 92)*. Es zeigt nicht nur zahlreiche Schmuckstücke sondern erklärt auch die Entstehung und die Verarbeitungsweise des baltischen Goldes.

Direkt im Anschluss kann man das **Mickevičius-Museum (12)** in der Bernardinų gatvė 11 besichtigt *(geöffnet Di – Fr 10 – 17.00 Uhr, am Wochenende 10 – 14.00 Uhr; Eintritt 2 Lt; Info-Tel.: 52-61 88 36)*. Der polnische Schriftsteller Adam Mickiewicz studierte und lebte lange Zeit in Vilnius. Über diese Schaffenszeit informiert das Museum in seiner ehemaligen Wohnung.

Auf dem weiteren Weg Richtung Tor der Morgenröte, gelangen Sie zur **Piatnickaya Kirche (13)**. Die Kirche wurde ursprünglich für den heidnischen Gott Ragutis im Jahr 1345 errichtet. Nachdem sie niederbrannte hat man an derselben Stelle gegen Ende des 16. Jahrhunderts ein orthodoxes Gotteshaus errichtet. In den Jahren 1705 und 1708 besuchte daraufhin sogar Zar Peter I. die neu gebaute Kirche.

Eine weitere orthodoxe Kirche folgt kurz darauf zwischen den beiden Botschaftsgebäuden von Österreich und Schweden. Es ist die **St. Nikolai-Kirche (14)** im typisch gotisch-byzantinischen Stil. Das heutige Aussehen erhielt sie jedoch erst im Jahr 1865 als sie während der Russifizierung umgebaut wurde.

Nun sind es nur noch wenige Meter bis zum dreieckigen **Rathausplatz**, an dessen südlicher Seite sich der **Künstlerpalast** im ehemaligen Rathauses, sowie die **Touristeninformation** befinden.

Auf der linken Seite vor dem Rathaus befindet sich eine Häuserreihe. Direkt dahinter erkennt man eine Kuppel in 40 m Höhe. Sie gehört zur **St. Kasimirkirche (15)**, die im rosafarbenen Ton erstrahlt (geöffnet Mo – Sa 10 – 18.30 Uhr, So 8 – 18.30 Uhr). Errichtet wurde die St. Kasimierkirche zu Beginn des 17. Jahrhunderts vom Jesuitenorden.

Drei Jahrzehnte später waren die Bauarbeiten beendet und die Kirche konnte geweiht werden. Es dauerte allerdings nur 20 Jahre, bis sie beim Einmarsch der russischen

Zugang zur Heiliggeistkirche

Armee völlig nieder brannte. Nichtsdestotrotz baute man sie wieder auf. Und das nicht nur einmal. Das Gotteshaus brannte auch 1704 und 1749 völlig aus.

Um die Wende des 18. Jahrhunderts wurde der Jesuitenorden kurzzeitig aufgelöst und die Kirche wurde von den Augustinern übernommen.

Die Dekorationen und Kunstelemente im Innern der Kirche wurden durch die französische Armee zerstört, als diese das Gebäude zur Getreideaufbewahrung nutzte.

Nachdem die Franzosen abzogen, richteten Missionare alles wieder her und ergänzten 11 Altäre. Dennoch blieb das Gotteshaus bis 1839 ungenutzt bzw. in den Händen der Russen, die sie schlicht und einfach in eine orthodoxe Kirche mit dem Namen St. Michael umbauten.

Nachdem Anfang des 20. Jahrhunderts die Deutschen im Besitz des Gebäudes waren, gab man sie 1919 wieder an die Jesuiten zurück.

Die letzte Schließung fand schließlich 1949 statt, als die Sowjets das Gebäude als Getreidelager nutzten. Dabei wurden die Glocken und die Orgel zerstört. Im Jahr 1963 kam die sowjetische Führung sogar auf die Idee, in dem Haus ein Museum des Atheismus zu eröffnen.

Doch seit 1991 arbeiten wieder Jesuiten in der Kasimir-Kirche. Sie gilt als eine der schönsten Barockkirchen in der Hauptstadt mit einigen Elementen der Gotik und der Renaissance. Ihr Vorbild war die Il Gesù-Kirche in Rom. Danach war sie wiederum Vorbild für die meisten Barock-Kirchen in Litauen. Die Kuppel hat einen Durchmesser von rund 17 m. Auf ihr ist die Krone der Großherzöge von Litauen zu sehen.

An der **Tourismus-Information (16)** halten Sie sich halb links, passieren das Basilius-Tor des gleichnamigen Klosters sowie die Philharmonie und sehen vor sich die breite Fassade der **St. Theresienkirche - Šv. Teresės bažnyčia (17)**. Sie stammt aus dem 17. Jahrhundert und wurde im frühbarocken Stil erbaut. Dazu gehört ein Kloster, das berühmt ist für das Bier, das schon die Karmeliter-Mönche in früheren Zeiten brauten. Das Innere der Kirche wurde erst durch eine Renovierung in den heutigen imposanten Zustand gebracht.

Kurz vor der Theresienkirche ist noch ein kleines Tor zu sehen. Geht man hindurch, kommt man zur **russisch-orthodoxen Heiliggeistkirche (18)**. Auch sie stammt aus dem 17. Jahrhundert und beherbergt die sterblichen Überreste der Märtyrer Antonius, Iwan und Eustachius.

Zu sehen gibt es, mit schönen Reliefs und Ikonen verziert, auch eine große **Ikonostase**, die von frei stehenden Säulen gestützt wird.

Um die Kirche herum wurden kleinere Gebäude errichtet, die zu einem Kloster gehören.

Auf der anderen Seite der Theresienkirche endet schließlich die Fußgängerzone. Dort befindet sich das **Tor der Morgenröte - Aušros-Tor (19)**. Es stammt aus der ersten Hälfte des 16. Jahrhunderts, wurde 300 Jahre später erweitert und beherbergt seitdem die wichtigsten Heiligtümer katholischen Kirche Litauens. So ist das Tor ein wichtiges Pilgerziel für katholische Polen, Weißrussen und Ukrainer.

Auf der anderen Seite des Tores geht es nun etwas hektischer und lauter zu. Zweigen Sie nach rechts ab und 300 m später ein weiteres Mal. Auf der linken Seite befindet sich die letzte von über 100 **Synagogen (20)** und jüdischen Tempeln, die sich einstmals auf dem Stadtgebiet befanden.

Dieses gestreifte Gebäude wurde während der Naziherrschaft als Lagerhaus benutzt. Heute hat es wieder den Zweck eines Gotteshauses. An der Fassade kann man den hebräischen Schriftzug lesen: „Ein Haus des Gebetes ist ein heiliger Platz für alle Menschen".

Wie schon weiter oben erwähnt, wurde die Stadt auf Grund ihres hohen Juden-Anteils als „Jerusalem des Nordens" bezeichnet. Jeder zweite Bürger war ein Jude, es erschienen sechs jiddische Zeitungen in der Stadt. Und dann kam der Holocaust. Am Ende überlebten gerade einmal 800 Juden.

Nach dem der Zweite Weltkrieg beendet war, wurde es nicht zwangsläufig wieder besser. Bis auf eben diese eine Synagoge wurden die letzten jüdischen Einrichtungen durch die Sowjets vernichtet. Bis heute wuchs die Zahl der Juden zwar wieder auf 4.000 an, doch bei einer Gesamteinwohnerzahl von über einer halben Million Menschen kann von einem Jerusalem des Nordens keine Rede mehr sein.

Wenn wir ein Stück zurückgehen und rechts in die Rudninkų gatvė einbiegen, passieren wir den auf der rechten Seite liegenden Gedenkstein in Erinnerung an das jüdische Ghetto.

Das Zentrum des Ghettos erreichen wir nach wenigen Metern. Es handelt sich um die Vokiečių gatvė, die links vom Rathausplatz abzweigt. Heute ist, wie gesagt nichts mehr davon zu sehen.

Zurück zum Rathausplatz und wieder die Straße ein Stück hinab, biegen Sie rechts hinter der Piatnickaya-Kirche in die latako gatvė ab. Diese führt Sie automatisch zur Maironio gatvė, wo sich auf der rechten Seite die **orthodoxe Kirche der Heiligen Mutter Gottes (21)** erhebt. Dieses Bauwerk ist die erste orthodoxe Kirche und auch das größte seiner Art in der Stadt. Die Fassade ist im georgischen Stil erbaut und gleicht durch die schneeweißen Wände und den fehlenden Zwiebeltürmen nicht den anderen orthodoxen Bauten. In ihrem Innern ruhen die Gebeine von Zar Alexanders Ehefrau.

Etwas weiter nördlich auf der Straße, also wieder in Richtung Gedeminas-Hügel, ist ein weiteres interessantes Baudenkmal zu sehen. Das so genannte **gotische Ensemble** besteht aus der **St. Annakirche** und dem dreistöckigen Gebäude des ehemaligen **Bernhardinerklosters**, das sich gleich dahinter anschließt und erhebt sich prachtvoll auf der rechten Seite.

in der Heiliggeistkirche

Die kleine St. Annakirche stammt aus dem 15. Jahrhundert und reicht bis fast an die Straße heran, während sich das Kloster ein wenig im Hintergrund befindet. Das Innere der Kirche musste nach einem Großfeuer komplett renoviert werden und präsentiert sich heute im Barockstil.

Mehr als zwei Dutzend verschiedene Backsteine wurden extra für die Westfassade angefertigt. Der Kirchenturm befindet sich rechter Hand vom Gotteshaus und wurde 1874 im neugotischen Stil errichtet. Direkt dahinter verbirgt sich die Christustreppe aus dem 17. Jahrhundert.

Ein Torbogen scheint den Glockenturm mit der Kirche zu verbinden und ist Zugang zum Kirchhof der wesentlich größeren Bernhardinerkirche. Diese wurde im 16. Jahrhundert mit in die Stadtmauer integriert und diente somit auch dem Schutz der Stadt. Im Innenraum ist ein Holzaltar aus dem Jahr 1614 zu sehen.

Auf der linken Seite der Bernhardinerkirche – dafür muss man einmal um die St. Annakirche gehen – steht das Bernhardinerkloster, in dem heute die Kunstakademie von Vilnius untergebracht ist.

Die **St. Michaelskirche (23)**, die heute ein Architekturmuseum beherbergt, befindet sich auf der anderen Straßenseite, direkt gegenüber der Anna-Kirche. Das Interieur des Gotteshauses ist reich mit Verzierungen geschmückt. Der freistehende Glockenturm ist Anfang des 18. Jahrhunderts gebaut worden und wird gekrönt von einer eisernen Wetterfahne, die den Erzengel Michael darstellt.

Wenn wir nun die Straße weiter hinab gehen, erreichen wir nach der Linkskurve wieder den Kathedralenplatz. Von dort bis zum Parkplatz ist es nicht mehr weit und wer Lust hat, eine weitere Kirche zu besichtigen, der geht am Parkplatz einfach geradeaus vorbei und gelangt nach rund 1 km zur **St. Peter-und-Paul-Kirche (24)**. Unscheinbar und schlicht ist die Kirche von außen. Doch im Inneren präsentiert das barocke Bauwerk an den Wänden über 2.000 Skulpturen mit verschiedensten Ornamenten. Zahlreiche historische Geschehnisse und biblische Momente werden nachgestellt. Über dem Altar hängt ein Gemälde, auf dem Petrus und Paulus zu sehen sind.

Praktische Hinweise – Vilnius (Wilna)

Touristeninformation, Didžioji gatvė 31, Tel.: 52-62 64 70, Fax: 52-62 07 62, E-Mail: turizm.info@vilnius.lt, Web: www.vilnius.lt. Öffnungszeiten: Mo – Fr 9 – 18.00 Uhr, am Wochenende 10 – 16.00 Uhr.

Touristeninformation, Vilniaus gatvė 22, Tel.: 52-62 96 60, Fax: 52- 62 81 69.

„Visit Lithuania", Liejyklos gatvė 8/26, Tel.: 52-62 52 41, Fax: 52-62 52 42, E-Mail: info@visitlithuania.net, Web: www.visitlithuania.net.

Litauischer Fonds für Tourismus, Rotundo gatvė 5, Tel.: 52-49 60 58, Fax: 52-72 65 54, E-Mail: info@travel.lt, Web: www.travel.lt, www.tourism.lt.

Feste und Folklore: Am 16. Februar findet jedes Jahr ein großes Feuerwerk anlässlich des **Unabhängigkeitstages** statt.

Anfang März wird bereits das **Ende des Winters** gefeiert: Eine Tradition aus der Heidenzeit, in der karnevalsähnlich die Menschen durch die Straßen ziehen und die **Puppe „More"** verbrannt wird. Ende des Monats findet das **Filmfestival** statt.

Im Mai wird regelmäßig das **Kinder-Folklore-Fest** gefeiert und das **Gedichtfestival** zelebriert. Es ist das populärste Schreibfest inklusive Wettbewerb in Litauen und wird von der Schriftstellervereinigung initiiert. Ende des Monats wird zu **Jazz** getanzt.

Und im Juni wird am Neris-Fluss das **Mittsommerfest** gefeiert, das erst am Morgen endet, wenn die Sonne aufgeht.

Im September finden 15 verschiedene **Festivals** in Vilnius statt, die alle zu den so genannten **Vilnius-Tagen** zusammen geschlossen sind. Am Ende des Monats wird ein pittoresker **Maskenball** veranstaltet. Ebenfalls im September kann man das **Festival der Instrumentalfolklore** besuchen. Es ist das einzige seiner Art in Litauen und das älteste im Baltikum. Es findet nur in den ungeraden Jahren statt und zeigt unter dem Namen „Griežynė" Sitten und Tänze sowie die Instrumentenherstellung.

Restaurants

Restaurant Amatininkų Užeiga, Didžioji gatvė 19/2, Tel.: 26-17 96 8. Typisch litauische Küche. Geöffnet von 8 – 05.00 Uhr, Sa und So 11 – 05.00 Uhr.

Restaurant El gaucho sano, Pilies gatvė 10, Tel.: 52-10 77 73, Fax: 52-10 77 70, E-Mail: hotel@atrium.lt, Web: www.atrium.lt. Das einzige argentinische Restaurant in Vilnius. Vor den Augen der Gäste wird das Essen im rustikalen Stil zubereitet. Geöffnet täglich von 12 – 02.00 Uhr.

Forto Dvaras, Pilies gatvė 16, Tel.: 52-61 10 70, E-Mail: pilies@fortopica.lt, Web: www.fortopica.lt/fortodvaras. Typische litauische Gerichte in rustikaler Umgebung direkt in der Altstadt. Für Kinder gibt es Holzspielzeug, für die Eltern wird Honigbier angeboten. Geöffnet hat es täglich von 12- 24.00 Uhr.

Restaurants

Ida Basar, Subaciaus gatvė 3, Tel.: 26-28 48 4. Europäische Küche. Geöffnet von 11 – 23.00 Uhr, So 11 – 22.00 Uhr.

Restaurant Achtamar, S. Konarskio gatvė 1-2, Tel.: 23-31 34 4. Geöffnet von 11 – 23.00 Uhr. Leckere Gerichte aus Armenien.

Restaurant Balti Drambliai, Vilniaus gatvė 41, Tel.: 26-20 87 5. Für den Vegetarier. Geöffnet von 10 – 24.00 Uhr, am Wochenende ab 11.00 Uhr.

Café Keisti Ženklai, Trakų gatvė 13, Web: keistizenklai.meniu.lt. Modern eingerichtetes Café im Westen der Altstadt. Geöffnet von 11 – 24.00 Uhr. Dazu gehört auch das „Šokolado namai". Es bietet Schokolade in allen erdenklichen Formen wie zum Beispiel als Pinguin oder Jakobsmuschel an. Einige der über 150 handgemachten Schokoladenspezialitäten sind mit Likör oder Früchten gefüllt. Für Schokoladenliebhaber ein Muss.

Internetcafé Collegium, Pilies gatvė 22-1, Tel.: 52-61 83 34, E-Mail: info@dora.lt, Web: www.dora.lt. Geöffnet von 8 – 24.00 Uhr.

Hotels

Hotel Stikliai, Gaono gatvė 7, Tel.: 52-62 79 71, Fax. 52-12 38 70, E-Mail: stikliai@mail.iti.lt, Web: www.stikliaihotel.lt, Journalisten kürten vor einiger Zeit dieses Hotel zum Besten der gesamten Region. Es wurde 1996 eröffnet und bietet luxuriöse Zimmer mit Sat-TV, Minibar, Internetanschlussmöglichkeit und Telefon. Zum Haus gehören ein Schwimmbad, ein abgeschlossener Parkplatz sowie ein Fitnessraum, ein Restaurant und eine Bar. Die Zimmer in den oberen Etagen bieten einen schönen Blick auf die Stadt.

Reval Hotel Lietuva, Konstitucijos Avenue 20, Tel.: 52-72 62 00, E-Mail: lietuva@revalhotels.com, Web: www.revalhotels.com. Das größte, höchste und modernste Hotel der Stadt hat im Mai 2003 seine Pforten geöffnet. In der Ausstattung der Zimmer und des Services ist es dem Hotel Stikliai vergleichbar

Europa Imperiale, Aušros vartų gatvė 6, Tel.: 52-66 07 79, Fax: 52-61 20 00, E-Mail: reservation@hoteleuopa.lt, Web: www.hoteleuropa.lt. Elegantes und luxuriöses Hotel im italienischen Stil. Die Zimmer verfügen über Sat-TV, Mini-Bar, 24-Stunden-Zimmerservice, und bieten einen schönen Blick auf die Altstadt. Zum Haus gehören ein Restaurant, eine Bar und ein bewachter Parkplatz.

Elgama Hotel, Visorių gatvė 2, Tel.: 52-37 50 22, Fax: 52-37 50 23, E-Mail: hotel@elgama.lt, Web: www.emh-elgama.lt/hotel. Ein kleines Hotel mit sechs modern eingerichteten Nichtraucher-Zimmern inklusive Minibar und Sat-TV. Zum Hotel gehören eine Bar und ein abgeschlossener Parkplatz.

Latako Gästehaus, Latako gatvė 1-2, Tel.: 52-61 63 64, Web: www.free-hosting.lt/latako. Das Gästehaus befindet sich mitten in der Altstadt und bietet fünf Appartements mit Küche, Sat-TV, Dusche. Buchungen müssen rechtzeitig vorgenommen werden.

Jugendherberge, Polocko gatvė 7, Tel.: 52-61 35 76, Fax: 52-62 77 42, E-Mail: vjtc@delfi.lt. Ein altes dreistöckiges Gebäude mit Duschen auf dem Flur und einem bewachten Parkplatz.

Wohnmobil-Stellplatz

Wohnmobil-Stellplatz, Straße T. Kosciuškos, bewachter Parkplatz, auf dem man mit dem Wohnmobil auch nächtigen kann, unterhalb des Berges der Drei Kreuze gelegen, keine Ver- und Entsorgungsmöglichkeit. Die Übernachtung auf dem Parkplatz kostet 13 Lt. je Person

5. VILNIUS (WILNA) - IGNALINA

Länge der Tour: Rund 120 km, ohne Abstecher.

Strecke: A14 – Nebenstraße zum **Europos Parkas** – Straße und A14 zum **Zentrum Europas** – Nebenstraße und Straße 172 bis **Molėtai** – Straße 114 bis **Ignalina**.

Empfohlene Reisedauer: Mindestens ein Tag.

Reisehöhepunkte auf dieser Tour: **Europos Parkas***, der **Mittelpunkt Europas***.

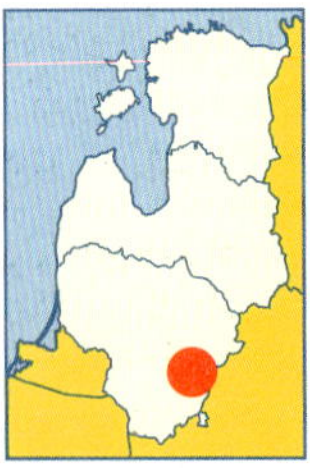

*ROUTE: Aus **Vilnius** zunächst über die ausgeschilderte A2/E272 nordwärts und nach rund einem Kilometer rechts in Richtung **Utena** zur A14. Auf der rechten Seite erscheint ein überdimensionales Einkaufszentrum. Auf der A14 sieht man nach nur 5 Kilometern zwei touristische Hinweisschilder – zum einen zum geographischen **Mittelpunkt Europas** und zum anderen zum **Europapark**. Dem letzteren folgen wir nach rechts. Dieser Weg führt uns gleichzeitig aus Vilnius hinaus. Bitte Vorsicht nach dem Ortsausgangsschild! Die Straße hat dort sehr große Schlaglöcher!*

Europos Parkas oder zu Deutsch **Europa Park** *(geöffnet 9.00 Uhr bis Sonnenuntergang, Eintritt 18,00 Lt. Info-Tel.: 52-37 70 77, E-Mail: hq@europosparkas.lt, Web: www.europosparkas.lt.)* ist eine Einrichtung des Skulpturenkünstlers Gintaras Karosas. Er hatte die Idee, nach der Wiedererlangung der Unabhängigkeit ein geographisches Zentrum der Kunst zu errichten.

Aus diesem Grund wählte er die Nähe zum europäischen Mittelpunkt und schuf 1991 inmitten eines großen Waldes diesen Park auf einer Fläche von 55 ha.

Rund 90 Werke verschiedener Künstler aus 29 Staaten sind hier aufgestellt.

Eines davon schaffte es sogar, eine Auszeichnung des Guinness-Buch der Rekorde zu erhalten. Es sind dies fast 3.000 defekte Fernsehgeräte, die in einer Reihe aufgestellt sich durch die Bäume schlängeln und so zum Kunstwerk **„größte Anhäufung ausgedienter TV-Geräte"** wurden. Einige Litauer nutzten dabei die Gelegenheit, ihren Fernseher zu entsorgen und spendeten ihn dem Park.

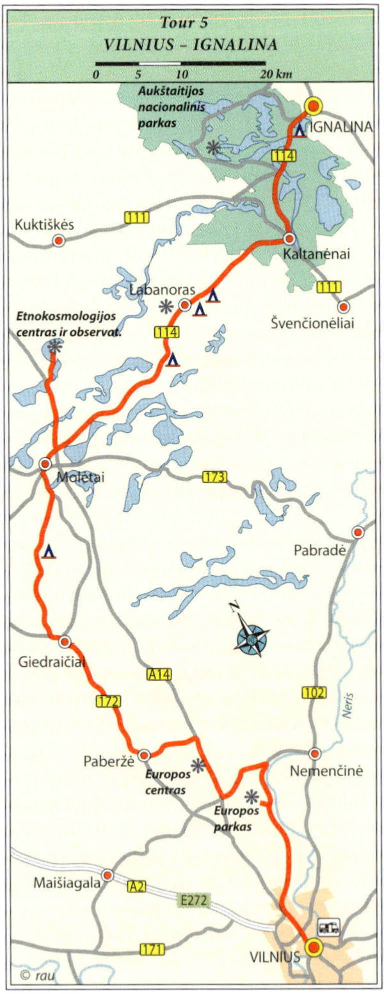

Kunstobjekt im Europos Parkas

Weitere Kunstwerke sind beispielsweise ein überdimensionaler Stahlsessel oder Stahlsäulen. Im Freilichtmuseum befinden sich auch ein Restaurant mit Außenterrasse, eine Postfiliale und ein Souvenirshop.

ROUTE: Wenn Sie den Parkplatz des Europaparks verlassen, biegen Sie bitte links ab und fahren auf der Schlaglochstrecke bis zum Ende. Dort biegen Sie links ab auf die Straße 108. Nach sechs Kilometern treffen Sie wieder auf die A14 und biegen dort in Richtung Norden bzw. nach ***Utena*** *rechts ab. Knapp 3 km später geht es links auf einen kleinen Parkplatz zum* ***geographischen Mittelpunkt Europas****.*

Im Jahre 1989 war es, als Litauen in den **Mittelpunkt Europas** gerückt wurde. Eigentlich war Litauen schon immer der zentralste geographische Punkt, doch in dem Jahr wurde es durch Wissenschaftler des Französischen Nationalinstitutes belegt.

Der exakt berechnete Mittelpunkt liegt bei 54°54' Nord, 25°19' Ost in der Nähe des Dorfes **Purnuškies**. Zum Ergebnis dieser Berechnungen kommt man, wenn man folgende Daten zu Grunde legt:

Als nördlichste Grenze benutzt man Spitzbergen, im Süden werden die Kanarischen Inseln mit einbezogen, die Ostgrenze liegt am Ural, genauer gesagt am Fluss Kara, auf dem Kamm des Uralgebirges, am Fluss Ural, am Kaspischen Meer bis zur Halbinsel Apschesan, auf dem höchsten Kamm des Kaukasus und am Schwarzen Meer bzw. an den Dardanellen sowie am Bosporus.

Im Westen hingegen nutzte man einfach die Inseln Island und Madeira. Aus unbekannten Gründen hat man jedoch Malta und die Insel Nowaja Semlja nicht mit in die Berechnung einbezogen. Nach Angaben des Nationalinstitutes hätte das jedoch nur einen Unterschied von rund 100 m ausgemacht.

1992 hat man den Ort des geographischen Mittelpunkts Europas schließlich zur kartographischen Schutzzone erklärt und am 1. Mai 2004 enthüllte man bei einer feierlichen Präsentation aus Anlass des litauischen EU-Beitritts das Zentrum mit einer Granitsäule und einer Sternenkrone, die vom litauischen Bildhauer Gediminus Jokūbonis geschaffen wurde.

Seitlich davon hängen an zahlreichen Fahnenmasten die Flaggen aller europäischen Staaten. Trotz alledem ist nicht ersichtlich, wo denn nun der Mittelpunkt ist. Denn in alten Reiseführen und Prospekten des Tourismusbüros ist die Rede von dem Felsen der mitten auf dem Weg liegt. Die Granitsäule ist aber rund 30 m von ihm entfernt.

ROUTE: Auf der A14 geht es weiter Richtung ***Utena****. Wer jedoch ruhigere Straßen bevorzugt und dem Schotterpisten nichts ausmachen, dem wird empfohlen, nach drei Kilometern links abzubiegen. Ansonsten ist es besser, die Landstraße A14 bis nach* ***Molėtai*** *zu benutzen.*

Wenn Sie abgebogen sind, wird die Straße nach wenigen hundert Metern zur Schotterpiste. In ***Paberžė*** *biegen Sie rechts ab auf die Asphaltstraße 172.*

Hinter dem Ort ***Giedraičiai*** *geht es links und nach der kleinen Mülldeponie wieder rechts auf die Schotterpiste, wo man nur langsam vorankommt. Doch kurz hinter dem Ort* ***Ambraziškiai*** *erscheint ein schöner* ***Campingplatz (s. u.)****.*

Camping

Žalvariai

Camping Apfelinsel, am Garbuostas-See beim Dorf **Žalvariai**, Tel.: 38-35 00 73, E-Mail: strenko@strenko.lt, Web: www.strenko.lt/kempingas. Eine komplette Insel (4 ha) als Campingplatz, die über eine schmale Holzbrücke zu erreichen ist. Auf der rechten Seite befinden sich zahlreiche Zeltplätze. Die linke Seite ist mit Parzellen für Wohnmobile reserviert. Der Name des Platzes kommt von der alten Apfelmühle, in der sich heute die sauberen und modernen sanitären Einrichtungen befinden. Ebenso gibt es ein Café, einen Billardraum, Tischtennis, Waschmaschine und einen Fernsehraum. Der Platz wird von Niederländern geführt. Leider ist er deutlich teurer als andere Plätze in Litauen; Komfortausstattung.

*ROUTE: Weiter auf der 172 nach **Molėtai**.*

Auf dem Stadtgebiet der 7.000 Einwohnergemeinde **Molėtai** befinden sich mehrere Seen, die durch einen kleinen Fluss miteinander verbunden sind.

Am Ufer des Pastovi-Sees gibt es einen kleinen **Skulpturenpark** einheimischer Künstler. Mehr ist in dem Ort jedoch nicht zu sehen.

Machen Sie aber einen kleinen Abstecher in das 10 km nördlicher gelegene Dorf **Kulionys**.

Dort befinden sich das **Ethnokosmologische Museum** sowie das **Observatorium** mit kosmologischen Ausstellungen. Auf Führungen durch das Observatiorium haben Besucher die Möglichkeit, über drei Parabolspiegel einen Blick in das Universum zu werfen.

Das Ethnokosmologische Museum hingegen zeigt zusätzlich eine Ausstellung über die Sonnenflecken. Beide gehören zusammen und werden von der Akademie der Wissenschaften in Vilnius finanziert *(geöffnet Mi – So 10 – 18.00 Uhr. Info-Tel.: 38-34 54 24; Web: www.cosmos.lt oder www.astro.lt/mao)*.

*ROUTE: Von **Molėtai** aus führt die Landstraße 114 auf den nächsten 56 km bis nach **Ignalina**. Doch zuvor passieren wir den Ort **Labanoras.***

Der Ort **Labanoras** wartet mit einer kleine Kirche aus dem 18. Jahrhundert auf. Darüber hinaus ist **Labanoras** Namensgeber des Regionalparks, der den Ort umgibt.

*ROUTE: Die Straße 114 führt weiter durch die Ortschaften **Kaltanėnai** und **Palūšė**.*

Eine Holzkirche aus dem Jahr 1757 ist die Attraktion des gemütlichen Dorfes **Palūšė**. Im Kircheninneren kann man trotz einer Renovierung im 19. Jahrhundert gut sehen, wie ursprünglich traditionelle Bauweisen angewendet wurden. Dennoch sind Spuren des Barocks zu erkennen.

Rund um die Kirche stehen einzelne **Holzskulpturen**, die von verschiedenen Künstlern gefertigt wurden.

Jedes Jahr feiern die Menschen aus der Region hier das **St. Laurin-Fest**.

Palūšė liegt bereits im **Nationalpark Aukštaitija**. Wer Ruhe und Erholung sucht, wird diese hier im Park finden.

Camping Apfelinsel

Die größten Siedlungen im Nationalpark sind **vier kleine ethnographische Dörfer**, die zwar an ein Freilichtmuseum erinnern, aber keineswegs Museum sind, sondern aber ganz normal bewohnt werden.

Die Holzarchitektur der Gebäude und Gehöfte zeigt den typischen Aufbau der regionalen Dörfer aus den Anfängen des 19. Jahrhunderts.

Die beiden Orte **Strazdai** und **Šuminai** wurden auf den Heuwiesen vorangegangener Dörfer gebaut.

Vaišnoriške wiederum besteht aus fünf Höfen, ist eine Waldaufsehersiedlung und liegt idyllisch an einem kleinen Fluss.

Die Siedlung **Meironys** schließlich war im 16. Jahrhundert als „Atadringė" bekannt. Rund um die Ortschaften führen zahlreiche **Naturpfade und Wanderwege**. Einer von ihnen verläuft zum so genannten **Eishügel**, der den Aussichtspunkt des Parks markiert. Von ihm hat man einen wunderschönen Panoramablick auf den Nationalpark und die Umgebung.

Praktische Hinweise – Molėtai

Touristeninformation, Inturkės gatvė 4, Tel.: 38-35 11 87, E-Mail: turizmas@moletai.lt, Web: www.infomoletai.lt.

Feste und Folklore: Anfang Juni wird das Popfestival Vaikystės Aitvarai veranstaltet während sich im August die Dixiebands zu einem Festival treffen.

Hotels

Gästehaus Senoji Užeiga, Vilinius gatvė 19, Tel.: 67-60 44 63.

Praktische Hinweise – Labanoras

Camping, auf der Straße 114 erscheint ein Campingschild nach rechts. Er führt zu einem kleinen See mit einem Privathaus. Die Besitzerin bietet ihre private Wiese (0,5 ha) zum Camping an. Es gibt keine Dusche, nur WC und auf Wunsch auch Strom. Sehr schöne Lage und äußerst preisgünstig (15 Lt. je Wohnmobil), Mindestausstattung.

Camping Mindūnų Kaimas,** Molė raj. Tel.: 370-61 44 44 45, Web: www.ignaturas.lt, E-Mail: info@ignaturas.lt. Dieser Campingplatz (3 ha) wurde 2005 neu gegründet und liegt mitten im Wald. Der Weg von der Straße 114 zum Campingplatz ist sehr sandig aber befahrbar. Lediglich Wohnanhänger könnten Probleme bekommen. Es gibt einen Tretbootverleih, eine komplett eingerichtete Küche, Kajakverleih und zwei Saunen. Es sollen vier Zimmer im Dachboden des Sanitärgebäudes folgen. Die sanitären Anlagen sind modern und sauber. Der Platz verfügt über ca. 50 Stellplätze für Wohnmobile und Caravans sowie über Waschmaschine und Trockner; gute Standardausstattung.

Camping Ulyčia, Tel.: 8-61 54 95 74, Web: www.ulycia.lt, E-Mail: ulycia@one.lt. In 2005 eröffneter kleiner Privatcampingplatz (1 ha) mit Sauna und einigen wenigen Stellplätzen unter Bäumen. Günstiges und leckeres Restaurant vorhanden. Die Sanitäreinrichtungen sind sauber und modern. Eine Übernachtung im Wohnmobil kostet 30 Lt, für die Dusche werden nochmals 10,00 Lt verlangt. Im kleinen angrenzenden Gästehaus für Familien ist es etwas teurer. Keine Entsorgungsmöglichkeit, da es lediglich ein familiäres Privatgrundstück ist. Allerdings wird der Platz dadurch gemütlich. Hinter dem Haus befindet sich ein kleiner Natur-Swimmingpool; einfache Standardaustattung.

Praktische Hinweise – Palūšė

Camping Palūšė, Tel.: 370-65 08 75 84. Der Platz (1 ha) befindet sich gleich hinter der Kirche und ist eingezäunt. Es existieren 14 Stellplätze mit Strom und weiteren ca. 30 Plätzen auf einer Wiese. Im Sanitärgebäude ist eine komplett eingerichtete Küche vorhanden. Jedoch ist dieser Platz im Verhältnis zur Lage und zum Angebot relativ teuer; einfache Standardausstattung.

ein hübsches Plätzchen für eine ausgedehnte Rast findet sich in Litauen immer

Nicht zu den ethnographischen Ortschaften gehört **Stripeikiai**. Dieses etwas modernere Dorf lockt dafür die Touristen mit etwas anderem. In einem der dortigen Höfe ist ein **Bienenmuseum** untergebracht, das die Aufgaben eines Imkers zeigt und dem Besucher Einblick in die Lebens- und Arbeitsweise der fleißigen Insekten in ihren Bienenstöcken gibt *(geöffnet Do – So 10 – 16.00 Uhr)*.

Wem es im Nationalpark zu turbulent zugehen sollte, der findet mehr Ruhe an einem der zahlreichen Seen. Denn der Park ist bekannt für seine **Seenplatte**, die rund 15% des Areals ausmachen.

Diese Gewässer stammen aus der Eiszeit und sind fast alle miteinander durch kleinere Flüsse verbunden. So bietet sich ein ideales Gebiet für mehrtägige **Kanutouren**.

Für Übernachtungsmöglichkeiten ist auch gesorgt, da in Ufernähe zahlreiche **Biwakplätze** bzw. Lagerstellen eingerichtet sind. Ausgestattet sind sie im Normalfall mit einem Toilettenhäuschen, einem Picknickplatz bzw. Bänken und Tischen und einer Stelle für Lagerfeuer.

Auch die Benutzung mit einem Wohnmobil ist erlaubt und je nach Wegzufahrt möglich. Eine Entsorgungseinrichtung allerdings gibt es nicht. Daher die eindringliche Bitte, nur an dafür vorgesehenen Stellen oder auf Campingplätzen zu entsorgen.

Die meisten Biwakplätze sind mit kleinen privaten Hinweisschildern ausgeschildert. Bootsfahrer erkennen die Plätze vom Wasser ebenfalls an Hand von Beschilderungen.

Die Adresse der Nationalpark-Direktion lautet: Aukštaitija NP, Palūšė, 4759 Ignalina, Tel.: 38-65 28 91, Fax: 38-65 31 35, E-Mail: anp@is.lt, Web: www.ignalina.lt.

Am östlichen Rand des Parks liegt die Stadt **Ignalina**, die erst Anfang des 19. Jahrhunderts entstanden ist und ihren Aufschwung zu einer 7.000 Einwohnerstadt dem Bau der Eisenbahnstrecke zwischen St. Petersburg und Warschau zu verdanken hat. Ansonsten ist Ignalina nur Namensgeber des Atomkraftwerks in der Ortschaft Visaginas und ein guter Ausgangspunkt für Touren durch den Nationalpark.

Praktische Hinweise – Ignalina

Touristeninformation, Taikos gatvė 11, Tel.: 38-65 25 97, Fax: 38-65 31 48, E-Mail: tic@ignalina.lt, Web: www.ignalina.lt.

Hotels

Hotel Žuvėdra, Mokyklos gatvė 11, Tel.: 68-60 90 69, E-Mail: info@zuvedra.com, Web: www.zuvedra.com.

6. IGNALINA (LITAUEN) - DAUGAVPILS / DÜNABURG (LETTLAND)

Länge der Tour: Rund 104 km, ohne Abstecher.

Strecke: Straße 102 bis **Dūkštas** – Straße 113 bis **Visaginas** – Straße 177 – Straße 102 bis **Zarasai** – Straße 117 – Nebenstraße bis **Stelmužе** – Schotterweg bis Straße A14 – Straßen A14 und A13/E262 bis **Daugavpils (Dünaburg)**.

Abstecher zu den **Daugava-Schleifen.**

Alternativroute: Ab **Ignalina** über **Tauragnai** durch den **Aukštaitijos Nationalpark**. Zweite Alternative von **Stelmužе** zurück nach **Zarasai** und über Straße A13 direkt nach **Daugavpils (Dünaburg)**.

Empfohlene Reisedauer: Mindestens ein Tag.

Reisehöhepunkte auf dieser Tour: Besichtigung des **Atomkraftwerks***, Rundgang durch **Daugavpils (Dünaburg)** *, Wanderung durch die **Daugava-Schleifen****.

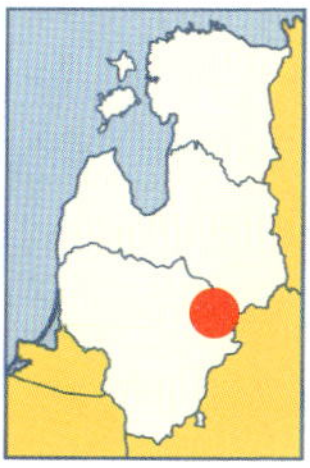

*ROUTE: Von **Ignalina** über die Straße 102 nach **Visaginas** (45 Kilometern).*

ALTERNATIVROUTE

*ROUTE: Landschaftlich schöner zu fahren, jedoch mit einigen Schotterpisten zwischendurch, ist der Umweg über die kleine Stadt **Tauragnai** im Nordwesten des **Aukštaitijos Nationalparks**. Biegen Sie nach 6 km von der Straße 102 nach links ab in Richtung **Vaišniūnai**. Folgen Sie der kleinen asphaltierten Landstraße immer geradeaus bis nach **Tauragnai**. Dort geht es nördlich der hiesigen Seen über **Minčia** und **Jakėnai** nach **Salakas** und von dort über die 179 bis zur Straße 102 nördlich von **Dūkštas**.*

Der Ort **Dūkštas** ist keinen längeren Aufenthalt wert. Die einzige erwähnenswerte Sehenswürdigkeit ist eine unspektakuläre Kirche aus dem Jahr 1601.

*ROUTE: Von **Dūkštas** aus geht es über die Straße 113 nordwärts bis in die Stadt **Visaginas**.*

Bei **Visaginas** stellt sich die Frage, ob es dort überhaupt etwas Besonderes zu sehen gibt. Und wenn ja, ist es das Atomkraftwerk, eine Unterwasserausstellung oder möglicherweise die Stadt selber? Doch beginnen wir erst mit der Stadtchronik, die außerordentlich kurz ist.

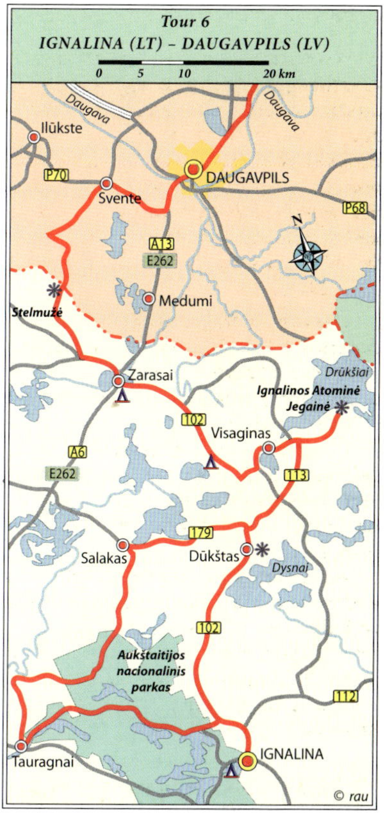

Visaginas wurde am Reißbrett der sowjetischen Stadtplaner erfunden und 1975

das Atomkraftwerk Ignalia

gebaut. Grund hierfür war das angrenzende Atomkraftwerk, das sich wenige Kilometer außerhalb der Stadt am Drūkšiai-See befindet.

So kann man die Stadt selbst als Sehenswürdigkeit betrachten, denn keine Stadt im Baltikum ist „sowjetischer" als Visaginas. Breite Prachtalleen, große Plätze und zahlreiche sozialistische Plattenbauten, alles zusammen in einem herunter gekommenen Zustand, bieten genau das Bild, was man als Vorurteil von der Sowjetunion hatte. Bei einer Fahrt durch die Stadt vergisst man daher ganz schnell, dass man sich innerhalb der Europäischen Union befindet.

Geprägt ist die Stadt vom hiesigen größten Arbeitgeber, dem **Atomkraftwerk (siehe Essay: "Atomkraft in Litauen - nicht ganz ohne Probleme")**.

Wie die meisten Atomkraftwerke befindet sich auch dieses sehr nah an einer Staatsgrenze, in diesem Fall sogar an zwei, der lettischen und der weißrussischen, was darauf schließen lassen könnte, dass die Regierungen der einzelnen Staaten doch nicht so sehr auf die Sicherheit dieser Kraftwerksart vertrauen.

Allerdings ist dieses in Visaginas gebaut worden, als es noch keine Staatsgrenzen gab. Geplant war der Bau bei der Stadt Ignalina, doch die damalige Regierung der litauischen Sowjetrepublik verhinderte dies mit der Errichtung des dortigen Nationalparks.

Lassen Sie am zentralen Kreisverkehr den dortigen Basar links liegen und die Plattenbauten hinter sich. Der Weg führt auf der Straße 117 aus der Stadt hinaus.

Nach wenigen Metern erscheint das Hinweisschild „Ignalina VAE, 6 km". Auf zwei Dinge sollten Sie nun achten. Zum einen auf ein leichtes Kribbeln der Zunge und der Lippen, das wahrscheinlich an der Elektrizität liegt und zum anderen auf Geländewagen mit dunkel getönten Scheiben. Diese gehören zum Sicherheitsdienst und sind berechtigt Sie in der unmittelbaren Umgebung des Kraftwerkes anzuhalten.

Ebenso gilt es, den Hinweis zu beachten, erst nach einer Genehmigung zu fragen, bevor Sie ein Foto machen.

Wer sich nun vom beklemmenden Gefühl, das einen in der Nähe des Kraftwerks überkommt, dem Kribbeln und dem Sicherheitsdienst nicht abhalten ließ, hat die Möglichkeit das **Besucherzentrum** zu besichtigen (*geöffnet Mo – Fr 8 – 16.00 Uhr geöffnet. Es ist erforderlich, vorher telefonisch den Besuch anzukündigen unter Tel: 38-62 99 11 oder 38-62 97 19, Fax: 38-62 92 60, E-Mail: info@mail.iae.lt, Web: www.iae.lt*).

Im Besucherzentrum gibt es Modelle der Reaktorblöcke und einen Castorbehälter zu sehen. Einen Blick in das Kontrollzentrum und in die Reaktorhalle darf man mittels eines Fernsehbildschirms werfen.

In diesem Zusammenhang sei erwähnt, dass die Energiebehörde sehr auf Öffentlichkeitsarbeit und Aufklärung bedacht ist. Ein monatliches Magazin informiert über die Arbeit und Aktualitäten.

Zum Schluss noch der Hinweis auf die letzte Sehenswürdigkeit Visaginas, das **Unterwassermuseum** in der Jaunystės gatvė 21 (*geöffnet Mo – Sa 12 – 19 Uhr*). Eine Unterwasserausstellung bietet auf über 140 m² rund dreißig Aquarien. Diese zeigen 60 verschiedene Arten von tropischen Süßwasserfischen.

*ROUTE: **Zarasai** erreichen Sie über die Straße 102. Fahren Sie in Visaginas am Kreisverkehr so, dass Sie die Hochhäuser auf der linken Seite haben. Folgen Sie nun der Vorfahrtstraße und biegen Sie außerhalb der Stadt nach rechts Richtung **Zarasai** ab.*

Atomkraft in Litauen – nicht ganz ohne Probleme

1. Mai 2004: Ganz Europa feiert die Erweiterung der Europäischen Union auf nunmehr 25 Staaten. Ganz Europa? Nein, einer kleinen Stadt im Nordosten Litauens ist nicht nach feiern zumute. Denn der Beitritt zur EU bedeutet für die meisten Einwohner die künftige Arbeitslosigkeit.

Die Rede ist von der Stadt **Visaginas**. Sieben Kilometer außerhalb befindet sich ein Atomkraftwerk, das 5.000 Menschen noch einen Arbeitsplatz sichert. Doch Litauens Eintrittskarte in die Europäische Union war teuer. Die EU verlangte kompromisslos die Schließung des Atomkraftwerkes. Denn in Visaginas' Kernkraftwerk, das den Namen Ignalina (eine Stadt in der Nähe) trägt, befinden sich zwei RBMK-Reaktoren die 1.500 Megawatt Leistung produzieren. Problematischer aber ist, dass sie zwar die weltweit größten Atomreaktoren, aber eben vom berühmt-berüchtigten Typ „Tschernobyl" sind. Das AKW wurde 1983 noch zu Zeiten der Sowjetherrschaft ans Netz angeschlossen und war eines der letzten, das von diesem Typ gebaut wurde.

Doch der Weltbevölkerung wurde am 26. April 1986 deutlich gezeigt, wie unsicher der Reaktortyp „Tschernobyl" ist. Terroristen nutzten zudem in der Vergangenheit das Kraftwerk von Visaginas zur Erpressung. Sie drohten mit der Sprengung des Meilers, falls nicht ein lokaler Mafia-Boss aus der Haft entlassen würde. Als Ergebnis wurde das AKW für mehrere Tage abgeschaltet, was einen Schaden von rund 8 Mio. Euro verursachte.

So kam es schließlich dazu, dass bei den Beitrittsverhandlungen zur EU eindeutig gefordert wurde, dieses Atomkraftwerk zu schließen.

Nun stand Litauen vor einem Problem. Einerseits wollte man in die EU, andererseits aber produziert das Kraftwerk rund 80% des Strombedarfs in Litauen. Kein Staat auf der Welt hat einen höheren Anteil an Atomstrom. Und nicht nur das, Litauen exportiert den Strom und verdient damit viel Geld. Wenn nun die Reaktoren herunter gefahren werden sollen, dann ginge im südlichsten baltischen Staat buchstäblich das Licht aus.

Daher einigte man sich darauf, dass der erste Reaktor bis 2005 und der zweite bis 2009 abgeschaltet werden soll. Im Gegenzug wird Litauen eine enorme Entschädigungssumme erhalten. Wie vereinbart fuhren die Betreiber am 31. Dezember 2004 den ersten Reaktor langsam herunter und konnten ihn am 3. Januar 2005 endgültig vom Netz nehmen. Gleichzeitig kam die erste Überweisung aus Brüssel in Höhe von offiziell 245 Millionen Euro. Rund das Dreifache soll ab 2007 gezahlt werden.

Planungen für die Zeit nach der Reaktorschließung stehen schon. So hat Frankreich bereits angeboten, beim Bau eines neuen Atomkraftwerkes an gleicher Stelle mitzuwirken. So haben die Einwohner von Visaginas dann vielleicht doch noch Grund den EU-Beitritt zu feiern.

Der Name **Zarasai** wurde das erste Mal 1837 schriftlich festgehalten. Zu der damaligen Zeit lebte hier noch der Stamm der Selen. Diese Volksgruppe existiert jedoch heute nicht mehr.

Die Stadt ist von sieben Seen umgeben, weitere 289 liegen im Landkreis Zarasai.

Das **Heimatmuseum** zeigt eine Ausstellung über das Leben in und um die Stadt herum vom Mittelalter bis in die Gegenwart *(geöffnet Di – Sa 10 – 17.00 Uhr. Info-Tel: 38-55 24 56, E-Mail: zkm@centras.lt, Web: www.zarasai.lt).*

ROUTE: *Vor der Kirche von* ***Zarasai*** *fahren Sie durch den Kreisverkehr und folgen der Beschilderung nach*

Praktische Hinweise – Visaginas

Feste und Folklore: das so genannte Dorfmusikfestival „Visagina Country“ wird seit einigen Jahren im Spätsommer gefeiert.

Hotels

Hotel Gabriela, Jaunystės gatvė 21, Tel: 38-67 01 71, Fax: 38-67 01 51, E-Mail: Gabriella@sugardas.lt, Web: www.gabriella.lt. Das kleine privat geführte Haus ist mit einem Stern ausgezeichnet und bietet Unterkunft in zehn Zimmern, die zweckmäßig eingerichtet sind. Zum Haus gehören eine türkische und eine finnische Sauna, ein Swimmingpool, eine Bar und eine Internetmöglichkeit.

Gästehaus Goloskokova, Energetikų gatvė 5-1, Tel: 68-52 71 07. Das Gästehaus bietet Swimmingpool, eine kleine Küche und ein Kaminzimmer.

Camping

Camping Skaidrio, kleiner privater Campingplatz (0,5 ha) zwischen Kilometer 148 und 147 an der Straße 102. Schön im Wald und am Ufer des Skaidrio-Sees gelegen, Mindestausstattung.

Obeliai**. Rund 3 km hinter dem Ortsausgang zweigt von der Straße 117 eine kleine Asphaltstraße nach rechts ab und bringt Sie in den Ort **Stelmuže.

Die **älteste Eiche Litauens** steht in **Stelmuže** und lebte vermutlich schon zu Zeiten Christi Geburt. Der 23 m hohe Baum ist zu seinem Schutz eingezäunt und bringt es auf einen Umfang von 10 bis 13 m. Das entspricht einem Durchmesser von rund 4 m.

Um dorthin zu gelangen, fahren Sie an dem touristischen Wegweiser (Vergų Bokštas), ein eher unspektakuläres Bauwerk, vorbei. Die Eiche befindet sich rund 200 m dahinter.

Auf einer kleinen Anhöhe hinter der Eiche steht eine **Kirche**, die komplett aus Holz gebaut wurde. Auch diese ist bereits sehr alt. Dennoch ist es fast unvorstellbar, dass zum Zeitpunkt der Kircheneinweihung besagte Eiche schon 1.650 Jahre dort stand.

Im Inneren des Gotteshauses schufen unbekannte Künstler des 18. Jahrhunderts zahlreiche Holzschnitzereien.

*ROUTE: In **Stelmuže** haben Sie die Möglichkeit wieder zurück nach Zarasai und über die schnurgerade A13/E262*

Praktische Hinweise – Zarasai

Touristeninformation, Sėlių a. 22, Tel: 38-55 12 30, E-Mail: z.rejest@is.lt oder turizmas@zarasai.lt.

Feste und Folklore: Seit 1905 findet in der ersten Januarwoche ein Pferderennen statt. In der ersten Junihälfte findet in der Regel das Folklorefestival Zalvynė statt. Es zeigt neben der Folklore auch mythologische Veranstaltungen, die traditioneller und moderner Musik untermalt ist. Ende Juli wird regelmäßig seit dem Jahr 2000 auf dem See das Jungfrauen-Gesangs Fest veranstaltet.

Restaurants

Restaurant Monopolis, Sėlių sq. 8, Tel: 38-53 05 45.
Café Perlas, Vilnius gatvė 16, Tel: 38-53 07 13.

Camping

Camping Zarasai, Kaunas gatvė 47, Tel: 370-65 25 15 30, E-Mail: turizmas@zarasai.lt. Kleiner und familiärer Campingplatz (1 ha) am Rande der Stadt. Er ist nicht ausgeschildert. Von Utena kommend befindet er sich gleich hinter dem Ortseingangsschild auf der linken Seite. Die Sanitäreinrichtung ist sauber, modern und besitzt auch ein Behinderten-WC, einfache Standardausstattung.

die älteste Eiche Litauens

*nach **Daugavpils** in **Lettland** zu gelangen oder am Wegweiser „Lettland 1,5 km" den kleinen Grenzübergang zu nutzen. Die dortigen freundlichen Grenzbeamten öffnen diese ehemals für den kleinen Grenzverkehr gedachte Schranke in der Zeit zwischen 8.30 und 20.30 Uhr. Von dort geht es über kleine Schotterstraßen durch **Raudaskola** und **Svente** nach **Daugavpils (Dünaburg).***

Auf dieser Etappe befahren wir zum ersten Mal lettischen Boden, sei es auch nur, um in die Stadt **Daugavpils** zu gelangen.

Lettland ist in vier größere **Provinzen** aufgeteilt. Dabei handelt es sich um **Vidzeme** im Norden, **Kurzeme** an der Küste im Westen, **Zemgale**, das sich an der lettisch-litauischen Grenze entlang schlängelt und **Latgale** im Osten.

Unser Weg führt zuerst durch **Zemgale**, das gemeinhin auch als Heimat der Burgen und Schlösser bezeichnet wird. Besonders die Gegend um Bauska, das weiter im Westen liegt, bietet zahlreiche Herrenhäuser.

Doch bei unserer Fahrt streifen wir diese Provinz nur kurz und erreichen schon nach wenigen Minuten vor den Toren der Stadt Daugavpils die Region Latgale.

Diese Provinz ist vielleicht das Bayern von Lettland. Tiefe katholische Religiösität, zahlreiche Seen und Wälder sowie eine nicht ganz so flache Landschaft prägen den östlichsten Teil des Landes. Im Übrigen befinden sich in Latgale die zwei größten und der tiefste See des Landes.

Wer zum ersten Mal nach Lettland reist und nur die Stadt **Daugavpils (Dünaburg)** besucht, bekommt möglicherweise einen falschen Eindruck vom Land. Die zweitgrößte Stadt Lettlands nämlich ist keine Schönheit. Sie ist von Industrie geprägt und wurde in den letzten Jahrzehnten sehr vernachlässigt.

Die Sehenswürdigkeiten von Daugavpils können an einer Hand abgezählt werden. Vielmehr bietet die Stadt in ihrer Umgebung einige Ausflugsziele, wie zum Beispiel die Schleifen des Flusses Daugava oder den Vente-See.

Doch bleiben wir erst einmal im Zentrum der Stadt, in dem sich fast alle Straßenzüge in rechten Winkeln treffen.

Die **Stadtgeschichte von Daugavpils** beginnt Ende des 13. Jahrhunderts, als Ritter des Deutschen Ordens 19 km weiter flussaufwärts eine Burg errichteten. Diese war im Laufe der Zeit mehrfach ein Ort von kriegerischen Auseinandersetzungen und wechselte des Öfteren den Besitzer.

Die Stadt selber wurde erst drei Jahrhunderte später erbaut und erhielt

die Holzkirche in Stelmuže

Willkommen in Lettland

ebenfalls eine **Festung**. Von dieser ist heute nicht mehr viel zu sehen. Sie befindet sich im Nordwesten des Stadtzentrums und kann für 0,20 Ls. besichtigt werden. Informationen erhält man unter Tel: 54-22 81 8.

Da die Stadt im Zweiten Weltkrieg schwere Zerstörungen hinnehmen musste, sucht man in Daugavpils vergeblich nach einer Altstadt. Nur wenige Gebäude sind erhalten geblieben.

Im Ostteil des Zentrums befinden sich gleich drei Kirchen. Neben der evangelischen **Martin-Luther-Kirche** existiert die katholische **Marienkirche** aus dem Jahr 1905.

Doch die interessanteste der Kirchen in Daugavpils ist wohl die orthodoxe **Boris-und-Gleb-Kirche**, die mit zahlreichen Türmchen verziert ist. Auch sie stammt aus dem Jahr 1905. Im Inneren beherbergt sie einige schöne Ikonen aus dem 19. Jahrhundert.

Nach Überquerung der Bahngleise und der Straße des 18. Novembers (18. novembra iela) erreichen wir den Fluss Daugava, der ruhig in seinem Bett dahinströmt.

Auf dem Weg dorthin bieten sich mehrfach Möglichkeiten, nach links abzubiegen. Die schachbrettartige Straßenführung verhindert, dass man sich verlaufen kann.

Praktische Hinweise – Daugavpils (Dünaburg)

Touristeninformation, Rīgas iela 20, Tel: 91-45 99 4, Fax: 54-22 81 8, E-Mail: tourinfo@daugavpils.apollo.lv. Geöffnet von 9 – 17.00 Uhr.

Feste und Folklore: Lettgalische Töpfertage im April und das Oberdaugave-Festival am letzten Mai-Wochenende.

Restaurants

Restaurant Gubernators, Lacplesa iela 10, Tel: 54-22 45 5. Elegantes Restaurant mit internationalen Speisen.

Restaurant Martins, Muzeja iela 2/4, Tel: 54-23 32 8. Abends mit Live-Musik.

Restaurant Mziuri, S. Mihoelsa 60, Tel: 54-21 51 8. Etwas außergewöhnlicher, da mit georgischer Küche.

Internetcafé Alpari, Valkas 5d, Tel: 95-21 77 8. Rund um die Uhr geöffnet.

Hotels

Hotel Villa Ksenija, Varsavas iela 17, Tel: 54-34 31 7. Kleines Vier-Sterne-Hotel mitten im Zentrum. Es ist das beste Hotel am Platze, dementsprechend aber mit 35 – 90,00 Ls auch das teuerste. Im Erdgeschoss befindet sich ein rustikales Restaurant.

Gästehaus Leo, Kraslavas iela 58, Tel: 54-20 00 3. Nur ein Stern weniger, aber wesentlich günstiger ist das Hotel mit 5 gemütlichen Zimmern, Restaurant und bewachtem Parkplatz.

Hotel Flora D, Strope, Tel: 95-44 61 3. Ebenfalls nur 5 Zimmer, die einfach aber zweckmäßig ausgestattet sind. Im Haus befindet sich ein kleines Café und zum Hotel gehört ein bewachter Parkplatz.

Über die Stacijas iela erreichen wir den Bahnhof, über die Viestura iela den Busbahnhof. Zur Synagoge gelangt man über die Cietokšņa iela und das Haus der Einheit befindet sich auf der Ģimnāzijas iela. Alle genannten Straßenzüge befinden sich parallel zueinander.

Das **Haus der Einheit** ist das größte Gebäude, das während der ersten unabhängigen Republik erbaut wurde. Karlis Ulmanis, der damalige lettische Präsident legte 1937 den Grundstein für das Haus. Heute kann es besichtigt werden.

Links am Haus der Einheit vorbei, erreichen wir die **Touristeninformation** und im Anschluss das **Kunst- und Heimatmuseum** *(geöffnet Di – Sa 11 – 18.00 Uhr, Eintritt 0,40 Ls, Info-Tel: 54-22 70 9)*. Neben Dokumenten und Exponaten zur Geschichte der Stadt, kann man dort auch regionales Kunsthandwerk besichtigen.

Wenn man die Brücke über die Daugava wieder überquert und an dem alten überdimensionierten Sowjet-Denkmal rechts abbiegt, verlässt man die Stadt wieder.

Kurz vor dem Ortsausgang erscheint eine touristische Wegweisung nach **„Randene"**. Der Weg dorthin lohnt sich jedoch nicht. Es handelt sich lediglich um einen Gedenkstein aus der Sowjetzeit. Schöner anzuschauen sind in der Straße die alten Propellerflugzeuge, die sich gegenüber von Randene vor dem Hangar befinden.

ABSTECHER ZUM NATURPARK „DAUGAVA-SCHLEIFEN"

Der Naturpark „**Daugava-Schleifen**" befindet sich südlich der A6 und östlich von Daugavpils.

Die Landschaft hier ist geprägt vom **Fluss Daugava**, der sich in zahlreichen Schleifen durch das enge Tal windet. Die Hälfte des Tales ist bewaldet, der Waldboden ist hauptsächlich mit Farnen überzogen. Hier im Nationalpark „Daugava-Schleifen" gibt es mehr Farn als im gesamten übrigen Lettland.

Vier Wanderpfade führen zu hoch gelegenen Aussichtspunkten oder zu interessanten geologischen Objekten, Findlinge zum Beispiel, die Überbleibsel der Eiszeit sind.

Am **Gutshof Juzefova** beginnt ein Wanderweg, der durch eine schmale Schlucht zu einem Baudenkmal Lettlands führt. Dabei handelt es sich um die **Nachbildung der Burg Dinaburga**. Allerdings darf man nun keine überdimensionale Festung erwarten, denn die Burg wurde im Maßstab 1:40 nachgebaut.

An der Burg trifft man auf den **Naujene-Wanderpfad**, der nur von August bis Oktober begehbar ist.

Wanderweg Nummer 3 beginnt am östlichen Rand des Nationalparks bei Krāslava und führt zu einigen Aussichtsplattformen. Der letzte Weg schließlich startet an der kleinen, seit dem 15. Jh. bewohnten Siedlung **Slutišķi**, die seit 1998 unter Denkmalschutz Dieser Weg verläuft an einigen Kulturdenkmälern vorbei.

Die Verwaltung des Naturparks ist wie folgt zu erreichen: Krāslava Regionale TIV, Brīvības 13, Krāslava, Tel: 56-24 07 4, E-Mail: ep@kraslava.vp.gov.lv.

auf Litauens Landstraßen lässt es sich noch geruhsam reisen

7. DAUGAVPILS / DÜNABURG (LETTLAND) – ŠIAULIAI / SCHAULEN (LITAUEN)

Länge der Tour: Rund 240 km, ohne Abstecher.

Strecke: A13/E262 – A14/P70 bis **Subate** – Straße 122 bis **Rokiškis** – Straße 123 bis **Biržai** – Straßen 125 und 205 bis **Pasvalys** – Straße 150 bis **Šiauliai** – A12/E77 bis zum **Berg der Kreuze.**

Empfohlene Reisedauer: Mindestens ein Tag.

Reisehöhepunkte auf dieser Tour: Wanderung durch den **Siguldina Park***, Besichtigung des **Berges der Kreuze** ***.

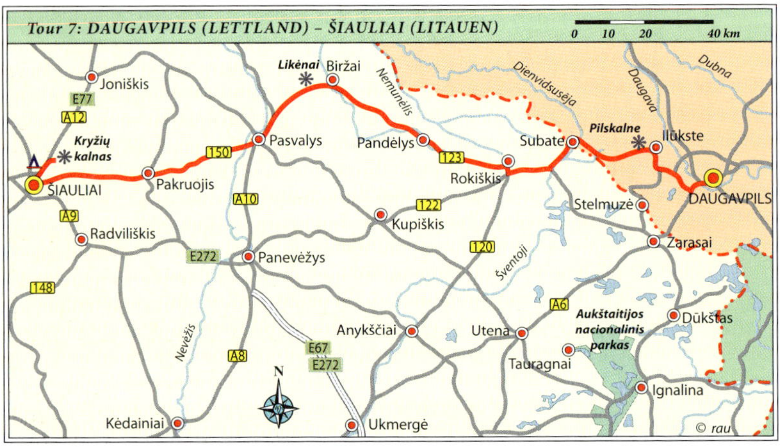

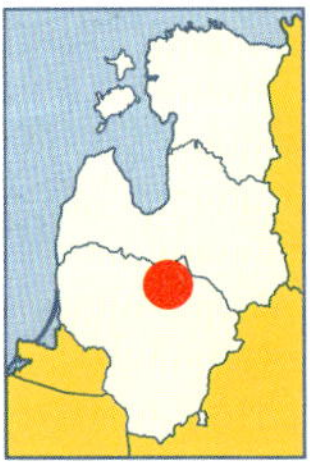

*→ **Route:** Überqueren Sie in **Daugavpils** in südliche Richtung wieder den Fluss und biegen dahinter sofort rechts ab in Richtung **Subate**. Sie fahren am Flussufer entlang und treffen auf die A13/E262. Kurz hinter der Allee geht es rechts auf die A14 nach **Svente**, wo sie nach rechts wegführt. Sie bleiben jedoch geradeaus und nutzen die P70 nach **Subate**.*

Hinter der großen Linkskurve geht es rechts in das kleine Örtchen **Pilskalne**, wo ein kleines Hinweisschild auf den **Siguldina Park** hinweist *(geöffnet täglich 10 – 19 Uhr, Eintritt 0,80 Ls, Info-Tel.: 54-62 29 6)*.

1983 wurde der Park eröffnet. Auf drei verschiedenen **Wanderwegen** kann man lettische Folklore und schöne Holzschnitzereien erleben.

Wer der Beschilderung folgt, erreicht den Parkplatz und das kleine Kassenhäuschen. Gleich daneben auf der linken Seite beginnen die Wanderwege, die gut ausgeschildert sind.

Die Wege sind unterteilt in einen geologischen Pfad, einen Pfad mit 32 Holzskulpturen, der für Kinder empfehlenswert ist, sowie einen weiteren Wanderweg, der zu drei verschiedenen Seen führt.

Letzterer Weg ist mit 8 km der längste und führt an Lagerfeuerplätzen und kleinen Badebuchten vorbei. Die anderen beiden Wege sind 1,6 bzw. 3,8 km lang.

In den Wintermonaten sind die Wanderwege einladende Langlaufstrecken.

Zusätzlich bietet ein kleines Erholungshäuschen den Besuchern Annehmlichkeiten. In der rustikalen Holzhütte ist eine Sauna untergebracht und man kann im Haus auch übernachten.

*→ **Route:** Weiter geht es auf der P70 bis nach **Subate**. Der Ort ist nicht im eigentlichen Sinne ausgeschildert. Vielmehr weist ein brauner touristischer*

Rokiškis, Marktplatz

Wegweiser nach links in das Zentrum von Subate. Unverständlicherweise ist die Durchfahrt hier wiederum untersagt, was aber anscheinend niemanden stört.

Das hügelige **Subate** mit seinen 1.800 Einwohnern hat lediglich zwei Kirchen zu bieten, ist sonst aber keinen längeren Aufenthalt wert.

ROUTE: *10 km sind es von der* ***lettischen Grenze*** *bei* ***Subate*** *bis nach* ***Obeliai****, wo Sie bitte nach rechts auf die Straße 117 Richtung* ***Rokiškis*** *abbiegen, das Sie nach 14 km erreichen.*

Wer nach **Rokiškis** fährt, bekommt den Eindruck, die Stadt dehne sich stark aus. Breite Straßen und Bürgersteige, kaum Hochhäuser und viel, viel Platz scheint das Merkmal dieser Stadt zu sein.

Und ganz so Unrecht hat der Betrachter damit nicht, denn die Stadt ist nicht natürlich gewachsen. Sie besteht zwar schon seit dem 16. Jahrhundert, wie ein Dokument aus dem Jahr 1516 belegt, doch im 18. Jahrhundert beschloss der Besitzer des Fürstenguts, die Stadt neu zu gestalten. Auf diese Weise entstand der lang gezogene, rechteckige Unabhängigkeitsplatz im Ortszentrum zwischen der Matthäuskirche und dem Fürstenhof. Dabei sind die beide Bauwerke über einen Kilometer weit auseinander und stehen sich doch gegenüber.

Im Fürstenhof in der Tyzenhauzu al. 5 befinden sich eine große Kunstsammlung, ethnographische Kollektionen und eine Münzsammlung. Zudem wurde auch das **Heimatmuseum** des Ortes im Fürstenhof untergebracht *(geöffnet Mi – So 10 – 18.00 Uhr)*. Das Heimatmuseum zeigt u. a. eine sehenswerte Ausstellung des Holzkünstlers Lionginas Šepka. Er hat die Kunst des Holzschnitzens selber erlernt und ca. 1.500 Skulpturen geschaffen, von denen einige in dem Museum zu sehen sind.

Auf dem **Unabhängigkeitsplatz**, auf dem es auf Grund der Größe ein Leichtes ist, einen Parkplatz zu finden, wurde 1999 ein kleiner Torbogen erbaut. Die Sockel hierzu sind heute Treffpunkt der Jugend und werden oft als Skateboard-Bahn zweckentfremdet.

Weiter westlich in Richtung Matthäuskirche, befindet sich das **Unabhängigkeitsdenkmal**, das 1931 errichtet wurde. Interessanterweise wurde das dort eingravierte Hakenkreuz bis heute nicht entfernt.

Hinter dem Denkmal und einer kleinen Grünfläche erhebt sich die neugotische **Matthäuskirche**. Das Gotteshaus wurde nach fast zwei Jahrzehnten Bauzeit

Rokiškis, Unabhängigkeitsdenkmal und Matthäuskirche

im Jahr 1885 fertig gestellt und beherbergt im Inneren zahlreiche schöne dekorative Kunstwerke.

Der 60 m hohe Turm des Backsteingebäudes sowie der Rest der Kirche wurden von der Familie Tiesenhausen finanziert. Somit hat sich die Familie einen überdimensionalen „Grabstein" errichten lassen, da Familienmitglieder in einer Gruft der Kirche bestattet sind.

*ROUTE: Über **Pandėlys** geht es nun auf der Straße 123 nordwestwärts nach **Biržai**.*

Der Name der Stadt **Biržai** ist Programm. Biržai ist die „Bierstadt Litauens".

Von Generation zu Generation werden in den zahlreichen Bierbrauerfamilien traditionelle Braurezepte weiter gegeben. Noch heute stellen einige Brauer ihr eigenes Hausbier her.

Wer Interesse am heimischen Gerstensaft hat, sollte in der Touristeninformation nach einem Ausflug zu den Brauereien in **Rinkuškiai** und **Klausučiai** fragen. In Klausučiai kann man das **Biermuseum** besichtigen. In dem Museum auf dem Gutshof Butautas gibt es erfreulicherweise einen Raum, in dem der Besucher das frisch hergestellte Bier probieren darf.

Besiedelungstechnisch hat in Biržai alles durch die Errichtung einer **Festung** durch die Fürsten Radziwill Ende des 16. Jahrhunderts angefangen. Die Radziwills waren ein mächtiges Adelsgeschlecht, das ursprünglich zum litauischen Hochadel gehörte, aber auch in Polen und Preußen vertreten war. Damals diente die Festung als Schutzanlage der nördlichen Landesgrenze.

Allerdings kam der Feind nicht von Norden, sondern aus dem Westen. Schweden waren es nämlich, die die Festung 1704 eroberten und zerstörten. Pikanterweise hatten sich genau in diesen Gemäuern drei Jahre zuvor Zar Peter I. und der polnische König August II. gegen die Schweden zusammengeschlossen. Genützt hat es nichts.

Drei Jahrhunderte dauerte es, bis man mit dem Wiederaufbau begann und der Burg ihr heutiges Gesicht gab.

Innerhalb der Burgmauern sind heute die Stadtbibliothek und das **Heimatmuseum** von Biržai untergebracht *(geöffnet Mai – August Mi – So 11 – 19.00 Uhr, sonst 10 – 18.00 Uhr)*.

Auf der Nordseite von Biržai befindet sich der **Širvena-See**. Dieser Stausee verfügt über die längste Brücke des Landes. Sie ist 525 m lang und reicht bis in die Stadtmitte hinein.

Auf der anderen Seite der Brücke befindet sich der **Astravas Palast**, der mehrfach zerstört und wieder aufgebaut wurde. Heute sieht er etwas herunter gekommen aus.

Interessant und schön zugleich ist die nähere Umgebung des Ortes. Zahlreiche

die längste Brücke Litauens führt über den Sirvena-See

Praktische Hinweise – Biržai

Touristeninformation, Vytauto gatvė 27, Tel.: 45-03 34 96, E-Mail: tic.birzai@post.omnitel.lt, Web: www.birzai.ot.lt.

Feste und Folklore: Ein Theaterfestival findet im März statt, im Monat darauf wird der so genannte Wettbewerb der Dorfmusikanten abgehalten. Im Juli gibt es eine Flugschau und eine Regatta auf dem Širvena-See.

Karst-Gesteinsstrukturen sind in der Region zu sehen. In der besonders geschützten Landschaft kann man nicht nur zahlreiche Versteinerungen finden, sondern auch vielfach kleine Höhlen entdecken, die im Laufe der Jahrtausende durch Auswaschung entstanden sind.

*ROUTE: Über die Straßen 125, 205 und 150 verlassen Sie nun den Nordosten Litauens und fahren durch agrarreiche Landschaft durch die Ortschaften **Pasvalys** und **Pakruojis** nach **Šiauliai (Schaulen)**.*

Kurz hinter dem Ortsausgang von Biržai sehen Sie links den Abzweig zur kleinen Ortschaft **Likėnai**, einem gemütlichen Kurort, in dem 1890 die erste Heilstätte errichtet wurde.

Bereits vor 500 Jahren nutzte man das Wasser aus der Quelle des kleinen Flüsschens Smardonė. Im Jahr 1816 stellte der Erfinder der Elektrolyse T. Grotus schließlich wissenschaftlich die Heilkraft des schwefelhaltigen Wassers fest. Heute befindet sich in Likėnai ein **Kurhaus** mit einem großen **Park**, der zu ruhigen Spaziergängen einlädt.

In **Pasvalys** gibt es das **„Tal der Kreuze"**, nicht zu verwechseln mit dem „Berg der Kreuze", zu dem wir später kommen werden. In diesem Tal wurden einige Pfähle aufgestellt. Sie sollen an die Menschenkette erinnern, die im Jahr 1989 von Tallinn nach Vilnius auch an Pasvalys vorbei führte.

Pakruojis liegt exakt zwischen Pasvalys und Šiauliai und beherbergt einen der größten litauischen **Gutshöfe**.

Die Ortschaft wurde bereits im Jahr 1585 erwähnt, während der Hof erst im 18. Jahrhundert erbaut und 100 Jahre später erweitert wurde.

Ein großer und sorgsam gepflegter **Landschaftspark** mit einer Größe von rund 6 ha erstreckt sich um die zahlreichen Gebäude des Anwesens. Obwohl es sich nicht um ein Freilichtmuseum handelt, können Park und Hof besichtigt werden. Im Inneren des Gebäudekomplexes befinden sich heute eine Kunstsammlung und eine Konzerthalle.

Der **Berg der Kreuze (Kryžių Kalnas)** ist eine der meist besuchten Sehenswürdigkeiten des Baltikums.

Um ihn zu erreichen, dürfen Sie nicht in das Stadtzentrum von Šiauliai fahren, da der Berg außerhalb im Norden der Stadt liegt. Biegen Sie deshalb nordwärts auf die A12 / E77 in Richtung Rīga ab. Nach rund 10 km erscheint ein kleines nach rechts weisendes Schild „Kryžių Kalnas". Folgen Sie diesem über die schmale Straße und nach weiteren 1.500 m haben Sie auf der rechten Seite den **Parkplatz** und sehen auch schon zahllose Kreuze auf einem kleinen Hügel.

Der Berg der Kreuze ist nur 9 m hoch, so dass die Bezeichnung Berg leicht übertrieben ist. Doch sehenswert ist der Ort allemal und mit keiner anderen Sehenswürdigkeit auf der Welt zu vergleichen.

Wenn Sie den Parkplatz mit den zahlreichen Verkaufsständen hinter sich gelassen haben, stehen Sie auch schon mittendrin im Geschehen. Eintritt wird für dieses Pilgerziel nicht verlangt. Längst reicht der eigentliche Hügel nicht mehr aus, um die ganzen Kreuze zu fassen.

In dem Pavillon links neben dem Berg hielt im Jahr 1993 der verstorbene Papst Johannes Paul II. eine Messe ab.

Schauen Sie sich in Ruhe die Kreuze an. Sie werden feststellen, dass der Ort kein nationales Pilgerziel mehr ist. Viele Kreuze mit Inschriften aus aller Herren Länder sind zu entdecken. Die meisten stammen natürlich

Praktische Hinweise – Pasvalys

Touristeninformation, P. Avižonio gatvė 6, Tel.: 45-13 40 96, E-Mail: pakm@post.omnitel.net.

der „Berg der Kreuze"

aus Europa. Doch auch aus Amerika, Südafrika und Asien sind Inschriften zu finden.

Angefangen hat vermutlich alles, nachdem der Aufstand gegen den Zarismus niedergeschlagen wurde. Daraufhin tauchten im 19. Jh. hier die ersten Kreuze auf. Seinen größten „Aufschwung" erlebte der Berg der Kreuze nach dem Zweiten Weltkrieg. Damals wurden aus ein paar hundert Kreuzen ganz schnell mehrere tausend.

Die sowjetische Regierung versuchte den religiösen Brauch zu stoppen. Aber je öfter sie die Kreuze demolieren ließ, umso rascher kamen noch mehr neue Kreuze hinzu. Nach der Wiedererlangung der Unabhängigkeit gab es schließlich kein Halten mehr und der Berg der Kreuze wuchs und wuchs. Ein Ende ist nicht abzusehen.

Aber nicht nur der Berg der Kreuze, auch die nahe gelegene Stadt **Šiauliai (Schaulen)** ist eine Reise wert. Besucht werden darf sie erst seit dem Jahr 1987. Zuvor war die Stadt ein sowjetisches Industriezentrum, in dem Militärprodukte hergestellt wurden und Besucher, die nicht aus der litauischen Sowjetrepublik kamen, hatten keinen Zutritt.

Ausländer, die in den Jahrhunderten vor der Sowjetzeit nach Šiauliai reisten, hinterließen eine Spur der Zerstörung. Auf dem Russlandfeldzug plünderten zum Beispiel Napoleons Truppen die Stadt.

Aber auch die Schweden gingen nicht gerade zimperlich mit Šiauliai um, als sie nach Litauen einfielen. Und als ob das alles noch nicht reichen würde, hat ein Brand im Jahr 1872 sämtliche Holzhäuser, und das waren damals fast alle Gebäude der Stadt, zerstört.

Die letzte Zerstörung mussten die Bürger von Šiauliai schließlich im Zweiten Weltkrieg erleiden, als 75% der Stadtfläche dem Erdboden gleichgemacht wurde.

Auf dem Weg ins Stadtzentrum von Šiauliai sehen wir bereits den 70 m hohen Turm der **Peter-und-Paulskirche**. Die Kirche ist das einzige Gebäude, das sämtliche Plünderungen und Zerstörungen überstanden hat. Sie stammt aus dem 17. Jahrhundert. Lediglich der Turm, der zweithöchste in Litauen, wurde erst gegen Ende des 19. Jahrhunderts errichtet.

Von der Kirche aus geht es in Richtung Südwest auf der Tilžes gatvė weiter in das **Zentrum** der Stadt. Die dortige Einkaufstraße und Fußgängerzone heißt **Vilniaus gatvė**. Sie kreuzt den Innenstadtbereich.

Zahlreiche Geschäfte, Restaurants und Boutiquen sind dort vorzufinden.

Der Bereich der Fußgängerzone beginnt an Haus Nummer 139, das das **Fahrradmuseum** beherbergt *(geöffnet Di – Sa 10 – 16 Uhr, Info-Tel.: 41-52 43 95)*. Nicht nur zahlreiche Räder können besichtigt werden, sehen kann man auch Herstellungweisen von Drahteseln.

Etwas weiter die Straße hinauf sehen wir rechts das **Dramen-Theater** und das daran angrenzende **Einkaufszentrum**. Schräg gegenüber befindet sich die **Touristeninformation**.

Einen kurzen Besuch lohnt auch der **Talšos-See**. Er liegt im Nordosten von Šiauliai. In einem **Park** am Südwestufer befindet sich ein 21 m hoher **Obelisk**, auf dessen Spitze die Figur eines Schützen angebracht wurde. Erst auf dem zweiten Blick stellt man fest, dass es sich bei dieser Säule um eine Sonnenuhr handelt.

Falls man sich für Kunsthandwerk und/oder frisches Bier erwärmen kann, sind zwei Handwerksbetriebe, die sich außerhalb des Zentrums befinden, lohnende Ziele.

So kann man in der Verduliukų gatvė 31 dem **Goldschmied Daulius** bei der Arbeit beobachten. Gerne zeigt er seine Fertigkeiten bei der Bearbeitung von Bernstein. Nähere Informationen unter Tel.: 41-45 57 02.

Abwechslung verspricht auch eine Besichtigung der traditionsreichen **Brauerei „Gubernija"**. Sie befindet sich seit dem Jahr 1796 in der Dvaro gatvė 179. Auf einer Führung erhält der Besucher Einblick in den Produktionsprozess. Abschließend findet ein Essen statt, bei dem ein frisch gebrautes Bier natürlich nicht fehlen darf. Der Rundgang kostet pro Person 17,70 Lt. Weitere Informationen gibt es unter Tel.: 41-59 19 09.

Praktische Hinweise – Šiauliai (Schaulen)

Touristeninformation, Vilniaus gatvė 213, Tel.: 41-52 31 10, Fax: 41-52 31 11, E-Mail: tourism.info@siauliai.lt, Web: www.siauliai.lt/tourism.

Feste und Folklore: Im Juni findet das größte litauische **Country-Fest** statt, auf dem die besten Country-Musikgruppen des Landes auftreten.

Mitte September wechselt die Musikrichtung dann zu Jazz und findet in den Konzerthallen statt. In den **„Tagen von Šiauliai"** finden eine Volkskunstmesse und zahlreiche Folklorekonzerte statt.

Restaurants

Restaurant Salingas, Tilžes gatvė 168, Tel.: 41-52 09 22. Asiatische Gerichte, täglich geöffnet von 11 – 23.00 Uhr.

Restaurant Retro, Vilniaus gatvė 146, Tel.: 41-52 12 02, Fax: 41-54 00 49, E-Mail: retro@splius.lt. Europäische Küche in gemütlicher Atmosphäre mit Jazz-Musik. Geöffnet von 11 – 23.00 Uhr.

Cafè und Bar Mislė, P. Višinskio gatvė 37, Tel.: 41-42 87 02.

Internetcafé, Dvaro gatvė 55, Tel.: 41-52 68 55. Täglich geöffnet von 9 – 20.00 Uhr.

Camping bei Sutkūnai

Camping Gražina, Masiuliškių, **Sutkūnai**, Tel.: 41-39 99 70, E-Mail: jocasa@takas.lt. Kleiner familiärer Campingplatz (0,5 ha) in einem Vorort nördlich von Šiauliai. Zu erreichen ist er am Besten über die A12 Richtung Riga (Ryga). Kurz hinter dem Ortsausgang geht es links Richtung A12 nach Palanga. Biegen Sie dort ab und überqueren die Landstraße 154 (Šiauliai – Naujoji Akmenė). Fahren Sie hier nun wieder in Richtung Šiauliai und Sie treffen auf den Ort **Sutkūnai**, wo sich der Platz links befindet. Er gehört zum **Gasthaus** von Zinaida und Aloyzas Jocai und bietet auf einem kleinen und umzäunten Wiesengelände Platz für ca. 20 Wohnmobile. Es befindet sich ein kleines, aber gepflegtes Sanitärgebäude an der linken Einfahrt. Im Normalfall kann man sich einen Platz aussuchen. Das Ehepaar Jocai kommt in den Abendstunden zum Kassieren, Mindestausstattung.

8. ŠIAULIAI / SCHAULEN (LITAUEN) – LIEPĀJA / LIBAU (LETTLAND)

Länge der Tour: Rund 235 km, ohne Abstecher.

Strecke: Straße 154 bis **Naujoji Akmenė** – Straße 156 – Nebenstraße durch **Akmenė** – Straße 155 bis **Mažeikiai** – Straße 163 bis zur Landesgrenze – Straßen P106 und P107 bis zur A9 – A9 über **Skrunda** bis **Liepāja (Libau).**

Alternativroute: Hinter **Skrunda** P117 bis **Aizpute** – P112 bis zur A4.

Empfohlene Reisedauer: Mindestens ein Tag.

Reisehöhepunkte auf dieser Tour: Stadtbesichtigung von **Liepāja (Libau)***.**

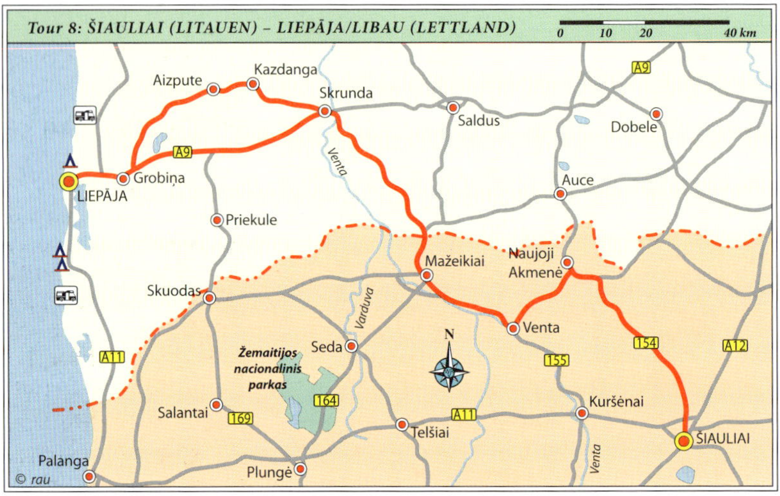

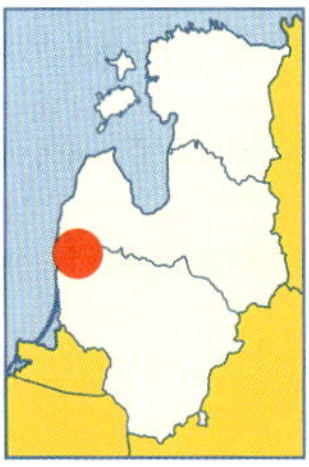

ROUTE: Wenn wir am Campingplatz in ***Šiauliai*** *rechts abbiegen, folgen wir einfach der Beschilderung auf der Straße 154 Richtung* ***Naujoji Akmenė****. Dabei passieren wir nordwärts die Orte* ***Gruzdžiai*** *und* ***Kruopiai,*** *bevor wir auf die Straße 154 treffen, die uns in die Nähe von* ***Naujoji Akmenė*** *bringt. 6 km später, in Richtung Westen, gelangen wir zur Straße 156. Dort geht es links weiter Richtung* ***Venta*** *oder nach rechts in die Stadt* ***Naujoji Akmenė****.*

Es gibt nicht viele Gründe, in **Naujoji Akmenė** einen längeren Aufenthalt einzuplanen. Die Stadt aus dem 16. Jahrhundert bietet neben der St. Annakirche einen botanischen Garten sowie eine Zementfabrik. Touristisch ist der Ort eher unspektakulär.

ROUTE: Die 156 verlassen wir nach rund 15 Kilometern auf der rechten Seite und durchqueren den kleinen Ort ***Akmenė****. Die schmale Landstraße bringt uns am Fluss Dabikinė entlang zur Straße 155. Dort geht es nach rechts in die Stadt* ***Mažeikiai****.*

Ähnlich wie Naujoji Akmenė ist auch **Mažeikiai** kaum der Rede wert. Das einzig Sehenswerte hier sind die Wälder um die Stadt herum, die bis nach Lettland hinein reichen. Leider sind hier noch keine Wanderwege angelegt. Vielleicht wird sich das aber in Zukunft ändern.

*ROUTE: Auf der Straße 163 geht es geradewegs nach Norden zum kleinen Grenzort **Ezere**, der sich bereits auf lettischer Seite befindet. Gleich hinter dem schmalen Grenzübergang biegen wir links ab Richtung **Grobiņa**. 3 km auf dieser Schlaglochstrecke geht es bis zu einem Abzweig nach rechts (Skrunda). Es folgt eine Schotterpiste bis zum kleinen Ort **Pampaļi**, die jedoch gleich dahinter weitergeht. Nach rund 40 km haben wir die A9 zwischen **Liepāja** und **Rīga** erreicht, an der wir links abbiegen und in **Skrunda** eintreffen.*

Diese Region Lettlands nennt sich **Kurland** bzw. auf Lettisch **Kurzeme**. Es ist der westlichste Teil des Landes und umfasst die bei Touristen beliebten Bezirke Liepāja, Kuldīga, Ventspils, Talsi, Saldus und Tukums. In der Region findet man noch heute einige Grabmäler aus Wikinger-Zeiten.

durchs historische Kurland **

Kurland ist eine der historischen Landschaften Lettlands und nach den einstigen Bewohnern, den Kuren benannt. Diese Volksgruppe existiert heute jedoch nicht mehr.

Anders hingegen das Volk der Liven. **Livland** ist ebenfalls eine historische Landschaft Lettlands sowie Estlands und lag seinerzeit nördlich des Flusses Daugava.

Kurland lag südwestlich der Daugava und reichte bis an die Ostseeküste. Es wurde im 13. Jahrhundert von den Rittern des Schwertbrüderordens unterworfen und stand damit unter deutscher Adelsherrschaft.

In den folgenden Jahrhunderten gab es mehrere Kriege und Machtkämpfe. So wurde das Land nach der polnisch-litauischen Union geteilt, später versuchten die Russen die Einnahme der Regionen. Und auch die Schweden mischten kräftig mit. In Folge dieser Auseinandersetzungen brach die Ordensregierung zusammen.

Jakob Kettler, Herzog von Kurland, führte nun Kurland und das mit viel Erfolg. Diese kleine Region wurde nicht nur innenpolitisch stark sondern führte Handelsbeziehungen bis nach Portugal und versuchte sogar Kolonien in Tobago und Guinea aufzubauen. 1737 starb die Dynastie der Kettler aus und es dauerte nicht lang bis zur so genannten dritten polnischen Teilung, nach der die Region als deutsche Provinz an Russland fiel.

Liven leben heute noch einige wenige an der Rīgaer Bucht, die damals zu Kurland gehörte.

Die Küste von Kurzeme (Kurland) ist rund 360 km lang und reicht von der lettisch-litauischen Grenze bis kurz vor Jūrmala. Aber Ufergestade hat die Region noch wesentlich mehr. In Kurland findet man über 200 Binnenseen, von denen einige in früheren Zeiten Meeresbuchten waren die im Laufe der Zeit durch Versandung zu Lagunenseen wurden.

ALTERNATIVROUTE

*ROUTE: Über Schotter- und Schlaglochpisten, aber noch ein wenig ruhiger, führt von **Skrunda** aus etwas weiter nördlich die Straße 117 durch **Kazdanga** nach **Aizpute** und von dort die Straße P112 zurück auf die A9 kurz vor **Grobiņa**, wo wir letztendlich rechts nach **Liepāja** abbiegen.*

Kazdanga besteht hauptsächlich nur aus kleinen Wohnhäusern, sowie einem Schloss aus dem Jahr 1800. Es fiel im Jahr 1905 einem Brand zum Opfer und wurde zwei Jahre später wieder restauriert. Leider verfällt es heutzutage zusehends, obwohl es von einem schönen Park umgeben ist, in dem zahlreiche fremdländische Baumarten wachsen.

Gleich zwei Burgen stehen in **Aizpute**. Zum einen gibt es eine Burg, die komplett aus Holz besteht und für deren Bau kein einziger Nagel verwendet wurde.

Und andererseits ist da noch die **Ruine der Ordensburg** aus dem 13. Jahrhundert. Doch ihr heutiges Äußeres stammt überwiegend aus dem 16. bis 17. Jahrhundert.

11 Kilometer nordwestlich von Aizpute präsentiert sich in **Apriķi** eine einfach aussehende evangelische **Kirche**. Doch im Inneren überrascht sie mit einem prächtigem Altar, einer Kanzel sowie einer Orgelempore, die mit zahlreichen Holzschnitzereien geschmückt ist.

ein Spaziergang an der Ostsee ist bei jedem Wetter ein Erlebnis

Touristeninformation in Aizpute, Skolas iela 1, Tel.: 96-23 28 4, Fax: 34-48 95 6, E-Mail: abergs@apollo.lv. Geöffnet Mo – Fr 10 – 13.00 Uhr und 14 – 17.00 Uhr.

HAUPTROUTE

ROUTE: In ***Skrunda*** *fahren wir gemütlich die rund 70 km in das westlich gelegene* ***Liepāja (Libau)*** *über die A9.*

Zumindest wenn es nach der Ansicht der 87.000 „Dorfbewohner" geht, ist **Liva** – unser nächstes Etappenziel – ein „Dorf". Sie bezeichnen nämlich ihre Stadt **Liepāja (Libau)** liebevoll als „Dorf". So lautete das Motto des letzten Stadtfestes denn auch „750 Jahre des Dorfes Līva".

Der Ort Līva, später auch Libawe und Libau genannt, war für kurze Zeit in der Geschichte Lettlands auch Hauptstadt des Landes. Die Einwohner Liepājas machen davon allerdings kein großes Aufheben.

Dennoch, Liepāja ist eine Stadt, die drittgrößte des Landes, und darf sich bereits seit dem Jahr 1625 als solche bezeichnen. Zu dem Zeitpunkt war die Stadt sogar Heimathafen einer der wichtigsten und größten europäischen Handelsflotten. Einer der Gründe dafür: Der Hafen bleibt im Winter eisfrei.

Heute hat der Hafen im Seehandel an Bedeutung verloren. Das Städtchen hat nun etwas anderes zu bieten – lange **Sandstrände**, die mit der Blauen Flagge ausgezeichnet wurden und damit eine saubere Wasserqualität vorweisen können.

Auf Grund der Stadtgröße ist es nicht schwierig in Liepāja einen Parkplatz zu finden. In den zahlreichen kleinen Straßen sind überall Parkplätze mit Parkscheinautomaten angelegt.

Empfehlenswert ist es, in der Nähe der **St. Joseph-Kathedrale (Šv. Jāzepa Katedrāle, 1)** zu parken.

Nicht weit von der Kirche entfernt erstreckt sich der **Petermarkt** bzw. **Pētertirgus (2)**. Auf diesem Platz fanden bis zum Jahr 1792 Hinrichtungen statt. Heute präsenztiert sich der Petermakt wesentlich freundlicher, nämlich als genre besuchter Platz, um frisches Obst und Gemüse zu kaufen.

In der Nähe des Platzes befinden sich zwei Kirchen und südlich davon das **Okkupationsmuseum (K. Ukstina 7/9, 3)**. Dieses klärt über die schwierige Zeit der Einwohner während der Sowjetära auf und befindet sich in der K. Ukstiņa iela *(geöffnet Mi – So 10 – 18.00 Uhr, Eintritt 0,30 Ls. Info-Tel.: 34-20 27 4).*

Die bereits erwähnte **St. Josephskathedrale** wurde im 19. Jahrhundert errichtet, war nach Fertigstellung jedoch wesentlich kleiner und erhielt ihr heutiges Aussehen im Laufe der Zeit durch zahlreiche Anbauten.

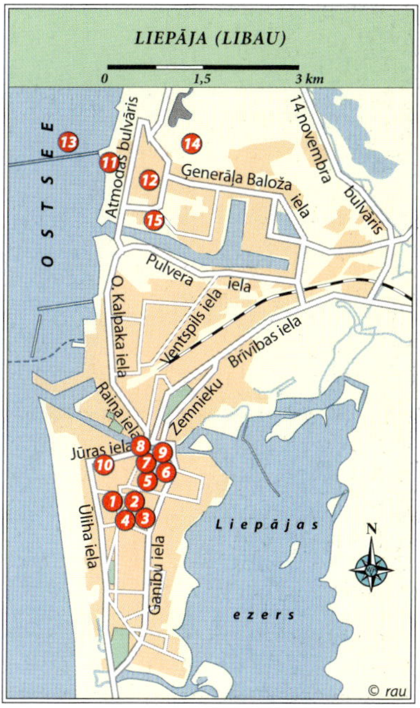

*LIEPĀJA (LIBAU) – **1** St. Joseph-Kathedrale – **2** Petermarkt – **3** Okkupationsmuseum – **4** St. Annakirche – **5** Peters Häuschen – **6** Rosenplatz – **7** Touristen-Information – **8** Hl. Dreifaltigkeitskirche – **9** Theater – **10** Museum für Kunst und Geschichte – **11** Stadtteil Karosta – **12** St. Nikolaus-Kirche – **13** Mole – **14** Naherholungsgebiet Beberliņi*

Gut zu erkennen ist dies innerhalb der Kirche, wo sich auf der linken Seite ein Altar befindet. Dieser wurde in der Anfangszeit als Hauptaltar genutzt. In der damaligen Zeit hing über diesem Altar das Modell eines Schiffes, eine für küstennahe Kirchen typische Tradition. Viele Kapitäne hängten vor oder nach einer schwierigen Seefahrt ein Modell auf.

Die zweite Kirche in der Nähe des Petermarktes, die **St. Annakirche (Annas baznīca, 4),** ist zugleich das älteste sakrale Gebäude in der Stadt. Sie wurde im Jahr 1587 erbaut, war jedoch nicht die erste Kirche an der Stelle.

Schon Anfang des 16. Jh. war von einer St. Annakirche die Rede, die jedoch im Jahr 1560 zerstört wurde.

Natürlich hat sich im Laufe der Jahrhunderte am Kirchenbau viel verändert. Das Schiff wurde Ende des 19. Jahrhunderts im neugotischen Stil umgebaut und auch der 60 m hohe Kirchturm wurde erst später ergänzt. Für beides ist der Berliner Architekt Max Paul Bertschi verantwortlich.

Das Innere der Kirche ist eindrucksvoll. So ist dort die drittgrößte Orgel des Landes zu finden, eine der beiden größeren ertönt ebenfalls in Liepāja, dazu später mehr. Des Weiteren beherbergt die Kirche einen barocken Holzaltar aus dem 17. Jahrhundert mit einer Breite von rund 5 m und einer Höhe von fast 10 m.

Vom Petermarkt aus gehen wir über die Eduarda Veidenbauma iela nach Osten und biegen in die Bariņu iela ein.

Nach rund 200 m sehen wir ein kleines Holzblockhäuschen mit einem steilen Ziegeldach. Es wird in der Bevölkerung auch als **„Peters Häuschen“ (5)** bezeichnet, da hier im Jahr 1697 Zar Peter I. bei einem Aufenthalt in der Stadt nächtigte.

Weitere Häuser aus der Zeit sind die **Theaterkneipe „Nāves ēnā“** oder das **Haus des Handwerks** in der Nummer 33 *(geöffnet Mo – Fr 11 – 18.00 Uhr)*. Dort werden zahlreiche Gegenstände der Handwerkskunst gezeigt und angeboten.

Weitere Geschäfte, jedoch modernerer Art, finden sich auf dem **Platz Kuršu**, früher auch Krämerladenplatz genannt. Während sich hier im 18. Jahrhundert zahlreiche kleine Läden befanden, findet man heute am Krämerladenplatz u. a. das erste **Rockcafé** des Landes, auf das die Einwohner besonders stolz sind. Die Kneipe bietet nicht nur Live-Musik, sondern hat im Sommer fast rund um die Uhr geöffnet. Der große Stolz der Libauer auf ihr Rockcafé ist aber vielmehr darin begründet, dass es in ihrem „Dorf“ Liepāja eröffnet wurde und eben nicht in der Hauptstadt Rīga.

Der bereits besuchte Petermarkt war gewissermaßen „Zufluchtsort“ für die Markthändler, die bis zum Jahr 1910 auf dem **Rosenplatz (Rožu laukums, 6)** ihren Geschäfte nachgingen. Der Rosenplatz liegt etwas weiter nördlich vom Krämerladenplatz. Grund für die „Flucht“ auf den anderen Marktplatz war der Beschluss der Stadt, aus dem Rosenplatz eine Grünfläche zu machen, was auch gelungen ist. Zwischen den zahlreichen Rosenstöcken liegen Steintafeln mit den Namen der Partnerstädte Liepājas.

Vom Rosenplatz aus, sehen wir bereits das Hotel „Līva“. Auf der rechten Seite des

in Liepāja liebt man Blumenschmuck

Foyers findet man die **Touristeninformation (7)** der Stadt.

Gehen Sie am Hotel vorbei und Sie erreichen auf der gleichen Straßenseite die wichtigste Kirche der Stadt, die **Hl. Dreifaltigkeitskirche (8)**, *geöffnet täglich von 10 – 18.00 Uhr.*

Die Dreifaltigkeitskirche beherbergt die größte Orgel der Stadt, die zweitgrößte des Landes. Bis zum Jahr 1912 war sie mit 7.000 Pfeifen sogar die größte der Welt. Gebaut wurde sie 1885 von der Stettiner Orgelbauanstalt Grüneberg.

Seit dem Jahr 2002 wird das Gotteshaus durch Studenten der Technischen Universität restauriert. Ein erster Abschnitt konnte zwei Jahre später erfolgreich abgeschlossen werden. Hauptsächlich geht es bei der Restaurierung darum, die Figuren und Skulpturen der mit Ornamenten verzierten Inneneinrichtung der Kirche zu säubern und zu konservieren.

Heute finden in der Dreifaltigkeitskirche oft Gottesdienste mit deutschen Kirchengemeinden statt, wohl auch deshalb weil das Gotteshaus in der Mitte des 18. Jahrhunderts für die deutsche Kirchengemeinde gebaut wurde.

Weitere deutsche Spuren finden wir beim Verlassen der Kirche. Gehen Sie in die Skolas iela, dort finden Sie das lettische **Theater (9)**, das nach dem Ersten Weltkrieg in das Gebäude des deutschen Theaters einzog. An der Seite finden Sie das dazugehörige **Theatercafé „Būt vai nebūt"**. Gelegentlich kann man dort einen der Schauspieler antreffen.

Ebenfalls eine mit Deutschland verbundene Vergangenheit hat das heute leer stehende Haus eine Straße weiter. In der Zeit der Sowjetbesetzung wurde es als Sportzentrum genutzt, doch bis zum Jahr 1915 war in dem Gebäude ein Waisenhaus untergebracht. Die Unternehmer Witte und Huecke, deren Ahnen aus Deutschland stammten, verfügten in ihrem letzten Willen, dass ihr Vermögen für den Bau dieses Waisenhauses eingesetzt wird. Geprägt waren die beiden Freunde durch die Schicksalsschläge von Lorenz Joachim Huecke. Direkt nach der Geburt verstarb sein erstes Kind und fünf Jahre später sein zweites. Im selben Jahr musste er auch seine Frau zu Grabe tragen.

Vom Waisenhaus aus können Sie übrigens das älteste orthodoxe Gotteshaus der Stadt sehen. Das gelb-weiße Haus stammt aus dem Jahr 1867.

Wenn wir nun zurück zu Hl. Dreifaltigkeitskirche gehen, überqueren wir dort die Hauptstraße und gehen geradeaus über den Kūrmājas prospekts. Dort steht ein weiteres Gebäude aus der Hand von Max Paul Bertschi. Es handelt sich um das **Museum für Kunst und Geschichte (10)** und zeigt in den Ausstellungssälen rund 3.000 Kunstgegenstände. Daneben informiert es anschaulich über die deutsche Geschichte innerhalb Liepājas *(geöffnet Mi – So 10 – 17.00 Uhr, Eintritt 0,50 Ls. Info-Tel.: 34-22 32 7).*

Gehen wir auf dem Kūrmājas prospekt weiter in Richtung Strand, so gelangen wir zu dem Platz, auf dem sich das Kurhaus befand. Auch dieses wurde von Bertschi errichtet, brannte 1937 vollständig ab und wurde nicht mehr aufgebaut. Es wird vermutet, dass es sich um Brandstiftung handelte, doch geklärt werden konnte es nie.

Der Kūrmājas prospekt, war im Übrigen in früheren Zeiten eine Vorzeige-Promenade, wo man gerne wohnte oder die man zumindest den auswärtigen Besuchern präsentierte. Zahlreiche Villen und Einfamilienhäuser von betuchten Familien standen hier nebeneinander.

Zum letzten Gebäude, das die Handschrift Bertschis trägt, kommen wir, wenn wir durch den Strandpark flanieren. Dieser wurde im Jahr 1870 angelegt und beherbergt heute auf 50 ha Fläche über 140 verschiedene Baum- und Straucharten.

Inmitten des Parks ist die **alte Badeanstal**t zu sehen. Diese von Bertschi erbaute Anlage wurde von Zar Alexander II. finanziert und ersetzte mit seinem dorischen Stil ein älteres Badehaus. Das heute leer stehende Gebäude enthielt in besseren Zeiten ein Meerwasserbad mit warmem Wasser, einige Heilschlammbäder und eine römische Sauna.

die Orgelempore in der deutschen Kirche von Liepāja

Schließlich kann man auf der Promenade die so genannte **Bernstein-Uhr** sehen. Sie entstand im Zusammenhang mit der 750-Jahrfeier der Stadt, als die Bürger Bernstein sammelten, zusammentrugen und diesen in eine überdimensionale Sanduhr füllten.

Mein Tipp! Eine weitere Möglichkeit, die Stadt zu erkunden, schlägt die Touristeninformation der Stadt vor. Sie hält einen Prospekt über die Straßenbahnlinie bereit, mit der man von Endhaltestelle zu Endhaltestelle fahren kann. Dabei passiert die Linie fast alle wichtigen Sehenswürdigkeiten der Stadt, die in dieser Broschüre beschrieben werden.

Außerhalb des Stadtkerns befindet sich eine weitere Sehenswürdigkeit bzw. ein Viertel, das einen kurzen Besuch wert ist. **Karosta (11)**, was nichts anderes als Kriegshafen bedeutet, liegt im Norden der Stadt und gilt als eigenständiges Viertel. Es besitzt eine eigene Infrastruktur und sogar ein eigenes Kraftwerk.

Bei einer Fahrt durch Karosta kann einem der Gedanke kommen, ausgerechnet jetzt bitte keine Autopanne zu haben. Es mögen Vorurteile sein, doch es ist wahrscheinlich sicherer, das eigene Auto nicht in Karosta alleine stehen zu lassen, sondern mit einer der Buslinien 3, 4 oder 8 anzureisen.

Die Plattenbauten in Karosta stehen nach Abzug der Russen teilweise leer, sehen schmuddelig aus und vermitteln einen unheimlichen Eindruck. Dennoch sollte man sich nicht abhalten lassen, auch diesen Teil der Stadt zu besichtigen. Karosta hat nämlich einige historische Baudenkmäler und eine interessante Geschichte.

Alexander III. erteilte den Befehl, an dieser Stelle einen Hafen anzulegen. Sein Sohn, Zar Nikolaus II, schlug wiederum vor, diesen Hafen nach seinem Vater zu benennen. Daher hieß Karosta in früheren Zeiten „Hafen des Imperators Alexander III.“, doch dieser Name verschwand nach der ersten Unabhängigkeit Lettlands ganz schnell von den Landkarten.

Der Stadtteil wird geographisch vom Rest Liepājas durch den Karostas Kanal abgetrennt. Über diesen verläuft eine drehbare Eisenbrücke aus dem Jahr 1906. Sie wurde nach einer Sprengung im Ersten Weltkrieg wieder aufgebaut und funktioniert noch heute. Über diese hinweg, erreicht man die ersten Gebäude Karostas. Dabei handelt es sich um das einzige Schulungszentrum für Taucher innerhalb des Baltikums.

Wenig später erscheint das Versammlungshaus der Marineoffiziere. Beide Gebäude stammen aus den Anfängen des 19. Jahrhunderts. Das Versammlungshaus wurde in der Vergangenheit auch vom russischen Adel und vom Roten Kreuz genutzt. Diese richteten darin ein Tuberkulosesanatorium ein.

Im Zentrum Karostas erhebt sich das orthodoxe Kirchengebäude der **St. Nikolaus-Kirche (12)**. Dieses Bauwerk, dessen

Grundstein im Jahr 1910 von Zar Nikolaus II. gelegt wurde, kommt ganz ohne Pfeiler aus und wird nur von den Außenwänden getragen.

Karosta verfügt über eine **Mole (13)**, die 1,8 km in das Meer hinein ragt und bis zu 7 m breit ist. Diese erreichen wir über einen Gang auf dem Atmodas bulvāris.

Nördlich der Mole sind noch Ruinen einer Festungsanlage zu entdecken, die um die Wende zum 20. Jahrhundert errichtet und noch vor dem Ersten Weltkrieg wieder gesprengt wurde. Dieses verwinkelte Bauwerk ist heute bei Hobby-Höhlenforschern sehr beliebt und war während der Sowjetzeit gesperrt, obwohl es zu dem Zeitpunkt bereits eine Ruine war. Man vermutet, dass alle Einrichtungen dieser Festung mit einem einzigen unterirdischen Gang verbunden sind, der bis heute nicht gefunden werden konnte.

Zur Erholung in Karosta diente das **Naherholungsgebiet Beberliņi (14)**. Zahlreiche Wanderwege verlaufen durch den Wald und an mehreren Seen vorbei, auf denen man Tretboot fahren kann.

Mit 37 m Höhe erhebt sich am südlichen Waldrand ein Wasserturm aus dem Jahr 1905. Zum damaligen Zeitpunkt wurde dreimal am Tag Wasser in die Leitungen der Wohnhäuser gepumpt. Diese Arbeit, die einen Aufwand von zwei Stunden bedeutete, wird heute selbstverständlich mit herkömmlichen Wasserpumpen bewältigt.

Zum Schluss sei noch das **Gefängnis (15)** von Karosta erwähnt. Dieses erreichen Sie bei einem Gang über die Lazaretes iela.

Ursprünglich diente das Gebäude als „Krankenhaus". Doch schon kurz nach der Eröffnung wurden hier die ersten „Patienten" inhaftiert, eingesperrt. Es wurden aber nicht nur Freiheitsstrafen vollzogen. Dort wo heute Garagen zu sehen sind, fanden früher auch Erschießungen statt.

In den schmalen und oftmals überfüllten Zellen saßen einst Rebellen, später Fahnenflüchtige, die von der deutschen Wehrmacht eingesperrt wurden. Auch die Sowjetunion nutzte das Gebäude genauso wie die lettische Armee nach der Wiedererlangung der Unabhängigkeit als Haftanstalt. Die letzten Wandbemalungen innerhalb der Zellen stammen aus dem Jahr 1997.

Heute steht das Bauwerk keineswegs leer, zumindest nicht ganz. Freiwillige haben die Möglichkeit, bei der Veranstaltung „Hinterm Gitter" durch die Touristeninformation in die Rolle eines Gefangenen zu schlüpfen und sich „einkerkern" zu lassen.

Weitere Informationen zum Gefängnis gibt es unter Tel.: 63-69 47 0, per E-Mail: info@karostacietums.lv, Web: www.karostacietums.lv oder in der Tourismusinformation.

Praktische Hinweise – Liepāja (Libau)

Touristeninformation, Lielā iela 11, Tel.: 34-80 80 8, E-Mail: ltib@apollo.lv. Öffnungszeiten: Mo – Fr 9 - 19.00 Uhr, Sa 10 – 17.00 Uhr, So 10 – 16 Uhr.

Feste und Folklore: Das Seefest in Liepāja findet in Verbindung mit den Seefesten weiterer kurländischen Orte am zweiten Juli-Wochenende statt. In der Silvesternacht findet in der Stadt immer ein Maskenumzug statt.

Restaurants

Restaurant Senču Sēta, Stendera iela 13, Tel.: 34-07 52 1, Öffnungszeiten Mo – Do 10 – 24.00 Uhr, Fr und Sa 10 – 03.00 Uhr, So 11 – 24.00 Uhr. Abwechslungsreiche Menüs in ruhiger Atmosphäre.

Restaurant „Pastnieka Māja", Brīvzemnieka iela 53, Tel.: 34-07 52 1, Öffnungszeiten Mo – Do 12 – 24.00 Uhr, Fr 12 – 02.00 Uhr, Sa 11 – 02.00 Uhr, So 11 – 24.00 Uhr. Interessantes Lokal, das in seiner Speisekarte die Geschichte des Briefträger Arvīds enthält. Übersetzt heißt das Restaurant „Postbotenhaus".

Rockcafé Pablo, Zivju iela 3, Tel.: 34-81 55 5. Web: www.pablo.lv. Größtes Musik- und Unterhaltungszentrum von Kurland, im Sommer hat es 24 Stunden geöffnet.

Internetcafé Tīkls, Peldu iela 32/34, Tel.: 34-27 50 3. 24 Std. geöffnet.

Hotels

Hotel Roze, Rožu iela 37, .Tel.: 34-21 15 5, Fax. 34-21 25 5, E-Mail: info@parkhotel-roze.lv, Web: www.parkhotel-roze.lv. Direkt am Strandpark gelegen, befinden sich in dem privat geführten, schönen Haus 10 komfortable Zimmer mit Kabel-TV. Im Haus befinden sich eine Sauna und ein Café mit einer Aussichtsterrasse. Die Übernachtung kostet zwischen 26,00 und 50,00 Ls.

Hotel Līva*,** Lielā iela 11, Tel.: 34-20 10 2, Fax: 34-80 25 9, E-Mail: liva@apollo.lv, Web: www.liva.lv. Das zentralste Hotel der Stadt liegt direkt am Rosenplatz und beherbergt zugleich die Touristeninformation gegenüber der Rezeption. Die 100 Zimmer in den vier Etagen sind sauber, modern und komfortabel. In der Ausstattung sind sie aber genauso unterschiedlich wie der Preis. Eine Übernachtung kostet zwischen 7,00 und 45,00 Ls.

Hotel Fontaine, Jūras iela 24, Tel.: 34-20 95 6, E-Mail: hotel@fontaine.lv, Web: www.fontaine.lv. Das Hotel befindet sich auf der Verlängerung der Villenpromenade Kūrmājas prospekts. Das zweigeschossige Haus bietet moderne Zimmer mit Kabel-TV, DVD-Player, Internetanschlussmöglichkeit, Telefon, eine Sauna, eine Bar und sogar die Möglichkeit sich einen Oldtimer auszuleihen.

Gästehaus Feja, Kurzemes iela 9, Tel.: 34-22 68 8, Fax: 34-27 19 0, Web: www.feja.lv. Zwischen St. Josephs-Kathedrale und Strandpark liegt die kleine Seitenstraße, in der sich dieses gemütliche Backsteingebäude befindet. Es bietet sieben Zimmer mit Bad, Mini-Bar und Sat-TV. Zusätzlich gibt es einen bewachten Parkplatz oder auch eine Garage. Die Zimmer kosten zwischen 18,00 und 38,00 Ls.

Jugendherberge AVS jauniešu mītne, Ventspils iela 51, Tel.: 34-42 07 4. Die Übernachtung in einer der 88 Zimmer kostet zwischen 2,00 und 3,50 Ls.

Camping

Camping Favorīts, Latgales iela 3, Tel.: 64-63 33 6. Kleiner Zeltplatz (0,5 ha) für 30 Zelte, keine Wohnmobile. Der Platz ist rund 3 km von der Ostsee entfernt und kostet je 1,00 Ls je Zelt und Person, Mindestausstattung.

Camping Ērgļi, Nīcas pagasts, Tel.: 34-60 85 3. Kleiner Campingplatz (1 ha) mit Stromanschlüssen für Wohnmobile. Überwiegend ist der Platz jedoch für Zelturlauber gedacht. Er befindet sich rund 15 km südlich von Liepāja kurz vor dem kleinen Ort Bernāti, Mindestausstattung.

Camping Gaiļi, Nīcas pagasts, Tel.: 34-60 01 4. Ebenfalls bei Bernāti liegt dieser Campingplatz. Er ist größer als Ērgli und bietet auf einer großen Wiese (1,5 ha) Platz für rund 20 Wohnmobile. Die Sanitäreinrichtungen sind zwar einfach, aber sauber. Beide Plätze sind nur 5 Gehminuten vom Strand entfernt. Geöffnet ist der Platz von Juni bis September, einfache Standardausstattung.

Wohnmobil-Stellplatz

Wohnmobil-Stellplatz, südlich der oben erwähnten Campingplätze befindet sich nahe des Ortes Jūrmalciems der Bauernhof von Uldis Hartmanis. Er bietet 20 Stellplätze auf Wiese für ca. € 8 für WC, Strom und Frischwasser. Von der Straße A11 geht vor der Ortschaft Nīca rechts ein Schotterweg zu dem Platz.

LETTLAND / LATVIJA

9. LIEPĀJA (LIBAU) – VENTSPILS (WINDAU)

Länge der Tour: Rund 170 km, ohne Abstecher.

Strecke: Straße P110 bis Straße P111 – Straße P111 bis **Jūrkalne** – Straße P119 bis **Kuldīga (Goldingen)** – Straße P108 bis **Ventspils (Windau)**.

Empfohlene Reisedauer: Mindestens ein Tag.

Reisehöhepunkte auf dieser Tour: Wanderung auf dem **Bernsteinwanderweg** – Stadtbesichtigung von **Ventspils (Windau)** ***.

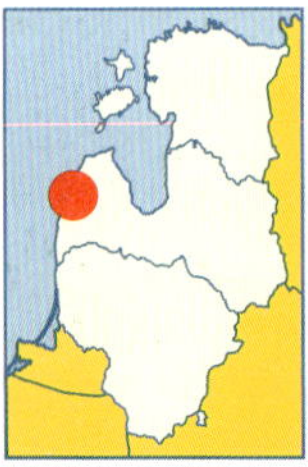

*ROUTE: Von **Liepāja (Libau)** geht es ostwärts nach **Grobiņa,** wo sich Ruinen einer Ordensburg aus dem 13. Jahrhundert befinden. Dort biegen wir links ab auf die P111 nordwärts und fahren durch eine waldreiche Gegend 50 km in die Küstenstadt **Pāvilosta**.*

Nach wenigen Kilometern erscheint ein Abzweig zu einer typisch baltischen Sehenswürdigkeit, dem **größten Stein Lettlands**. Um diesen Findling anzuschauen, biegen Sie links ab nach **Dižakmens** (1,8 km). Kurz vor dem Felsbrocken, der am Straßenrand liegt und eine nicht mehr lesbare Inschrift hat, befindet sich ein kleiner See mit einigen schön angelegten **Picknickplätzen**.

Wer auf der P111 weiter fährt, passiert eine Straußenfarm und erreicht kurz danach ein Hinweisschild zu einem **Campingplatz**, der sich auf der rechten Seite befindet.

Wenig später auf der P111 erscheint ein Abzweig in das westlich gelegene **Vērgale**.

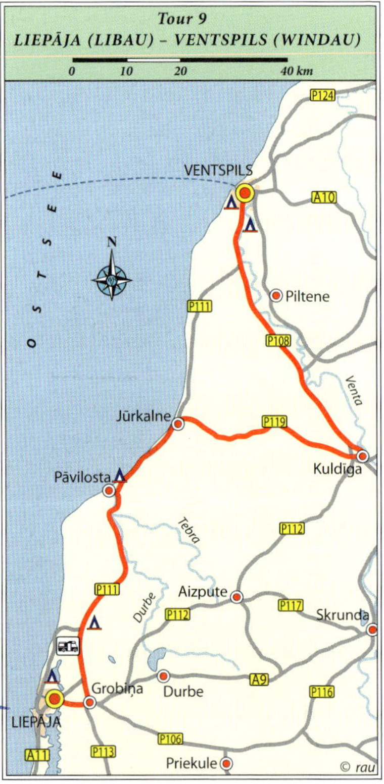

Wohnmobil-Stellplatz

Wohnmobil-Stellplatzmöglichkeit auf **Picknickplatz am See**. Im Sommer kann es hier auf Grund von Badegästen zwar sehr voll werden. Aber wenn es abends leerer wird, ist dies ein schöner Platz, um mit dem Wohnmobil frei zu stehen. Einziger Wermutstropfen, den man hier in dem ruhigen Waldstück nicht vermutet, ist der **Parkscheinautomat**. Da es sich nicht um einen offiziellen Stellplatz handelt, existieren keine Wasseranschlüsse oder Toiletten.

Camping

Camping Saka, Tel.: 91-24 12 8. Privathaus mit Campingmöglichkeit. Der Besitzer ist gewöhnl. erst abends anzutreffen, falls abwesend, bitte anrufen. An einem Teich besteht Platz für fünf Wohnmobile, Mindestausstattung (0,5 ha).

Die Superlative der Sehenswürdigkeiten

Die Balten sind stolz. Drei Nationen, die noch keine zwei Jahrzehnte auf dem internationalen Parkett vertreten sind haben den Weg in die Europäische Union geschafft, nachdem sie sich friedlich aus den Fängen der Sowjetherrschaft befreien konnten.

Sie sind aber auch stolz auf das, was ihnen ihre Länder bieten und vor allem, was sie ihren Besuchern bieten können. So hat sich in den letzten Jahren eine ausgesprochen gute touristische Infrastruktur entwickelt. Fast jede Ortschaft verfügt über ein Touristenbüro, in dem zahlreiche Prospekte ausliegen oder regionale Empfehlungen gegeben werden können.

Doch sind wir ehrlich, nicht jede Region hat Interessantes zu bieten. So mancher Wald ist zwar schön und es bereitet Freude, ihn durchqueren zu können und die frische Luft einzuatmen, doch es ist halt ein Wald. Und um diesen einen Wald oder auch andere Regionalitäten als etwas Besonderes anpreisen zu können, muss man sich schon was einfallen lassen.

Und weil man nicht mal eben in einen Wald einen Eiffelturm bauen kann, benutzen die Balten sehr gerne ein Adjektiv in der Superlativ-Form. So ist dieser Wald dann möglicherweise der „größte zusammenhängende Wald in Nordost-Litauen". Schön und gut, aber was ist mit dem Rest von Litauen? Gibt es dort vielleicht größere zusammenhängende Wälder?

Man hat an manchen Orten den Eindruck, dass die dortigen Verantwortlichen verzweifelt eine Sehenswürdigkeit gesucht haben. So gibt es beispielsweise den viertgrößten Stein in Lettland oder die größte Kiefer im Baltikum oder aber das älteste Holzhaus in Nord-Estland, was allerdings nicht bedeutet, dass es nicht auch in Süd-Estland vielleicht zahlreiche Holzhäuser gibt, die noch älter sind.

Diese Versuche, ihre Region als etwas Besonderes darzustellen, lassen einen oft schmunzeln. Doch man sollte vielleicht auch manche Dinge kritisch betrachten, weil nicht jede sog. „Sehenswürdigkeit" auch wirklich sehenswert ist. Nicht selten ist die Landschaft drum herum viel mehr einen Abstecher wert. Und genau diese einladenden Landschaften werden möglicherweise in Mitleidenschaft gezogen, wenn für den sich dort befindlichen „viertgrößten Stein" extra ein Parkplatz mit Zufahrtswegen angelegt wird.

Dort führt der **Bernsteinwanderweg** an der Küste entlang bis nach Jūrkalne. Die Wanderung verläuft durch eine schöne Naturlandschaft, die fast unberührt scheint und endet bei einer 20 m hohen Steilklippe.

Auf dem Weg dorthin passiert man die kleine Ortschaft **Pāvilosta.** Sie lässt sich auch mit dem Auto bzw. Wohnmobil erreichen. Man bleibt dann auf der P111 und biegt an der ausgeschilderten Einmündung links ab.

Der Ort **Pāvilosta** liegt an der Mündung des kleinen Flusses Saka und ist hauptsächlich auf der Nordseite des Flusses bebaut.

Der schöne Strand macht Pāvilosta zu einem beliebten Ausflugsziel, ist aber dennoch nicht so überlaufen, wie manch andere Gemeinden an der Ostseeküste.

Wenn Sie durch den lang gestreckten Ort auf das Meer zu fahren, sehen Sie auf der linken Seite, am südlichen Saka-Ufer eine Grünanlage. In dieser befindet sich leicht versteckt die katholische **Kirche des Heiligen Geistes**. Sie wurde erst 1999 eingeweiht.

In Pāvilosta haben selbst die Grünanlagen eine Geschichte. So sehen Sie an der Brücke im Ort eine **Eiche**, die 1929 durch den damaligen lettischen Präsidenten Gustav Zemgals gepflanzt wurde. Anlass hierfür war der 50. Geburtstag von Pāvilosta.

Ein halbes Jahrhundert später wurde der benachbarte Park angelegt. Doch 1979 gab es bekanntermaßen keinen lettischen Präsidenten, also wurde zum 100jährigen Bestehen lediglich ein Stein in der Mitte des Parks platziert.

Praktische Hinweise – Pāvilosta

Touristeninformation, Dzintaru iela 1, Tel.: 34-98 27 6. Öffnungszeiten: Mo – Fr 11 – 17.00 Uhr, Sa und So 12 – 16 Uhr.

Feste und Folklore: Am dritten Samstag im Mai findet alljährlich das Stadtfest statt, während am zweiten Samstag im Juli das Seefestival veranstaltet wird. Dazu gehört auch das Sandskulpturenfestival. Am letzten Augustwochenende kann man „Pāvilosta in Flammen" sehen, wenn das große Lagerfeuer angezündet wird.

Camping

Camping Pāvilosta, Kalnu iela 47, Tel.: 34-98 27 6. Kleiner Platz (0,5 ha) überwiegend mit Zeltplätzen am Nordrand der Stadt, nur 50 m vom Strand entfernt. Die Sanitäreinrichtung ist einfach. Die Übernachtung kostet pro Campingwagen 2,00 Ls, Mindestausstattung.

Praktische Hinweise – Jūrkalne

Touristeninformation „Krasti", Tel.: 36-97 13 1, E-Mail: jurkalne@mail.ventspils.lv, Web: www.jurkalne.lv.

In unmittelbarer Nähe der Saka-Brücke befindet sich ein kleiner **Parkplatz**. Von diesem aus verläuft ein **Rundwanderweg um den Ort** herum und führt auch am Strand vorbei.

Am Ende der Hauptstraße befindet sich an dem kleinen Hafen die **Touristeninformation**.

Der Hafen und auch das Gebäude wurden 1879 mit der Gründung des Ortes gebaut. Im diesem ältesten Steingebäude Pāvilostas befindet sich neben der Information zudem das **Pāvilosta-Museum** *(geöffnet Di – Fr 11 – 17.00 Uhr, Eintritt 0,30 Ls. Info-Tel.: 34-98 27 6)*. Es informiert über die kurze Historie des Ortes und der Region.

*ROUTE: Aus dem Zentrum von **Pāvilosta** fahren wir zurück zur P111 und biegen links ab. Nach 21 km führt die P119 am Ort **Jūkalne** nach rechts in das 42 km entfernte **Kuldīga (Goldingen)**.*

Jūrkalne ist lediglich auf Grund seiner bereits erwähnten 20 m hohen **Steilküste** erwähnenswert.

Mit zwei **Wasserfällen** wartet die Ortschaft **Kuldīga (Goldingen)** auf. Beide beanspruchen sogar einen Titel der Superlative für sich. Mit 4,15 m Höhe ist einer der beiden Wasserfälle der höchste in Lettland und entsteht durch den Fluss Alekšupīte,

Praktische Hinweise – Kuldīga (Goldingen)

Touristeninformation, Baznīcads iela 5, Tel.: 33-22 25 9, E-Mail: tourinfo@kuldiga.lv, Web: www.kuldiga.lv. Geöffnet von Mo – Fr 9 – 17.00 Uhr, Sa 10 – 17.00 Uhr, So 10 – 14.00 Uhr (Mai – September), sonst am Wochenende geschlossen.

Feste und Folklore: Das Kuldīga Stadtfestival bietet mittelalterliche Märkte und findet in der Regel Mitte Juli statt. Im Oktober wird ein so genannter Orientierungsmarsch in den dunklen Stunden des Tages organisiert, der an den beleuchteten Sehenswürdigkeiten der Stadt vorbei führt.

Restaurants

Restaurant Jāņanams, Liepājas iela.36, Tel.: 33-23 45 6.
Restaurant Virkas muiža, Virkas iela 27, Tel.: 33-23 48 0.

Internetcafé Maksis, Liepājas iela 23, Tel.: 33-23 41. Geöffnet Mo – Fr 9 – 17.00 Uhr, Sa 9 – 15.00 Uhr.

Hotels

Hotel Kursa, Pilsētas laukums 6, Tel.: 33-22 43 0, Fax: 33-23 67 1. Zwei-Sterne-Hotel mit 25 gemütlichen Zimmern. Im Erdgeschoss befindet sich ein kleines Restaurant.

während der andere mit einer Breite von 249 m als der breiteste Wassersturz Europas gilt und Teil des Flusses Venta ist. Doch dieser ist wiederum nur einen Meter hoch, daher stellt sich die Frage, ob hierbei das Wort Stromschnelle nicht passender wäre.

Ansonsten ist die Hansestadt Kuldīga bekannt für ihre zahlreichen Schiffswerften. In der Blütezeit des Hafenstädtchens unter der Herrschaft von Herzog Jakob, segelten Schiffe aus Kuldīga bis nach Afrika und Südamerika.

Entstanden ist die Stadt am Venta-Ufer durch die Befestigung einer Burg des Kreuzritterordens im 13. Jahrhundert.

Im Ortszentrum findet man das neogotische **Rathaus** und in der Baznīcas iela die ehemalige **Hofapotheke**, die nach der Restaurierung wieder zu besichtigen ist.

*ROUTE: **Kuldīga** verlassen wir auf der 108, die uns durch die waldreiche Landschaft von Kurland in das 58 km entfernte **Ventspils (Windau)** bringt.*

Im Nordwesten Lettlands liegt die Blumenstadt **Ventspils (Windau)**. Ihren Beinamen erhielt der Ort auf Grund seiner zahlreichen Pflanzendekorationen, die fast das ganze Jahr hindurch zu sehen sind. Die verschiedenen Blumenskulpturen innerhalb der Stadt werden liebevoll gepflegt und sind bei den Besuchern äußerst beliebt.

Jedes Jahr im August feiern die 45.000 Einwohner den Geburtstag von Ventspils, das im Jahr 1290 zum ersten Mal Erwähnung fand.

Den Namen erhielt Ventspils durch den Fluss Venta, an dessen Mündung sich die Stadt ausbreitet. Zugleich befindet sich dort ein wichtiger Hafen, der im Winter nicht zufriert.

Wer nicht den Campingplatz in Ventspils aufsucht, der sollte für einen Stadtspaziergang sein Fahrzeug idealerweise am Hafen abstellen.

Direkt an der Hafenmauer befindet sich das wichtigste Gebäude der Stadt, die **Burg des Livländischen Ordens (1),** *geöffnet Mai – Oktober 9 – 18.00 Uhr, sonst 10 – 17.00 Uhr. Info-Tel.: 36-22 03 1; E-Mail: muzejs@ventspils.gov.lv; Web: www.ventspilsmuzejs.lv.*

Um die Burg siedelten sich im 14. Jahrhundert zahlreiche deutsche Kolonisten an und verhalfen dem Ort damit zu den Stadtrechten, die im Jahr 1378 verliehen wurden.

Die Burg ist keine Festung wie zum Beispiel in Trakai. Vielmehr handelt es sich um ein bescheidenes Gebäude, das in pastellfarbenen Tönen glänzt.

Mitte der letzten 90er Jahre restaurierte man die Burg und es kamen unter zahlreichen Putz- und Farbschichten wertvolle Fragmente von Wandmalereien zutage, deren Alter auf bis zu 500 Jahre geschätzt wird.

Im Inneren der Burg befindet sich seit der Renovierung eine der modernsten Ausstellungen des gesamten Baltikums. Gezeigt wird in einer digitalen Vorführung mit dem Motto „Lebendige Geschichte" Interessantes über die Burg, die Stadt und den Hafen. Wer sich rechtzeitig anmeldet, hat zudem die Gelegenheit einen Schuss aus einer echten Kanone abzufeuern. Die Burg wird oftmals für kulturelle Ausstellungen, Konzerte und für ein Ritterturnier benutzt und ist das ganze Jahr hindurch geöffnet.

Nach einem Besuch der Burg lohnt sich ein **Spaziergang durch die Stadt**.

Gehen Sie an der Kaimauer des Hafens entlang in Richtung Osten. Die erste Begegnung werden Sie mit Plastiken in Form von Kühen haben. Diese stammen von der so genannten Kuhparade aus dem Jahr 2002, bei der es sich um ein internationales Künst-

gut sortiert, Markt in Ventspils

*VENTSPILS (WINDAU) – **1** Burg – **2** Kuh-Skulpturen – **3** Promenade – **4** St. Nikolai-Kirche – **5** Tirguslaukums – **6** Touristen-Information – **7** Rathausplatz – **8** Mühlenplatz – **9** Blumenuhr – **10** Ostgals – **11** Freilichtmuseum – **12** Südmole – **13** Camping „Piejūras"*

ler- und Mäzenprojekt handelt. Sieben der einstigen 26 **Kuh-Skulpturen (2)** blieben nach der Veranstaltung in Ventspils und wurden auf das gesamte Stadtgebiet verteilt. Die Kühe im Hafen tragen den Namen „Seekuh an der Burg" und „Erdöl", am Campingplatz befindet sich übrigens auch eine. Sie heißt „Londoner Kuh".

Als nächstes treffen Sie auf Krišjānis Valdemārs, der als Begründer der lettischen Seefahrt gilt. Seine auf einer Parkbank sitzende **Bronzestatue** wird gerne als Fotoobjekt verwandt. Interessant ist die „Blickrichtung" der Figur, denn es entgeht ihm somit kein einziges Schiff, das im Hafen ein- oder ausläuft.

Das **grüne Haus**, an dem wir vorbei spazieren ist die Verwaltung des Freihafens. Ursprünglich war dieses Jugendstilbauwerk das Hotel Royal. Im Jahr 1998 wurde es restauriert und gewann damit sogar einen Preis. Es erhielt die Auszeichnung des Lettischen Architektenverbandes als beste Restaurierung des Jahres.

Auf dem weiteren Weg wird der Hafen etwas belebter, es beginnt die **Promenade (3)**. Bis Mitte des 20. Jahrhunderts noch befanden sich hier zahlreiche Lagerhallen bzw. so genannte Speicher. Doch mittlerweile sind alle abgerissen und die Promenade wird zum Spazieren und Verweilen benutzt.

Die zwei folgenden Kunstwerke sind schnell erklärt. Zum einen kann man die **Plastikgruppe** der „Sieben mentalen Meteoriten" sehen. Geschaffen wurden sie vom Bildhauer Feldberg, der zu den populärstenseiner Zunft in Lettland zählt.

Wenn man an den auf Metallstangen befestigten sieben Felsbrocken vorbei geht, sieht man die etwas witzigere Skulptur des „Schiffsbeobachters". Auch hierbei handelt es sich erstmal nur um einen Felsbrocken. Dieser wurde jedoch zu einem Kopf geformt und mit zahlreichen Löchern versehen. Aus den Löchern sprudeln Wasserfontänen heraus, die schließlich das Haar des Kopfes bilden. Der aus Schweden stammende Fels wiegt rund 15 Tonnen. Vor seiner Bearbeitung wog er sogar 38 Tonnen.

Um den Hafen vom Wasser aus besichtigen zu können, bietet sich eine **Ausflugsfahrt auf dem Schiff „Hercogs Jēkabs"** an. Es fährt von Mai bis Oktober fünf bis sieben Mal am Tag. Auf der 45 Minuten-Tour sieht man u. a. den Hafen und die Venta-Mündung. Eine Fahrt kostet 0,50 Ls. Weitere Informationen unter Tel.: 36-22 58 6.

Abschließend sieht man am östlichsten Ende der Promenade einen Stein in Erinnerung an die Vertiefung des Freihafens. Dieser 1998 aufgestellte Stein wurde aus 17,5 m Tiefe ausgegraben.

Ihm gegenüber sieht man eine der vielen **Blumenskulpturen** in Ventspils. Ihr Name ist, wie man beim Anblick vermuten kann, „Marienkäferfamilie".

Wenn wir nun in die Plosta iela, die Verlängerung der Promenade, gehen, kommen wir automatisch zur **Orthodoxen Kirche St. Nikolai (4)**. Diese Kirche mit ihren fünf Kuppeln entspricht der typischen Bauweise der orthodoxen Kirchen aus dem 17. Jahrhundert, allerdings mit dem Unterschied, dass diese hier erst im Jahr 1901 erbaut wurde. In der Zeit des Ersten Weltkrieges wurde das Gotteshaus geschlossen und als Pferdestall bzw. Benzinlager zweckentfremdet. Nach dem Krieg dauerte es weitere neun Jahre, bis die Kirche wieder eröffnet wurde.

Vor dem Gotteshaus halten wir uns rechts und biegen an der Pils iela erneut rechts ab. Damit erreichen wir den **Tirguslaukums (5)**. Dieser alte Marktplatz aus dem 17. Jahrhundert ist auch heute noch bei den Einwohnern beliebt, da es unter den teilweise überdachten Ständen ruhig und traditionell zugeht. Bis Mitte des 19. Jahrhunderts befand sich am Tirguslaukums auch das Rathaus.

Um zum heutigen Rathaus zu gelangen, gehen Sie an der **Touristeninformation (6)** vorbei, die sich im Eckhaus des Platzes befindet und überqueren Sie die Pils iela. Dort erreichen Sie den **Rathausplatz (7)**. Hier finden regelmäßig Veranstaltungen und Feste statt.

Am Platz fallen zwei Gebäude auf. Einerseits am Westrand die moderne **Bibliothek**, deren Einweihung im Jahr 2005 gefeiert wurde. Als Kontrast dazu andererseits die **Nikolaikirche** aus dem Jahr 1835. Die evangelische Kirche steht unter Denkmalschutz und besitzt einen spätklassizistischen Turm, der jedoch nur auf einer Führung besichtigt werden kann.

Vom Rathausplatz gehen wir südwärts am Kulturzentrum vorbei und gelangen auf die **Kuldīgas iela**, der wichtigsten Straße in der Stadt, die sich in den Sommermonaten zu einer **Fußgängerzone** verwandelt. Zahlreiche Geschäfte, Boutiquen und Restaurants laden hier zum Schlendern ein.

Am westlichen Ende der Straße liegt auf der rechten Seite eine Grünzone, in der sich der **Mühlenplatz (8)** befindet. Zu erkennen ist er am **Springbrunnen**, der aus echten Mühlsteinen gefertigt wurde.

St. Nikolai in Ventspils

Es ist schon lange her, dass an dieser Stelle tatsächlich Mühlen standen und ihren Dienst verrichteten.

Wenige Meter weiter finden wir neben der Kuh-Skulptur mit dem Namen „Zum Licht empor" einen weiteren Springbrunnen. Auch er bekam von der Bevölkerung einen Beinamen. Er wird „Sonnenboot" genannt, weil man durch die Gischt des Wassers fast immer einen kleinen Regenbogen sehen kann und die Steine im Brunnen wie Boote aussehen.

Gehen Sie noch ein Stück durch den Park, um zwei weitere Blumenskulpturen zu entdecken. Erst sehen Sie die Figur „Bobsleighteam" mit einem echten Bob unter bunten Pflanzen und auf der anderen Seite zeigt die **Blumenuhr (9)** an der Straßenkreuzung die Zeit an. Die Blumenuhr hat einen Durchmesser von fünf Metern und besitzt sogar einen Sekundenzeiger. Zusätzlich schlägt sie zu jeder Stunde. In den Wintermonaten werden die echten Blumen durch kältebeständige Pflanzen ersetzt.

Wenn wir nun rund 1,5 km auf dem Lielais prospekts westwärts gehen, erreichen wir den **Stadtteil Ostgals**. Alternativ bleibt nur der Rückweg über die Kuldīgas iela und die Karļa iela, um zum Hafen zurück zu kehren.

Das unter Denkmalschutz stehende Viertel **Ostgals (10)** wurde Mitte des 19.

viel bestaunt, die Blumenuhr in Ventspils

Jahrhunderts auf Veranlassung der russischen Regierung gegründet, um die Sandverschüttung der Stadt zu verhindern und damit die westliche Flanke von Ventspils zu befestigen. Heute präsentiert sich Ostgals als ein ruhiges und romantisches Viertel, auf dessen Kopfsteinpflaster ein gemütlicher Spaziergang lohnt.

Direkt hinter Ostgals verläuft der **Ostseestrand**, dessen Abschnitt an dieser Stelle regelmäßig mit der blauen Flagge ausgezeichnet wird. Diese Ehrung erhält ein Küstenstreifen nur, wenn er den Umweltschutzrichtlinien entspricht und dementsprechend zum Baden einlädt.

Wer nicht in natürlichen Gewässern baden möchte, kann sich alternativ auch im angrenzenden **Freibad Aqua-Park** erfrischen.

Rund um den Aqua-Park und den Strand verläuft der **Ankerpfad**. Auf ihm sind zahlreiche Anker ausgestellt, die im Laufe der Jahre aus dem gesamten Baltikum gesammelt wurden. Der größte von ihnen befindet sich vor dem Bad, ist 6 m hoch und wiegt 23 Tonnen. Manche der ausgestellten Anker stammen aus dem 17. Jahrhundert. Sie alle gehören zum **Küsten-Freilichtmuseum (11)**, *geöffnet Mai – Oktober täglich 10 – 18.00 Uhr, sonst Mi – So 11 – 17.00 Uhr. Eintritt 0,60 Ls. Info-Tel.: 36-24 46 7, E-Mail: brivdaba@ventspils.gov.lv, Web: www.ventspilsmuzejs.lv.*

Im Museum, das 1954 gegründet worden ist, können u. a. Fischerhöfe, Windmühlen und Räuchereien besichtigt.

Kinder haben besonders Spaß daran, mit der **Schmalspurbahn** durch das Museum zu fahren. Diese war bis Mitte des letzten Jahrhunderts noch zwischen den zahlreichen Fischerdörfern in Betrieb. Eine Fahrt durch das Freilichtmuseum kostet 0,50 Ls.

Zum Schluss bietet sich noch die Möglichkeit einen 19 m hohen **Aussichtsturm** zu besteigen und weit über das Meer zu blicken. Der Turm befindet sich an der **Südmole (12)**, rechts vom Strand. Sie wurde im Jahr 1905 angelegt und bietet seit wenigen Jahren eine kleine Promenade zum Spazieren.

Praktische Hinweise – Ventspils (Windau)

Touristeninformation, Tirgus iela 7, Tel.: 36-22 26 3, Web: www.tourism.ventspils.lv, E-Mail: tourism@ventspils.lv. Geöffnet von Mai – September Mo – Fr 8 – 19.00 Uhr, Sa 9 – 17.00 Uhr, So 10 – 15.00 Uhr, sonst Mo – Fr 8 – 17.00 Uhr, Sa 10 – 15.00 Uhr.

Feste und Folklore: Im **Januar** wird traditionell das **Fest Svjatki** gefeiert. Es findet mit zahlreichen Festivitäten auf dem Rathausplatz, in der Burg und am Kulturzentrum statt. **Ende Mai** – **Ritterturnier** in der Burg des Livländischen Ordens. **Mitte Juni** wird mit einem kleinen Fest die **„Grün-Saison"** eröffnet, was sich auf die zahlreichen Blumenskulpturen in der Stadt bezieht. **Erste Augustwoche – Stadtfest:** Ventspils steht Kopf! Blumenfestival, Stadtfest in der Burg, Handwerkertag, Fest des Buches, Feuerwerk u. v. m. Zu **Weihnachten** findet nochmals ein **Burgfest** statt und das **Fest der Schmalspurbahn** wird im Küsten-Freilichtmuseum gefeiert.

Restaurants

Schlossrestaurant Black Piglet, Jāņa iela 17, Tel.: 3622 39 6, Fax: 70-27 82 2.

Café Jaunpilsēta Kafejnīca, Saules 48, Tel.: 36-29 29 6. Hausgemachte Gerichte.

Internetcafé Nozagtais Mēness, Zvaigžņu iela 4, Tel.: 91-29 29 7. Geöffnet von Mo – Sa 10 – 22.00 Uhr.

Hotels

Hotel des Olympischen Zentrums „Ventspils", Lielas prospects 33, Tel.: 36-28 03 2, E-Mail: viesnica@ocventspils.lv, Web: www.ocventspils.lv. Das dreistöckige Gebäude liegt direkt an der Hauptstraße und verfügt über 154 Betten. Die Preise liegen zwischen 12 und 16,00 Ls. Die Zimmer sind zweckmäßig eingerichtet und verfügen über Farb-TV. Vor dem Haus existiert ein Parkplatz.

Hotel Vilnis, Talsu 5, Tel.: 36-68 88 0, E-Mail: hotelvilnis@apollo.lv, Web: www.vilnis.lv. Das Drei-Sterne-Hotel verfügt über 30 Zimmer, die modern und sauber ausgestattet sind. Der Preis beginnt hier bei 15,50 Ls und steigt bis 75,00 Ls für die gehobenen Räume.

Jugendherberge Ventspils Augstkolas tūiristu viensīca, Inženieru 101, Tel.: 36-29 20 2. Es gibt im Juli und August 256 Schlafplätze im Wohnheim der Hochschule. Die Übernachtung kostet zwischen 4,00 und 8,00 Ls.

20. arodvidusskola kopmītnes, Kuldīgas 47/49, Tel.: 36-24 46 8.Weitere 50 Plätze gibt es im Wohnheim der Fachschule 20. Der Preis liegt hier bei 2,00 – 5,00 Ls.

Camping

Camping Piejūras, Vasarnicu iela 56, Tel.: 36-27 92 5, Fax: 36-27 99 1, E-Mail: camping@ventspils.lv, Web: www.camping.ventspils.lv. Auf diesem Campingplatz (3 ha) darf man rund um die Uhr anreisen. Er befindet sich im Westteil der Stadt direkt am Freilichtmuseum und Strand. Leider ist er nur einmal ausgeschildert, so dass ein Verfahren hier nichts Besonderes ist. Man erreicht ihn am Besten, wenn man die Lielas prospekts bis zum Ende durchfährt. Dort geht es links und auf der rechten Seite erscheint er dann schon. Der Platz bietet neben Hütten auch eine Zeltwiese und ca. 50 Wohnmobil-Plätze. Die Hälfte davon unter Bäumen, die andere Hälfte auf einer Wiese. Die Stromkästen bieten auch die Möglichkeit für Satelliten-Fernsehen. Hierfür muss man nur das Antennenkabel anschließen. Die Sanitäranlagen sind sauber und modern. Im Rezeptionsgebäude gibt es auch eine Küche mit mehreren Herdplatten, Mikrowellen und Spülen, die kostenlos benutzt werden können. Des Weiteren stehen ein Kinderspielplatz und eine Sauna zur Verfügung. Die Übernachtung im Wohnmobil kostet 6,00 Ls, im Zelt 1,50 Ls. Komfortausstattung.

Kīvītes Camping, Vārves pagasts, Tel.: 68-01 81 5. Kleiner Campingplatz (0,5 ha) direkt am Ufer der Venta, 3 km von Ventspils entfernt. Kanuverleih, Sauna, Zeltwiese und einige Wohnmobilflächen auf Wiese, Mindestausstattung.

Camping Liepene, Targales pagasts, Tel.: 36-92 22 3. Ganzjährig geöffneter Campingplatz im Ortsteil Liepene. Kleine Wiese mit wenigen Stellplätzen für Wohnmobile, Restaurant, Kinderspielplatz.

10. VENTSPILS (WINDAU) – RĪGA

Länge der Tour: Rund 195 km, ohne Abstecher.

Strecke: Strecke A10/E22 bis zur Kreuzung P120 – Straße P120 bis **Talsi** – Straße P128 bis **Jūrmala** – Straße A10/E22 bis **Rīga**.

Alternativroute: Straße A10/E22 bis Straße P124 – Straße P124 bis **Kolka** – Straße P131 bis Straße 128.

Empfohlene Reisedauer: Mindestens zwei Tage.

Reisehöhepunkte auf dieser Tour: Erholung am **Usmas-See** **, **Slītere-Nationalpark** *, **Kemeri-Nationalpark** **, Besichtigung von **Jūrmala** *, **Stadtrundgang durch Rīga** ***.

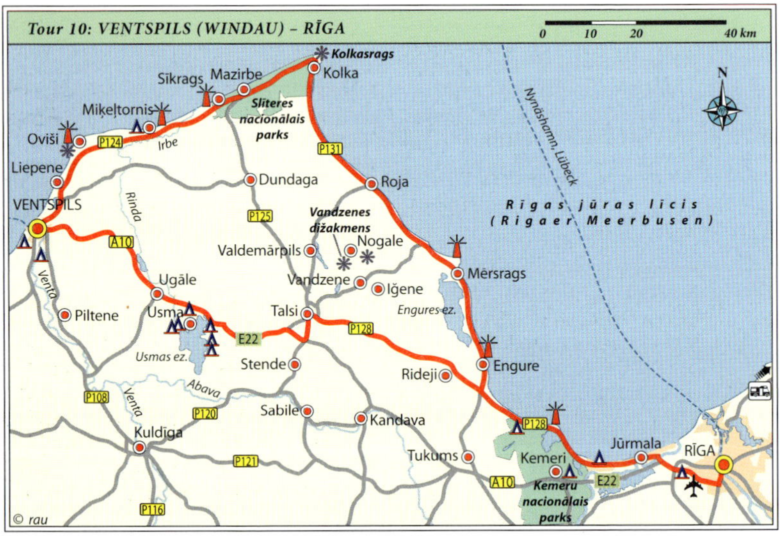

ROUTE: *Ventspils verlassen wir auf der rechten Flussseite und folgen der Beschilderung A10 nach Rīga. Nach 35 Kilometern erreichen wir den Ort* ***Ugāle****.*

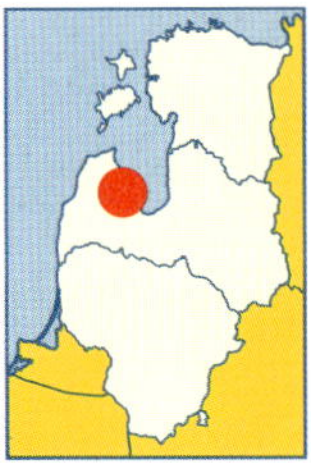

In der kleinen Siedlung **Ugāle** gibt es nicht viel zu sehen. Trotzdem besitzt der Ort eine Besonderheit. In der evangelischen Kirche ertönt noch heute die **älteste Orgel Lettlands**, die nach vierjähriger Bauzeit im Jahr 1701 fertig gestellt wurde und aufgrund ihres prächtigen Schnitzwerks sehenswert ist.

Camping – Ugāle

Camping Rožkalni, Puzes pagasts, Ventspils rajons, Tel.: 36-75 31 4 oder 94-52 02 4, Web: www.rozkalni.lv, E-Mail: info@rozkalni.lv. Kurz vor dem Ortseingang erscheint ein Hinweisschild nach links. Es sind weniger als die auf dem Schild angegebenen 5 km. Der Campingplatz verfügt über 4 Gästehäuser für je 6 Personen und ca. 8 Stellplätze für Wohnmobile (0,5 ha), jedoch keine Entsorgungsmöglichkeit. Zum Platz gehört ein schöner Karpfenteich, in dem auch geangelt werden darf. Es existiert nur eine Dusche, diese ist jedoch sauber und modern, Mindestausstattung.

*ROUTE: Weiter auf der A10 in Richtung lettische Hauptstadt erscheint nach ca. 10 km der See **Usmas**.*

Wenn Sie auf einem der zahlreichen Campingplätze rund um den **Usmas-See (Usmas ezers)** übernachten, werden Sie morgens mit großer Wahrscheinlichkeit auf eine Nebelwand blicken. Fast täglich macht der See in den Morgenstunden seinem Namen alle Ehre, denn Usma-See bedeutet nichts anderes als Nebelsee.

Zwar sind drei andere Seen in Lettland größer. Der Usmas-See zieht trotzdem die meisten Touristen an. Vermutlich liegt das an der Nähe zum Meer und der dortigen touristischen Infrastruktrur. Die anderen Seen befinden sich wesentlich weiter östlich im Landesinneren.

Mitten im See befindet sich die **Moritzinsel (Moricsala).** Sie gilt als ältestes Naturschutzgebiet Lettlands, gegründet 1912. Und sie ist der zweitälteste Naturschutzpark Europas.

Die Insel verdankt ihren Namen dem sächsischen Grafen Moritz, der sich vor dem russischen Heer im 18. Jahrhundert auf der Insel versteckte.

Aber der Usmas-See hat – neben der Moritzinsel, sowie zahlreichen Buchten und Landzungen – noch viele weitere Eilande und Inselchen. Die größten sind Viskūžu, Lielalksnīte, Mazalksnīte, Zossaliņa und Dvīnītes.

Im **Dorf Usma** informiert ein kleines **Regionalmuseum** über die Geschichte der Gegend und ihrer Entwicklung zum Naturschutzgebiet *(geöffnet Do – So 10 – 16.00 Uhr. Info-Tel.: 36-73 71 6).*

ROUTE: Weitere 28 km geht es südostwärts auf der A10 bis die Straße vierspurig wird. Wir unterqueren die autobahnähnliche P120, biegen dahinter rechts ab auf die P120 und fahren Richtung Norden. Nach 6 km erscheint am Kreisverkehr die Ortschaft Talsi.

Camping am Lakšu-See

Camping Pie Lakšu, Usmas pagasts, Ventspils rajons, Tel.: 94-17 199, 36-71 844, Web: www.lakshi.viss.lv, E-Mail: lakshi@inbox.lv. Der ganzjährig geöffnete Platz (1 ha) zweigt an Kilometerstein 144 der A10 nach rechts ab. Auf einem engen Waldweg gelangt man zu dem am Lakšu-See gelegenen Platz. Er bietet Sportmöglichkeiten wie, Volleyball, Basketball und Tennis und verfügt über 7 Holzhütten, eine Sauna und einen Grillplatz. Abstellmöglichkeiten für Wohnmobile oder Wohnwagen befinden sich unter Bäumen. Die sanitären Anlagen sind relativ einfach, Mindestausstattung.

Camping am Usmas-See

Camping Usmas, Priežkalni, Usmas pagasts, Ventspils rajons, Tel.: 63-34 50 0 und 36-73 65 4, Web: www.usma.lv, E-Mail: usma@usma.lv. An der Usma-Tankstelle (km 141) zweigt eine kleine Straße nach rechts ab. Nach wenigen Metern erreicht man diesen größeren Platz (2 ha), der von Mai bis Oktober geöffnet ist. Der Platz liegt direkt am Ufer des Usma-Sees und hat moderne Sanitärausstattung; gute Standardausstattung. Es gibt eine Angelmöglichkeit und einen Fahrradverleih.

Kempings Mežmalas, Tel.: 65-55 61 0. Geöffnet Apr.-Okt.; Kleiner Campingplatz (0,5 ha) im Wald mit Stellplätzen für Wohnmobile, Picknickplatz, Zeltwiese, Restaurant; gute Standardaustattung.

Camping Lejastiezumi, Rendas pagasts, Tel.: 33-47 37 9. Schön am See gelegen, bietet der Platz (2 ha) guten Komfort, saubere Sanitäranlagen, Caravan- und Wohnmobilplätze, Zeltwiese, Kinderspielplatz, Restaurant, einen kleinen Shop, Wasserski, Motorbootverleih; gute Standardausstattung.

Sowie sechs weitere kleine Campingplätze, von denen nicht alle für Wohnmobile oder Wohnwagen ausgelegt sind. Doch ist man bei fast allen gerne als Gast gesehen und man versucht, doch noch irgendwo einen Stellplatz anzubieten, jedoch ohne Strom.

Talsi am Talsu-See in der Kurländischen Schweiz

Mehrere Seen liegen im hügeligen Stadtgebiet des Ortes **Talsi**. Die zwei größten umschließen die Altstadt von Norden und Süden her.

Bei Talsi spricht man auch oftmals vom **Zentrum der Kurländischen Schweiz**. Kein Wunder, die Region Kurzeme bzw. Kurland ist relativ flach und die einzigen Hügel befinden sich in und um Talsi herum.

Bei der Fahrt in die Stadt treffen wir zuerst auf den südlichen **See Talsu ezers**. Rechter Hand kann man am Ufer den **Burgberg** erkennen, der in früheren Zeiten von den Kuren besiedelt war. Dies haben archäologische Ausgrabungen der 1930er Jahre bewiesen.

Auf der linken Seite sehen Sie das **Denkmal** des lettischen Freiheitskämpfers Koklētājs. An dem 1996 eingeweihten Denkmal erkennt man gut die Kokle, ein lettisches Musikinstrument, das an eine Harfe erinnert.

Wenn Sie die Straße weiter hinab fahren, erreichen Sie das Zentrum der 11.000-Einwohner-Stadt.

Auf der linken Seite hat man **Parkmöglichkeiten** auf dem **Platz Pilsētas laukums**, der sich direkt vor der **Touristeninformation** ausbreitet.

An die Altstadt, die rasch durchquert ist und lediglich durch die alte Bebauung aus dem 19. Jahrhundert glänzt, grenzt im Norden der größte See der Stadt, der **Vilkmuižas ezers**. Dieser wurde im 11. bis 14. Jahrhundert als Begräbnisstätte der Kuren benutzt. Man verbrannte die Toten und verstreute ihre Asche mitsamt „Grabschmuck" auf dem See.

Ein kleines Schloss befindet sich auf dem Burgberg am Seeufer und stammt von den Freiherren von Firck.

Schließlich lohnt noch ein kurzer Blick auf das Haus in der Zvaigžņu iela 1. Es beherbergt die Familiengruft der Kupffers, einer ehemaligen Stadtarzt-Familie.

Eine Ausstellung über die Historie von Talsi kann man auf der Spitze des 105 m hohen Tiguļu kalnā im **Talsi-Regionalmuseum** besuchen *(geöffnet April – Okt. 11 – 17.00 Uhr, sonst 10 – 16.00 Uhr, Eintritt 0,50 Ls. Info-Tel.: 32-32 21 3, E-Mail talsu.muzejs@apollo.lv)*. In dem neoklassizistischen Museumsgebäude auf dem Hügel am Ostrand der Stadt findet der Besucher auch ein Kunst-Café.

Im Stadtteil **Lauktehnika**, im Südwesten Talsis, liegt in der Celtnieku iela 11 das **Agrartechnikmuseum**, das besonders bei Technikinteressierten Anklang findet. Es zeigt Gerätschaften aus der Landwirtschaft, unter anderem auch seltene und alte Traktoren *(geöffnet Mo – Fr 9 – 17.00 Uhr, Eintritt 0,60 Ls. Info-Tel.: 91-42 54 3)*.

AUSFLÜGE AB TALSI

Wer den „Nördlichsten Weinberg der Welt" (schon wieder ein baltisches Super-

Praktische Hinweise – Talsi

Touristeninformation, Lielā iela 19/21, Tel.: 32-24 16 5, Web: www.talsi.lv, E-Mail: tic@talsi.lv. Geöffnet von Mo – Fr 10 – 13.00 Uhr und 13.30 – 17.00 Uhr, in den Sommermonaten auch Sa 10 – 14.00 Uhr.

Feste und Folklore: Am Kulturhaus findet alljährlich in den Sommermonaten das Stadtfest statt. Im August wird der so genannte Dižmāra-Markt am kleineren See veranstaltet.

Restaurants

Restaurant Māra, Lielā iela 16, Tel.: 32-91 25 6. Geöffnet von 11 – 23 Uhr.

Café Vīns un kafija, Lielā iela 7, Tel.: 32-91 04 9, Geöffnet von 9 – 19.00 Uhr, So geschlossen.

Hotels

Hotel Talsi, Kareivju iela 16, Tel.: 32-32 02 0. Am Südrand des Vilmuižas-Sees gelegen bietet das Hotel 100 Betten in modern eingerichteten Zimmern in der Preisklasse von 12,00 – 40,00 Ls. Zum Hotel gehört das Restaurant „Pie ezera".

Hotel Zvirgzdi, Laidzes pagasts, Tel.: 32-23 50 0. Das kleine Motel mit seinen sieben zweckmäßig eingerichteten Zimmern liegt direkt an der Straße zum Kreisverkehr, wo sich die P-129 und die P-127 treffen.

lativ) sehen möchte, der sollte einen kleinen Abstecher machen – nach Süden allerdings. Zuerst erreicht man an der Straße P120 den kleinen Ort **Dižstende**, der von einem großen Park geprägt ist, in dem sich mittendrin ein schönes klassizistisches Gutsgebäude befindet.

Weiter auf der Straße P120 erreicht man nach 12 km **Sabile** im schönen **Abava-Tal**, an dessen Südhang sich der „Nördlichste Weinberg der Welt" erstreckt.

Gegenüber, auf der linken Talseite, liegt das kleine **Freilichtmuseum Pedvale**.

Der Fluss Abava kommt aus westlicher Richtung und hat zuerst die Ortschaft **Kandava** durchquert. Dort kann man oberhalb des Flusslaufes auf einem Hügel die Mauerreste einer ehemaligen Ordensburg betrachten. Am Fuße des Berges befindet sich die kleine Ortschaft mit ihren engen Gassen und einem Pulverturm, der noch aus dem Mittelalter erhalten geblieben ist.

Ein weiterer Ausflug von Talsi aus wäre die Fahrt gen Norden. Dort erreicht man nach 15 Kilometern auf der P127 den Ort **Vandzene**. Das dortige **Gutsschloss** präsentiert sich im klassizistischen Stil.

In **Iģene**, östlich von Vandzene, kann eine **Holzkirche** besucht werden, die eine aufwändig gearbeitete Holzkanzel beherbergt. Holzkirchen dieser Art gibt es nur noch wenige in Kurzeme.

Schließlich lohnt das **Jagdschloss in Nogale**, rund 10 km nördlich von Vandzene gelegen, einen Besuch. Das zweigeschossige Schlossgebäude aus der zweiten Hälfte des 19. Jahrhunderts liegt etwas versteckt inmitten einer Grünanlage. Der einstige Sitz der Freiherren von Firck wartet mit sehenswerten Innenräumen auf.

Route: *Von **Talsi** geht es ostwärts bis zum Kreisverkehr, der schon außerhalb der Stadt liegt. Dort nehmen wir die erste Ausfahrt rechts und fahren durch die waldreiche Region auf der P128 bis wir den **Kemeri-Nationalpark** erreichen.*

Vor dem **Kemeri-Nationalpark (Ķemeru nacionālais parks)**, der weiter hinten näher beschrieben wird, befindet sich etwas rechts von der Straße die kleine Siedlung **Rideļi**. Hier steht eine alte **Mühle**, die noch heute Mehl frisch mahlt. Es werden Führungen durch das Gebäude angeboten. Und zum Abschluss besteht die Möglichkeit, eine der aus dem frischen Mehl gebackenen, leckeren Teigwaren zu kosten. Wenn niemand in der Mühle anzutreffen ist, kann man sich mit dem Besitzer telefonisch in Verbindung setzen, um Einlass zu finden: 31-31 37 3.

ALTERNATIVROUTE

*ROUTE: Die Strecke zwischen Ventspils und dem Kemeri-Nationalpark kann auch auf einer **Alternativstrecke** zurückgelegt werden. Sie ist landschaftlich mindestens genauso reizvoll, allerdings fährt man über 60 km auf sehr schlechter **Schotterpiste**, die zu einer sehr langsamen Fahrweise zwingt. Zunächst aber geht es in **Ventspils** am Kreisverkehr auf der Nordseite des Flusses Venta nach links. Hinter den Bahngleisen geradeaus bis zum Ende und dort links, so dass wir rechts auf die **Talsu iela** abbiegen können. Sie wird zur P124 und führt nordwärts nach **Kolka**. Zwischen Ventspils und Kolka existiert keine Tankmöglichkeit! Ab dem Radioteleskop in **Irbene** wird die Straße schotterig.*

Der **„Älteste Leuchtturm"** Lettlands befindet sich in **Ovišі**. Seit 1814 steht er dort. Der Abzweig nach Ovišі erscheint nach 22 km auf dem Weg nach Norden.

Modernere Technik als der bald 200 Jahre alte Leuchtturm steht in der Umgebung von **Irbene**. Am rechten Straßenrand sieht man zwei große Satellitenschüsseln. Die größere von ihnen bringt es auf einen Durchmesser von 32 m, lediglich sieben Radioteleskope auf der Welt haben einen größeren Umfang.

Nach dem ältesten Leuchtturm Lettlands erreichen wir in **Miķeļtornis** nun den **„Höchsten Leuchtturm"** des gesamten Baltikums. 62 m ragt das Leuchtfeuer aus dem Jahr 1884 in die Höhe, renoviert wurde der Turm zuletzt im Jahr 1957.

Auf dem weiteren Weg passieren wir die Grenze zum **Slītere-Nationalpark (Slīteres nacionālais parks)**. Dieser ausgedehnte Nationalpark verläuft am gesamten Küstenstrich entlang bis zum Kap Kolka. Er bietet Naturschönheiten, die aber teilweise nur auf Führungen zu entdecken sind. Doch auch Individualisten werden sich mit Hilfe von einigen Hinweistafeln zu Recht finden.

Zudem befindet sich in fast jedem Ort innerhalb des Nationalparks ein **Aussichtsturm**, die jeweils einen grandiosen Ausblick auf die Ostsee und die Küstenregion bieten.

Am südlichen Ende des Nationalparks begegnen wir einem ehemaligen **Leuchtturm** aus dem Jahr 1849. Dort beginnt der **Naturpfad Slītere.** Der Weg führt den Wanderer über die sanften Hügel der Blauen Berge weiter in das Landesinnere.

Bei den Blauen Bergen handelt es sich weniger um ein Bergmassiv als um ein ehemaliges Steilufer, das bis zu 20 m in die Höhe ragt. Rund 10.000 Jahre ist es her, als die Brandung des Baltischen Eismeers bis hierher ans Ufer schlug.

Auf unserem weiteren Weg gen Norden treffen wir auf **Sīkrags**, das wegen der dortigen acht Fischerkaten einen kurzen Stopp wert ist, sowie auf den Fischerort **Mazirbe**. Dort lohnt der Besuch des **Kulturhauses des Liven-Volks** *(geöffnet Di – Fr 11 – 17 Uhr)*. Darüber hinaus kann man in Mazirbe geräucherten Fisch genießen. Mazirbe ist im Übrigen der Hauptort von den sechs Dörfern, in denen die letzten verbliebenen Liven leben.

Die Liven bezeichnen sich selbst nicht als Letten und bewahren ihre eigene Kultur und Sprache. Es handelt sich um eines der kleinsten europäischen Völker, die hauptsächlich vom Fischfang und in völliger Abgeschiedenheit leben. Gut zu erkennen ist zudem ihr eigener Baustil an den Fischerkaten, wie zum Beispiel in **Košrags**, das nur über die nahe gelegene Küstenstraße und nicht über die P124 zu erreichen ist.

Wer schon mal im dänischen Skagen war und beobachtet hat, wie dort Nord- und Ostsee zusammentreffen, der weiß in etwa, was ihn am **Kap Kolka** erwartet. Hier am nordöstlichsten Punkt des Slītere-

Camping – Miķeļtornis

Camping Miķeļbāka, Miķeļtornis, Tel.: 92-63 66 0, E-Mail: mikelbaka@inbox.lv, Web. www.mikelbaka.lv. Kleiner Campingplatz (1 ha) mit Zeltwiese, Stellmöglichkeiten für Wohnmobil oder Caravan, Holzhütten inkl. Sat-TV, Lagerfeuerstelle, Verleih von Fahrrädern oder Quads. Der Platz liegt direkt am Strand. Einfache Standardausstattung. Geöffnet von Anfang April bis Mitte September.

Praktische Hinweise – Kolka

Feste und Folklore: An den Europäischen Natur-und Nationalparktagen im Mai nimmt auch der Slītere-Nationalpark teil, Anfang Juli feiert man in Kolka das Fischerfest und einen Monat später wird das Livische Kulturfest in Mazirbe begangen.

Restaurants

Restaurant Kalēji, Mazirbe, Tel.: 32-48 37 4.
Café Zitari, Kolka, Tel.: 32-69 25 6.

Nationalparks trifft das Wasser der Ostsee auf das der Rīgaer Bucht, ein landschaftlich reizvolles Bild. Im Frühjahr sind am Kap Kolka regelmäßig mehrere Hunderttausend Zugvögel zu beobachten, die hier Halt machen, darunter Gänse, Enten, Bussarde und sogar Adler.

Krišjānis Valdemārs, dessen Denkmal wir im Hafen von Ventspils gesehen haben, behauptete einstmals, dass am Kap Kolka der Mittelpunkt der Erde sein muss.

Dass diese Aussage falsch ist, wissen wir heute. Was jedoch richtig ist, ist die Tatsache, dass rund um Kap Kolka so viele Schiffswracks liegen wie an keiner anderen Stelle in der Ostsee. Daher wurde fünf Kilometer vor dem Kap eine künstliche Insel aufgeschüttet, auf der sich heute ein Leuchtturm befindet.

Die Verwaltung des Slītere-Nationalparks ist rund 30 km weiter südlich in dem größeren Ort **Dundaga** zu finden: Slīteres nacionālais parks, Dakterlejas 3, Tel.: 32-81 06 6, E-Mail: snp@slitere.lv, Web: www.slitere.gov.lv.

Route: *In **Kolka** können wir wieder auf einer Asphaltstraße, der P131, nach Süden fahren und erreichen nach rund 100 km auch den **Kemeri-Nationalpark**. Unterwegs passieren wir zahlreiche Fischerdörfer, die sich an der Küstenstraße aneinanderreihen.*

Bevor Sie nun über die P131 den Slītere-Nationalpark verlassen, bietet sich noch die Gelegenheit über einen 300 m langen Naturpfad zu wandern und das Ufer zu erreichen, an dem sich eine 15 m hohe Steilküste befindet.

Roja ist recht unscheinbar und verfügt über eine **Kirche**, die ebenfalls auf den ersten Blick schlicht wirkt. Doch das Innere des evangelischen Gotteshauses entschädigt mit einem Altarbild aus dem Jahr 1890. Es zeigt „Jesus auf dem See".

Die Kirche war ursprünglich ganz aus Holz, bevor sie im Jahr 1854 einen Steinturm erhielt und schließlich auch mit Steinmauern befestigt wurde.

Im Ort Roja selbst sind zwei interessante Ausstellungen zu besuchen.

Die kleinere der beiden ist die **Ausstellung von Segelschiffsmodellen**, die in privater Eigenarbeit vom Einheimischen Herrn Veidemanis geschaffen wurde und so auch in seinen Privaträumen gezeigt werden. Er wohnt in der Celtnieku 5 und ist telefonisch unter 32-69 59 4 zu erreichen.

Um größere Schiffe geht es im **Museum für Hochseefischerei** in der Selgas iela 33 *(geöffnet Di – So 10 – 17.00 Uhr)*. Dort hat man Gelegenheit, Wissenswertes über die Fischerei und Schifffahrt der hiesigen Region zu erfahren.

Weiter südlich erreicht man im Landesinneren über die P126 das so genannte **Teufelsboot**. Hierbei handelt es sich um eine Grabstätte früherer Einwanderer aus

Praktische Hinweise – Roja

Touristeninformation, Selgas iela 33, Tel.: 32-69 59 4, E-Mail: rojatic@inbox.lv, Web: www.roja.lv.

Hotel

Hotel Roja, Jūras iela 6, Tel.: 32-32 22 6, E-Mail: rojahotel@inbox.lv, Web: www.rojahotel.lv. Ein kleines, aber modern eingerichtetes Hotel, das insgesamt 37 Betten in 12 Zimmern bietet. Die Übernachtung kostet zwischen 10,00 und 33,00 Ls. Im Erdgeschoss befindet sich eine kleine Bar mit Billardtisch.

Skandinavien, das die Form eines Schiffes hat. Zu vergleichen sind sie mit der Form und der Beschaffenheit mit den Wikinger-Schiffssetzungen zum Beispiel in Schweden, nur sind diese hier wesentlich kleiner.

Nicht weit davon entfernt wächst eine der dicksten Linden des Landes. Der **Götzenlinde** genannte Baum hat einen Stammumfang von 8,5 m.

In **Mērsrags** erhebt sich seit dem Jahr 1875 ein Leuchtturm, der jedoch nur mit Führung besichtigt werden kann.

Durch den Ort verläuft die Verwaltungsgrenze des **Naturparks rund um den Engure See**. Dieser war früher eine Bucht der Ostsee, die sich im Laufe der Zeit schloss und so diesen Lagunensee bildete.

Die sieben Inseln im Gewässer sowie das Ufer sind Heimat für rund 60 Vogelarten. Dadurch kommen viele Ornithologen hierher und nutzen die schwimmende Aussichtsplattform für Vogelbeobachtungen.

In der nahe gelegenen Ortschaft **Bērzciems** kann man zusammen mit einem Führer eine **Vogelstation** besichtigen. Wer Glück hat, kann sogar das Beringen von Vögeln beobachten.

Rund um den See breitet sich Salzgrasland aus, das bis zur Ostseeküste reicht. Hier sind einige **Wanderwege** angelegt, die zum Teil rund um den See führen. Dabei passiert man auch fünf **Bootsstationen**, bei denen man Ruderboote ausleihen kann. An dieser Stelle aber die Bitte, beim Rudern das schutzbedürftige Ufer und Schilf zu respektieren, damit kein Vogel beim Nisten gestört wird.

In Mērsrags selbst kann im **Dorfmuseum „Saieta nam“** *(geöffnet Do – So 10 – 16 Uhr)* eine kleine private Sammlung von Runen mit mythologischen Symbolen besichtigt werden. Dazu wird selbstverständlich auch über die Geschichte von Mērsrags informiert.

HAUPTROUTE

Straßen gesäumt von Wäldern rechts und links des Weges sind charakteristisch für Lettland. Daher ist es manchmal nicht ganz einfach zu unterscheiden, ob man sich in einem gewöhnlichen Wald befindet oder ob es sich um ein besonders gekennzeichnetes Naturreservat handelt.

So ist es zum Beispiel wenige Kilometer vor Jūrmala, wenn man das Hinweisschild auf den **Kemeri-Nationalpark** verpasst. Dabei handelt es sich beim Kemeri-Nationalpark nicht um eine Waldfläche, sondern vielmehr um Hochmoore, die sich abseits der Straße hinter den Bäumen verbergen.

Der 1997 gegründete Nationalpark reicht bis zur Küste und weist einige kleinere Mineralquellen auf.

Das Gebiet ist ein idealer Rastplatz für Zugvögel, wie zum Beispiel für den Weißrückenspecht, der zum Wappentier des Nationalparks wurde.

Die Hochmoore bilden eine Torfschicht, die eine Dicke bis zu 8 m hat und sage und schreibe 8.000 Jahre alt ist.

Für Besucher wurde rund 2,5 km südlich des Ortes **Kemeri** ein **Rundweg** eingerichtet. Dabei spaziert man auf extra angelegten Holzplanken, 900 an der Zahl,

Praktische Hinweise – Mērsrags

Touristeninformation, Dzintaur iela 1-9, Tel.: 32-35 40 7, E-Mail: mersrags@navigator.lv, Web: www.mersrags.lv.

Feste und Folklore: Im Juli werden die See-Festivals in den Ortschaften Roja, Kolka und Mērsrags gefeiert

Restaaurant

Restaurant Kreses, Lielā iela 74, Tel.: 65 11 16 7.

Camping

Camping Ronīši, Klapkalnciems, Tel.: 31-43 14 5, E-Mail: laila@ronisi.lv, Web: www.ronisi.lv. Auf der Fahrt von Mērsrags Richtung Jūrmala treffen wir mehrfach auf kleinere Campingplätze, die nur eine Wiese und ein Toilettenhäuschen mit Dusche haben. Sie sind überwiegend für Zelttouristen gedacht, aber auch mit dem Wohnmobil ist das Übernachten hier möglich. Dieser hier (0,5 ha) ist ein gutes Beispiel und befindet sich an der Grenze zum Nationalpark. Er verfügt über Sauna, Holzhütten und ein Gästehaus, einfache Standardausstattung.

die auf den 2,8 km Länge durch das Moor führen. Es wird dringend darum gebeten, die Holzplanken nicht zu verlassen, da das weiche Moos sehr stark eingedrückt würde und so auf lange Sicht Schäden zurück bleiben. Für den Rundgang sollte man zwei Stunden einplanen.

Die Parkplätze im Kemeri-Nationalpark sind alle kostenpflichtig.

Weitere Informationen erhält man bei der Nationalparkverwaltung in Kemeri unter Tel.: 77-65 38 6, E-Mail: nacionalparks@kemeri.gov.lv, Web: www.kemeri.gov.lv.

Übrigens ist der Nationalpark nicht unbewohnt. Es leben hier rund 3.500 Menschen, die meisten in der gleichnamigen Gemeinde Kemeri. Schützengräben aus dem Ersten und dem Zweiten Weltkrieg sowie einige Soldatengräber sind in diesem Gebiet zu finden.

ROUTE: *Wenn wir den Park durchquert haben, biegen wir am Ende links ab und erreichen die ersten Häuser von* ***Jūrmala****.*

Schmal und lang, so könnte man das Stadtgebiet von **Jūrmala** beschreiben. Eingezwängt zwischen Ostsee und dem Fluss Lielupe bzw. dem See Babītes kann sich die Stadt nur in zwei Richtungen ausdehnen, was sie denn auch auf eine Länge von 30 km macht!

Bei der Einfahrt in die Stadt kann man an einem Wachposten für 1,00 Ls ein **Parkticket** bekommen. Dies ist natürlich nicht notwendig, wenn man nur durch die Stadt fahren möchte. Aber sollte man auch nur einen kurzen Stopp einlegen, ist das Ticket Pflicht. Und dies gilt ausnahmslos an allen städtischen Plätzen. Die Kontrollen sind häufig, dafür gilt der Parkschein auch 24 Stunden.

Wer nur durch den Ort hindurch fährt, wird später behaupten, es reihe sich lediglich ein Gästehaus an das nächste und der Ort habe nichts zu bieten außer einer ewig langen Hauptstraße. Dies ist so natürlich nicht ganz richtig. Aber es stimmt schon, dass Jūrmala stark durch den Tourismus geprägt ist.

Die Anfänge der Stadt sind in einer Ansammlung von mehreren Fischerdörfern zu suchen. Das änderte sich schlagartig, als im 19. Jahrhundert die ersten Badegäste aus der nahe gelegenen Hauptstadt hierher zur Sommerfrische kamen. Von da an wuchs die Gemeinde zu einem immer größer werdenden Badeort an, der mittlerweile eine große Auswahl an unterschiedlichen Gästehäusern und Hotels hat. Die meisten Hotels bieten Heilbäder oder Wellnessbereiche an. Im Großen und Ganzen aber ähneln sich die Ausstattungen und der Komfort der einzelnen Unterkünfte.

Bei allen Häusern gleich ist die Entfernung zum **Stadtstrand „Majori"**, der seit Jahren regelmäßig mit der blauen Flagge des Europäischen Umwelt Fonds ausgezeichnet wird. Zudem hat das Wasser in den Sommermonaten eine Temperatur von 16° bis zu 20°C.

Für Reisende, die etwas Zeit haben und den Ort nicht nur durchqueren, um schnell in die Hauptstadt zu gelangen, bietet Jūrmala neben schön verzierten **Holzhäusern** mit sehenswerten Schnitzereien aus dem frühen 20. Jahrhundert auch ein empfehlenswertes **Stadtmuseum** *(geöffnet 11 – 17.00 Uhr, Eintritt 0,40 Ls, Info-Tel.: 77-64 74 6).*

Das Museum befindet sich in der Tirgoņu iela 27/29 und informiert nicht nur über die Stadtgeschichte sondern lädt zu einer Art archäologischer Unterwasserexpedition ein. Anschaulich und kurzweilig wird der Rīgaer Meerbusen erklärt, der übrigens im Schnitt nur 26 m tief ist. Seine tiefste Stelle bringt es gerade mal auf 60 m.

ROUTE: *Von* ***Jūrmala*** *nach* ***Rīga*** *benutzen wir weiter die A10, die uns bequem in das Zentrum der lettischen Hauptstadt bringt.*

Rīga begrüßt uns mit einer Überraschung, denn in der mit rund 750.000 Einwohnern größten Stadt des Baltikums ist es nicht sonderlich schwierig einen **Parkplatz** zu finden.

Wenn wir uns einfach Richtung Zentrum halten, überqueren wir auf der Vanšu tilts-Brücke automatisch den Fluss Daugava. Gleich dahinter kommt eine kleine Seitenstraße, die einige Parkplätze bereithält. Wenn nicht dort, dann in einer der kleinen Straßen in unmittelbarer Nähe. **Doch aufgepasst!** Wenn Sie dreimal abbiegen führt die Straße unter der eben überquerten Brücke hindurch und die hat eine **Durchfahrtshöhe von nur 2,80 m** und das kann für die meisten Wohnmobile ein Problem bedeuten.

Trotz der Größe, des Alters und der Bedeutung der Stadt, ist die Geschichte von Rīga relativ schnell und einfach erzählt.

Das Gründungsdatum wurde im Jahr 2001 zum 800. Mal gefeiert. Es existieren zwar Chroniken, die besagen, dass die Stadt im Jahr 1198 gegründet wurde, doch im Jahr 1201 verlegte Bischof Albert seine Residenz von Uexküll an das Ufer des Riegebaches. Diese Tat gilt als Gründung Rīgas und es dauerte keine drei Jahrzehnte bis Rīga Stadtrechte erhielt. Daraus ist ersichtlich, wie schnell diese Stadt wuchs.

Viele Kaufleute, die auf dem Weg weiter nach Osten waren, insbesondere aus Deutschland, tätigten hier ihre Geschäfte.

Bald entstanden der Dom, das Rathaus sowie die Gilde- und Speicherhäuser. Und

Praktische Hinweise – Jūrmala

Touristeninformation, Jomas iela 42, Tel.: 77-64 27 6, Fax: 77-64 67 2, Web: www.jurmala.lv, E-Mail: jurmalainfo@mail.bkc.lv. Geöffnet von Mo – Fr 9 – 19.00 Uhr, Sa und So 11 – 20.00 Uhr (Juni – August), sonst Mo – Fr 9 – 17.00 Uhr.

Tourismusinformation, Lienes iela 5, Tel.: 71-47 90 0, Fax: 71-47 90 1, E-Mail: tourism@jpd.gov.lv, Web: www.jurmala.lv.

Restaurnats

Restaurant Kūriņš, Kaugurciema iela 47, Tel.: 77-36 59 8. Europäische und lettische Küche in schöner Atmosphäre in Strandnähe. Im Sommer mit Strandterrasse

Restaurant Al Tohme, Pilsoņu iela 2, Tel.: 77-55 75 5.

Majoro, Jomas iela 29, Tel.: 77-61 38 0.

Bistro Dukāts, Baznīcas iela 12/14, Tel.: 77-64 26 7.

Internetcafe Majori Area, Jomas iela 62, Tel.: 78-11 41 1. In der Zeit von Juli bis August rund um die Uhr geöffnet, sonst 9 – 20.00 Uhr.

Hotels

Hotel Rīgas Jūrmala Spa-Hotel, Jūras iela 23/25, Tel.: 77-62 29 5, Fax: 77-61 62 0, E-Mail: rigas-jurmala@delfi.lv, Web: www.rj.lv. Drei-Sterne-Wellnesshotel direkt am Strand. Es verfügt über 86 Zimmer mit Sat-TV, Internetanschlussmöglichkeit, Telefon, Restaurant, Bar, Fitnessraum, Schwimmbad, Billardraum und einem bewachten Parkplatz. Die Zimmerpreise beginnen bei 26,00 Ls.

Hotel Pegasa Pils, Jūras iela 60, Tel.: 77-61 14 9, E-Mail: bnv@mail.eunet.lv. Nur 50 m vom Strand entfernt befindet sich das schöne Hotel mit 12 Zimmern. Die Räume verfügen alle über einen so genannten französischen Balkon, Klimaanlage, TV, Telefon und Mini-Bar. Zum Haus gehören eine Bar, ein Restaurant mit Live-Musik, Parkplatz, Fahrradverleih und ein Kaminzimmer.

Camping

Camping Nemo, Altbass iela 1, Tel.: 77-32 34 9, Fax: 77-32 35 0, E-Mail: nemo@nemo.lv, Web: www.nemo.lv. Der Platz (2 ha) befindet sich bei der Einfahrt in die Stadt, direkt auf der linken Seite. Für die Lage und die Größe des Platzes sind die Sanitäreinrichtungen eher enttäuschend, da es sich nur um einen viel zu engen Waschcontainer handelt. Zentraler Mittelpunkt des Platzes ist die große 16 m hohe Wasserrutsche. Auf der linken Seite hinter der Rezeption befinden sich kleine Holzhütten, während rechts die Wiese für Zelte und Campingfahrzeuge liegt. Man hat vom Platz direkten Zugang zum Strand und es besteht eine Entsorgungsmöglichkeit. Die Kosten für eine Übernachtung betragen 8,00 Ls je Wohnmobil und 5,00 Ls je Person, geöffnet Mai - Sept.; gute Standardausstattung.

Camping Jaunķemeri, Kolkas iela 6, Tel.:; 77-36 57 5. Relativ großer Campingplatz (3 ha) mit über 200 Stellplätzen auf einer Wiese. Der Platz befindet sich in einem westlichen Vorort von Jūrmala und ist auf Grund seines Preisangebotes (ab 3,50 Ls) eine gute Alternative zum Campingplatz Nemo. Gute Standardausstattung.

Der Hansebund

Die Hanse, heute oftmals assoziiert mit dem ersten „H“ bei den Autokennzeichen von Hamburg, Bremen oder Rostock, umfasste einstmals weit mehr Städte als die drei genannten.

Die Hanse war ein Bund von Kaufleuten in rund 70 größeren und bis zu 130 kleineren Städten in zahlreichen europäischen Staaten. Der Hansebund kontrollierte den Warenhandel von den Niederlanden bis nach Estland und von Schweden bis zur Linie Köln-Erfurt-Krakau. Insgesamt aber reichte der wirtschaftliche Machtbereich der Hanse in seiner Blütezeit von Portugal bis nach Russland. Der Bund aus Fernhandelskaufleuten war so mächtig, dass sogar Wirtschaftsblockaden gegen einzelne Königreiche verhängt und im extremen Fall sogar Kriege geführt werden konnten.

Ein genaues Gründungsdatum existiert nicht, aber es wird allgemein vom Jahr 1159 gesprochen, als Lübeck wieder aufgebaut wurde. Doch es gab auch schon zuvor Zusammenschlüsse mehrerer Kaufmannsgenossenschaften. Eine davon wurde 1157 auch urkundlich festgehalten.

Gehandelt wurde mit fast allen Dingen des täglichen Lebens, aber auch mit Luxuswaren, wie z.B. Pelze.

Es gab vier große Hauptumschlagsplätze in Europa – Novgorod in Russland, Bergen in Norwegen, Brügge im belgischen Flandern und London.

In der zweiten Hälfte des 14. Jahrhunderts war die Hanse eine nordeuropäische Großmacht, deren weitreichender Einfluss im Wesentlichen auf dem gewaltigen Finanz- und Wirtschaftspotential der 70 größten Hansestädte basierte. Doch es gab auch ein nichtstädtisches Mitglied, den Deutschen Orden.

Die **Hansestädte im Baltikum** waren: Cesis, Koknese, Kuldiga, Limbazi, Rīga, Straupe, Valmiera, Ventspils (alle Lettland), Narva, Pärnu, Tallinn (damals Reval), Tartu, Viliandi (alle Estland) und das litauische Kaunas.

Von 1356 an wurden Beschlüsse des Hansebundes auf so genannten Hansetagen gefasst.

Die Macht der Hanse ließ im Laufe der Jahre allerdings aus unterschiedlichen Gründe nach. Einerseits lag es schlicht an der Entdeckung des amerikanischen Kontinents, der andere Handelsreisen nun wichtiger machte, sowie andererseits in der Erstarkung der Ostsee-Anrainerstaaten bzw. der dortigen Landesherren.

Der letzte historische Hansetag fand schließlich im Jahr 1669 in Lübeck statt. Zu diesem Zeitpunkt waren aber nur noch neun Städte Mitglied in der Hanse.

Über 300 Jahre später, im Jahre 1980, wurde die „neue Hanse als Lebens- und Kulturgemeinschaft der Städte über die Grenzen hinweg“ gegründet. Dabei geht es neben dem Handelsaustausch auch um die Kultur und die Förderung des Tourismus. Seit den 90er Jahren des letzten Jahrtausends gibt es nun auch wieder Hansetage.

gerade mal 80 Jahre nach Gründung der Stadt trat man schon dem Hansebund bei.

Natürlich lässt sich das Rīga der Hansezeit nicht mit dem heutigen Rīga vergleichen. Die damalige Stadtfläche umfasste nur einen Bruchteil der heutigen Altstadt.

Auch in den Jahrhunderten die der prosperierenden Hansezeit folgten war Rīga zwar bedeutend, aber nicht sonderlich groß. Dies änderte sich erst im 19. Jahrhundert als die Wallanlage verschwand und zahlreiche Jugendstilgebäude um diese neu entstandenen Grünflächen erbaut wurden.

Zur Hauptstadt Lettlands wurde Rīga erst im Rahmen der ersten Unabhängigkeit im Jahr 1918 erklärt.

Wenn Sie den oben beschriebenen **Parkplatz (1)** benutzen, können Sie direkt zu einem **Rundgang durch die Altstadt** aufbrechen. Die erste Kirche auf Ihrem Weg ist das katholische Gotteshaus Mater Dolorosa aus dem 18. Jahrhundert. Sie befindet sich gegenüber dieser Seitenstraße und erhielt ihr heutiges Gewand in der zweiten Hälfte des 19. Jahrhunderts. Doch sie wirkt etwas verloren, da sie sich in unmittelbarer Nachbarschaft zum **Rīgaer Schloss (2)** befindet. Es beherbergt heute neben der Staatskanzlei **drei verschiedene Museen**, die sich mit der Lettischen Geschichte, mit ausländischer Kunst und mit Literatur, Theater und Musik befassen.

Öffnungszeiten:

Historisches Museum: Mi – So 11 – 17.00 Uhr, Eintritt 1,00 Ls). Info-Tel.: 72-21 35 7; E-Mail: museum@history-museum.lv.

Museum für Ausländische Kunst: Di – So 11 – 17.00 Uhr, Mai bis Sept. auch Do bis 19.00 Uhr. Info-Tel.: 72-25 20 9; E-Mail: arzemju.mm@apollo.lv.

Museum für Literatur, Theater und Musik: Mi – So 11 – 18.00 Uhr. Info-Tel.: 72-16 42 5.

Erbaut wurde das Schloss durch den Deutschen Orden im 14. Jahrhundert am Ufer der Daugava. Es wurde gegen Ende des 15. Jahrhunderts zerstört und musste wieder neu errichtet werden. Seitdem wurden zahlreiche Umbauten vorgenommen.

Portal am Dom zu Rīga

In der Zeit zwischen dem Ersten und Zweiten Weltkrieg hatte in dem Bauwerk der lettische Staatspräsident seinen Sitz.

Gegenüber vom Schloss beginnt die Klostera iela, in der zwei weitere Kirchen liegen. Als Erstes begegnen wir der **Maria-Magdalenenkirche (3)**. An ihrer Stelle befand sich im 13. Jahrhundert die Kapelle eines Frauenklosters. Ursprünglich wurde das Gotteshaus als russisch-orthodoxe Kirche errichtet, aber 1923 übergab man sie der katholischen Kirchengemeinde. Architekt Arthur Moedlinger baute 1929 die Turmspitze um.

Von der Maria-Magdalenenkirche aus können wir schon das nächste sakrale Gebäude erblicken. Sie ist der Blickfang eines jeden Panoramabildes der Stadt. Die **St. Jakobikirche (4)** wurde erstmalig im Jahre 1225 erwähnt, also gerade mal ein knappes Vierteljahrhundert nach Stadtgründung. Dadurch wird nun die damaligen kleine Stadtfläche bewusst, denn die St. Jakobikirche wurde außerhalb der Stadtmauern erbaut. In der heute römisch-katholischen Kirche wurden in der Vergangenheit auch evangelische Gottesdienste gehalten.

Links neben der Kirche steht das ehemalige Haus der livländischen Ritterschaft aus der zweiten Hälfte des 19. Jahrhunderts. Heute tagt hier das lettische **Parlament (5)**.

Ein kurzer Gang um die St. Jakobikirche bringt uns zum **Kaiserlichen Lyzeum (6)** im Haus Nummer 4 der Mazā Pils iela. In dem Bauwerk aus dem Jahre 1657 lehrte der baltische Heimatforscher Johann Christoph Brotze. Seine hinterlassenen Aufzeichnungen gelten heute als kunsthistorisch wertvoll.

Architektonisch ist das gegenüberliegende Gebäude schöner anzuschauen. Das Gebäudeensemble trägt im Volksmund die Bezeichnung **„Drei Brüder" (Trīs brāļi, 7)**. Um es mal vorweg zu nehmen: In Tallinn steht ein Ensemble mit dem Namen „Drei Schwestern", doch dies ist nur ein Zufall. Ein Zusammenhang besteht nicht. Bei den Drei Brüdern handelt es sich vermutlich um die ältesten Wohnhäuser in der Stadt. Die Häuser ab Hausnummer 17 entstanden Ende des 15. Jahrhunderts und wurden zu Wohnzwecken aber auch als Verkaufsraum und Werkstatt genutzt. Die Keller und Dachböden hatten den Zweck eines Lagerraumes. Da die Häuser ein typisches Bei-

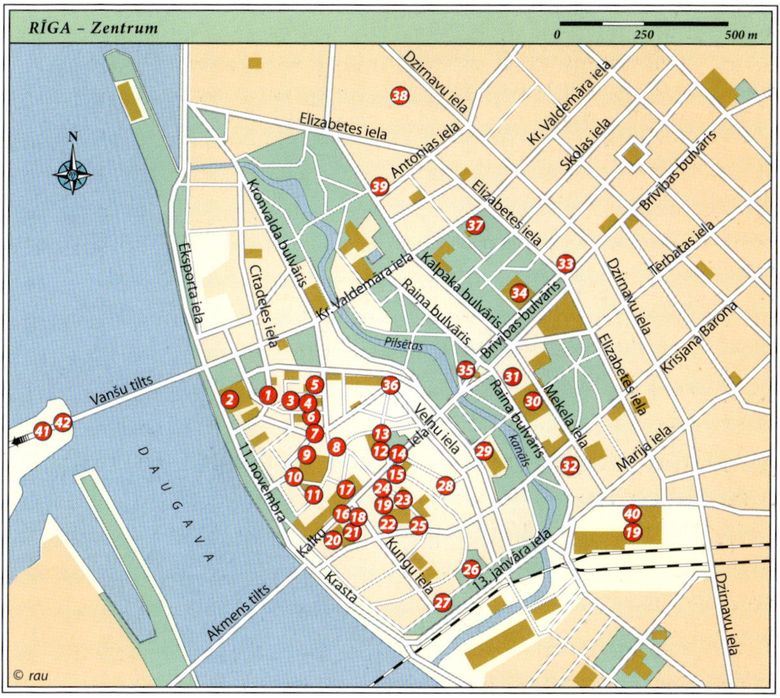

*RĪGA – **1** Parkplatz – **2** Schloss – **3** Maria-Magdalenen-Kirche – **4** St. Jakobi-Kirche – **5** Parlament – **6** Kaiserliches Lyzeum – **7** Drei Brüder-Ensemble – **8** Domplatz – **9** Dom – **10** Herder-Büste – **11** Dom-Museum – **12** Kleine Gilde – **13** Große Gilde – **14** Livenplatz – **15** Russisches Dramentheater – **16** Rathausplatz – **17** Rathaus – **18** Schwarzhäupterhaus – **19** Touristeninformation – **20** Okkupationsmuseum – **21** Mentzendorff-Haus – **22** St. Petri-Kirche – **23** Museum für Angewandte Kunst – **24** Eckens Konvent – **25** Johanniskirche – **26** Fotografie-Museum – **27** Reformierte Kirche – **28** Pharmazie-Museum – **29** Oper – **30** Universität – **31** Deutsche Botschaft – **32** Naturkundemuseum – **33** Reval Hotel Latvia – **34** Russisch-Orthodoxe Kirche – **35** Freiheitsstatue – **36** Pulverturm – **37** Staatliches Kunstmuseum – **38** Alberta iela – **39** Medizingeschichtsmuseum – **40** Bahnhof – **41** zum Campingplatz – **42** zum Flughafen*

spiel für die mittelalterliche Baukunst und der Wohnkultur sind, brachte man hier das **Architekturmuseum** unter *(geöffnet Mo – Fr 10 – 18.00 Uhr. Info-Tel.: 72-22 07 79; E-Mail: vkpai@latnet.lv)*.

Verlassen Sie die Gasse, wie Sie sie gekommen sind und biegen Sie rechts ab. So kommen Sie zum **Domplatz (Doma laukums, 8)**.

Am südlichen Ende erhebt sich unübersehbar der **Dom St. Marien (Doma baznīca, 9)** auf einem Grundstück, das von Bischof Albert im Jahr 1211 geweiht wurde. Diese erzbischöfliche St. Marien-Kathedrale ist, architektonisch betrachtet, ein Spiegelbild der gesamten Stadt. An und in der Kirche werden Sie sämtliche Baustile finden. Sei es die Romanik oder der barocke Ostgiebel. Im Wesentlichen aber gilt der Sakralbau als gotisches Bauwerk.

Auf der Südseite wurde der Dom mit dem Domkapitel verbunden. Auf diesem dadurch entstandenen Innenhof ist ein Denkmal für Bischof Albert zu sehen. Dieses ist jedoch nur ein Abbild des Originals aus dem Jahr 1897. Es wurde im Ersten Weltkrieg zerstört und erst aus Anlass der 800-Jahr-Feier weihte man das heutige Denkmal ein.

Ein Blick in das Innere des Doms *(geöffnet Di – Fr 11 – 16.00 Uhr, Sa 10 – 14 Uhr)* ist nicht so spektakulär, wie man vielleicht glauben möchte. Erwähnenswert ist allerdings die Orgel, die bei der Einweihung die

Johann Gottfried Herder Büste

größte der Welt war. Sie besitzt 6718 Pfeifen und wurde von der Ludwigsburger Firma Walcker & Co. gebaut. Auf der rechten Domseite befindet sich das Westportal, das zugleich auch das Hauptportal ist.

Ein kleines Stück daran vorbei und wir erreichen eine schmale Grünfläche. Auf ihr steht die **Büste des Schriftstellers Johann Gottfried Herder (Herdera laukums, 10)**. Bevor er zahlreiche Volkslieder veröffentlichte, lehrte er bereits im Alter von 20 Jahren unter anderem als Pastor an der Domschule. Wem diese Büste bekannt vorkommt und sie in Weimar schon mal gesehen hat, muss sich nicht wundern. Denn dieses Denkmal in Rīga ist eine Kopie der Weimarer Büste und wurde 1864 auf dem hiesigen Herder-Platz errichtet.

Zwischen Dom und Herder-Büste geht es links zum **Dommuseum (11)**. 1773 bereits gegründet, wurde es Ende des 19. Jahrhunderts in diesem Gebäude eingerichtet und präsentiert sich nun als ein Museum der Rīgaer Stadtgeschichte und der Schifffahrt Lettlands (Rīgas vēstures un kuģniecības muzejs), *geöffnet täglich 10 – 17.00 Uhr, von Oktober bis April erst ab 11.00 Uhr. Info-Tel.: 73-56 67 6; E-Mail: direct@rigamuz.lv.*

Begonnen hat alles mit einer Privatsammlung des Arztes Nikolaus von Himsel. Diese Sammlung weitete sich im Laufe der Zeit zu einem richtiggehenden Museum aus. Heute sind hier eine halbe Million Exponate zu besichtigen. Die meisten stammen aus dem Mittelalter und befassen sich mit dem Leben der Bürger Rīgas und mit der Navigation auf hoher See.

Die lateinische Inschrift auf der rechten Seite des Portals lautet übersetzt: „Mit Gottes Hilfe haben die Nachfahren, das Andenken ihrer Ahnen wahrhaft ehrend, das restaurierte einstige Kloster der Kathedrale der Kunst und der Wissenschaft übergeben und gewidmet."

Nach diesem kurzen Abstecher gehen wir zurück zum Domplatz. Wir passieren das auf der linken Seite liegende Börsengebäude des Jahres 1855 und biegen rechts in die Šķūņu iela ab. Auf der linken Seite zweigt schließlich die Amatu iela ab.

Bevor Sie dort hinein gehen, werfen Sie einen Blick auf das rechts liegende Haus. Das Jugendstilgebäude ist mit zahlreichen Ornamenten versehen und wurde vom Architekten Friedrich Scheffel erbaut. Wer etwas genauer hinschaut, kann auf dem Dach die Hundefigur sehen, die er dort anbringen ließ.

Am Ende der Amatu iela stehen sich zwei bedeutende Gebäude gegenüber. Es handelt sich um die **Große Gilde (Lielā Ģilde, 13)**, auch St. Mariengilde genannt, und um die **Kleine Gilde (Mazā Ģilde, 12)** bzw. St. Johannisgilde.

Die Kleine Gilde war ein Zusammenschluss der Handwerkszünfte, während es sich bei der Großen Gilde um eine Vereinigung der Kaufleute handelte. Gegründet wurde diese im 14. Jahrhundert. Die alten Gildegebäude an gleicher Stelle wurden im Laufe der Zeit zu klein und im 19. Jh. durch die heutigen Bauwerke ersetzt. Im Haus der Großen Gilde ist heute die Lettische Philharmonie untergebracht.

Wenn Sie zwischen den beiden Gildehäusern entlanggehen, treffen Sie auf den **Līvu laukums (Livenplatz, 14)**. Der Platz erhielt seinen Namen im Jahr 2000 zu Ehren der livländischen Ureinwohner. Entstanden ist der Platz im Übrigen erst im Zweiten Weltkrieg, als die dort stehenden Häuser zerstört und nicht mehr aufgebaut wurden.

Auf der linken Seite des Platzes sehen Sie gegenüber der Großen Gilde ein weiteres Bauwerk des Architekten Friedrich

Scheffel. Zu erkennen ist es an der Figur, die ebenfalls auf dem Dach angebracht wurde. Diesmal handelt es sich um eine Katze, die dem Bau den Namen „Katzenhaus" verlieh.

Auf der anderen Seite des Livenplatzes herrscht reges Treiben auf der **größten Einkaufsstraße der Stadt**. Hier auf der Kaļķu iela sind in Boutiquen und Geschäften sämtliche bekannte Marken zu finden.

In Haus Nummer 16 ist das **russische Dramentheater (15)** untergebracht. Der Bühnenturm des Theaters wurde 1960 von den Sowjets ergänzt, das ursprüngliche Bauwerk stammt aus 1880er Jahren.

Die Kaļķu iela führt nun nach rechts zu einem weiteren wichtigen Platz in der Stadt, dem **Rathausplatz (16)**. Hier befinden sich zahlreiche Sehenswürdigkeiten.

Beginnen wir mit der kleinsten, der **Rolandsfigur**, die sich zentral erhebt. Die Figur ist allerdings nur eine Kopie und wurde 1999 aufgestellt. Der Original-Roland ist in der St. Petrikirche zu finden, stand aber einstmals an dieser Stelle. Als die Original-Figur im Jahr 1896 aufgestellt wurde, symbolisierte das nach oben gerichtete Schwert den Mittelpunkt Rīgas.

Die Roland-Figur ist nicht das Einzige, was auf dem Rathausplatz neu geschaffen wurde. Das gesamte Areal war nach Ende des Zweiten Weltkrieges Brachland und wurde in der Sowjetzeit vernachlässigt. Erst 1995 begannen die Letten damit, wieder Ordnung zu schaffen und so erstrahlt der Rathausplatz wie einst vor dem Krieg.

Des Weiteren sehen wir zwei auffällige Gebäude am Platz. Rechter Hand erhebt sich das Haus, das dem Platz seinen Namen gab. Kaum zu glauben, aber wahr, das **Rathaus (17)** ist ein Neubau aus dem Jahr 2003. Auch an der Stelle des heutigen Gebäudes lag 50 Jahre lang nur Schutt. Als man schließlich beschloss, ein neues Rathaus zu errichten, einigte man sich darauf, die Fassade des ursprünglichen Rathauses zu rekonstruieren.

Das erste Rathaus an dieser Stelle wurde bereits im 14. Jahrhundert erbaut. Das neue Rathaus im alten Gewand ist innen modern gestaltet und man integrierte sogar die Jaunavu iela (Jungfernstraße) mit in das Gebäude und es entstand so eine Ladenpassage innerhalb des Rathauses. Früher verlief sie hinter dem Rathaus.

die Rolandsfigur auf dem Rathausplatz

Zu sehen gibt es hier übrigens u. a. einen Eichenstamm, der bei den Arbeiten an dem Bauwerk freigelegt wurde. Der Stamm bringt es auf ein geschätztes Alter von 3.500 Jahren.

Das zweite und auffälligste Gebäude ist das so genannte **Schwarzhäupterhaus (Melngalvju nams, 18)**, *geöffnet Di – So 10 – 17.00 Uhr, von Oktober bis April ab 11.00 Uhr. Info-Tel.: 70-44 31 1; E-Mail: melngalv@rcc.lv.*

Auch bei diesem traditionellen Gebäude wurde erst vor wenigen Jahren die Neueröffnung gefeiert. Der originalgetreue Nachbau fand zwischen 1995 und 1999 statt und wurde exakt an derselben Stelle des ersten Schwarzhäupterhauses aus dem Jahr 1334 errichtet.

Bei Schwarzhäuptern handelte es sich in der Regel um ledige Kaufleute aus anderen Städten, die sich hier trafen und Unterkunft fanden.

Im linken Teil des Hauses ist die **Touristeninformation (19)** untergebracht.

Es besteht die Möglichkeit, den Gebäudekomplex innen zu besichtigen. Interessant ist hierbei ein Gang durch die Kellerräume, in denen die Grundmauern des einstigen Gebäudes zu sehen sind. Bei einer Führung wird dem Besucher die gesamte Rekonstruktionsgeschichte erläutert.

die „gute Stube" Rīgas, der Rathausplatz

Wie der Rathausplatz aussehen würde, wenn der gesamte Aufbau durch die Sowjets stattgefunden hätte, kann man nur wenige Meter entfernt begutachten. Dort steht ein Museum, dessen Äußeres nicht so recht zu dem rekonstruierten Platz passen will. In dem Haus, das in den 1960er Jahren erbaut wurde, befand sich ein Gedenkmuseum für die lettischen Rot-Armisten. Mittlerweile musste diese Ausstellung weichen für das **Okkupationsmuseum (Okupācijas muzejs, 20)**, *geöffnet Mai bis Sept. täglich 11 - 17.00 Uhr, sonst nur Di – So. Info-Tel.: 72-12 71 5; E-Mail: omf@latnet.lv.*

Im Okkupationsmuseum sind zahlreiche Dokumente zu sehen, die an die Sowjetherrschaft und an die Zeit des Naziregimes erinnern. Interessant ist zudem die Darstellung, wie Lettland sich erneut zu einem unabhängigen Staat entwickelte.

Hinter dem Museum steht eine Statue von einstigen lettischen Schützen, die in Richtung Daugava blicken (Latviešu strēlnieku laukums).

Unser weiterer Rundgang durch die Hauptstadt führt hinter dem Museum entlang, wo wir hinter dem Schwarzhäupterhaus das so genannte **Mentzendorff-Haus (Mencendorfa nams, 21)** erreichen *(geöffnet Mi – So 11 – 17.00 Uhr; Info-Tel.: 72-12 95 1; E-Mail: info@mencendorfanams.lv).*

In diesem Haus aus dem 17. Jahrhundert war zu Beginn des letzten Jahrhunderts die älteste Apotheke der Stadt eingerichtet. Nach einem Umbau im 18. Jahrhundert und einer kompletten Restaurierung in den letzten 80er Jahren, die erst 1991 beendet wurde, finden heute zahlreiche Ausstellungen und Veranstaltungen im Haus Mentzendorff statt. Auch ein Teil des Museums der Rīgaer Stadtgeschichte und Schifffahrt ist hier untergebracht.

Das Gebäude, ein gelungenes Beispiel eines Patrizierhauses aus dem 17. Jh., trägt den Namen seiner früheren Besitzer, der Familie Mentzendorff.

Ein weiterer Höhepunkt auf einem Spaziergang durch Rīga ist – nach Dom und Schwarzhäupterhaus – die **St. Petrikirche (Sv. Pētera baznīca, 22)**, die Sie schon vom Rathausplatz aus sehen konnten. Sie ist mit 120 m die höchste Kirche des Landes und wurde nach dem Heiligen Petrus genannt, der zugleich Schutzpatron der Hauptstadt ist.

Erstmalig erwähnt wurde der Sakralbau im Jahr 1209, also acht Jahre nach Stadtgründung. Seitdem gab es an der Kirche immer wieder An- und Umbauten. An der Westfassade beispielsweise sind drei Portale mit barocken Skulpturen zu sehen, die aus dem 17. Jahrhundert stammen.

200 Jahre älter ist das Sternengewölbe in Inneren der Kirche.

Und der **Kirchturm** schließlich stammt aus dem Jahr 1973. Er musste erneuert werden, nachdem er im Zweiten Weltkrieg zerstört worden war. Bei dem Neubau des

Turmes baute man in 72 m Höhe eine **Aussichtsplattform** ein, die mit einem Fahrstuhl erreicht werden kann und herrliche Ausblicke über die Stadt bietet.

In einer Höhe von 51 m befindet sich die Replik der Uhr aus dem Jahr 1746, fünfmal am Tag von morgens neun bis abends neun ertönt von ihr eine lettische Volksweise. Das Gotteshaus und auch die Aussichtsplattform sind montags geschlossen.

Mein Tipp! Wer einen anderen, schönen **Panoramablick** auf die Stadt haben möchte, sollte die Flussseite wechseln und im Radisson SAS Hotel an der Rezeption nach dem Aussichtsraum in der siebten Etage fragen. Er ist zwar kostenpflichtig und hinter Glas, bietet aber einen schönen Blick auf die Daugava und die Altstadt.

Eine andere Sehenswürdigkeit der Stadt bedarf keiner großen Erklärung, wenn man weiß, dass Bremen die Partnerstadt Rīgas ist: Auf dem Petrikirchplatz steht eine Kopie der Bremer Stadtmusikanten, die seit dem Jahr 1990 hier aufgestellt ist.

Das **älteste Steinhaus der Stadt** befindet sich in der Skārņu iela und stammt aus dem 13. Jahrhundert. Wir erreichen es, indem wir an der St. Petrikirche links vorbei gehen. Ursprünglich als St. Georgikirche errichtet, wurde es im 17. Jahrhundert jedoch zu einem mehrgeschossigen Lagerhaus umgebaut. Nach einer Komplettrestaurierung in den 1980er Jahren richtete man in dem Gebäude das **Museum für Angewandte Kunst (23)** ein *(geöffnet Di, Do – So 11 – 17.00 Uhr, Mi 11 – 19.00. Info-Tel.: 72-22 23 5:;E-Mail: dlmm@apollo.lv)*.

In drei Sälen wird neben Porzellanmalereien, Textilhandwerkskunst und Keramikvasen in verschiedenen Kunstvariationen auch die lettische dekorative angewandte Kunst der ersten Hälfte des 20. Jahrhunderts gezeigt. Im Untergeschoss finden zudem Wechselausstellungen und gelegentlich Konzerte statt.

Rechts daneben steht das so genannte **Eckens Konvent (24)**, benannt nach dem ehemaligen Bürgermeister Nikolaus Ecke. In ihm war ein Witwenasyl für die Hinterbliebenen der Handwerksmeister der Kleinen Gilde untergebracht.

Der Eingang zum Konventhof wird flankiert von zwei Gebäudeportalen aus dem 18. Jahrhundert. Wer damals den Hof betrat, hatte es nicht leicht, denn man ging hier nur hinein, um in einer der Heilstätten, Armenhäuser oder sonstigen wohltätigen Anstalten um Hilfe zu bitten.

Heute findet man im Eckens Konvent zahlreiche Geschäfte, Restaurants und Hotels und an der Fassade ein Steinrelief von 1618 mit dem Titel „Christus und die Sünderin".

Im Anschluss an das Eckens Konvent ist das **Johannistor** zu sehen. Es führt zum Johannishof, in dem sich die erste Burg der

Fassade der St. Petrikirche

die St. Johanniskirche

Schwertbürger befand, die später von den Stadtbürgern zerstört wurde. Zum Johannishof und -tor gehört auch die **Johanniskirche (Jāņa baznīca, 25)**, die sich direkt daneben erhebt.

Erbaut wurde sie Ende des 15. Jahrhunderts und trägt als einziges Bauwerk der Stadt Renaissance-Elemente. Der Südostturm und das Eingangsportal hingegen sind im gotischen Stil erbaut, wobei das Portal nur eine Kopie aus dem Jahr 1925 ist.

An der Stelle der Johanniskirche stand bis zum 15. Jahrhundert eine Kapelle des Dominikanerklosters aus dem Jahr 1297.

Eine weitere Abteilung des Museums der Rīgaer Stadtgeschichte und Schifffahrt befindet sich in der Mārstaļu iela. Dafür gehen wir die auf der Skārnu iela weiter Richtung Südwest. Die dortige Ausstellung zeigt eine sehenswerte **Sammlung zum Thema Fotografie (26)** und erläutert die Entwicklung der Fotografie in Lettland von 1839 bis zum Zweiten Weltkrieg *(geöffnet Mo – Do 12 – 19.00 Uhr, Fr – So 10 – 17.00 Uhr. Info-Tel.: 72-27 23 1; E-Mail: lvfoto@larnet.lv)*.

Die **reformierte Kirche (27)**, direkt neben dem Fotografiemuseum, stammt aus der ersten Hälfte des 18. Jahrhunderts, wurde jedoch fast 200 Jahre lang als Lagerhaus benutzt. Erst seit den 1980er Jahren finden in der Kirche wieder Gottesdienste statt. Das Sandsteinportal wurde übrigens 1737 in Bremen hergestellt.

Gehen Sie nun zurück zum Johannishof und verlassen Sie ihn durch das nördliche Tor. Auf der Teātra iela biegen Sie links in die R. Vāgnera iela ab und erreichen dort im Haus Nummer 13 das **Pharmaziemuseum (28),** *geöffnet Di – Sa 10 – 16.00 Uhr. Info-Tel.: 72-13 00 8.* Neben einem kleinen Garten mit Heilkräutern sieht man im Museum eine barocke Holzwendeltreppe und ein Rokoko-Portal. Doch das eigentliche Thema dieses Museums ist die Geschichte und Entwicklung der Pharmazie Lettlands bis zum Jahr 1940.

Mein Tipp! Der restliche Rundgang durch die Stadt sollte an einem weiteren Tag absolviert werden, da nun die Strecken zwischen den einzelnen Sehenswürdigkeiten etwas länger werden.

Wir verlassen das Zentrum der Altstadt und begeben uns in Richtung Nordost, wo sich zahlreiche Grünanlagen und Parks aneinanderreihen.

Auf der Teātra iela passieren wir das auf der rechten Seite liegende Kunstwerk der **Atlantengruppe**. Schön ist der Erdball, der von mehreren Atlanten auf den Schultern getragen wird, in den Abendstunden anzusehen, wenn er in der Dunkelheit beleuchtet ist. Von dort aus sehen wir bereits die

Nationaloper. Zuvor überqueren wir den viel befahrenen Aspazijas bulvāris.

Nachdem man die Stadtwälle niederriss, baute man das Gebäude der heutigen **Oper (29)**. Doch es dauerte keine 20 Jahre, bis ein Großfeuer das gesamte Bauwerk zerstörte, in dem sich damals ein Theater befand. Erst nach dem Ersten Weltkrieg zog die Oper in das neu errichtete Bauwerk ein. Ihr heutiges Gesicht hat die Oper erst durch eine Restaurierung und Modernisierung in den letzten 90er Jahren erhalten.

Vor der Oper befindet sich ein Park, der von einem kleinen Kanal durchzogen wird. Diesen überqueren wir auf der Timm-Brücke. Sie wurde nach der Witwe eines Akademikers aus St. Petersburg benannt. Die Dame hat die Kosten für den Brückenbau übernommen.

Auf der anderen Seite des Kanals sehen wir das Hauptgebäude der **lettischen Universität (30)**. Ursprünglich wurde das Haus 1862 für das Polytechnikum errichtet, doch seit 1919 hat hier die Universität Einzug gehalten. An der Fassade können Sie die drei Wappen von Livland, Kurland und Lettgallen erkennen.

Links neben der Universität befindet sich ein Gebäude, das Sie hoffentlich nicht benötigen: Die **deutsche Botschaft (31)**.

Halten Sie sich rechts bis zur nächsten großen Kreuzung. Auf der rechten Straßenseite sehen Sie das 1979 eingeweihte Denkmal des lettischen Opernkomponisten Alfrēds Kalniņš.

Direkt gegenüber biegen Sie in die Krišjaņa Barona iela ab. Während sich im Gebäude auf der linken Seite die Lettische Musikakademie befindet, ist rechts das **Lettische Naturkundemuseum (32)** zu sehen (geöffnet Mi, Fr und Sa 10 – 17.00 Uhr, Do 10 – 18.00 Uhr, So 10 – 16.00 Uhr; Eintritt 0,60 Ls; Info-Tel.: 73-56 02 4; E-Mail: info@dabasmuzejs.gov.lv.

Die dortige Ausstellung befasst sich nicht nur mit der Naturwissenschaft Lettlands sondern zeigt Interessantes aus dem naturwissenschaftlichen Bereich aus der ganzen Welt.

Auf dem weiteren Weg passieren wir die Merķeļa iela und haben auf der linken Seite den **Vērmanes dārzs (Wöhrmannsche Garten)**.

Beim Durchqueren der Parkanlage auf dem Hauptweg passieren wir einige **Denkmäler**. Das interessanteste befindet sich noch außerhalb des Parks auf der linken Seite. Es zeigt den Maler Kārlis Padegs, dessen 1998 geschaffene Figur lässig an einer Metallstange lehnt.

Im Park selbst treffen wir auf eine Plastik, die den Kopf von Krišjanis Barons darstellt. Barons war Namensgeber für die vorbei führende Straße. Er lebte von 1835 bis 1932 in Lettland und galt als populärer Folklorist.

Rīga, Nationaloper

die Freiheitsstatue

Auf der anderen Seite des Parks erwartet uns ein Gebäudekomplex mit einem alten Lichtspielhaus. Dieses altehrwürdige Gebäude stammt aus dem Jahr 1923. Noch heute sind Portal, Foyer und besonders der Vorführsaal mit zahlreichen Rokoko-Ornamenten und schönen Wandbildern verziert.

Wenn Sie das Kinotheater links liegen lassen, erscheint das erste Hochhaus der Stadt. Es wurde von den Sowjets gebaut und beherbergt das **Reval Hotel Latvia (33)**.

Den Bau des Hotels hat der lettische Schriftsteller Andrejs Upīts nicht mehr erlebt. Er wohnte bis 1970 in dem nur drei Stockwerke hohen Gebäude auf der gegenüberliegenden Seite. Im Wohnhaus des Schriftstellers ist heute das **Andrejs Upīts Memorialmuseum** untergebracht, das über sein Leben, Wirken und seine Werke informiert *(geöffnet Di – Sa 11 – 17.00 Uhr. Info-Tel.: 72-89 76 7; E-Mail: aupits@latnet.lv)*.

Im weiteren Verlauf unseres Spaziergangs biegen auf die Brīvības bulvāris ab. Der Name dieses Straßenzuges ist nicht zu verwechseln mit der Verlängerung der Straße, die den Namen Brīvības iela trägt. Dort sehen wir in der Ferne schon die Freiheitsstatue, zu der wir später kommen.

Vorher erreichen wir auf der linken Seite das **Ministerratsgebäude**. In diesem war kurz nach Fertigstellung in den 1930er Jahren der Justizpalast untergebracht.

Auf der anderen Straßenseite breitet sich der **Park Esplanāde** aus, der an seiner Südseite zum Besuch der **russisch-orthodoxen Kirche (34)** einlädt. Sie wurde auf Geheiß von Alexander II. in der zweiten Hälfte des 19. Jahrhunderts erbaut. Wie so viele Kirchen Lettlands wurde auch diese während der Sowjetzeit zweckentfremdet. Von den 1960er Jahren an bis zur politischen Wende waren in dem Bauwerk eine Ausstellungshalle und ein Planetarium untergebracht.

Wir gehen den Boulevard weiter hinab und kommen zur bereits erwähnten **Freiheitsstatue (Brīvības piemineklis, 35)**. Das 1935 errichtete Denkmal ist 42 m hoch und wurde nur mit Spendengeldern aus der Bevölkerung finaziert, was vielleicht auch die fünfjährige Bauzeit erklärt. Die Frauenfigur hält in ihren Händen drei goldene Sterne, die die historischen Provinzen Livland, Lettgallen und Kurland symbolisieren. Der Sockel ist mit mythologischen Figuren und Darstellungen von Geschichtsereignissen verziert.

Nun überqueren wir die große Kanalbrücke und sehen auf der linken Seite wieder die Nationaloper. Auf der anderen Kanalseite befindet sich die so genannte **Laima-Uhr**. Es ist normal, dass man hier oft viele Leute antrifft, denn vor allem die junge Bevölkerung trifft sich zu Verabredungen gerne an der Laima-Uhr.

Laima ist einer der ältesten Süßwarenproduzenten in Rīga, was man an Hand der Aufschriften an der Uhrensäule gut erkennen kann.

Wenn wir nun rechts abbiegen, entweder auf den Basteja bulvāris oder durch einen kleinen, sehr hübsch angelegten Park gehen, nähert man sich langsam wieder dem Altstadtkern.

Man sieht den **Pulverturm (Pulvertornis, 36)** aus dem 17. Jahrhundert. In früheren Zeiten stand an dieser Stelle der so genannte „Sandturm". Er sicherte den Zugang zur Stadt über den Großen Sandweg.

Das heutige Bauwerk – sein Name verrät es schon – diente als Magazin und Lager für das Schießpulver der Stadtwachen.

Ein **Kriegsmuseum** befindet sich in einem Anbau aus den 1930er Jahren *(geöff-*

net Mi – So 10 – 17.00 Uhr. Info-Tel.: 72-23 74 3; E-Mail: karamuz@latnet.lv). Eines der Ausstellungsthemen des Museums ist die Geschichte Lettlands des 20. Jahrhunderts. Dabei erhält der interessierte Besucher nicht nur Einblick in die Gründungsgeschichte der unabhängigen Republik Lettland, sondern ihm wird auch Anschauungsmaterial über die Zerstörungen in den beiden Weltkriegen und während der Besetzungen durch fremde Mächte gezeigt.

Gehen wir nun zurück zur hügeligen Grünanlage, die sich an dieser Stelle **Bastejkalns** nennt und durch Aufschüttung der abgerissenen Wallanlagen entstanden ist, so gelangen wir zur Basteibrücke aus dem Jahr 1892. Dort überqueren wir abermals den Kanal und erreichen das **Denkmal des Schriftstellers Rūdolfs Blaumanis**. Es wurde 1930 eingeweiht und zeigt eine Inschrift mit seinen Worten: „Mein Gold ist mein Volk, meine Ehre ist seine Ehre".

In der Nähe dieses Denkmals befinden sich fünf **Gedenksteine**. Sie erinnern an die Opfer, die beim Beschuss des Innenministeriums durch die Sowjets ums Leben kamen.

Beim erneuten Überqueren des Raiņa bulvaris gelangen wir in die Reimersa iela. Dort am Ende liegt wieder der Park Esplanāde und es erwartet uns das **Granitdenkmal des lettischen Dichters Jānis Pliekšāns**.

Wir zweigen aber nach links ab und erreichen die **Staatliche Kunstakademie** rechts. Ursprünglich wurde das gotische Gebäude 1940 als Kommerzschule des Börsenkomitees errichtet.

Direkt neben der Akademie findet sich eine moderne **Standuhr** mit zwei verschiedenen Uhrzeiten. Es handelt sich um ein Geschenk der japanischen Partnerstadt Kobe, dementsprechend zeigt das zweite Ziffernblatt die Zeit im Reich der aufgehenden Sonne an.

Zwischen Akademie und Uhr führt ein kleiner Weg nordostwärts und bringt uns, vorbei am Denkmal des lettischen Malers Janis Rozentāls, zum **Staatlichen Kunstmuseum (Valsts mākslas muzejs, 37),** *geöffnet Mi – Mo 11 – 17.00 Uhr, von Mai – Sept. an Donnerstagen bis 19.00 Uhr. Info-Tel.: 73-24 46 1; E-Mail: vmm-pr@latnet.lv.*

Das neobarocke Museumsgebäude wurde vom Architekten Wilhelm Neumann entworfen. Neumann war zugleich auch Kunsthistoriker und wurde daher auch der erste Direktor des Museums, das ursprünglich ein städtisches Museum war. Begonnen hat alles mit einer Gemäldegalerie, die durch Exponate des Kunstvereins und durch Schenkungen erweitert wurde.

Auf dem weiteren Weg erklärt sich nun der Beiname **„Jugendstilstadt",** den Rīga trägt. In der Elizabetes iela verdienen die Häuser 10a und 10b Beachtung. Sie wurden von Michael Eisenstein entworfen und sind ein Paradebeispiel für den Jugendstil. Eisenstein war übrigens der Vater des lettischen Regisseurs Sergej Eisenstein.

Im Anschluss geht es nach links auf die **Alberta iela (38)**. Betrachten Sie dort in Ruhe die rechte Straßenseite, an der sich ein Jugendstilgebäude an das andere reiht.

Am Ende der Alberta iela befinden sich zwei weitere von Eisenstein entworfene Häuser. Es sind die Häuser mit der Nummer 13, in dem sich heute die Hochschule für Rechtswissenschaften befindet und das Gebäude der Wirtschaftshochschule, gleich um die Ecke.

Interessierte Besucher haben die Möglichkeit, jeden Samstagnachmittag an einer **geführten Tour zum Thema Jugendstil** teilzunehmen. Diese wird von der Touristeninformation am Schwarzhäupterhaus or-

wunderschön restauriert, das historische Schwarzhäupterhaus

Detail am Schwarzhäupterhaus

ganisiert, dauert zwei Stunden und kostet 5,00 Ls. Weitere Informationen gibt es auch unter Tel.: 73-25 11 8, Web: www.rekreotour.lv, E-Mail: info@rekreotour.lv.

Neben den Jugendstilgebäuden gibt es in der Alberta iela auch das **Rozentāls-Museum**, ein kleines Kunstmuseum, zu bewundern *(geöffnet Mi – So 11 - 18.00 Uhr. Info-Tel.: 73-31 64 1)*. Man findet es im Haus Nummer 12a. Gezeigt werden Werke und Arbeiten des Künstlers Janis Rozentāls. Sein Denkmal konnten wir am Kunstmuseum sehen. Das Museum ist in seiner ehemaligen Wohnung untergebracht, in der auch schon Rūdolfs Blaumanis lebte.

Von hier aus geht es wieder zurück zur Altstadt. Benutzen Sie die Strēlnieku iela bis zum **Kronvalda Park**. Dort biegen wir links ab und gehen parallel zur Elizabetes iela, bis wir das **Kongressgebäude** erreichen. Zu erkennen ist das moderne Bauwerk an seinem verspiegelten Anbau und dem sich davor befindlichen Springbrunnen.

Auf der linken Seite erscheint das **Pauls-Stradiņš-Museum für Medizingeschichte (39)**, *geöffnet Di – Sa 11 – 17.00 Uhr. Info-Tel.: 72-22 65 6; E-Mail: museum2@apollo.lv*. Das Museum beinhaltet eine Sammlung des gleichnamigen Medizinhistorikers, der seine Sammlung der Stadt schenkte. Sie informiert über die Entwicklung der Medizin vom Altertum bis heute und ist damit eines der größten Museen weltweit, das sich mit diesem Thema befasst.

Bis das heutige neue Rathaus im Jahre 2003 eingeweiht wurde, musste die Stadtverwaltung provisorisch in anderen Räumen arbeiten. Dies taten die städtischen Angestellten in dem nun folgenden Gebäude, das sich vor dem Kongresssaal befindet. Das neoklassizistische Bauwerk wurde 1913 fertig gestellt und beherbergte ursprünglich den Hypothekenverein der Stadt. Danach hatte das Außenministerium der ersten Republik Lettlands seine Büroräume in dem Gebäude. Und auch die Residenz des letzten lettischen Präsidenten vor dem Zweiten Weltkrieg, Kārlis Ulmanis, befand sich in dem Haus Nummer 3 an der Kr. Valdemāra. Gegenüber auf der anderen Straßenseite im Park ist seine Statue zu sehen.

Auf dem weiteren Weg die Straße hinab, überqueren wir abermals den Kanal und gelangen zum **Lettischen Nationaltheater**. Hier wurde im Jahr 1918 die Republik Lettland ausgerufen.

An dem Gebäude verläuft die Jēkaba iela, die uns geradewegs zum **Zeughaus** in der Altstadt bringt. Im 1830 errichteten Zeughaus befindet sich im Erdgeschoss eine weitere Ausstellungshalle des Staatlichen Kunstmuseums, während in der oberen Etage das Goethe-Institut eingerichtet ist.

Als letzten Punkt auf unserem Stadtrundgang durch Lettlands Hauptstadt treffen wir auf das kleine **Schwedentor**. Es entstand Ende des 17. Jahrhunderts, als die Schutzwälle abgerissen wurden und man dieses Tor als Durchbruch in die Stadtmauer baute.

Gehen wir nun über die Torņa iela wieder Richtung Daugava-Fluss, so gelangen wir automatisch wieder zum eingangs erwähnten Schloss.

Schließlich verdient das **Ethnographische Museum** von Rīga Erwähnung. Es liegt allerdings außerhalb der Stadt und wird deshalb am Anfang der nächsten Tour (Tour 11, Rīga – Võru) näher beschrieben.

Praktische Hinweise – Rīga

Touristeninformation im Schwarzhäupterhaus, Rātslaukums 6, Tel.: 70-37 90 0 oder 70-26 07 2, Fax: 70 26 06 8, E-Mail: rtkic@riga.lv, Web: www.rigatourism.com. Öffnungszeiten: 9 – 19.00 Uhr von Mai – September, sonst 10 – 19.00 Uhr.

Touristeninformation am Busbahnhof, Prāgas iela 1, Tel.: 72-20 55 5, Web: www.riga.lv.

Touristeninformation am Bahnhof, Stacijas laukums 2, Tel.: 72-33 81 5.

Touristeninformation Rīga im Büro des Touristenbüro für Lettland, Smilšu 4, Tel.: 72-24 66 4, Fax. 72-24 66 5, E-Mail: info@latviatourism.lv.

Feste und Folklore: Zu Ostern wird im Basteijkalns Park das traditionelle lettische Osterfest für die gesamte Familie abgehalten. Im Mai startet der regelmäßige stattfindende, internationale Rīga-Marathon in der Brivibas iela, während wenige Tage später im Juni der Fahrradmarathon veranstaltet wird. An Mittsommer finden sich zahlreiche Künstler und Musiker auf dem Domplatz ein und veranstalten das Mittsommerfestival.

Restaurants

Restaurant Nostalģija, Kaļķu iela 22, Tel.: 72-22 33 8, Fax: 72-22 35 5. Internationale Küche mit Preisen zwischen 9,00 – 40,00 €.

Restaurant Otto Schwarz, Kaļķu iela 28, Tel.: 70-87 60 0. Erstklassiges und legendäres Restaurant im Hotel de Rome. Live-Musik von 19 – 23.00 Uhr täglich.

Restaurant Vincents, Elizabetes iela 19, Tel.: 73-32 83 0, Fax: 78-30 20 6. Internationale Küche von 11 – 24.00 Uhr.

Internetcafe Skonto datu sistēma, Elizabetes iela 75, Tel.: 72-82 87 6.

Hotels

Hotel de Rome, .Kaļķu iela 28, Tel.: 70-87 60 0, Fax: 70-87 60 6, Web: www.derome.lv, E-Mail: reservation@derome.lv. Direkt an der Freiheitsstatue gelegen, befinden sich in diesem erstklassigen 5-Sterne-Hotel 134 Betten in 88 Zimmern. Dem Hotel fehlt es an nichts, was sich natürlich auch im Preis ab 97,00 € bemerkbar macht. Die Zimmer verfügen über Sat-TV, Telefon und Mini-Bar und zum Haus gehört eine Sauna, ein Schwimmbad, ein Wäscheservice, Restaurant und ein bewachter Parkplatz.

Hotel Konventa Sēta, Kalēju iela 9/11, Tel.: 70-87 50 1, Fax: 70-87 51 5, Web: www.konventa.la, E-Mail: reservation@konventa.lv. Drei Sterne wurden diesem Hotel verliehen, das über 141 luxuriöse und modern ausgestattete Zimmer verfügt. Das historische Gebäude befindet sich direkt in der Altstadt, unweit der St. Petrikirche. Die Räume verfügen ebenfalls über Telefon, Sat-TV und Mini-Bar. Auch hier gibt es eine Sauna, ein Schwimmbad und einen bewachten Parkplatz.

Reval Hotel, Elizabetes iela 55, Tel.: 77-72 34 5, Fax: 77-73 33 2, Web: www.revalhotels.com, E-Mail: latvija.sales@revalhotels.com. Das bereits im Text erwähnte Hotel ist das höchste in der Stadt und bietet dadurch einen grandiosen Blick auf Rīga. 382 moderne Zimmer mit Sat-TV und Telefon verteilen sich auf 26 Etagen. Im Erdgeschoss befindet sich das Restaurant „Esplanāde", während man in der Bar „Skyline" oder in der Sauna (!) einen Blick auf die Hauptstadt werfen kann.

Radisson SAS Daugava, Kuğu iela 24, Tel.: 70-61 11 1, Fax: 70-61 10 0, Web: www.radissonsas-riga.lv, E-Mail: info.riga@radissonsas.com. Ebenfalls im Text erwähnt bietet auch dieses Hotel einen schönen Blick auf die Stadt. Es befindet sich auf der anderen Flussseite und ist mit 5 Sternen ausgezeichnet. Die 361 Zimmer sind gleich ausgestattet wie die anderen Hotels und beginnen bei rund 119,00 €.

Hotel Serena, Jēkaba iela 26/28, Tel.: 73-24 54 5, Web: www.allhotels.lv/serena, E-Mail: serena@allhotels.lv. Wesentlich günstiger und dennoch in der Altstadt funktioniert die Übernachtung in diesem historischen 3-Sterne-Haus. Leider gibt es nur vier Zimmer, daher ist eine frühe Buchung sehr empfehlenswert. Es verfügt über einen bewachten Parkplatz.

Jugendherberge Rīga Old Town Hostel, Valnu iela 43, Tel.: 72-23 40 6, Web: rigaoldtownhostel.lv, E-Mail: info@rigaoldtownhostel.lv. Freundliche Jugendherberge, 5 Minuten vom Bahnhof entfernt und dennoch mitten in der Altstadt. Internetanschluss, Sauna, Wifi (siehe Internet) und Kücheneinrichtung.

Amber Hostel, Reznas iela 10c, Tel.: 88-75 74 9. Erst in 2005 geöffnete **Jugendherberge** südlich der Altstadt. Sieben Haltestellen vom Bahnhof mit der Straßenbahnlinie 15 entfernt. Anreise ist rund um die Uhr möglich. Bei Übernachtung darf man einen der 10 kostenlosen Internetplätze nutzen.

Camping

Camping ABC Hotel, Šampētera iela 139a, Tel.: 78-92 72 8, Fax. 78-92 72 9, Web: www.janisnaglis.lv, E-Mail: kempingabc@apollo.lv. Der Campingplatz (1,5 ha) gehört zum gleichnamigen Hotel ABC und befindet sich in unmittelbarer Nähe des Flughafens im Stadtteil Pleskodāle. Bei der Anreise von Jūrmala muss man hinter dem Abzweig zum Flughafen (P-133) bei der Shell-Tankstelle abfahren. Der Platz ist dort auf der linken Seite. Er verfügt über 35 Stromanschlüsse für Wohnmobile und Caravans sowie eine Zeltwiese für rund 40 Zelte. Es gibt einen Swimmingpool und einen Grillplatz. Die Übernachtung kostet 4,00 Ls für eine Zeltübernachtung und 8,00 Ls für ein Wohnmobil. In der Nähe befindet sich eine Bushaltestelle, von der man bequem ins Zentrum erreichen kann. Für Inhaber der Internationalen Campingkarte gibt es 5 % Ermäßigung. Ganzjährig geöffnet. Einfache Standardausstattung.

Rīgas Pilsetas Kempings (Riga City Camping), Kipsalas iela 8, Tel.: 70-67 51 9, Web: www.bt1.lv/camping, E-Mail: camping@bt1.lv. Gegenüber der Altstadt befindet sich der im Jahr 2005 eröffnete Campingplatz auf einer kleinen Insel und hat über 60 Zeltplätze sowie 20 Plätze für Wohnmobile mit Strom. Tennisplatz, Fahrradverleih, Sauna, Restaurant. Geöffnet von Mai bis Mitte September.

Wohnmobil-Stellplatz

Wohnmobil-Stellplatz, nur zu empfehlen für Reisende, die von Lettlands Hauptstadt auf direkten Weg nach Tallinn fahren möchten. Auf der A1 Richtung Grenzübergang erscheint auf der linken Seite ein asphaltierter Parkplatz direkt am Strand. Die Übernachtung kostet € 5 und wird am Kassenhäuschen beglichen. Leider jedoch ohne Ver- und Entsorgungsmöglichkeit.

Rīga Panorama

11. RĪGA (LETTLAND) – VÕRU (ESTLAND)

Länge der Tour: Rund 265 km, ohne Abstecher.

Strecke: Straße A2/E77 über **Sigulda (Segewold)** bis Abzweig P20 – Straße P20 bis **Valmiera** – Straße A3 bis **Valka** – Straße 67 bis **Kangsti** – Nebenstraße über **Haanja** bis **Võru**.

Empfohlene Reisedauer: Mindestens zwei Tage.

Reisehöhepunkte auf dieser Tour: Erholung im **Gauja-Nationalpark** **, Besteigung des **Suur Munamägi** *, Wanderung durch das **Piusa-Tal** **.

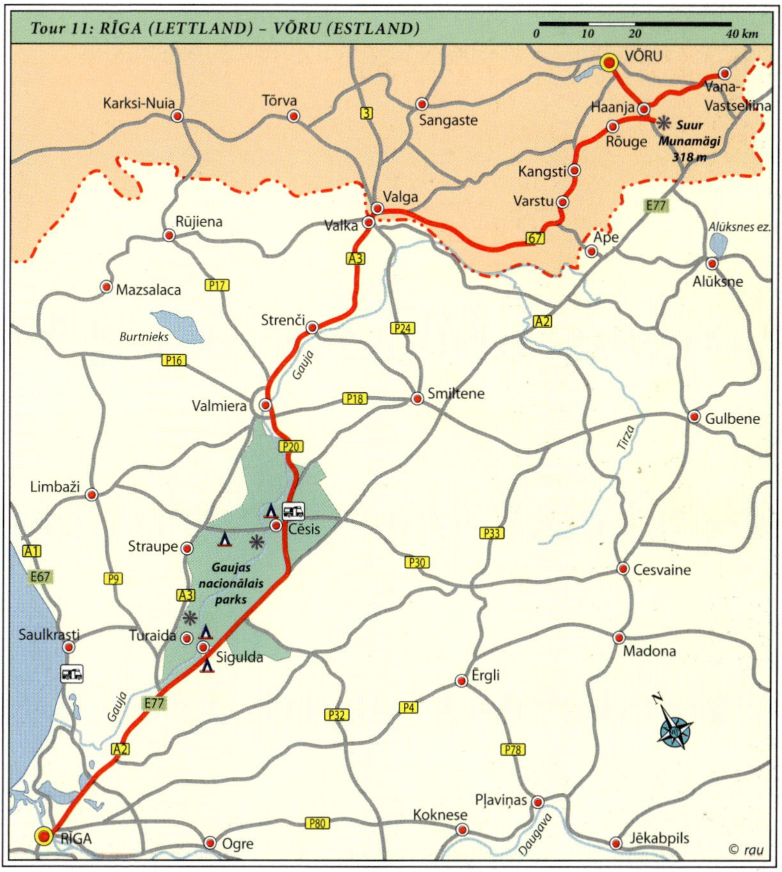

ROUTE: *Von* ***Rīga*** *geht die Brivības iela nordwärts und wird automatisch zur A2/E77, die uns geradewegs nach Sigulda führt. Doch bevor wir das Stadtgebiet von Rīga verlassen, erreichen wir das* ***Ethnographische Freilichtmuseum Lettlands****. An*

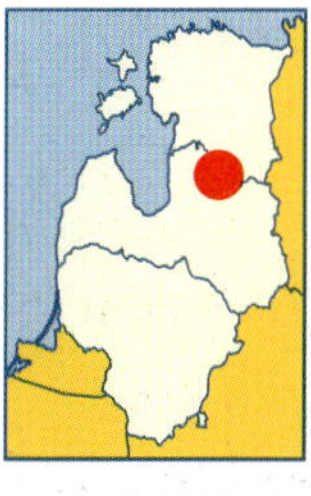

der ersten Ausfahrt, nachdem die Brivibās iela zur Autobahn geworden ist, fahren wir ab. Das Museum befindet sich in unmittelbarer Nähe der Autobahn.

Besonders an einem Wochenende lohnt sich ein Besuch im **Ethnographischen Museum** in der

Brivības iela 440 *(geöffnet täglich von 10 – 17.00 Uhr. Info-Tel.: 79-94 10 6; E-Mail: info@brivdabas-muzejs.lv)*. An Wochenenden nämlich werden die Besucher mit Orgelmusik oder mit Volksliedern begrüßt. Natürlich ist das Museum auch an Werktagen einen Besuch wert. Es zeigt typische Bauernhäuser, Windmühlen und Werkstätten, die aus den historischen Gebieten Lettlands hierher gebracht wurden. Auf dem 80 ha großen Gelände, das 1924 zu einem Museum umgebaut wurde, sieht man sogar mehrere Kirchen sowie eine Schule, wie es sie für Bauernkinder gab.

Das nächste Ziel, das **Urstromtal des Flusses Gauja**, entstand sehr viel früher, nämlich in der Eiszeit. Der Fluss hat sich hier ein bis zu 85 m tiefes Tal gegraben.

Das Gebiet, das schon im 19. Jahrhundert von Touristen besucht wurde, wird auf Grund der sanften Hügel auch gerne als „Livländische Schweiz" bezeichnet. Doch

Praktische Hinweise – Sigulda (Segewold)

Touristeninformation, Pils iela 6, Tel.: 79-71 33 5, Web: www.sigulda.lv, E-Mail: info@sigulda.lv. Geöffnet von 10 – 19.00 Uhr (Mai – Oktober), sonst 10 – 17.00 Uhr.

Gauja-Nationalpark Direktion, Baznīcas iela 3, geöffnet Mo 9.30 – 17 Uhr, Di – So 9.30 – 19Uhr, Tel.: 79-71 34 5, Fax: 79-71 34 4, E-Mail: ic@gnp.lv, Web: www.gnp.gov.lv. .

Feste und Folklore: Ende Mai wird das Stadtfest gefeiert und in der zweiten Julihälfte findet das Opernmusikfest statt.

Restaurnats

Restaurant Trīs draugi, Piel iela 9, Tel.: 79-73 72 1.

Restaurant Aparjods, Ventas iela 1, Tel.: 77-05 24 2.

Hotels

Hotel Santa, Kalnjāņi, Tel.: 77-05 27 1, Fax: 77-05 27 8, E-Mail: hotelsanta@vide.lv. 14 Zimmer befinden sich in diesem zentral gelegenen Drei-Sterne-Hotel.

Hotel Senleja, Turaidas iela 10, Tel.: 29-72 16 2, Fax: 79-01 61 1. Das größte Hotel der Stadt hat nur zwei Sterne, bietet aber 55 komfortable Zimmer mit Telefon und TV.

Camping

Camping Gobas Sala, Viesu Nams, Tel.: 77-03 86 1, Web: www.gobassala.lv, E-Mail: info@gobassala.lv. Kleiner Campingplatz (1 ha) am Ende der Autobahnstrecke. Dort wo es einspurig wird, geht eine kleine Straße nach rechts und führt zu dem im Jahr 2004 eröffneten privaten Platz. Er bietet 8 Stellplätze für Wohnmobile, es sollen jedoch weitere folgen. In zwei kleinen Gästehäusern findet sich Platz für 15 Personen. Etwas ungewöhnlich ist die Sanitäreinrichtung; In den beiden Häusern befindet sich jeweils eine Toilette mit Dusche, die von allen Campern genutzt werden können. Des Weiteren existieren vier Lagerfeuerplätze, eine Sauna und eine Entsorgungsmöglichkeit für Chemie-Toiletten. Ganzjährig geöffnet, einfache Standardausstattung.

Camping Siguldas Pludmale, Peldu iela 2, Tel.: 79-73 72 4, E-Mail: janis@makars.lv, Web: www.makars.lv. Der kleine Platz (1 ha) bietet 20 Wohnmobil- und rund 50 Zeltplätze auf einer Wiese. Vor der Wiese kann man ebenfalls mit dem Fahrzeug stehen, so dass es eher einem Wohnmobilstellplatz gleicht. Die Sanitäreinrichtung ist einfach aber zu wenig und mit der Sauberkeit ist es nicht ums Beste bestellt. Die Rezeption befindet sich in dem Betonbau auf der linken Seite. Einfach die Treppe hoch und durch die Tür, auch wenn es aussieht, als wäre es ein Rohbau. Der Platz ist nicht der schönste, aber die Lage am See bietet in den frühen Morgen und späten Abendstunden einen schönen Blick auf Biber, die an der anderen Flussseite zahlreich vertreten sind, Mindestausstattung. Geöffnet von Mai bis September.

erst im Jahr 1973 wurde das Tal zum Nationalpark erklärt, zum Schutz der Natur. Heute sind rund 4% des Parks als striktes Reservat gekennzeichnet und dürfen nicht betreten werden.

Der Großteil des **Gauja-Nationalparks** kann besucht und kennengelernt werden. So sind zahlreiche **Wanderwege** eingerichtet worden, die dem Besucher zahlreiche Informationen über die hiesige Natur geben. Auf Lehrpfaden erfährt man Wissenswertes über Fauna und Flora. Damit insbesondere für Kinder keine Langeweile aufkommt, hat man manche Wege mit Märchenfiguren verschönt.

Der interessanteste und zugleich größte Wanderweg liegt bei der kleinen Gemeinde **Līgatne**. Er führt an mehreren **Freigehegen** vorbei, in denen Luchse, Wildschweine, Otter, Bären und Wisente leben. Ein **Aussichtsturm** wurde für bessere Ausblicke aufgestellt.

Wem das nicht ausreicht, kann bei **Sigulda (Segewold)** den Fluss mit einer **Seilbahn** überqueren, die das Gewässer seit 1969 in einer Höhe von 40 m überspannt.

Wer es noch höher mag hat die Möglichkeit, einen **Rundflug** über den Gauja-Nationalpark zu buchen. Das Flugzeug bietet 3 Passagieren Platz und fliegt in rund 300 m Höhe eine Strecke von 20 km. Der Flug dauert sechs bis acht Minuten und kostet 7,00 Ls. Gestartet wird in der Saison von April bis Oktober nur samstags, sonntags und an Feiertagen in **Krimulda** zwischen Turaida und Ragana. Weitere Informationen hält der lettische Aeroklub parat unter Tel.: 96-89 63 6, der auch die Möglichkeit zum Segelfliegen anbietet.

Im Norden von Sigulda sieht man schon aus der Ferne direkt auf einer Anhöhe oberhalb des Flusses Gauja die **Burg Turaida**. Zuvor befand sich an der Stelle eine Holzburg, die jedoch vom Kreuzritterorden zerstrört wurde. Im Jahr 1214 begann daraufhin der Wiederaufbau. Die Burg gilt als wichtige Festung im Erzbistum von Rīga. Doch auch diese wurde durch einen Brand im 18. Jahrhundert vernichtet. Das heutige Bauwerk ist daher gar nicht so alt, sondern stammt aus der Mitte des letzten Jahrhunderts. Ein Spaziergang hinauf ist wegen der grandiosen Aussicht auf die Gauja lohnenswert.

→ ROUTE: *Wir fahren am südlichen Rand des* ***Gauja-Nationalpark*** *auf der A2/E77 in Richtung Osten und erreichen nach rund 25 km die Abfahrt Richtung Cēsis. Dort verlassen wir die Schnellstraße und fahren auf der P20 bis nach* ***Cēsis (Wenden)****.*

Venden war der Name einer Holzburg, die in der Zeit vom 11. bis zum 13. Jahrhundert hier stand. Davon leitet sich der deutsche Name Wenden ab, wie die Stadt **Cēsis** in der Vergangenheit hieß. Die Stadt und ihre Ordensburg wurde im Jahre 1206 gegründet und erlebte im Jahr 2006 zahlreiche Feste und Feiern, als das 800jährige Bestehen gefeiert wurde.

Auch dieser Ort hatte eine rasante Entwicklung im Mittelalter und war ein wichtiges Handelszentrum. So dauerte es nicht lange, bis die Gemeinde dem Hansebund beitrat. Cēsis besaß in seiner Blütezeit im 15. Jahrhundert sogar eine Münzprägeanstalt, in der Gold- und Silberstücke hergestellt wurden.

In etwa demselben Zeitraum erweiterte man die **Ordensburg** und befestigte sie. Ihre Funktion als militärische Anlage verlor die Burg zu Beginn des Nordischen Krieges in der zweiten Hälfte des 16. Jahrhunderts. Sie wurde geräumt und war für keine po-

vor der Burg in Cēsis

litische Seite von strategischem Interesse. Trotzdem hat sie im Nordischen Krieg zahlreiche Beschädigungen hinnehmen müssen. Aus dieser Zeit hauptsächlich stammt ihr heutiges Aussehen.

Vor der Festung sehen Sie einen schönen Garten (0,20 Ls). Wenn Sie hindurchgehen, erreichen Sie an der Wand eine Holztruhe, in der eine Lenin-Statue aufbewahrt wird. Sie wurde nach dem Ende der Okkupation vom Platz der Einheit entfernt.

Vor der **Besichtigung des Turmes** auf der Westseite der Burg erhalten Sie einen Schutzhelm und eine Laterne, da die Treppen und Gänge in dem Gemäuer teils sehr eng sind. Zu sehen gibt es im Inneren auch Wohnräume, obwohl der Turm eigentlich zu Verteidigungszwecken errichtet wurde. Der Turm auf der Südseite ist leider nicht zu besichtigen.

Alternativ zum Besuch des Burggartens gibt es den eintrittsfreien **Schlosspark**. Neben einem See mit Springbrunnen ist dort der so genannte **Nussberg** (Riekstu kalns) zu sehen. Auf ihm befand sich eine hölzerne Burg aus dem 11. Jahrhundert.

Bei einem Spaziergang an der Burg vorbei, kommen Sie zur **„Schmiede für Alten Schmuck"**. Dort stellt der Schmiedemeister Daumants Kalniņš schöne Schmuckstücke aus Bronze und Silber her und bietet sie natürlich auch zum Verkauf an.

Das **Neue Schloss** erhebt sich direkt hinter der Schmiedewerkstatt an einer Stelle, wo einst die Torbefestigungen der Burg standen. Eine davon kann man noch hinter dem Schloss sehen. Im 18. Jahrhundert erwarb ein Graf die Burg und ließ das Schloss als Wohngebäude errichten.

Seit dem Zweiten Weltkrieg ist das **Museum für Geschichte und Kunst** im Schloss untergebracht und informiert hauptsächlich über die Geschichte der Stadt Cēsis *(geöffnet Di – So 10 – 17.00 Uhr, Eintritt 0,50 Ls. Info-Tel.: 41-22 61 5)*.

Ebenfalls hinter dem Schloss sind zwei weitere Gebäude zu sehen. Das rechte wurde in der zweiten Hälfte des 19. Jahrhunderts erbaut und beherbergt heute die Touristeninformation. Einst war es das Wohnhaus des Kutschers. Das gegenüberliegende Gebäude wird zurzeit renoviert und wurde früher als Kornkammer genutzt. Dahinter sieht man noch Fassaden von einem älteren Bauwerk. Es handelt sich um die alte Brauerei, die die Bürger bereits im 16. Jahrhundert mit Bier versorgt haben soll. Als Gründungsdatum gilt jedoch erst das Jahr 1878, als die Industrialisierung auch vor Cēsis nicht Halt machte.

An der Touristeninformation überqueren wir nun die Lenču iela und erreichen den **Maipark**. Dieser ist gekennzeichnet durch die Skulptur „Kampf mit den Zentauren", die in der Nähe des künstlichen Teichs steht.

Rechter Hand beginnt der Weg durch die Altstadt, die im Zweiten Weltkrieg starke Zerstörungen erlitten hat.

Quer durch die Altstadt verläuft die **Rīga iela**. Diese Straße war bereits vor 800 Jahren, direkt nach der Stadtgründung, die Hauptstraße der Stadt. Sie wird auch heute noch von interessanten und historischen Gebäuden gesäumt. Zwei davon sind das **Rathaus** und das **Kaufmannshaus**.

Letzteres stammt aus dem 18. Jahrhundert und besitzt ein klassizistisches Portal. Dieser zweigeschossige Barockbau gilt als prächtigstes Gebäude der Stadt und ist eine Widerspiegelung der Wohnkultur des 18. Jahrhunderts.

Am oberen Ende der Rīga iela treffen wir am **Platz der Einheit (Vienības laukums)** auf das **Raunas Vārti**. Es ist dies das rekonstruierte Fragment eines der Stadttore. Der Platz der Einheit ist geprägt durch das Kopfsteinpflaster. Dieses wurde bereits im 17. Jahrhundert gelegt, konnte aber bei Ausgrabungsarbeiten vor kurzer Zeit wieder freigelegt werden. In der Mitte des Platzes sehen Sie das Siegesdenkmal aus dem Jahr 1998. Es ist der Nachbau eines 1924 errichteten Denkmals. Das Original wurde von den Sowjets in einer Nacht des Jahres 1951 klammheimlich zerstört. Der Sockel präsentiert in estnischer und lettischer Sprache den Satz: „Vom Schwerte ging die Sonne auf", während die goldene Kugel auf dem Obelisken die Sonne eines freien Lettland symbolisiert.

Am anderen Ende der Hauptstraße passieren wir den **Rosenplatz (Rožu laukums)**. Auf diesem zentralen Platz befindet sich ein kleines Geschäft, das im Volksmund „Chinesenhäuschen" genannt wird. Zu früheren Zeiten standen an der Stelle ein Brunnen sowie ein Pranger.

Am Rosenplatz ist außerdem die etwas verfallene **St. Johanniskirche** zu sehen. Der einzige Schmuck dieses Gotteshauses

Praktische Hinweise – Cēsis (Wenden)

Touristeninformation, Pils laukums 1, Tel.: 41-21 81 5, Fax: 41-07 77 7, Web: www.cesis.lv, E-Mail: info@cesis.lv. Geöffnet von Mitte Mai – Mitte September Mo – Fr 9 – 18.00 Uhr, sonst nur bis 17.00 Uhr.

Feste und Folklore: Mitte Mai finden die Museumstage im Museum für Geschichte und Kunst statt. Im August kann man das Musikfestival Cēsis erleben und im September am alljährlichen Marathon „Rund um Cēsis" teilnehmen. Im Jahr 2006 werden auf Grund der 800-Jahrfeier zahlreiche weitere Festlichkeiten begangen.

Restaurants

Restaurant Makss un Morics, Rīgas iela 43, Tel.: 41-24 36 7. Neben leckeren Gerichten gibt es auch lettisches und tschechisches Bier. Geöffnet 10.30 – 24.00 Uhr.

Restaurant Laterna, Rīgas iela 25. Gemütliches und rustikales Lokal. Geöffnet von 10 – 24.00 Uhr, Fr und Sa bis 02.00 Uhr, So nur bis 21.00 Uhr.

Café Divas puses, Rīgas iela 4, Tel.: 41-07 17 3.

Internetcafé Freko, Uzvaras bulvāris 1a, Tel.: 41-07 09 1. 24 Std. geöffnet.

Internetcafé Capital, Rīgas iela 7, geöffnet von Mo – Fr 8 – 23.00 Uhr, 10 – 16.00 Uhr.

Hotels

Hotel Cēsis, Vienības laukums 1, Tel.: 41-20 12 2, Web: www.hotelcesis.lv. Eines der modernsten und komfortabelsten Hotels in der Stadt. Es liegt direkt am Platz der Einheit. Zum Hotel gehört das beste Restaurant in der Gegend, das Alexis.

Hotel Katrīna, Mazā Katrīnas iela 8, Tel.: 40-07 70 0. Mitten in der Altstadt gelegen bietet das Hotel auch ein Café und eine Sauna. Die Zimmer kosten zwischen 28,00 und 36,00 Ls.

Pie Zemnieka, Tel.: 91-47 61 6. Kleines Motel mit sehr günstigen Preisen ab 8,00 Ls. Es befindet sich direkt an der P20 zwischen Cēsis und Valmiera (km 2).

Camping

Camping Vasaras Atpūtas Vieta (Cīrulīši), Mūrlejas iela 12, Tel.: 62-66 26 6, Web: www.zagarkalns.lv, E-Mail: zagarkalns@cesis.lv. Direkt neben der Gauja gelegen hat der Platz (1,5 ha) eine Zeltwiese sowie 30 Stellplätze. Es existiert ein Bootsverleih, ein Tennisplatz, ein Spielplatz. Hunde sind verboten. Die Sanitäreinrichtungen haben normalen Standard. Zu erreichen ist der gut ausgeschilderte Platz über die Straße nach Limbaži. Einfache Standardausstattung. Geöffnet von Mai bis Oktober.

Camping am Ungurs-See, Raiskuma pagasts, Tel.: 41-34 40 2. Der Platz (1 ha) befindet sich westlich von Cēsis und bietet 40 Plätze, die ihren Strom aus den Holzhütten beziehen. Die Übernachtung kostet zwischen 6,00 und 12,00 Ls je Hütte. Geöffnet ist der Platz von Juni – September. Mindestausstattung.

Wohnmobil-Stellplatz

Wohnmobil-Stellplatz, im Osten von Cēsis befindet sich in 5 km Entfernung der Ort Priekuļi. Dort befindet sich in der Veidenbauma Straße 2 das Hotel Tigra. Es bietet einen großen Parkplatz und erlaubt die Übernachtung für 3 Ls. Strom ist nicht vorhanden, jedoch dürfen die Sauna und die Duschen im Hotel gegen eine kleine Gebühr mitbenutzt werden, keine Entsorgungsmöglichkeit.

aus dem 13. Jahrhundert ist die Sonnenuhr an der südwestlichen Ecke. Im Inneren sind die Grabstätten deutscher Ordensmeister zu sehen, so. z.B. von Wolter von Plettenberg.

*→ **Route:** In **Cēsis** nutzen wir weiter die P20. Sie bringt uns parallel zum Fluss **Gauja** nach **Valmiera**, wo wir den Fluss überqueren werden.*

1323 wurde die Ortschaft **Valmiera** zum ersten Mal als Stadt erwähnt. Seitdem hatte sie schon mehrere Namen, sie wurde *Wolmar*, *Wolmaria* oder auch *Woldemar* genannt.

Valmiera, die größte Stadt in der Region, wurde einst vom Orden der Schwertbrüder beherrscht. Sie ließen die **St. Simonkirche** sowie eine **Burg** errichten, die heute jedoch kaum der Rede wert ist. Die Blütezeit erlebte die Stadt, als in Valmiera einstmals die Hansetage stattfanden.

*→ **Route:** Am nördlichen Stadtrand von **Valmiera** führt die A3 vorbei, auf der wir durch waldreiche Landschaft zur lettisch-estnischen Grenze fahren. Ca. 47 km hinter Valmiera erreichen wir die Grenze in dem zweigeteilten Ort **Valka**.*

Eine einstmals zusammengehörende Stadt, die heute durch die Grenze geteilt ist, in der aber wirtschaftlich zusammen gearbeitet wird – so stellen sich heute die Grenzstädte **Valka** (Lettland) bzw. **Valga** (Estland) dar.

Ursprünglich wurde die Stadt *Walco* genannt, so besagt es ein Dokument aus dem Jahr 1286. Und bis ins 16. Jahrhundert war Walco eine sehr aufstrebende Stadt.

Aber schon seit dem Mittelalter verläuft die Landesgrenze zwischen Lettland und Estland genau durch Walco, was schließlich zur Teilung in *Valka* und *Valga* führte.

Erst mit der Okkupation durch die Sowjets vereinten sich die Stadtverwaltungen wieder. Bekanntermaßen entfiel damals die Staatsgrenze und man war verpflichtet eine gemeinsame Sprache zu sprechen und mit einer gemeinsamen Währung, dem Rubel, zu bezahlen.

Nach der politischen Wende Ende des letzten Jahrhunderts feierten nicht nur beide Staaten, sondern auch beide Städte ihre Unabhängigkeit. Das ging so weit, dass sich Valga und Valka voneinander distanzierten, obwohl die Einwohner während der Sowjetzeit auch Traditionen und Teile der jeweils anderen Sprache voneinander lernten.

Erst seit beide Länder seit Mai 2004 Mitglied in der Europäischen Union sind, kooperieren sie wieder gemeinsam, zumindest auf touristischer und wirtschaftlicher Ebene. Doch es wird in Zukunft weiterhin zwei Müllabfuhren und zwei Stadtverwaltungen geben, denn immerhin sind es nun zwei Städte in zwei verschiedenen Ländern mit unterschiedlicher Rechtsprechung.

In einer Sache sind sich die Einwohner beider Städte allerdings einig: Sie freuen sich auf den Beitritt zur Euro-Währungszone und auf die Unterzeichnung des Schengener Abkommens, damit wenigstens die Grenzposten wieder verschwinden und man nicht mit zwei Geldbörsen einkaufen gehen muss.

Bis dahin wird es wahrscheinlich auch noch zwei Touristeninformationen geben, die der Besucher auch beide aufsuchen sollte, da sie in mancher Hinsicht unterschiedliches Informationsmaterial besitzen. Die schönere Touristeninformation ist jedoch die auf estnischer Seite.

Praktische Hinweise – Valmiera

Touristeninformation, Lāčplēša iela 2, Tel.: 42-07 17 7, Web: www.valmiera.lv, E-Mail: tiv@valmiera.gov.lv. Geöffnet von Mo – Fr 9 – 18.00 Uhr, in der Zeit von Mai – September auch Sa 10 – 16.00 Uhr.

Feste und Folklore: Stadtfest von Valmiera in der ersten Juliwoche.

Restaurants

Restaurant Veselības bastions, Bastiona iela 24, Tel.: 42-25 50 2.
Restaurant Suzanna, Rīgas iela 27, Tel.: 42-24 05 0.

Hotel

Hotel Vidzeme, Ausekļa iela 31, Tel.: 42-29 60 6, Fax: 42-22 85 8, E-Mail: vidzeme.energoceltnieks@valm.lv. Das Hotel liegt zentral in der Stadt und bietet 11 gemütliche Zimmer mit TV und Telefon.

Dies entspricht im Übrigen dem gesamten Stadtbild. Das lettische Valka hat leider keine architektonischen Schönheiten zu bieten. Die interessantesten Gebäude befinden sich allesamt im estnischen Stadtgebiet von Valga.

Da Valka/Valga in den letzten Jahrhunderten durch ein halbes Dutzend Großfeuer mehrfach fast komplett zerstört wurde, stammt das älteste Gebäude gerade einmal aus der Wende zum 19. Jahrhundert.

Es handelt sich um die **St. Johannkirche** an einem kleinen Park in der Riia Straße. Sie wurde durch den Architekten Christian Haberlandt in fast 30jähriger Bauzeit im Jahr 1816 fertig gestellt und ist ein schönes Beispiel für den Übergang vom Barock zum Klassizismus. Die Orgel im Inneren stammt aus deutschen Landen und wurde von Ladergast hergestellt. Die Gedenktafel an der Fassade ist in Erinnerung an die Toten des Unabhängigkeitskrieges angebracht worden.

Etwas jünger, aber aus demselben Jahrhundert ist die kreuzförmige **russisch-orthodoxe Issidor-Kirche** des Architekten V.J. Lunski. Sie war das Maß für eine katholische Kirche, die in der Zarenzeit errichtet werden durfte. Denn diese wiederum durfte nicht höher sein, als die Issidor-Kirche, zu sehen in der Malevastraße.

Erwähnung verdient schießlich das einzige ganz aus Holz erbaute Rathaus Estlands. Es stammt aus dem Jahr 1865 und wurde in der typischen Holzarchitektur des Landes errichtet.

Ganz in der Nähe kann man an der Kreuzung ein Denkmal sehen, das ausnahmsweise keinem Politiker, Staatsmann oder Künstler gewidmet ist. Es handelt sich vielmehr um *Alfred Neuland*, einen Sohn der Stadt, der 1895 in Valga das Licht der Welt erblickte. Neuland war Gewichtheber und holte bei den Olympischen Spielen 1920 in Antwerpen die erste estnische Goldmedaille.

Mit **Valga** haben wir nun **Estland / Eesti**, das nördlichste der drei baltischen Staaten, erreicht.

Estland, dessen Hauptstadt Tallinn ganz im Norden liegt, ist administrativ in 15 Landkreise aufgeteilt.

Dabei handelt es sich um die beiden Insellandkreise Hiiumaa und Saaremaa im Nordwesten und um Läänemaa, Harjumaa,

Verkehrshinweis in Estland

Lääne-Virumaa, Ida-Virumaa, Raplamaa, Järvamaa, Jõgevamaa, Pärnumaa, Viljandimaa, Tartumaa, Põlvamaa, Võrumaa und Valgamaa.

Im letztgenannten Landkreis Valgamaa befinden wir uns nun, dessen Hauptstadt die Stadt Valga ist.

Die Landschaft in Süd-Estland lädt durch ihre verschiedenen Facetten zu einer ausgiebigen Reise ein. Hier befindet sich der größte See des Baltikums, der zugleich die Grenze zu Russland bildet. Auch die höchste Erhebung aller drei baltischen Staaten findet man im südlichen Estland.

Zahlreiche Moore, Nationalparks oder das Hannja Hochland bieten beste Wandermöglichkeiten.

In den Wintermonaten ist die Region ein bekanntes Ziel für Wintersportler. Besonders beliebt ist in diesem Zusammenhang die Ortschaft Otepää.

ROUTE: *Mitten in Valga gabelt sich die Straße – einmal in die A3, die nordwärts ins 86 km entfernte* ***Tartu*** *führt und andererseits in die Straße 67 ins weiter östlich gelegene* ***Võru****. Wir entscheiden uns für letztere Möglichkeit und biegen nach rechts (südöstlich) ab. Die Straße verläuft die ersten 12 Kilometer direkt an der Grenze entlang.*

Praktische Hinweise – Valka/Valga

Touristeninformation Valka, Beverīnas iela 3 (LV), Tel.: 47-81 36 4, E-Mail: maris.ozols@e-apollo.lv. Geöffnet von Mo – Fr 8 – 12.00 und 13 – 17.00 Uhr.

Touristeninformation Valga, Kesk 11, 68203 Valga (EST), Tel.: 76-61 69 9, valga@visitestonia.com, Öffnungszeiten: Mo – Fr 9 – 18.00 Uhr, Sa und So 10 – 15.00 Uhr.

Feste und Folklore: Im September wird das grenzüberschreitende Valga-Valka-Rennen veranstaltet. Einen Monat später findet in Valka das Herbst-Festival statt.

Restaurants

Voorimehe pubi, Kuperjanovi 57, Valga (EST), Tel.: 76-61 31 1.
Internetcafé in der Stadtbücherei, Rīgas iela 22, Valka (LV), Tel.: 47-22 96 5.

Hotel

Metsis Hotell, Kuperjanovi 63, Valga (EST), Tel.: 76-66 05 0, Fax: 76-66 05 1, Web: www.hotellmetsis.com, E-Mail: info@hotellmetsis.com. Das Hotel ist in einem kleinen Haus aus dem Jahr 1912 mitten in der Stadt untergebracht. Im Jahr 2005 wurde es komplett renoviert. Es verfügt über 13 komfortable Doppel- und 5 Einzelzimmer. Sie sind modern und gemütlich eingerichtet und bieten Sat-TV. Zum Haus gehören eine Sauna und ein Restaurant mit Terrasse.

Nach rund 50 km kommt man durch das Örtchen **Varstu**. Es wurde 1561 gegründet und ist schnell durchquert. Von Interesse ist lediglich die Johannes dem Täufer geweihte orthodoxe Kirche . Es ist eine schöne Holzkirche aus dem Jahr 1855.

*Route: Hinter dem folgenden Ort **Kangsti** biegen wir rechts ab in Richtung **Rõuge**. Wir fahren durch den Ort und folgen der Beschilderung über die kurze Schotterpiste bis nach **Haanja**. Kurz vor Hannja treffen wir auf eine Asphaltstraße, biegen rechts ab und sehen kurz darauf auf der rechten Seite einen Parkplatz. Ihm gegenüber befindet sich der Treppenaufgang zum **Suur Munamägi**.*

Rõuge, am gleichnamigen See gelegen, sollte vor langer Zeit endlich eine Kirche erhalten. Nun soll sich aber der Bau der Kirche sehr mühsam, ja gespenstisch gestaltet haben. Denn jedes Mal wenn der Kirchenbau fertiggestellt war, versank er bald darauf im See. Irgendwann wusste der Dorfälteste nur noch einen Rat, eine Frau namens Maarja musste mit eingemauert werden, um die Kirche zu retten.

Und noch heute sagen die Leute von Rõuge, dass keine Frau mit dem Namen Maarja sich am Silvesterabend der Kirche nähern darf. Denn der Geist des damaligen Opfers darf am letzten Tag des Jahres die Wand verlassen, um auf den nahe gelegenen Rõuge-See hinauszurudern und sich gegen ein anderes Opfer mit demselben Namen auszutauschen.

Soweit die Sage. Definitiv errichtet wurde das Gotteshaus Ende 1720. Sein heutiges Äußeres stammt aus dem Jahr 1860. Seinerzeit wurden an der Kirche die damals recht niedrigen Wände erhöht.

Möglicherweise wird in der Sage aber auch von einer anderen Kirche berichtet, die zuvor an derselben Stelle stand. Zumindest würde die Kirche in den See passen und ganz in den Fluten versinken. Denn der See ist mit 38 m der tiefste des Landes.

Er ist einer von sieben Seen, die gemeinsam das **Urstromtal Rõuge** bilden. Das Tal grenzt direkt an den nördlichen Rand des Burgbergs des Ortes und besitzt mehrere kleine Nebentäler, wie zum Beispiel das **Nachtigallental**. Es verläuft in nordwestliche Richtung bis nach Nursi und bildet den **Hinni-Canyon**. Dort bietet sich die Möglichkeit einer **Wanderung** auf einem 10 km langen **Naturpfad**. Der Canyon ist an manchen Stellen bis zu 8 m tief und verengt den Fluss auf 2 m Breite.

Der **Burgberg** von Rõuge war Heimat für eine Bauernburg aus der Zeit zwischen dem 6. und 11. Jahrhundert. Die Bauernburg wurde als erste ihrer Art archäologisch erforscht.

Wenn man es nicht wüsste, würde man durch den Ort **Haanja** fahren, ohne die größte Sehenswürdigkeit des Baltikums zu beachten. Denn der Ort selbst ist wenig spektakulär und in der hügeligen Umgebung fällt der höchste „Berg" der baltischen Staaten auch nicht besonders auf. Doch laut Barometer befindet man sich am höchsten Punkt des **„Suur Munamägi"** auf 318 Höhe.

höchster „Berg" des Baltikums, 318 m

Die Übersetzung aus dem Estnischen des Namens der Anhöhe bedeutet so viel wie „Großer Eierberg", was auf die Form des Berges zurückzuführen ist. Da wir uns am Fuße des Berges nicht auf Meereshöhe befinden, sondern schon etwas höher, müssen wir dementsprechend keine 318 Höhenmeter erklimmen. Aber keine Sorge. Das Wort „erklimmen" ist eine reine Übertreibung. Vom Parkplatz des Suur Munamägi kann man seine Spitze bequem über Treppen erreichen.

Oben hat man die Möglichkeit, auf den 29 m hohen Aussichtsturm zu steigen. Von oben hat man nicht nur einen herrlichen Blick auf den umliegenden 20.000 ha großen **Haanja Naturpark**, sondern kann bei guter Fernsicht im Osten sogar die russische Stadt Petseri erkennen. Der Turm wurde zwar 1971 erbaut, ist aber nicht der erste, der hier stand. Bereits fünf Türme vorher gab es hier. Sie waren ursprünglich für die Landvermessung vorgesehen. Der erste nicht aus Holz bestehende Turm wurde 1939 gebaut.

Im Turm gibt es unten ein kleines Café. *Öffnungszeiten Aussichtsturm: täglich von 10 – 20.00 Uhr (Mai – September), von Oktober bis November nur Sa und So 10 – 17.00 Uhr, sonst nur Sa und So 12 – 15.00 Uhr, Eintritt: 30 Kronen.*

Übrigens wären die Esten keine Esten, wenn es nicht auch zum Eierberg mindestens eine Legende gäbe. Eine davon erzählt, dass Kalevipoeg, ein riesenhafter Held aus dem estischen Nationalepos, auf einer Reise durchs Land war und sich ein Kissen aus Gras zum Schlafen geformt habe. Dieses Kopfkissen soll der Suur Munamägi gewesen sein.

Am Fuß des Bergs steht ein Denkmal, das seit 1932 an die Soldaten des Unabhängigkeitskrieges erinnert.

Wie bereits erwähnt, würde der Eierberg in der hügeligen Landschaft hier kaum auffallen. Schon wenige huntert Meter weiter nörlich erhebt sich der **Vällämägi,** der zweithöchste Berg des Baltikums. Der Vällämägi bringt es auf 304 m und liegt malerisch in der Nähe des Perajärv (Pera-See). Dort lohnt sich eine Wanderung auf den angelegten Wanderwegen durch die bewaldete Landschaft.

Eine weitere estnische Legende besagt, dass die hiesigen Berge vom Teufel persön-

Praktische Hinweise – Rõuge

Touristeninformation, Tel.: 78-59 24 5, E-Mail: raugeinfo@hot.ee, Web: www.rauge.ee.

Feste und Folklore: Traditionell wird in den Sommermonaten das Bootsrennen veranstaltet. Dabei gilt es, alle sieben Seen in der Umgebung Rõuges der Reihe nach mit dem Ruderboot zu überqueren. Dazwischen muss es gelingen, schnellstmöglich von See zu See zu laufen.

Restaurants

Ala-Rõuge Külalistemaja, Tel.: 59-23 6, geöffnet Mo – So 11 – 17.00 Uhr. Rustikales Restaurant mit typisch regionalen Speisen.

Internetipunkt, Rõuge Huvikoda, Tel.: 59-38 4, Web: www.rauge.ee, E-Mail: raugeaip@hot.ee.

Wohnmobil-Stellplatz

Wohnmobil-Stellplatz Gasthaus Suurjärve, Tel.: 52-43 02 8, Fax: 78-59 27 3, Web: www.hot.ee/maremajutus/index.html, E-Mail: maremajutus@hot.ee. Privates Gästehaus mit 13 Zimmern und großer Wiese, auf der man sein Zelt aufschlagen oder sein Wohnmobil abstellen darf. Es existieren ein Grill, eine Sauna und ein Pferdeverleih, Versorgung möglich, Entsorgung nicht.

lich errichtet wurden. Angeblich wollte er damit erreichen, dass die Menschen hier in den südestnischen Hügeln laut fluchen und immer wieder seinen Namen rufen sollten. Wäre die Legende wahr, so hätte sich der Teufel sehr verrechnet, denn es gibt bei einer Wanderung durch die sanften und bewaldeten Hügel überhaupt keinen Grund zu fluchen. Ganz im Gegenteil, denn die Wege sind gut zu begehen, durchgehend markiert und verlaufen an zahlreichen interessanten Naturschönheiten vorbei.

Mein Tipp! Im Tourismusbüro von Võru (Adresse siehe unten) ist eine Wanderkarte der Region erhältlich, die sämtliche Wege und Sehenswürdigkeiten aufführt und auch Übernachtungsmöglichkeiten bei einer mehrtägigen Wandertour anzeigt.

Rund 12 km östlich des Suur Munamägis lohnt sich ein kleiner Abstecher in die Ortschaft **Vana-Vastseliinna**. Man sieht zwar nur noch vereinzelte Mauerreste einer alten **Ruine** und einen 19 m hohen Turm in der nordöstlichen Ecke der ehemaligen Ruine, doch ist die Burg sehr geschichtsträchtig.

Angefangen hat es mit einem Wunder, das in der Kapelle der Burg statt gefunden haben soll und den Ort eine Zeit lang zu einem Pilgerziel machte.

Noch mehr Aufsehen erregte die Festung aus dem 14. Jahrhundert während der Belagerung durch 80.000 Russen im Jahr 1588. Immerhin sechs Wochen lang konnten sich die Burgbesatzung aus gerade mal 80 Reiter und ein paar Bauern unter dem Befehl von Jüri Uexküll gegen die massive Überzahl der Belagerer wehren. Aber auch die Lage der Burg, die an drei Seiten natürlich geschützt war, dinete als wirksame Abwehr gegen Angriffe. Im Norden und Osten war die Burg vom Meeksi-Tal umschlossen, während die Westseite vom Fluss Piusa abgegrenzt war. Nach der Eroberung durch die Russen wechselte die Festung laufend den Besitzer. Erst war sie dänisch, dann polnisch und schließlich schwedisch. Zerstört wurde sie im 18. Jahrhundert wiederum von den Russen.

Inneres der Sandsteinhöhlen, Vastselinna

Nicht weit entfernt befindet sich **Vastselinna**. Von dort lohnt sich eine Wanderung auf dem Pfad durch das Tal des Flusses **Piusa** bis zum Dorf **Lindora**. Der 15 km lange Weg kann auch mit dem Fahrrad befahren werden. Zu sehen gibt es in diesem Tal hohe Sandsteinwände, die auf der rechten Flussseite bis zu 43 m hoch aufsteigen.

Mein Tipp! Halten Sie Ausschau nach kleinen Höhlen, die durch Wasserquellen ausgewaschen wurden. Sie reichen einige Meter in den Sandstein hinein und lassen kristallklares Wasser heraussprudeln. Probieren Sie ruhig einmal das Wasser.

→ ***ROUTE:*** *Über die Asphaltstraße fahren wir zurück durch **Haanja** und treffen nach 18 Kilometern in **Võru** ein.*

Im Jahr 1784 gab Zarin Katharina den Befehl die Stadt **Võru** zu gründen. Gleichzeitig spendete sie 28.000 Silberrubel, damit eine evangelische Kirche erbaut werden konnte.

Die Grundsteinlegung für dieses schlicht gehaltene Gotteshaus fand vier Jahre später statt. Es wird vermutet, dass der Architekt, Christoph Haberlandt aus der lettischen Hauptstadt Rīga stammt bzw. sich sehr von dem dortigen Baustil inspirieren ließ.

Die vier Uhren der **Katharinenkirche** wurden im Jahr 1879 in Gang gesetzt. Gleichzeitig erhielt der Kirchturm einen neuen Helm, der 1887 vom Blitz getroffen wurde. Schon 20 Jahre zuvor hatte der Blitz in die Kirche eingeschlagen, doch dieses zweite Mal verursachte ein Feuer, bei dem ein Großteil der Inneneinrichtung beschädigt wurde.

Auf dem Grün rund um das Gebäude sehen Sie einen Gedenkstein des Künstlers Mati Karmin. Er ist den Opfern aus Võru gewidmet, die im September 1994 bei dem Unglück der Ostseefähre Estonia ums Leben kamen.

In der 15.000-Einwohnerstadt Võru existiert noch ein weiteres Gotteshaus mit dem Namen der Zarin. Die russisch-orthodoxe Katharinenkirche wurde 1806 im Barockstil erbaut und hat einen einfachen quadratischen Grundriss.

Sehenswert sind die Museen in Võru.

Zum einen gibt es das **Kreutzwald-Museum** in der gleichnamigen Straße *(geöffnet Mi – So 11 – 18.00 Uhr. Info-Tel.: 21-79 8; Web: www.hot.ee/muuseumvoru; E-Mail: kreutzmem@hot.ee)*. Das Museum gibt mit seinen Exponaten Einblick in das Leben und Wirken des Physikers und Schriftstellers Friedrich Reinhold Kreutzwald, der über vier Jahrzehnte in der Stadt lebte und sich für das estnische Nationalepos Kalevipoeg verantwortlich zeigt.

Die zweite Ausstellung befasst sich mit der geschichtlichen Entwicklung in der Region seit der Steinzeit und zeigt Interessantes über das Leben in und um Võru. Das **Võrumaa-Museum** ist im Haus Nummer 11 der Katariinastraße untergebracht *(geöffnet Mi – So 11 – 18.00 Uhr. Info- Tel.: 21-93 9)*.

ruhig und romantisch, das Tal der Piusa

Abschließend lohnt sich noch ein Spaziergang zum Ufer des **Tamula-Sees**. Dort erinnert eine Bronzefigur an den berühmtesten Einwohner der Stadt, an Friedrich Reinhold Kreutzwald. Die in Italien hergestellte Kreutzwald-Statue wurde 1926 aufgestellt.

Kalevipoeg – das Nationalepos Estlands.

Kalevipoeg ist die estnische Bezeichnung für Kalevs Sohn. Dieses Nationalepos des nördlichsten baltischen Staates Estland besteht aus fast 20.000 Versen in 20 Gesängen.

Zusammengestellt wurde es ab Mitte des 19. Jahrhunderts von Friedrich Reinhold Kreutzwald. Dieser nahm als Grundlage für das Epos verschiedene Sagen und Volkslieder der Esten, die vom riesenhaften Kalevipoeg handelten. In zahlreichen Legenden wirft der Riese mit Felsen und Findlingen nach Feinden oder dem Teufel, er formt Flüsse oder Hügel, auf denen er sein Haupt bettet. Kaum eine Region Estlands, in der Kalevipoeg keine Spuren hinterlassen hat. Erstmalig wird er im 17. Jahrhundert von Heinrich Stahl erwähnt. Doch man findet viele Ähnlichkeiten zum finnischen Nationalepos Kalevala.

Die ersten Entwürfe für ein Nationalepos stammen aus der Feder von Friedrich Robert Fählmann aus dem Jahr 1838, der 1850 jedoch verstarb. Nach seinem Tode übernahm Kreutzwald das Verfassen der Verse und stützte sich zum Teil auf Originalquellen oder dichtete selber welche. Die erste Version von Kalevipoeg hatte 13.817 Verse, wurde aber zensiert. Die moderne Version bietet 19.023 Verse und erschien in seiner Fassung im Jahr 1862. Für die kulturelle Identität und Entwicklung des estnischen Nationalbewusstseins war „Kalevipoeg“ von nicht zu unterschätzender Bedeutung.

In unmittelbarer Nähe befindet sich seit 1998 eine Fußgängerbrücke, die auf die **Roseninsel (Roosisaar)** führt. Auf der Insel kann man einige 5.000 Jahre alte Fundstücke aus der Steinzeit sehen.

Praktische Hinweise – Võru

Touristeninformation, Tartu tn.31, 65608 Võru, Tel.: 78-21 88 1, E-Mail: voru@visitestonia.com, Öffnungszeiten: Mo - Fr 9 – 17.00 Uhr, Sa und So 10 – 14.00 Uhr (Mitte Mai – Mitte September), sonst Mo – Fr 9 – 17.00 Uhr.

Feste und Folklore: Im Juli wird das internationale Folklorefestival veranstaltet

Restaurant

Restaurant Bevega, Mäe 11, Tel.: 25-96 0, geöffnet von Mo – Mi 11 – 01.00 Uhr, Do – Sa 11 – 06.00 Uhr.

Restaurant Kubija, Männiku 43a, Tel.: 22-34 1, Web: www.kubija.ee, E-Mail: info@kubija.ee, geöffnet täglich von 11 – 22.00 Uhr. Gehört zum unten beschriebenen Hotel.

Café Katariina, Katariina 4, Tel.: 24-49 0, geöffnet Mo – Sa 10 – 19.00 Uhr.

Internetipunkt, Jüri 12, Tel.: 68-33 2, E-Mail: Web: www.vaip.werro.ee, elvar@vaip.werro.ee.

Hotels

Hotel Tamula, Vee 4, Tel.: 78-30 43 0, Fax: 78-30 43 1, Web: www.tamula.ee, E-Mail: hotel@tamula.ee. 24 gemütlich eingerichtete Zimmer sowie Sauna, Tennisplätze, Billardraum und ein Kosmetiksalon werden in diesem kleinen, privat geführten Hotel angeboten. Die Zimmer kosten ab 500,00 EEK.

Hotel Kubija, Männiku 43a, Tel.: 78-22 34 1, Fax: 78-22 34 2, Web: www.kubija.ee, E-Mail: info@kubija.ee. Das Hotel beherbergt 55 Zimmer ab 650,00 EEK und befindet sich rund 5 km außerhalb des Stadtzentrums. Es verfügt ebenfalls über einen Kosmetiksalon und einen Saunakomplex mit Familiensauna, Dampfsauna und einem Schwimmbecken. Es gibt einen Grillplatz und die Möglichkeit sein Zelt aufzuschlagen. Ebenso kann man mit dem Wohnmobil oder -wagen auf einem der sechs hoteleigenen **Stellplätze** nächtigen. Diese Übernachtung kostet 150,00 EEK.

bemerkenswert, das hohe Sandsteinufer im Tal der Piusa

ESTLAND / EESTI

12. VÕRU - TARTU

Länge der Tour: Rund 105 km, ohne Abstecher.

Strecke: Straßen 2 und 64 bis **Põlva** – Straße 69 bis zur Straße 2 bei **Saverna** – Nebenstraße bis **Otepää** – Straßen 46 und 2 bis **Tartu**.

Abstecher: 29 km über Straße 62 bis Räpina.

Empfohlene Reisedauer: Mindestens ein Tag.

Reisehöhepunkte auf dieser Tour: Landschaft bei **Otepää** *, Stadtbesichtigung von **Tartu** **.

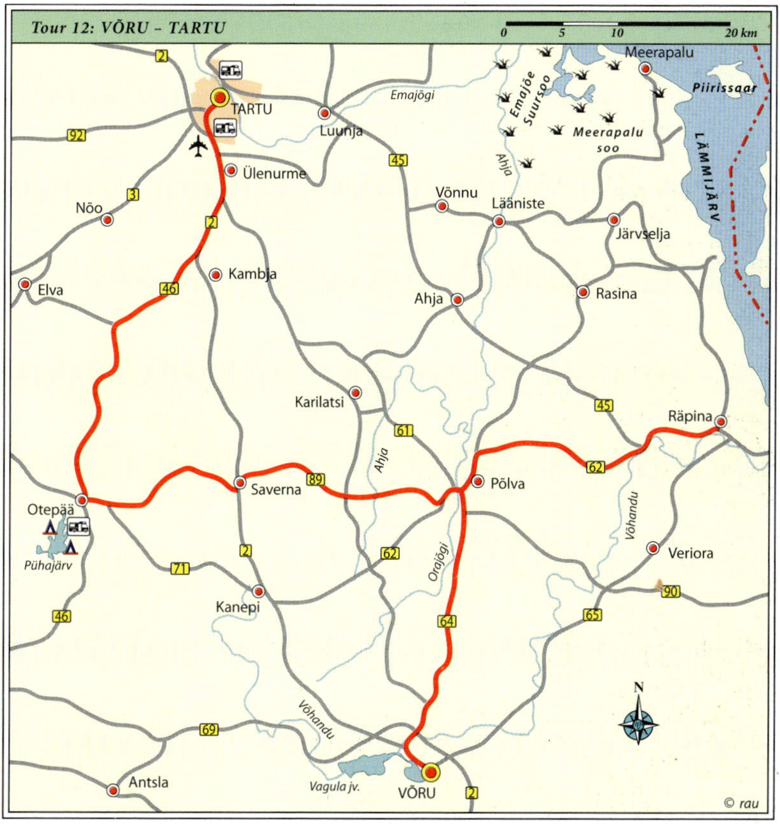

→ *ROUTE: In **Võru** fahren wir ein kurzes Stück auf der A2 in Richtung **Tartu**, biegen jedoch an der ersten großen Kreuzung ab auf die Straße 64, die uns auf den nächsten 26 Kilometern nach **Põlva** bringt.*

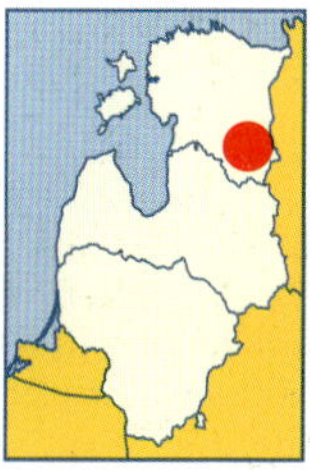

Der kleinste Landkreis Estlands, sowohl von der Fläche als auch von der Einwohnerzahl aus gesehen, ist Põlvamaa auf den wir nun treffen.

Põlva, ein Städtchen mit rund 6.500 Einwohnern, wurde Mitte des 15. Jahrhunderts gegründet. Doch es musste bis zum Jahr 1993 warten um den Status einer

Stadt zu erhalten. In der kleinen Stadt gibt es eine alte **Maarja-Kirche**, die beachtenswert ist.

Die Kirche stammt aus dem Jahr 1240 und hat ihren Namen auf Grund einer Legende bekommen. Beim Bau des Gotteshauses wurde (ähnlich wie in Rõuge) eine junge Frau mit eingemauert. Damit sollte der Teufel besänftigt werden, dem es nicht gefiel, dass die Bürger eine Kirche errichteten. Die Legende berichtet weiter, dass sich der Teufel über den Kirchenbau dermaßen ärgerte, dass in der Nacht den Kirchenrohbau mit riesigen Steinen bewarf und so das Tagewerk der Bauarbeiter immer wieder zerstörte. Doch in der Nacht, als das junge Mädchen geopfert wurde, riss seine Hose und er verlor alle Steine, die noch heute auf dem Grundstück des Forstwartes Kadaja liegen sollen. Übrigens sollte die Frau knieend geopfert werden. Põlv ist das estnische Wort für Knie.

Das Kircheninnere wurde vor allem im spätklassizistischen Stil gestaltet. Viele verschiedene Künstler haben ihre Spuren hinterlassen. Müllverstedt hat im Jahr 1883 die Orgel erschaffen, das Altarbild ist ein Werk des Künstlers Maydell, die Glocke dagegen, die im 36 m hohen Turm hängt, wurde 1868 in einer Gießerei in Bochum gefertigt.

In der Umgebung der Kirche befinden sich zwei **Denkmäler**. Direkt am Eingang des Gotteshauses steht ein Mahnmal, das 1928 eingeweiht wurde. Es erinnert an den Unabhängigkeitskrieg. Auf einer Tafel, am Denkmal sind die Namen von Gefallenen aus Erstem und Zweiten Weltkrieg verewigt.

Ein paar Monate nach Ende des Zweiten Weltkrieges wurde das Denkmal zerstört und erst 1989 wieder neu errichtet.

Das zweite Mahnmal befindet sich etwas weiter abseits. Es wurde in Erinnerung an den Zweiten Weltkrieg aufgestellt.

Auf der linken Seite der Straße befindet sich im Park ein Gemeinschaftsgrab von 137 Soldaten, die während des Zweiten Weltkrieges ums Leben kamen. Dafür steht auch die Skulptur namens „**Mutter mit ihrem verwundeten Sohn**" mitten in der Grünfläche. Sie wurde nach einem Entwurf von Kalju Reitel geschaffen.

Hinter der Maarja-Kirche erstreckt sich auf 33 Hektar Fläche ein großer **Stausee** im Norden Põlvas. Seit dem Jahr 1960 staut der 80 m lange Damm den Ora-Fluss. Ein schöner Sandstrand befindet sich an der westlichen Seeseite. Wassersportmöglichkeiten sowie andere Gelegenheiten zur Erholung machen aus dem See einen einladenden und anziehenden Platz in der Stadt.

Praktische Hinweise – Põlva

Touristeninformation, Kesk 42, 63308 Põlva, Tel.: 79-95 00 1, Fax: 79-94 08 9, E-Mail : polva@visitestonia.com, Öffnungszeiten: Mo - Fr 9 – 18.00 Uhr, Sa und So 10 – 15.00 Uhr.

Restaurant

Restaurant Põlva, Kesk 10, Tel.: 79-94 10 1.

Hotel

Hotel Pesa, Uus 5, Tel.: 79-98 53 0, Fax: 79-98 53 1, Web: www.kagureis.ee, E-Mail: kagureis@kagureis.ee. Parallel zur Hauptstraße liegt die kleine Nebenstraße, in der sich dieses privat geführte Hotel befindet. Es beherbergt 30 einfache, aber zweckmäßige Zimmer mit TV. Zum Haus gehört eine Bar, ein Parkplatz, ein Solarium und eine Sauna. An Freizeitaktivitäten bietet es einen Pferde- und Angelverleih und Tennisplätze.

Tamme Trahter, Mammaste, Tel.: 79-93 27 5, Fax: 51-55 21 4, Web: www.tammekanuu.ee, E-Mail: info@tammekanuu.ee. Nördlich von Põlva gelegen, bietet dieses kleine Privat-Hotel 10 sehr einfache Zimmer.

Interessant ist das Hotel auch für Wohnmobilisten (s. u.). Auch eine Zeltwiese und eine Stelle für ein Lagerfeuer bietet das Hotel.

Wohnmobil-Stellplatz

Wohnmobil-Stellplatz, das oben erwähnte Hotel Tamme Trahter bietet auf dem Parkplatz sechs Stellmöglichkeiten inkl. Strom für 100,00 EEK, jedoch keine Ver- und Entsorgungsmöglichkeit.

ABSTECHER NACH RÄPINA

*ROUTE: Nordwärts geht es in **Põlva** über die Bahngleise auf die Straße 62. An der Tankstelle biegen wir rechts ab und treffen nach 29 km auf **Räpina.***

Der Name des Ortes **Räpina** geht angeblich auf folgende Geschichte zurück. Nach einer Auseinandersetzung darüber, was denn nun der richtige Name für den Ort sei, sollen Russen einen Bullen zum Schiedsrichter gemacht haben. Man beschloss, den Bullen laufen zu lassen und dem Dorf den Namen des Baumes zu geben, an dem das Tier stehen bleiben würde. Der Bulle marschierte geradewegs auf eine Eberesche zu, was im Russischen Rjabina heißt. Im Estnischen klang dieser Name dann wie Räpina.

Die erste namentliche Erwähnung des Ortes ist aus der Mitte des 16. Jahrhunderts überliefert. Die einizige Sehenswürdigkeit von Räpina aber nämlich das **Schloss,** das sich im Süden im Stadtteil Sillapää erhebt, stammt erst aus dem 19. Jahrhundert. Es wurde im klassizistischen Stil gebaut.

Heute sind hier die **Touristeninformation** sowie eine Gartenschule untergebracht. Das Anwesen ist einen Besuch wert.

Sehenswert ist auch der **Stadtpark**. 300 verschiedene Arten von Sträuchern und Bäumen befinden sich in der Anlage, an dem viele Landschaftsarchitekten gearbeitet haben, um den heutigen Zustand herzustellen. Nicht umsonst ist Räpina heute auch als Gartenstadt bekannt.

HAUPTROUTE

*ROUTE: Auf der Straße 89 geht es westwärts in Richtung **Saverna**. Am Ende der hügeligen Strecke biegen wir links ab und halten uns sofort wieder rechts nach **Pikajärve**. Auf der Schotterstraße fahren wir bis nach **Otepää.***

Otepää ist die am höchsten gelegene estnische Stadt. Ihre Lage150 m über dem Meeresspiegel machen Otepää zum Zentrum des Wintersports.

In den 70er Jahren des letzten Jahrhunderts gab es hier bereits eine Skischule. Heute ist es möglich, verschiedene Wintersportarten zu betreiben.

An den Bergen Väike Munamägi und Kuutsemägi wurden Skilifte gebaut und Abfahrtspisten eingerichtet.

Aber nicht nur Wintersport ist hier beliebt. Auch im Sommer bietet die Region Möglichkeiten zur Entspannung. Vor allem Wassersport wird ausgeübt. Im Hochland rund um Otepää gibt es jede Menge hübscher kleiner Seen.

Von ihnen ist der **Pühajärve** der größte und bekannteste See. Am Poslovitsa-Strand dieses Sees befindet sich die so genannte **Blut-Quelle**. Ihr Wasser soll der Legende nach magische Kräfte haben. Man sagt: Wer sie am Mittsommertag besucht, wird einer starken und ewigen Liebe begegnen. Der See wurde auch schon vom Dalai Lama besucht und auch gesegnet. Ausgezeichnet wurde das Gewässer auch auf Grund der hervorragenden Wasserqualität mit der Blauen Flagge

Der **Herrenhof Pühajärve**, der im 14. Jahrhundert den Rittern Hermann und Otto von Uexküll gehörte, befindet sich im Süden von Otepää. Zu der damaligen Zeit trug der Hof den Namen „Gut Wollust". 1836 wurde der Hof durch die neue Besitzerin, der Gräfin von Stackelberg, in „Heiligensee" (Pühajärve) umbenannt. 1920 schließlich wurde das Anwesen offiziell zur Erholungsstätte vornehmlich für Künstler und Schriftsteller ernannt.

Ansonsten ist Otepää in Estland berühmt geworden durch die Aufbewahrung der Nationalflagge. Als das Hissen der blau-schwarz-weißen Nationalfahne im Jahr 1884 verboten wurde, brachten Studenten aus Tartu die Flagge in die Kirche von Otepää und versteckten sie dort.

PRAKTISCHE HINWEISE – RÄPINA

Touristeninformation, Kooli 1, 64504 Räpina, Tel.: 79-64 81 0, E-Mail: rapina@visitestonia.com, geöffnet Mo - Fr 9 – 18.00, Sa + So 10 – 15.00 Uhr.

Restaurant

Puuriida Pubi, Kooli 16, Tel.: 79-64 66 5.

Praktische Hinweise – Otepää

Touristeninformation, Lipuväljak 13, 67405 Otepää, Tel.: 76-61 20 0, Fax: 76-61 24 6, E-Mail: otepaa@visitestonia.com, Öffnungszeiten: Mo - Fr 9 – 18.00 Uhr, Sa und So 10 – 15.00 Uhr.

Feste und Folklore: Der Eisfischen-Angelwettbewerb wird im Februar auf dem nahe gelegenen und zugefrorenen Pühajärv-See ausgetragen. In der ersten Juniwoche findet das Pühajärve Beach Party Festival statt. Auf dem alljährlichen Musikfestival treten Estlands bekannteste Musiker auf.

Restaurant

Restaurant Kikka külalistemaja, Tamme pst. 9, Tel.: 76-55 98 2, E-Mail: maie.kikkas@mail.ee. Leckere Barbecue-Bar mit Grill und Terrasse.

Edgari Trahter, Lipuväljak 3, Tel.: 76-54 22 8.

Hotels

Hotel Pühajärve, Tel.: 076-65 50 0, Web: www.pyhajarve.com, E-Mail: pjpk@pjpk.ee. 80 Doppelzimmer (€ 54,00) auf 4 Etagen und 12 Suiten bietet das Hotel an der Straße nach Sangaste. Des Weiteren gibt es Zimmer für Behinderte und für Allergiker. Die Zimmer in der ersten Etage sind für Nichtraucher. Alle Zimmer haben Farb-TV und Telefon, die Badezimmer sind mit Fußbodenheizung ausgestattet. Weiter gibt es eine Bar, einen bewachten Parkplatz, ein Pub mit Live-Musik, einen Bowlingsaal und eine Terrasse mit Blick auf den See Pühajärv. Im selben Gebäude ist auch ein Schwimmzentrum untergebracht.

Lille Hotell, Lille 6b, Tel.: 76-63 99 9, Fax: 76-61 60 1, Web: www.karupesa.ee, E-Mail: karupesa@karupesa.ee. Kleines komfortables und modern eingerichtetes Hotel mit Sauna. Die Zimmer haben Farb-TV und sind zweckmäßig eingerichtet.

Camping

Camping Inni Järve Karavani Kämping, Tel.: 55-40 49 0. Von Otepää aus geht es 10 km auf der Straße 46 südwärts. Er befindet sich am Inni-See bei Raudsepa, südlich von Otepää. Sehr ruhig gelegen und 200 m vom See entfernt, bietet der Platz (1 ha) ca. 30 Plätze für Wohnmobile oder Zelte. Es existiert eine kleine Hütte für 4 Personen (13 €). Die Übernachtung im Wohnmobil kostet 6 €, die Dusche sowie die Sauna weitere 2 € (für Kinder unter 10 Jahren kostenlos). Es existiert nur eine moderne Toilette. Die beiden Duschen stehen sich ohne Vorhang direkt gegenüber. Der See bietet Schwimm- oder Angelmöglichkeit. Der Platz ist von Mai bis Oktober geöffnet, Mindestausstattung.

Camping Annimatsi, Pühajärve, Tel.: 51-10 31 7, Web: www.hot.ee/annimatsi, E-Mail: annimatsi.camp@mail.ee. Der ganzjährig geöffnete Platz (2 ha) bietet neben einem Restaurant einen Kinderspielplatz und kleine Chalets. Am Eingang des Platzes befinden sich 8 abgetrennte Wohnmobilstellplätze. Hinter dem Restaurant ist die Zeltwiese, auf der Camper, die keinen Strom benötigen, ebenfalls nächtigen können. Die Sanitäranlagen sind jedoch äußerst einfach. Man erreicht den Platz von Otepää aus in Richtung Sangaste. Der Abzweig nach rechts erscheint kurz hinter dem Hotel Pühajärve, einfach Standardaustattung.

Wohnmobil-Stellplatz

Wohnmobil-Stellplatz, das oben erwähnte Hotel Pühajärve bietet auf dem Parkplatz Stellmöglichkeiten inkl. Strom für rund € 10, keine Ver- und Entsorgungsmöglichkeit.

*→ **Route:** Bis zur ersten größeren Stadt in Estland, **Tartu (Dorpat)**, nehmen wir die Straße 46 und fahren 26 km bis wir an einer Tankstelle wieder auf die A2 treffen. Dort kurz nach links und wir*

passieren nach weiteren 5 km den kleinen Flughafen der Universitätsstadt und folgen nun der Beschilderung ins Zentrum von Tartu.

Tartu (Dorpat) wurde erstmals im Jahr 1030 namentlich erwähnt. Heute leben in der Stadt, die nicht weniger als 16 Hochschulen und 5 Theater beherbergt, rund 100.000 Menschen. Das macht Tartu zur zweitgrößten Stadt des Landes und gleichzeitig zur wichtigsten von Süd-Estland. Doch nicht nur das. Tartu bietet darüberhinaus als alte Hansestadt ein besonderes Flair, das während des alljährlich stattfindenden **Hansetage-Festivals** besonders spürbar wird. Vor allem den Bürgern der Stadt, die im Handel tätig sind, ist es ein Anliegen, daran teilzumehmen.

Es lohnt sich, während der Hansetage in Tartu zu sein, um das Festival, das noch viel mittelalterliche Atmosphäre bewahrt hat, zu erleben.

Noch wegen eines anderen Festes ist Tartu bekannt. Das **Estnische Sängerfest,** das mittlerweile allerdings immer in Tallinn stattfindet, hatte seine Wurzeln in Tartu. Auch das **Estnische Nationaltheater** wurde einstmals in Tartu gegegründet.

Tartu ist eine lebendige Stadt, wozu Universität und Studenten lebhaft beitragen. Immerhin ein Fünftel der Einwohner studiert an den verschiedenen Hochschulen und an der Universität. Die im 17. Jh. vom schwedischen König Gustav II. gegründete Uni befindet sich mitten in der Innenstadt, in der Nähe vom Domberg. Der Domberg wiederum – auf Estnisch Toomemägi – ist nicht nur eine Grünfläche, sondern auch ein Platz, wo man zahlreiche Denkmäler zu sehen bekommt.

Für einen **Stadtrundgang durch Tartu** kann man sein Fahrzeug hinter dem Einkaufszentrum an der Soola Straße gleich gegenüber von McDonalds bzw. des **Busbahnhofes (1)** abstellen. Von dort überqueren wir die Vanemuise und gelangen auf die **Haupteinkaufsstraße Küüni**, wo sich rechts ein kleiner Park befindet. Ihm gegenüber liegen auf der anderen Straßenseite einige wenige Einkaufsgeschäfte.

Im Park sehen wir die Skulptur „Vater und Sohn" des Bildhauers Ulo Õun, der von 1940 bis 1988 lebte. Gefertigt wurde die Skulptur zwar bereits 1977, wurde aber erst im Jahr 2004 aufgestellt. Es handelt sich dabei um ein Selbstbildnis des Künstlers

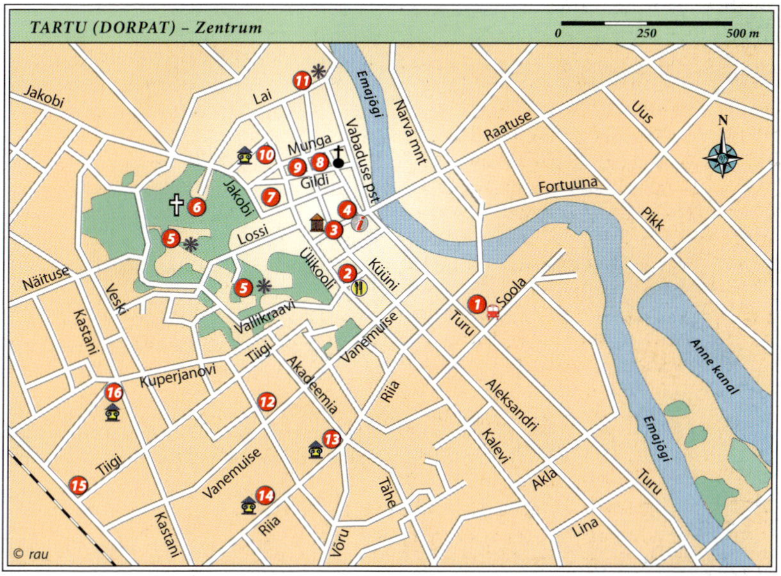

*TARTU (DORPAT) – **1** Busbahnhof – **2** Lokal „Wilde" – **3** Rathausplatz – **4** Touristeninformation – **5** Domberg – **6** Dom – **7** Universität – **8** Johanniskirche – **9** Tampere-Haus – **10** Spielzeugmuseum – **11** Botanischer Garten – **12** Zellen des KGB – **13** Militärmuseum – **14** Oskar-Lutsu-Museum – **15** Bahnhof – **16** Estnisches Nationalmuseum*

mit seinem anderthalbjährigen Sohn. Allerdings ist der Sohn genauso groß dargestellt wie der Vater selbst.

Schräg gegenüber steht die Bronzefigur von Generalfeldmarschall Barclay de Tolly. Berühmt wurde er durch die napoleonischen Kriege, bei denen er auf russischer Seite kämpfte. Die Skulptur wurde 1859 aufgestellt, nachdem sie durch Spenden seiner Offiziere finanziert wurde.

Links sehen Sie eine kleine Grünanlage. Dahinter liegt das Barclay-Hotel, neben dem sich das irische **Lokal „Wilde" (2)** befindet. Die zwei Bronzefiguren vor dem Pub stellen zwei Schriftsteller dar, die viele gemeinsame Charaktereigenschaften hatten. Einer der beiden ist der irisch-englische Literat Oscar Wilde. Bei der zweiten Figur handelt es um den estnischen Schriftsteller, der fast den gleichen Nachnamen trug, nämlich: Eduard Vilde.

Viele sagen ja, ein Treffen der beiden Schriftsteller hätte im Jahr 1892 tatsächlich stattgefunden. Ob das aber wirklich so war, ist nicht belegt. Wie dem auch sei, ziemlich sicher ist, dass die beiden jedenfalls in ihren politischen Auffassungen Ähnlichkeiten hatten.

Das Innere des Lokals wurde im viktorianischen Stil eingerichtet. An den Wänden befinden sich Bilder, die von Künstlern aus Tartu geschaffen wurden und stellen Literaten dar, die eine irische oder estnische Herkunft haben.

das Rathaus von Tartu

Im Pub befindet sich auch ein Kamin, vor dem traditionell der Platz freigehalten wird, damit das Feuer den gesamten Raum erwärmen kann. Achten Sie bitte darauf und lassen Sie den Platz vor dem Feuer frei.

Weiter die Küüni Strasse entlang. Der Weg führt gerade zum trapezförmigen **Rathausplatz (Raekoja plats, 3)**. Die Gebäude, die ihn umgeben, wurden klassizistisch eingerichtet. Zum großen Teil wurde der Rathausplatz im Jahr 2005 restauriert.

In einem Gebäude auf der rechten Seite gegenüber finden Sie die **Touristeninformation (4)**.

Das **Rathaus**, das aus dem 18. Jahrhundert stammt, ist das auffälligste Gebäude am Platz. Es ist nicht das erste Rathaus an dieser Stelle. Zuvor befanden sich hier schon zwei Rathäuser, die jedoch beide einem Brand zum Opfer fielen.

In dem jetzigen Gebäude befand sich im Erdgeschoss ursprünglich ein Gefängnis. Die oberen Stockwerke dienten dem Rat der Stadt als Tagungs- und Versammlungsort. Heute ist das gesamte Gebäude mit Büros der Stadtverwaltung belegt.

Im Rathausturm befinden sich die **Glocken**, die dreimal pro Tag (um 12, 18 und 21.00 Uhr) ein Glockenspiel erklingen lassen. Die Glocken wurden in Karlsruhe in der dortigen Gießerei hergestellt.

Seit 1998 steht vor dem Rathauseingang ein **Brunnen** mit einer hübschen Skulptur. Sie stellt ein sich küssendes Studentenpärchen dar. Man erzählt sich, dass die beiden beim Küssen unterm Regenschirm vom Blitz getroffen in eine Steinfigur verwandelt worden seien. Ein modernes Märchen, aber auch ein Beispiel dafür, dass sich die Esten auch heute noch einen Sinn für launige Geschichten und Legenden bewahrt haben.

Gehen wir weiter, passieren wir das Rathaus und treffen dann auf den westlichen Teil des **Dombergs (5)**, der steil ansteigt.

Die **Sternwarte**, die aus dem Anfang des 19. Jahrhundertes stammt, ist die erste Sehenswürdigkeit auf unserem Weg. Entworfen wurde sie vom Universitätsarchitekten Johann Wilhelm Krause.

In der Sternwarte war der Astronom Struwe in den 20er und 30er Jahren des letzten Jahrhunderts tätig. Er sorgte dafür, dass die Warte mit dem größten Fraunhofer-Fernrohr der damaligen Zeit ausgestattet wurde und vermaß die Länge des Meridians im Baltikum.

Danach gehen wir am **Denkmal von Robert Faehlmann** vorbei. Er war ein estnischer Schriftsteller und Arzt und hauptsächlich am estnischen Nationalepos „Kalevipoeg" beteiligt. Robert Faehlmann hat sich auch mit den Legenden, die sich um die estnischen Götter ranken, befasst. Die Bronzebüste wurde 1930 errichtet.

Hinter der Skulptur weiter im Park befindet sich ein Gebäude – das Anatonikum, das ebenfalls von Krause entworfen wurde und der Universität angehört.

Über der Lossi Strasse befinden sich zwei Brücken, die beide Teile des Domberges miteinander verbinden.

Die südliche von ihnen heißt **Teufelsbrücke**. Sie wurde 1913 dem Zaren Alexander I. zum 300. Jahrestag der Romanov-Dynastie gewidmet.

Die nördlich gelegene, ältere Brücke, die wir nun überqueren, heißt **Engelsbrücke**. Sie stammt aus dem Jahr 1838. Es wird vermutet, dass der Name der Brücke nichts mit Engeln zu tun hat, sondern die Bezeichnung vom estnischen Wort für „englisch" abgeleitet wird, da der Park im englischen Stil angelegt wurde.

Auf der rechten Seite vor der Brücke gibt es den **Schießpulverkeller** der längst erfreulicheren Zwecken dient und heute eine Kneipe mit Biergarten beherbergt. In alten Zeiten trennte der Pulverkeller die Bischofsresidenz von der Vorburg.

Weiter auf der Ostseite des Dombergs steht das **Staatsgericht**, Estlands höchste richterliche Instanz. Das Gericht befand sich schon einmal in Tartu, nämlich von 1920 bis 1935, kam dann aber erst 1993 wieder zurück in Estlands zweitgrößter Stadt. Zuvor war in dem 1763 errichteten Gebäude eine Kaserne, danach das Universitätskrankenhaus eingerichtet.

Der **Dom (Toomkirik, 6)**, der dem Berg seinen Namen gab, ist in diesem Teil der Stadt der wichtigste Bau. Die Bauzeit dauerte vom 13. bis zum 15. Jahrhundert.

In den Wirren der Reformationszeit und während des Livländischen Krieges hatte das dreischiffige Gebäude viele Schäden hinnehmen müssen. 1624 kam es zu einem Brand, der den Dom endgültig zerstörte.

Die Ruinen mussten fast 200 Jahre auf eine immerhin teilweise Renovierung warten. Am Anfang des 19. Jahrhunderts hat man den Chor wieder errichtet, der allerdings nicht kirchlichen Zwecken diente, sondern als Universitätsbibliothek herhalten musste. Diese hatte dann im Jahr 1982 das Gebäude zu Gunsten des **Geschichtsmuseum** zu räumen. Das wohl wertvollste Exponat des Museums ist ein islamischer **Globus** aus dem 13. Jahrhundert, einer der letzten, der bis heute erhalten werden konnte (geöffnet Mi – So 11 – 17.00 Uhr. Info-Tel.: 73-75 67 4, Fax: 73-75 67 9. Web: www.ut.ee/ream, E-Mail: hendrik@ut.ee.

Das Betreten der Ruinenabschnitte ist teilweise wegen Einsturzgefahr verboten.

Um den **Aussichtspunkt** des Domberges, nördlich der Basilika, sind einige Denkmäler aufgereiht. Es beginnt mit dem 1983 eingeweihten **Denkmal des Dichters Kristjan Jaak Peterson**, der nur 21 Jahre alt wurde und 1822 verstarb. Kurz vor seinem Tod wanderte er per Pedes von Tartu in seine Geburtsstadt Rīga.

Dahinter steht das **Denkmal des Historikers und Pfarrers Villem Reiman**. Es ist relativ neu, stammt aus dem Jahre 2004. Das ursprüngliche, erste Denkmal wurde bereits 1931 zu Ehren des Pfarrers eingeweiht, aber durch die Sowjets im Jahr 1950 zerstört.

Direkt daneben steht einer von 400 **Opfersteinen** in Estland. Die naturverbundenen Esten glaubten in früheren Zeiten an die magische Heilkraft, wenn man diesen Steinen Opfern brachte.

Ein Jahr vor seinem Tod wurde im Jahr 1851 das **Denkmal für den Professor Johann Carl Simon Morgenstern** errichtet. Er galt als der Gründer der Universitätsbibliothek und war zugleich ihr erster Direktor. Innerhalb der Bibliothek wird auch seine eigene Privatsammlung mit über 11.000 Bänden aufbewahrt.

Zu guter Letzt treffen wir auf das **Denkmal von Karl Ernst von Baer**, der die hiesige Universität absolvierte. Der deutsch-baltische Naturwissenschaftler arbeitete in Königsberg und St. Petersburg und gilt als Entdecker der Eizelle bei Säugetieren. Das Denkmal aus dem Jahr 1886 wird alljährlich in der Walpurgisnacht von Studenten dazu missbraucht, eine Flasche Sekt über dem Kopf des Wissenschaftlers auszugießen.

Vom Domberg gehen wir hinab zur Jacobistrasse. Man pasiert ein **Denkmal des schwedischen Königs Gustav II. Adolf.** Ihn ist es zu verdanken, das die Stadt Tartu ihre Universität, die früher Academia Dorpatensis hieß, bekam. Im Jahr 1632 wurde von ihm die Gründungsurkunde der Akademie unterzeichnet.

Das Denkmal stand seit 1928 im Hof der Universität, wurde dann, wie das Reiman-Denkmal, 1950 von den Sowjets zerstört. 1992 hat man es an der heutigen Stelle mit schwedischer Unterstützung wieder aufgebaut. Bei beiden Einweihungen war der schwedische König präsent.

Wenn wir die Gildi-Straße entlang gehen und an der nächsten Kreuzung abbiegen, dann treffen wir auf ein Gebäude, um das sich die meisten Geschehnisse der Stadt drehen – die **Tartuer Universität (7)**.

Die Akademie hat eine interessante Geschichte. 67 Jahre nach Gründung musste sie wegen eines Krieges nach Pärnu umziehen. Im Jahr 1802 wurde sie wiedereröffnet und sollte dem russischen Imperium als ein wissenschaftliches deutschsprachiges Zentrum dienen.

Bekannte Persönlichkeiten brachte die Universität hervor, so zum Beispiel Karl Ernst von Baer oder auch Wilhelm Ostwald.

Im 19. Jahrhundert wurde an der Universität eine Studentenvereinigung gegründet, mit der Bezeichnung „Estnische Studentenverbindung". Die Gründung war damals schon möglich und gesetzlich geregelt. Die Vereinigung entwarf eine dreifarbige Flagge – blau, schwarz und weiß. Diese Flagge wurde später vom unabhängigen Estland zur Nationalflagge erklärt.

Gegen Ende des 19. Jahrhundert ist die Universität russischsprachig geworden. Zu erwähnen sei an dieser Stelle, dass Frauen erst seit dem Jahr 1915 zum Studium zugelassen sind.

Die klassizistische **Aula**, die sich im Gebäude befindet, ist beachtenswert und gilt als der ehrwürdigste Raum in ganz Estland. Hier finden regelmäßig Konzerte und Aufführungen statt.

An der Universität ist auch ein **Kunstmuseum** untergebracht *(geöffnet Mo – Fr 11 – 17 Uhr. Info- Tel.: 73-75 38 4, Fax: 73-75 44 0, Web: www.ut.ee/artmuseum, E-Mail: kmm@ut.ee).*

Schräg gegenüber sieht man das **Denkmal zu Ehren des Staatsmannes Jaan Tõnisson**, der 1940 verhaftet und verschleppt wurde. Wo, wann und woran er starb ist nie geklärt worden. Die Gitterwand hinter dem Denkmal soll die Medienwelt symbolisieren, da Tõnisson auch Chefredakteur der Zeitung „Postimees" war.

Nehmen wir die Jaanistraße und gehen wir kurz in Richtung Norden. Dort treffen wir auf die **Johanniskirche (Jaani kirik, 8)**, die aus der ersten Hälfte des 14. Jahrhunderts stammt und im gotischen Stil erbaut wurde. Während des Zweiten Weltkrieges hat das Gotteshaus zahlreiche Zerstörungen erleiden müssen. Mit der Renovierung begann man erst 2005. Sehenswert an der Kirche sind die Terrakotta-Figuren.

Gegenüber dem Gotteshaus steht das **Tampere-Haus (9),** das seinen Namen auf Grund der Städtepartnerschaft mit der südfinnischen Stadt Tampere hat. Das Haus beherbergt das schon im 19. Jh. gegründete **Museum des Bürgers von Tartu** *(geöffnet Apr. – Sept. Mi – So 11 – 18.00 Uhr, sonst 10 – 15.00 Uhr. Info-Tel.: 73-61 54 5, Web: www.tartu.ee/linnamuuseum, E-Mail: karitas@kodan.tartu.ee).* Die Ausstellungen befassen sich damit, wie und in welchem Ambiente man in früherer Zeit in Tartu lebte und arbeitete.

Wir gehen weiter und biegen links in die Lutsustraße ein. Auf der rechten Seite befindet sich ein kleines **Spielzeugmuseum (10)**, das es zu besuchen lohnt *(geöffnet Mi – So 11- 18.00 Uhr. Info-Tel.: 74-61 77 7, E-Mail: muuseum@mm.ee, Web: www.mm.ee).*

Gegenüber treffen wir auf ein kleines Kunsthandwerkeratelier – dem **Antoniushof**. Hier kann man Künstler bei der Arbeit beobachten, wie auch ihre Werke kaufen. Dadurch unterstützt man das Atelier.

Auf der Laistraße, die parallel zur Lutsustraße verläuft und zum Botanischen Garten führt, gibt es einige spätklassizistische Gebäude zu sehen.

Wir halten uns auf der linken Seite der Straße. Hinter einer hohen Mauer finden wir den **Botanischen Garten (11)**, der zur Universität gehört *(geöffnet täglich 10 – 17.00 Uhr, Eintritt frei; Info-Tel.: 73-76 21 8, Web: www.ut.ee/botaed, E-Mail: botaed@ut.ee).*

Der Botanische Garten wurde im Jahr 1803 gegründet, ein Jahr nach der Neueröffnung des Universitätsgebäudes. Auf der knapp 3 ha großen Fläche befinden sich ein Palmenhaus, ein Rosarium und eine großzügig angelegte Kakteensammlung.

Auf der Vabadusestraße, die Hauptstraße der Stadt, gegenüber dem Haupteingang des Botanischen Gartens, sehen wir **Überreste der Stadtmauer**. Die Mauer war im Mittelalter fast 2 Kilometer lang und hatte neun Tore und 18 Türme.

Die Vabadusestraße führt am Emajõgi entlang. Auf Estnisch bedeutet Emajõgi Mutterfluss (Ema = Mutter, Jõgi = Fluss).

Auf dem kleinen Grünstreifen, der zwischen dem Fluss und der Straße verläuft, befinden sich drei interessante **Denkmäler.** Eines davon stellt den heroischen Helden Kalevipoeg dar, von dem das estnische Nationalepos handelt. Im Jahr 1950 wurde sein Denkmal zerstört, 2003 neu erschaffen.

Dahinter können wir den Schöpfer von Kalevipoeg, Friedrich Reinhold Kreutzwald sehen. Interessant ist, dass sein Denkmal 1952 an der Stelle des entfernten Kalevipoeg errichtet wurde. Doch als 2003 dieses wieder aufgestellt werden sollte, hat man Kreutzwald einfach ein Stück verrückt.

Mit einem dritten Denkmal, das seit 1987 hier steht, wurde der Schriftsteller Oskar Luts verewigt.

Auf der linken Seite, gegenüber dem Rathausplatz, sehen wir die **Bogenbrücke,** die den Fluss Emajõgi überspannt. Am Brückenkopf steht ein kleines Modell der ehemaligen Brücke, die bis zum Zweiten Weltkrieg dort stand. Diese ursprüngliche Brücke war auf Befehl von Zarin Katharina II. erbaut worden.

Die heutige Brücke wird nach einer festen Tradition von Studienabsolventen – anstatt auf dem gewöhnlichen Weg – über den weit in die Höhe steigenden Brückenbogen überquert. Natürlich ist der Studentenscherz gefährlich und nicht umsonst offiziell verboten. Und die örtliche Polizei sieht das überhaupt nicht gerne. Also geschieht das ganze nachts im Schutze der Dunkelheit.

Am Ende unseres Spaziergangs durch Tartu liegt am östlichen Rande des Rathausplatzes die **Gemäldegalerie** der Stadt (geöffnet Mi – So 11 – 18.00 Uhr, Info-Tel.: 74-41 08 0, Fax: 73-41 05 0, E-Mail: tartmus@tartmus.ee). Sie ist gut zu erkennen wegen der schrägen Stellung des Gebäudes. Das Galeriebau wurde im Jahr 1793 auf Teilen der alten Stadtmauer erbaut. Eine Seite des Gebäudes wurde auf Holzpfählen aufgebaut, die im Laufe der Zeit abgesunken sind. Das ist die Ursache der Schieflage des Hauses. In der Gemäldegalerie wurde eine Dauerausstellung über estnische Kunst untergebracht

Botanischer Garten in Tartu

Nicht nur in der Stadtmitte, auch außerhalb findet der interssierte Besucher interessante Museen.

Beispielsweise befinden sich auf der Vanemuisestraße im Gebäude mit der Hausnummer 46 das **Zoologie-** und das **Geologiemuseum** der Universität *(geöffnet Mi – So 10 – 16.00 Uhr, Info-Tel.: 73-75 83 9, Fax: 73 75 83 6, Web: www.ut.ee/bggm, E-Mail: mi@ut.ee).*

Daneben ist das **Estnische Literaturmuseum** untergebracht *(geöffnet Mo – Fr 9 – 17.00 Uhr und Sa 9 – 16.30 Uhr, Info-Tel.: 73-77 70 0, Fax: 73-77 70 6, Web: www.kirmus.ee, E-Mail: kirmus@kirmsu.ee).*

Gehen Sie über die Straße Pepleri, auf der sich die ehemaligen **Zellen des KGB (12)** befinden. Diese geben einen Einblick in die Zeit der Okkupation und sind *geöffnet von Di – Sa 11 – 16.00 Uhr.* Im Gegensatz zu früheren Zeiten bekommt man bei diesem KBG auch schon vorab Informationen unter *Tel.: 74-61 71 7, Fax: 74-61 91 2, Web: www.tartu.ee/linnamuuseum, E-Mail: info@katarina.ee.*

Wenn wir dahinter links abbiegen und so die Riiastraße erreichen, treffen wir auf das **Militärmuseum (13)**. Es wurde im Haus Nummer 12 untergebracht. Für eine Besichtigung ist eine Voranmeldung erforderlich: Tel. 73-14 16 1.

Ein weiteres Museum, das **Oskar Lutsu-Museum (14),** befindet sich in der kleinen Villa Haus Nummer 38 *(geöffnet Mi – Sa 11 – 17.00 Uhr, So 13 – 17.00 Uhr, Info-Tel.: 74-61 03 0, Web: www.tartu.ee/linnamuuseum)*. Oskar Luts, der von 1887 bis 1953 lebte, war ein estnischer Schriftsteller. Wegen seines Schreibstils wurde er auch Charles Dickens von Estland genannt. Die Ausstellung handelt über sein Leben und seine Werke, von denen es 69 verschiedene gibt. Sein Erstlingswerk wurde 1912 veröffentlicht.

Der **Bahnhof (15)** befindet sich im südwestlichen Teil des Stadtzentrums.

Das **Estnische Nationalmuseum (16)** findet man in der Kuperjanovistraße Nr. 9 *(geöffnet von Mi – So 11 – 18.00 Uhr, Info-Tel.: 74-21 31 1, Fax: 74-22 25 4, Web: www.erm.ee, E-Mail: erm@erm.ee)*.

ABSTECHER NACH PIIRISSAAR

ROUTE: *Verlassen Sie Tartu über die Straße 45 südöstwärts bis nach* ***Issaku****. Dort biegen Sie links ab und folgen der Beschilderung nach* ***Võnnu****. Über* ***Lääniste*** *und* ***Ahunapalu*** *geht es zur Anlegestelle für das Schiff nach* ***Piirissaar.***

Mit dem Auto ist die kleine **Insel Piirissaar** nicht zu erreichen, doch soll sie deswegen nicht unerwähnt bleiben.

Piirissaar liegt rund 65 km östlich von Tartu mitten im **Peipus-See**, dem größten See des Baltikums. Genauer gesagt liegt die Insel auf der Grenze zwischen dem nördlichen Peipus-See und dem südlicheren Abschnitt, dem Lämmijärv. Auf russischer Seite heißt das Gewässer weiter im Süden Pskovskoe Ozero (est.: Pihkva Järv).

Wer Ruhe sucht, der wird sie auf der kleinen Insel Piirissaar finden. Das Eiland, das dem estnischen Volksepos nach durch den Helden Kalevipoeg entstanden ist, beherbergt heute drei Dörfer, in denen insgesamt nur noch 100 Menschen leben. Und selbst bei diesen minimalen Einwohnerverhältnissen wird das Dorf **Tooni** noch als Zentrum der Insel bezeichnet. Die anderen beiden Siedlungen heißen **Piiri** und **Saare**.

Zu erreichen ist die Insel entweder mit dem Schiff oder mit einem kleinen Sportflugzeug, das allerdings nur auf einer Wiese landen kann, wenn diese nicht durch Hochwasser geflutet ist. Mit dem Auto ist die Insel nur im Winter erreichbar, wenn der Peipus-See zugefroren ist.

Doch so rührselig sich das anhört, die Insel war in den letzten Jahrhunderten auf Grund ihrer strategisch wichtigen Lage mehrfach Ort von Feindseligkeiten.

Mitte des 13. Jahrhunderts kämpften Ritter des Deutschen Ordens auf dem Eis des Sees. Bei dieser Schlacht sollen 400 Deutschordensritter umgekommen sein. Geplant war die Missionierung Russlands, doch die russische Armee unter Führung des Fürsten Alexander Newski schlug die Angreifer und wurde dadurch zum Nationalhelden Russlands. Zahlreiche russisch-orthodoxe Kirchen sind nach ihm benannt.

Auch im letzten Jahrhundert waren Deutsche an Kämpfen auf der Insel beteiligt. Nachdem Soldaten der Roten Armee das Eiland besetzt hatten, wurde sie von den Deutschen zwei Wochen lang bombardiert und die Russen dadurch wieder vertrieben.

Noch heute trifft man auf militärische Einrichtungen. Nicht zu übersehen ist zum Beispiel der 38 m hohe Grenzbeobachtungsturm der Esten. Immerhin darf man nicht vergessen, dass nur wenige Meter von der Küste die EU-Außengrenze verläuft. Es soll hier (selbst ausprobiert haben wir das aber nicht!) die Möglichkeit geben, nach Absprache mit den Grenzbeamten den Turm auch zu besteigen.

Die Bewohner der Insel Piirissaar leben hauptsächlich vom Fischfang und Gemüseanbau. Der Boden ist relativ fruchtbar, da der See oft über die Ufer steigt und die Erde mit Nährstoffen anreichert.

PRAKTISCHE HINWEISE – TARTU

Touristeninformation, Raekoja plats 14, 51004 Tartu, Tel.: 74-42 11 1, E-Mail: tartu@visitestonia.com, Öffnungszeiten: Mo - Fr 9 – 18.00 Uhr, Sa und So 10 – 15.00 Uhr.

Feste und Folklore: Im Februar findet der populäre Tartu-Ski-Marathon statt. Ende Mai wird immer eine beliebte Fahrrad-Rallye organisiert. Von Juni bis August feiert die Stadt das Sommer-Musik-Festival und es werden in der Zeit immer wieder Open-Air-Konzerte durchgeführt. In der letzten Juniwoche findet dann schließlich das Hansetage-Festival statt. Die Ühispank organisiert regelmäßig im September einen Fahrradmarathon. Während des gesamten Jahres finden immer wieder kleine Theateraufführungen, Konzerte und Festivals statt, die im Zusammenhang mit dem studentischen Leben der Stadt stehen.

Restaurant

Restaurant Itaalia Köök, Gildi 7, Tel.: 74-23 74 7. Italienisches Restaurant im Herzen der Altstadt. Geöffnet täglich von 12 – 23.00 Uhr, Fr und Sa bis 24.00 Uhr.

Lokaal Suudelvad Tudengid, Raekoja plats 10, Tel. 73-01 89 2, Web: www.maksuamet.com. Typischer und bei den Studenten beliebter Pub.

Café Wilde, Wilde Irish Pub, Ülikoolistraße, Tel.: 73-09 76 2 oder 73-09 76 4, Web: www.wilde.ee.

Hotels

Hotell Draakon, Rakoja Plats 2, Tel.: 74-42 04 5, Fax: 74-34 54 0, E-Mail: tonyas@solo.delfi.ee. Direkt am Rathaus befindet sich dieses luxuriöse Hotel. Besonders schön ist das im Barockstil gehaltene Restaurant im Erdgeschoss. Die modern eingerichteten Zimmer verfügen über Farb-TV und Telefon.

Oru Villa, Oru 1, Tel.: 27-42 29 98, Fax: 27-42 28 94. Sechs komfortable Gästezimmer, Sauna, Tennisplatz und abschließbarer Parkplatz bietet diese altehrwürdige Villa mit langer Geschichte. Das Haus wurde 1929 im Jugendstil erbaut und war lange Zeit Wohnsitz von Ants Piip. Er war einer der Unterzeichner des Tartuer Friedensvertrags mit der Sowjetunion, der für die erste unabhängige estnische Republik notwendig war. Später war er estnischer Botschafter in London und Washington. Seine Familie flüchtete während der sowjetischen Okkupation in den Westen und die Villa wurde zur Minister-Residenz. Erst im Jahre 1994 konnte das Haus der Familie Piip wieder zurückgegeben werden.

Rehe Hotell, Võru 235, Tel.: 73-07 28 7, Fax: 73-07 28 8, Web: www.rehehotell.ee, E-Mail: rehehotell@rehehotell.ee. 5 km außerhalb des Stadtzentrums Richtung Võru liegt dieses dreigeschossige Gebäude. Es bietet günstige und komfortable Zimmer, allesamt mit Sat-TV und Telefon. Die luxuriöseren Zimmer verfügen über Privatsauna und Kamin. Ein Einzelzimmer kostet 400,00 EEK. Zum Hotel gehören eine Sauna, eine Bar, ein Restaurant und ein bewachter Parkplatz.

Hotell Tartu, Soola 3, Tel.: 73-14 30 0, Fax: 73-14 30 1, Web: www.tartuhotell.ee, E-Mail: info@tartuhitell.ee. In 56 Einzel- und Doppelzimmern kann man hier direkt neben dem Busbahnhof mit Blick auf den Emajõgi nächtigen. Die Zimmer (695,00 EEK für ein Einzelzimmer) verfügen über SAT-TV, Telefon und optional über einen Internetanschluss. Im Erdgeschoss befinden sich ein Restaurant, eine Sauna und ein Wellness-Center.

Wohnmobil-Stellplatz

Wohnmobil-Stellplatz, das Bed & Breakfast Herne bietet einen Stellplatz vor dem Haus an. Zusätzlich gibt es eine kleine Zeltwiese, einen Grillplatz und Duschen für die Gäste. Das Grundstück liegt rund 15 Gehminuten nördlich vom Zentrum entfernt in der Herne Straße 59, Frischwasser ist möglich, Entsorgung jedoch nicht.

W**ohnmobil-Stellplatz**, auf dem Parkplatz des Hotels Rehe. Es erlaubt das Übernachten im Wohnmobil vor dem Haus, keine Ver- und Entsorgungsmöglichkeit.

13. TARTU - NARVA

Länge der Tour: Rund 207 km, ohne Abstecher.

Strecke: Straße 3 bis Straße 43 – Straße 43 bis **Koosa** – Schotterstraße bis **Varnja** – Nebenstraße bis **Alatskivi** – Straße 43 bis **Mustvee** – Straße 3 bis **Jõhvi** – Straße 1/E20 bis **Narva**.

Empfohlene Reisedauer: Mindestens ein Tag.

Reisehöhepunkte auf dieser Tour: **Dörfer** der **Altgläubigen***, **Peipus-See** **, Besichtigung der Hermannfeste in **Narva** **.

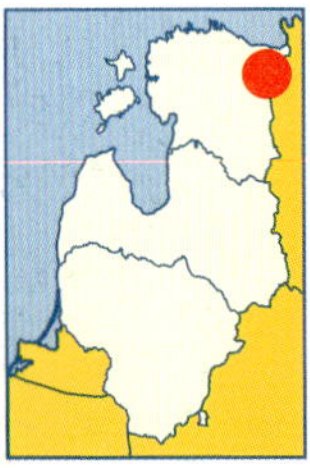

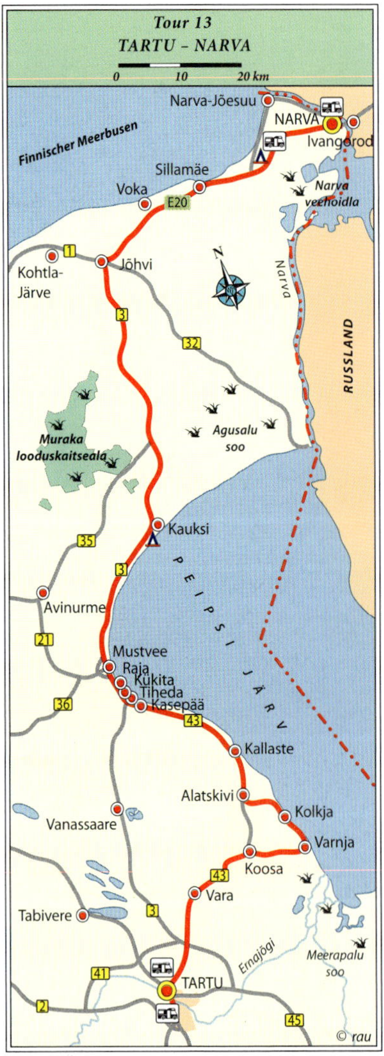

*→ **ROUTE:** In **Tartu** überqueren wir bei McDonald´s den Fluss und fahren auf der A3 aus der Stadt hinaus. Im kleinen weiter nordöstlich gelegenen Ort **Aovere** biegen wir rechts ab in Richtung **Vara**. Hinter der folgenden Ortschaft **Koosa** biegen wir erneut rechts ab und fahren auf der Schotterstraße bis nach **Varnja**.*

An dieser Stelle treffen wir auf den viertgrößten Binnensee Europas, den **Peipus-See**, im Estnischen auch Peipsi-Järv. Bei dem 3.555 km² See handelt es sich zugleich um die Staatsgrenze zwischen Russland und Estland und ist damit auch EU-Außengrenze.

Bei der Größe des Sees kann man das andere Ufer nicht erkennen. Das Gewässer vermittelt eher den Eindruck eines Meeres.

Hier in **Varnja** befinden wir uns direkt nördlich der Emajõgi-Mündung. Die hiesige Region ist hauptsächlich von Russen und von den so genannten „Altgläubigen" bewohnt. Auf unserem weiteren Reiseweg an der Küste entlang nordwärts, kommt man durch zahlreiche kleine Ortschaften, in denen noch Spuren der Altgläubigen-Kultur zu sehen sind.

In Varnja existieren zwei **Kirchen**, eine russisch-orthodoxe aus dem Jahr 1855 und eine der Altgläubigen von 1903. Ferner gibt es in dem kleinen Fischerdorf ein **Museum** über die Geschichte und das Leben der Altgläubigen. Es befindet sich in der zweiten Etage des ehemaligen Postgebäudes und es ist sinnvoll anzurufen, damit man es besichtigen kann, Tel.: 74-52 91 1.

*ROUTE: Weiter geht die Fahrt nordwärts an der Küste entlang über die Ortschaft **Kolkja** nach **Alatskivi**.*

Kolkja ist ein Zusammenschluss aus den Gemeinden Klein-Kolkja, Groß-Kolkja und Sohvia.

Das Örtchen Sohvia entstand in den 1820er Jahren und erhielt seinen Namen zu Ehren der Tochter des Gutsherren Stackelberg.

In Kolkja und auch den anderen kleinen Dörfern am Ufer des Peipus-Sees, wie z.B. Varnja, Kasepää und Nina, lebt hauptsächlich neben zahlreicher russischer Bevölkerung die Volksgruppe der Altgläubigen.

Die Altgläubigen sind eine Gemeinschaft, die den weltlichen Dingen in vielerlei Hinsicht eine Absage erteilten. Sie verweigerten den Schulbesuch, negierten religiöse Anlässe und gingen sakralen Gebäuden anderer Glaubensrichtungen aus dem Weg. Auf Grund dieser Einstellung waren sie in der Bevölkerung nicht sonderlich beliebt und wurden im 17. Jahrhundert vertrieben. Sie „durften" sich in einer Region Estlands ansiedeln, wo der Boden nicht besonders fruchtbar war und wo baltendeutsche Gesetze galten.

Auffällig ist die Bauweise der Wohnhäuser der Altgläubigen. Die Häuser sind allesamt farbenfroh, aber im Grundriss meistens gleich. In aller Regel findet sich hinter dem Haus ein geschlossener Hof, der dem Gemüseanbau dient. Vorwiegend pflanzten die Altgläubigen Gurken und Zwiebeln an, die seit alters her für ihren guten Geschmack berühmt sind.

Anfang des letzten Jahrhunderts lebten noch ca. 8.000 Menschen in den Dörfern der Altgläubigen. Heute hingegen sind es lediglich noch 1.000 Einwohner.

Aber diese relativ kleine Volksgruppe bewahrt mit viele Liebe ihre Traditionen und stellt sie mittlerweile auch im **Museum in Kolkja** aus *(geöffnet Di – Sa 11 – 17.00 Uhr)*. Das Museum zeigt Exponate aus dem Leben eines Altgläubigen und bringt einem so die Lebensweise dieser Volksgruppe näher.

das estnische Ufer des Peipus-Sees

Aleskiue und *Allatkiwwi* sind die ehemaligen Namen des Ortes **Alatskivi**. Sie stehen für den damaligen Gutshof, der 1601 zum ersten Mal erwähnt wurde. Heute befindet sich ein kleines **Schloss** auf dem Grundstück des Hofes. Als Vorbild für das Schloss diente unter anderem das berühmte Schloss Balmoral in Schottland.

Der Besitzer des Gutes, ein gewisser Arved George von Nolcken, reiste viel und ließ sich von anderen Schlössern inspirieren. Schloss Alatskivi ließ er hauptsächlich von Russen errichten, die in den benachbarten Orten Nina und Kolkja lebten. Le-

PRAKTISCHE HINWEISE – ALATSKIVI

Touristeninformation, Tartumaa, Tel: 52-75 74 4, E-Mail: looduskeskus@alatskivi.ee. Geöffnet von Mo – Fr 9 – 17.00 Uhr.

Feste und Folklore: In der ersten Augustwoche wird regelmäßig das Schlossfest veranstaltet.

PRAKTISCHE HINWEISE – KALLASTE

Touristeninformation, Keskväljak, Tel: 74-52 70 5, E-Mail: turism@kallaste.ee.

diglich die Schreinerarbeiten wurden von Arbeitern aus Tartu gefertigt.

Über zwei Etagen dehnt sich die **Empfangshalle** aus. In ihr befinden sich ein Neo-Renaissance-Portal, zwei Kamine und eine stolze Säulengalerie.

Weitere 98 Räume verteilen sich auf einer Fläche von rund 1.200 m^2.

Eine breite Treppe bringt den Besucher zu den **Wohnräumen** und in die **Bibliothek.** Auf der unteren Etage sind die **Repräsentationssäle** untergebracht.

Das Gebäude, das in den letzten Jahren auch als Kaserne und Grundschule genutzt wurde, wird von einem 60 ha großen **Park** umgeben, in dem sich zwei malerische Seen befinden. *Geöffnet Mai – Sept. Mi – So 9 – 19.00 Uhr, sonst nur auf Anfrage. Info-Tel.: 52-86 59 8; Web: www.muusa.ee.*

*ROUTE: Der nächste nördlichere Ort, den wir erreichen ist **Kallaste**.*

In **Kallaste** findet man die **Michaelskirche** aus dem Jahr 1777. Sie steht dort, wo schon im 14. Jahrhundert ein kleines Gotteshaus errichtet wurde. Das Altarbild „Jesus am See" wurde von einem Künstler in Dresden gestaltet.

Des Weiteren kann der Ort die einzige **Steilklippe** des gesamten Peipus-Sees auf estnischer Seite vorweisen.

ROUTE: Sobald wir Kallaste verlassen haben, erreichen wir den Landkreis Jõgevamaa, an dessen östlichster Grenze wir weiter nordwärts am Ufer des Peipus-Sees entlangfahren.

Kasepää, **Tiheda**, **Kükita** und **Raja** liegen direkt hintereinander und bilden eine Aneinanderreihung von Dörfern, so dass man unter Umständen nicht merkt, in welchem Dorf man sich gerade befindet.

Im letzten Ort, **Raja**, steht das **Kloster der Altgläubigen**. Im Inneren wird nur noch der Gebetsraum benutzt, die übrigen Räume sind leer.

Neben dem Kloster erhebt sich der Glockenturm, in dem sich noch heute acht massive Glocken befinden.

Hinter dieser Perlenschnur von Dörfern treffen wir auf die größte Stadt am Peipus-Ufer, **Mustvee**. In Mustvee, das schon 1493 erstmals namentlich erwähnt wurde, gibt es aber so gut wie keine alten Häuser mehr, denn die Stadt wurde im Zweiten Weltkrieg zu 75% zerstört. Und von den ehemals sieben Kirchen Mustvees sind nur drei erhalten geblieben.

Hinter Mustvee kommen wir in den Landkreis Ida-Virumaa. Er ist der nordöstlichste in Estland und grenzt direkt an Russland. Zudem ist er der erste Landkreis auf unserer Tour durch Estland, der mit seiner Steilküste bis an die Ostsee reicht.

Interessant im Landkreis Ida-Virumaa ist die Statistik über die Bevölkerungsgruppen, denn nur 67 % der hiesigen Einwohner sind Esten. Der restliche Anteil ist russischen Ursprungs. Betrachtet man dagegen ausschließlich die Bevölkerung in den Städten, ist der Anteil der russisch-stämmigen Einwohner wesentlich größer. Denn in allen Städten leben lediglich 13% Esten, wobei die Grenzstadt Narva fast nur von Russen bewohnt ist. Nur knapp 4% aller Bürger in Narva sind Esten.

ROUTE: Hier, wo der Peipus-See zum Erholungsgebiet wird und an der Küste Pinienwälder wachsen, verlassen

PRAKTISCHE HINWEISE – MUSTVEE

Touristeninformation, Tartu 26, Tel.: 77-26 74 0, E-Mail: info@peipsi.ee. Öffnungszeiten: Di – Do 11 – 17.00 Uhr, Sa, 11 – 15.00 Uhr.

Jugendherberge

Jugendherberge Spordihoone, Narva 24, Tel.: 50-23 53 2, Web: www.mvg.edu.ee, E-Mail: mvg@hot.ee. Doppel- und Dreibettzimmer für insgesamt 34 Gäste. Die Duschen befinden sich im Erdgeschoss. Sauna Gymnastikraum und Tennismöglichkeit. Die Übernachtung kostet 50,00 EEK.

Camping bei Kauksi

Camping Telklager, Hanseni 17, **Kauksi,** Tel.: 50-35 22 1, E-Mail: telklager@hot.ee. Kleiner Campingplatz (0,5 ha) für Auto- und Zelttouristen, schön im Wald gelegen. Mindestausstattung.

*wir ihn nordwärts und bleiben auf der A3 in Richtung **Jõhvi**.*

Hauptort des Bezirkes ist die Kleinstadt **Jõhvi** mit gerade mal 14.000 Einwohnern.

Jõhvi wurde das erste Mal 1241 in einer schriftlichen Aufzeichnung der Dänen erwähnt. Doch bis auf die Errichtung einer Kirche in der zweiten Hälfte des 13. Jahrhunderts gibt es über die Stadt wenig zu berichten.

Den Status einer Stadt erhielt Jõhvi erst 1938. Nach dem Zweiten Weltkrieg wurde sie zur Bezirkshauptstadt erhoben.

Im Krieg erlitt Jõhvi's Altstadt starke Schäden, lediglich zwei Kirchen und einige wenige Steinhäuser sind erhalten geblieben.

Am Hauptplatz fällt sofort die grüne **russisch-orthodoxe Kirche** auf, die zwischen den beiden Einkaufszentren steht.

Imposanter aber ist die **Michael-Kirche**. Sie stammt aus dem 13. Jahrhundert und wurde im gotischen Stil erbaut. Das einschiffige Gotteshaus beherbergt heute das moderne **Kirchenmuseum** *(geöffnet Di – Sa 11 – 16.00 Uhr, Eintritt 5,00 EEK, Info-Tel.: 51-87 59 0, E-Mail: info@johvimuuseumiselts.ee, Web: www.johvimuuseumiselts.ee)*.

Der Museumseingang ist etwas versteckt auf der anderen Seite des Kirchhofs. Das Museum hält CDs in sechs Sprachen bereit, die die gesamte Ausstellung und die Kirchengeschichte erläutern.

*ROUTE: Am Nordrand von **Jõhvi** verläuft die A1, die uns ostwärts in das 47 km entfernte **Narva** bringt.*

Gegenüber dem Hauptort Jõhvi ist **Narva** mit 88.000 Einwohnern rund sechsmal größer und hat zudem deutlich mehr zu bieten.

Narva befindet sich direkt an der russischen Grenze und ist drittgrößte Stadt des Landes. Die Grenze hat es während der Sowjetzeit natürlich nicht gegeben und die Brücke über den Narva-Fluss, auf der sich heute der Grenzpunkt befindet, war Teil einer Hauptverbindungsstraße zwischen Tallinn und St. Petersburg.

Aber schon seit dem Mittelalter befindet sich hier eine Grenze ganz anderer Art. Denn hinter Narva beginnt das Glaubensgebiet der orthodoxen Kirche.

Als eine der ersten Städte Estlands wurde Narva im Jahr 1240 gegründet. Schon 1345 hatte Narva Stadtrechte. Heute ist es die größte Transit- und Grenzstadt.

Die meisten Einwohner haben russische Wurzeln. Nur jeder 25. Einwohner ist Este.

Bei der Anreise brauchen Sie nur geradeaus zu fahren und erreichen ganz automatisch den **Peetri plats**, wo sich auf der rechten Seite Parkplätze befinden. Weiter kommen Sie ohne ein russisches Visum an dieser Stelle sowieso nicht, da direkt hinter dem Peetri Plats die Grenze zu Russland verläuft.

Praktische Hinweise – Jõhvi

Touristeninformation, Rakvere 13a, 41533 Jõhvi, Tel.: 33-70 56 8, johvi@visitestonia.com, Öffnungszeiten: Mo - Fr 10 – 18.00, Sa und So 10 – 15.00 Uhr.

Restaurant

Restaurant Linnaisa kohvik, Tartu mnt. 2, Tel.: 33-56 99 6. Geöffnet Mo – Do von 9 – 20.00 Uhr, Fr und Sa 10 – 22.00 Uhr, So 10 – 20.00 Uhr. Kleines, gemütliches Steakrestaurant.

Hotel

Hotel Wironia, Rakvere 7, Tel.: 33-64 20 0, Fax: 33-64 21 0, Web: www.wironia.ee, E-Mail: info@wironia.ee. Das zweigeschossige Hotel befindet sich im Zentrum der Stadt und bietet 45 Gästen Platz. Die Zimmer sind zweckmäßig ausgestattet und haben Dusche, WC und Telefon. Im Erdgeschoss und in der ersten Etage befinden sich Cafeterias mitsamt großer Terrasse. Zum Hotel gehört ein **bewachter Parkplatz**.

Blick von der estnischen Hermannsfeste auf die russische Burg Ivangorod

Der Grenzübergang stört das Stadtbild erstaunlicherweise kaum und die erwarteten langen Auto- und Lastwagenschlangen bleiben aus.

Gehen wir nun Richtung Grenzübergang und an dem dortigen Zaun rechts vorbei, so passieren wir die zur **Burg** bzw. zur **Hermannfeste (Hermanni linnus)** gehörenden Steinmauern aus dem Ende des 13. Jahrhunderts *(geöffnet Mi – So 10 – 18.00 Uhr)*. Hier befindet sich zugleich das **Stadtmuseum** *(geöffnet Mi – So 10 – 18.00 Uhr)*.

Vor dem Gemäuer durchqueren wir noch den Park, wo das sowjetische Monument mit dem roten Stern auf der Spitze nach der Wiedererlangung der Unabhängigkeit nicht entfernt wurde. Wie man hört gibt es auch keine Pläne, das Denkmal in absehbarer Zeit abzureißen.

Etwas versteckt befindet sich in unmittelbarer Nähe auch noch ein Lenin-Denkmal, das in früheren Zeiten mitten in der Stadt stand.

Wenn man die Hermannsfeste betritt, findet man sich zunächst auf einer grünen Wiese wieder, die auf der anderen Seite von einer kleineren Mauer abgegrenzt wird. Dahinter geht es steil zum Fluss bergab. Auf der anderen Uferseite sind gut die Grenzpfosten Russlands zu erkennen.

Nicht zu übersehen ist neben der Wallmauer der „lange Hermann", der Hauptturm. Die Hermannfeste wurde von den Dänen erbaut, die damals ganz Nordestland beherrschten, bis Sie im 14. Jahrhundert an den Deutschen Orden abgegeben wurde. Schließlich gelangte die Burg in die Hände des livländischen Ordens.

Imposant und bedrohlich steht auf der anderen Flussseite direkt gegenüber der Hermannsfeste eine weitere Burg, die **Burg Ivangorod.** Sie wurde von den Russen im 16. Jahrhundert erbaut.

Besonders schön ist der Anblick der beiden Burgen, wenn man weiter südlich an den schwedischen Löwen steht. Dieses Denkmal steht außerhalb der Festung und wurde anlässlich der 300-Jahrfeier des Nordischen Krieges errichtet. Es erinnert an den Sieg der Schweden, die in Narva erfolgreich einen Angriff der Russen abwehrten, obwohl diese mit 50.000 Soldaten weit in der Überzahl waren.

Die **schwedischen Löwen** erreichen Sie über die Allee, die vom Peetri Plats aus nach Süden führt.

An der Ampel gehen Sie links und sehen in unmittelbarer Nähe des Löwendenkmals die **Alexanderkirche**. Schon vom Burghof der Hermannsfeste aus konnte man sie sehen. Doch je näher man kommt, umso enttäuschter ist man. Im Zweiten Weltkrieg wurde das polygone und säulenlose Kirchengebäude stark zerstört. Im Anschluss daran nutzte die Sowjetführung das Haus als Lagerhalle. Es werden zwar gelegentlich

Restaurierungsarbeiten durchgeführt, doch wann in der Kirche wieder ein Gottesdienst stattfinden kann, ist fraglich. Dabei ist es eine der wenigen Kirchen, die nur für Esten bestimmt waren.

Im 19. Jahrhundert hielt auch in Narva die Industrialisierung Einzug, die zahlreiche Volksgruppen anzog. In der Stadt lebten damals zahlreiche Finnen, Russen, Schweden und Deutsche. Alle Nationalitäten hatten ihr eigenes Gotteshaus – bis auf die Esten, die schon damals eine Minderheit in der eigenen Stadt waren. Ihnen blieb nichts anderes übrig als die Johanneskirche der Deutschen oder die Michaelkirche der Finnen anzumieten. Erst als Gutsherr George von Cramer das Grundstück in Flussnähe stiftete, konnten die Esten ihre eigene Kirche bauen, die 5.000 Menschen Platz bot.

Praktische Hinweise – Narva

Touristeninformation, Pükini 13, 20309 Narva, Tel.: 3560 184, E-Mail: narva@visitestonia.com, Öffnungszeiten: Mo - Fr 9 – 18.00 Uhr, Sa und So 10 – 15.00 Uhr.

Feste und Folklore: Theaterfestival „Tage von Narva" Anfang Juni in der Festung und in der Altstadt.

Restaurants

Geneva Music Cafe, Võldu Prospekt 2, Tel.: 35-99 42 0, Web: www.geneva.ee, E-Mail: info@geneva.ee. Die Top-Adresse in Narva, wenn es um das abendliche Ausgeh-Vergnügen geht. Live-Musik wird fast täglich geboten. Öffnungszeiten: Mo – Do 11 – 22.00 Uhr, Fr 11 – 23.00 Uhr, Sa 12 – 24.00 Uhr und So 11 – 22.00 Uhr.

German Pubi, Puškini 10, Tel.: 35-91 54 8, Web: www.germanpub.ee. Gemütliches Fischrestaurant, geöffnet täglich von 11 – 02.00 Uhr.

Restaurant Kohvik Magrib, Lavretsovi 8, Tel.: 35-72 63 8. Täglich geöffnet von 12 – 24.00 Uhr.

Hotels

Hotel Narva, Puškini 6 Tel.: 35-99 60 0, Fax: 35-99 60 3, Web: narvahotell.ee, E-Mail: hotel@narvahotell.ee. Das vierstöckige Gebäude ist das größte Hotel in Narva und beherbergt 27 moderne Doppel- und 15 Einzelzimmer sowie 3 Suiten mit Internetanschluss und Minibar. Im Restaurant im Erdgeschoss wird am Wochenende Live-Musik gespielt. Vor dem Haus befindet sich ein bewachter Parkplatz.

Hostel Vanalinn, Koidula 6, Tel.: 35-73 25 3, Fax: 35-73 25 4, Web: www.narvalinn.ee, E-Mail: vannalinnahot@hot.ee. 14 einfache Doppelzimmer.

Wohnmobil-Stellplatz

Wohnmobil-Stellplatz, das **Hotel Etapp**, Lavretsovi 5, Tel.: 35-91 33 3 bietet Stellplätze an. Hinter dem Haus befindet sich ein videoüberwachter Parkplatz mit sechs Stellmöglichkeiten, vor dem Haus können zwei Wohnmobile übernachten. Die Gäste dürfen WC, Strom, Frischwasser und natürlich die Hotelbar benutzen sowie das kostenlose Internet in der Lobby. Die Übernachtung kostet € 5, das Hotel befindet sich nördlich des Peetri Platz in der Lavretsovi Straße 5.

14. NARVA – TALLINN

Länge der Tour: Rund 255 km, ohne Abstecher.

Strecke: Straße 1/E20 über **Kohtla-Järve** bis **Pada** – Straße 20 bis **Kunda** – Nebenstraßen über **Altja**, **Sagadi** und **Palmse** bis **Loksa** – Straße 85 – Straße 1/E20 bis **Tallinn**.

Abstecher: Kleinere Abstecher über Stichstraßen zu diversen Küstenorten.

Empfohlene Reisedauer: Mindestens zwei Tage.

Reisehöhepunkte auf dieser Tour: **Ostsee** mit **Steilküste** **, **Lahemaa-Nationalpark** **, Besichtigung der Stadt **Tallinn** ***.

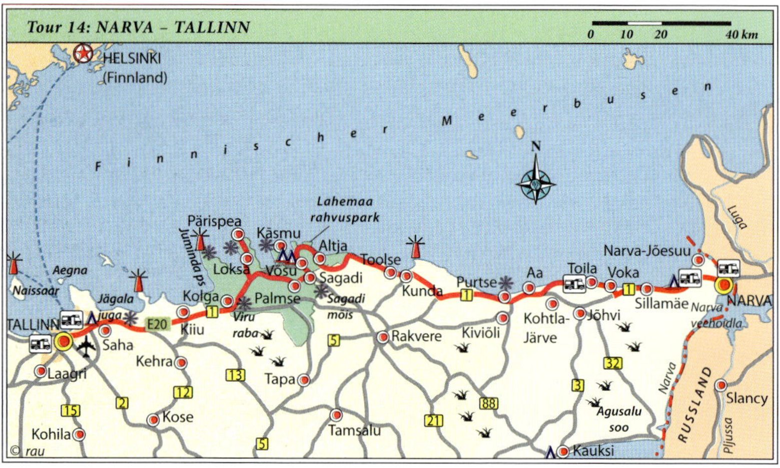

*ROUTE: Da **Narva** mehr oder weniger eine Sackgasse ist, fahren wir nun zuerst einmal rund 40 km zurück bis zum Abzweig nach **Voka**, wo wir rechts abbiegen, um auf der Küstenstraße nach **Kohtla-Järve** zu gelangen.*

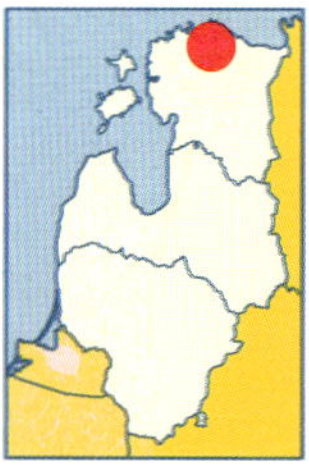

Man passiert **Laagna** und erreicht nach rund 20 Minuten Fahrt den kleinen Badeort **Sillamäe**. Dieser Ort war viele Jahre von der Außenwelt abgeschlossen, weil hier ein militärisches Kraftwerk betrieben wurde. Als die streng geheime Anlage geschlossen wurde, öffnete sich die Seestadt auch wieder für den Tou-

Wohnmobil Stellplatz – Laagna

Wohnmobil-Stellplatz – Am **Hotel Laagna** befindet sich ein großer Parkplatz für rund 40 Wohnmobile. Die Übernachtung kostet EEK 125 inklusive Strom und Frischwasser, die Duschen kosten EEK 30. Gelegen ist das Hotel 12 km westlich von Narva auf der rechten Seite. Die Einfahrt taucht nach einer langgezogenen Linkskurve auf.

Camping

Camping Raudkivi Talu, Tel.: 56-66 14 92 oder 52-55 02 5. Kleiner Privatplatz (0,5 ha) für 8 Wohnmobile oder Zelte, direkt an der Straße 1/E20 auf der rechten Seite, ca. 15 km westlich von Narva, gelegen. Einfache Standardausstattung.

Praktische Hinweise – Sillamäe

Restaurant Peetri Pizza, Viru pst 35, Tel.: 39-24 19 9. Mit großer Terrasse im Einkaufszentrum an der Hauptstraße gelegen.

Avalik Internetipunkt, Geoloogi 18, Tel.: 39-25 04 6.

Hotel

Krunk Hotell, Kesk 23, Tel.: 39-29 03 0. Kleines, privat geführtes Hotel mit einfachen aber zweckmäßigen Zimmer.

rismus. Denn schon im 18. Jahrhundert war Sillamäe ein Urlaubsort, damals für Intellektuelle aus Estland und Russland.

Heute ist Sillamäe eine Stadt mit typischer Architektur des Stalinismus, was man an der Innenstadt mit seinen breiten Boulevards und Alleen spürt.

Westlich von **Voka** liegt die kleine Ortschaft **Toila** (2.500 Einw.), in der sich ein schöner **Park** befindet. In diesem Park stand bis zum Zweiten Weltkrieg die Sommerresidenz des ersten estnischen Präsidenten. Im Krieg wurde sie zerstört.

Ansonsten sollte Toila wegen des 20 km langen **Steilküstenabschnittes** besucht werden. Dieser reicht bis nach Saka und ist stellenweise bis zu 56 m hoch.

Darüberhinaus findet man an der Felsküste den **höchste Wasserfall Estlands**. Man kann ihn schön von einer eigens angebrachten Plattform aus beobachten.

Die Steinschichten der Küste verraten die geologische Geschichte Estlands und geben einen Blick auf die letzten rund 500 Mio. Jahre. Die Esten sind sehr stolz auf diese **Kalksteinküste**, zumal es sich bei Kalk um ihren Nationalstein handelt. Nicht umsonst haben sie den Bereich zwischen Toila und Saka als Kandidat für die Aufnahme in die Liste UNESCO-Weltnaturerben vorgeschlagen.

Einen **schönen Aussichtspunkt** gibt es beispielsweise zwischen den beiden Dörfern Valaste und Ontika. Aber auch schon auf dem Weg dorthin hat man während der Fahrt einen weiten Blick über den Finnischen Meerbusen. Einfach rechts anhalten ist fast überall möglich.

Kohtla-Järve ist eine schnell wachsende Gemeinde mit rund 50.000 Bewohnern, die erst 1946 den Rang einer Stadt erworben hat.

Als industrieller Mittelpunkt Estlands produziert die Stadt das wichtigste Exportgut des Landes, Ölschiefer. Ähnlich wie im Ruhrgebiet sieht man auch in der Umgebung von Kohtla-Järve zahlreiche Abraumhalden der hiesigen Minen und Bergwerke. Diese reichen sogar bis in eine Höhe von 100 m. Amüsant ist hierbei der Gedanke, dass dies die einzigen wirklichen Berge in Estland sind, die man auch als solche erkennt.

Zum Thema Ölschiefer gibt es im Ort auch ein **Museum**, das den Besucher auch unter Tage führt und die Arbeit der Bergleute anschaulich zeigt. Das Museum befindet sich in der Keskallee 19 *(geöffnet Mo – Fr 9 – 17.00 Uhr, Info-Tel.: 33-24 70 1)*.

Praktische Hinweise – Toila

Restaurant Fregatt, Pikk 18, Tel.: 33-69 64 7. Empfehlenswertes Fisch-Restaurant im Zentrum von Toila. Geöffnet von So – Do 12 – 22.00 Uhr, sonst bis 24.00 Uhr.

Hotel mit Wohnmobil-Stellplatz

Hotel Toila Sanatoorium und Wohnmobil-Stellplatz, Ranna 12, Tel.: 33-42 90 0, Fax: 33-42 90 1, E-Mail: info@toilasanatoorium.ee, Web: www.toilasanatoorium.ee. Direkt neben dem oben erwähnten Park liegt dieser Hotelkomplex mit 270 Übernachtungsplatzen in komfortablen Einzel- und Doppelzimmern. Vom Restaurant aus hat man einen schönen Blick auf die Ostsee. Zum Haus gehören auch kleine Chalets mit jeweils 5 Betten. Im Untergeschoss sind ein 25 m langes Schwimmbecken sowie eine Sauna und ein Schönheitssalon untergebracht. Am Haus befindet sich **Platz für 25 Wohnmobile** (inklusive Strom 150,00 EEK), keine Ver- und Entsorgungsmöglichkeit.

Praktische Hinweise – Kohtla-Järve

Restaurant Trilobiit, Os. Tuuslari 10, Tel.: 33-44 10 1.
Greta Bar, Os. Tourjõe 23, Tel.: 33-27 61 0.

Hotel

Hotel Alex, Kalevi 3, Tel.: 33-96 23 0, Fax: 33-96 24 1, Web: alex.ee, E-Mail: alex@alex.ee. Zentral in Kohtla-Järve gelegen befindet sich das Hotel in der zweiten Etage eines dreistöckigen Gebäudes. Die 10 modernen Zimmer sind mit Farb-TV und Telefon ausgestattet. In der ersten Etage befindet sich das gleichnamige Lokal, in dem am Wochenende Live-Musik gespielt wird. Über den Hotelzimmern in der dritten Etage ist eine kleine Spielhalle mit Billard und einarmigen Banditen untergebracht.

*Route: Auf der A1 geht es weiter in Richtung Westen. Am kleinen Örtchen **Pada** biegen wir jedoch ab auf die Straße 20, die uns auf schnurgerader Strecke nach **Kunda** bringt. Von dort geht es an der Küstenstraße weiter bis **Loksa** und dem **Naturschutzgebiet Lahemaa**.*

Zuvor passieren wir jedoch noch zwei Abzweigungen, die wieder zur Küste führen. Zum einen geht es zum Ort mit dem kürzesten Namen in Estland, **Aa**. Dort befindet sich eines der ältesten Gutshäuser im Barockstil.

Der zweite Abzweig führt nach **Purtse.** Dort steht ebenfalls ein Herrenhaus. Es stammt aus dem 16. Jahrhundert und ist sehr gut erhalten. Heute werden dort zahlreiche Konzerte veranstaltet.

Das nördlichste Naturschutzgebiet Estlands ist **Lahemaa**. Viel Wald und zahlreiche kleine Fischerdörfer machen diese Region zu einem schönen Erholungsgebiet.

Vor allem für die Hauptstädter ist das 1971 gegründete Naturschutzgebiet ein beliebtes Ausflugsziel. Einige von ihnen haben sogar ein kleines Sommerhaus in Lahemaa stehen.

Die Fahrt über **Kunda** schreckt im ersten Moment etwas ab, da man zuvor durch hässliche Industrieansiedlungen muss. Einerseits handelt es sich um ein riesiges Zementwerk, andererseits ist hier ein Wasserkraftwerk errichtet worden. Es war das erste seiner Art im gesamten Baltikum und stammt aus dem Jahr 1893. Es gehört inzwischen zu einem deutschen Unternehmen, nämlich zum Energiekonzern RWE. Doch hat man erst einmal bei Karula den Naturpark erreicht, so kann man die herrliche Landschaft in Ruhe genießen.

Zuvor durchquert man noch **Toolse**, wo sich die Ruine einer ehemals mächtigen mittelalterlichen **Burg** befindet. Diese wurde im 15. Jahrhundert erbaut, da zu der Zeit auf der Ostsee zahlreiche Piraten ihr Unwesen trieben und man die Lage unter Kontrolle bringen wollte. Deswegen ist die Burg auch vom Meer aus zur Abschreckung sehr gut sichtbar gewesen.

Rund 25 km südlich von Kunda und Toolse befindet sich weiter im Inland die etwas größere Ortschaft **Rakvere**. Einstmals war der Ort eine äußest wichtige Station zwischen Tallinn und St. Petersburg. Später befand sich ganz Rakvere sogar mal in Privatbesitz, als die Schweden hier das Sagen hatten und König Gustav II. Adolf die Stadt an Reinhold von Brederod verschenkte.

Sehenswert sind heute die mächtigen **Mauerreste der Ordensburg** aus dem 13. Jahrhundert.

Über die Straße 23 gelangt man wieder nordwärts und erreicht auf dem Weg zum Lahemaa-Park den kleinen Ort **Haljala**, in dem die dortige **Kirche** besichtigt werden sollte. Man vermutet, dass für den Bau des Turmes die Marienkirche in Lübeck als Vorbild genommen wurde. Gebaut wurde die KIrche seinerzeit allerdings als Vorposten für die Burg von Rakvere, was man ihr an Hand der Schießscharten ansieht.

Der erste interessante Ort im 500 ha großen Lahemaa-Park ist **Altja**, ein Fischerdorf mit gerade mal 25 Einwohnern. Moderne Zeiten haben hier alllerdings noch nicht Einzug gehalten. Immer noch lebendig ist die Legende von den großen Steinen, die sich am Strand auftürmen. Ihr zufolge werden die Einwohner von Altja unter den Steinen geboren. Die Landschaftsform rund um Altja ist in der Eiszeit entstanden. Näheres hierüber erfährt man bei einer

Praktische Hinweise – Camping in Võsu

Camping Eesti Caravan, Lepispea bei Võsu. Tel.: 50-52 05 3, Web: www.zone.ee/karavanid, E-Mail: caravan@hot.ee. Der Platz gehört zum Eesti Caravan Klub, der seit 1980 besteht. Rund 100 Stellplätze befinden sich auf zwei großen Wiesen (2 ha), umringt von hohen Bäumen. Es gibt eine Sauna, die sich nur 50 m von der Ostsee entfernt befindet. Ebenso ist eine Waschmaschine vorhanden und eine Entsorgungsmöglichkeit. Die sanitären Anlagen sind modern und sauber, gute Standardausstattung.

Camping Lepispea Caravan, Web: www.hot.ee/lepispea. Dieser Platz liegt gleich neben dem Eesti Caravan. Nach Aussage der Besitzerin sind hier vermehrt Zelttouristen anzutreffen. Doch auch Wohnmobile können hier auf zwei kleineren Wiesen (1,5 ha) stehen. Es sind elektrische Anschlüsse vorhanden. Neben dem schönen Picknickplatz gibt es eine Sauna und saubere Sanitäranlagen, die aber bei hoher Belegung knapp werden können. Von der zweiten Stellplatzwiese sind es nur 20 Meter bis zur Ostsee mit Bademöglichkeit. Auch dort wurde ein kleiner Picknickplatz angelegt. Die Anfahrt findet über einen holperigen Waldweg statt. Vor einer Übernachtung sollte man den Wagen an der Straße stehen lassen und sich beide Plätze in Ruhe anschauen. Im Jahr 2005 kosteten beide 110 EEK pro Wohnmobil. Eesti Caravan wird aber auf der nächsten Mitgliederversammlung den Preis in unbekannter Höhe ansteigen lassen, einfache Standardausstattung.

Wanderung auf dem nahe gelegenen Naturschutz- und Lehrpfad Oandu.

Mitten in der kleinen und einzigen Kurve des Ortes befindet sich ein für diesen Ort verhältnismäßig großer Parkplatz.

Den wohl schönsten **Strand** in der näheren Umgebung kann die Gemeinde **Võsu** vorweisen. Gerade deshalb befinden sich in dem kleinen Ort zwei Campingplätze in unmittelbarer Nachbarschaft. Doch keine Sorge vor zuviel Rummel. Mehr als den Strand hat die Ortschaft nicht zu bieten.

Im „Kapitänsdorf" **Käsmu** befand sich von 1884 bis 1931 eine Seefahrtschule, in der zahlreiche estnische Schiffsführer ausgebildet wurden.

Außerdem gibt es in der kleinen Ortschaft, die auf einer Landzunge liegt, ein kleines **Heimat- und Meeresmuseum** in privater Regie, indem Ausstellungsstücke zu sehen sind, die einstmals als Strandgut gefunden wurden. Zudem erfährt man näheres über die Lebensart der Küstenbewohner. *Geöffnet Do – So 11 – 17.00 Uhr.*

Die Besichtigung des Ortes Käsmu ist ganz sicher einen Abstecher wert. Interessanter aber ist die Fahrt von Võsu in das südlicher gelegene Sagadi.

Wenige hundert Meter östlich des Ortes **Sagadi** erscheint auf der rechten Seite unvermittelt das **Gut Sagadi** mit seinen drei imposanten Gebäudeteilen.

In dem ansehnlichen barocken Gebäude aus dem Jahr 1753 befinden sich zahlreiche schöne **Wandgemälde** und **Möbel** aus der Zeit des 19. Jahrhunderts.

Heute beherbergt das Gut ein Hotel sowie ein **Forstmuseum** *(geöffnet Mai – September von 10 – 18.00 Uhr)*. Es informiert über die Waldnatur und Forstwirtschaft. Dazu werden hübsche Holzskulpturen gezeigt.

Hinter dem Hauptgebäude erstreckt sich ein kleiner Wald mit einem malerischen See.

Eine sehenswerte **Ausstellung über restaurierte Oldtimer** gibt es in dem 6 km weiter westlich gelegenen Ort **Palmse**. Die Hauptsehenswürdigkeit von Palmse liegt in einem weit angelegten Park des **Herrenhauses von Palmse**.

Das Landgut befand sich 250 Jahre im Besitz der baltendeutschen Familie von

Hotel in Sagadi

Hotel Sagadi, Tel.: 32-58 88 8, Fax: 32-58 88 0, Web: www.rmk.ee/sagadi, E-Mail: sagadi.hotell@rmk.ee. 14 Zimmer in dem Gut bieten Telefon und Sat-TV. Hinter dem Ostflügel befindet sich ein Obstgarten mit Gartenhäuschen, in dem sich ein Kaminzimmer befindet.

das Gut Sagadi

der Pahlen. Das Hauptgebäude des Gutshofes wurde im 17. Jahrhundert errichtet, zerfiel jedoch in der Zeit nach dem Ersten Weltkrieg, als die Familie das Land verlassen musste.

In den 1970er Jahren begann man schließlich unter Sowjetführung mit der Restauration und so präsentiert sich der Hof mit seinen Wirtschaftsgebäuden in einem gepflegten Zustand.

In Palmse befindet sich zudem das **Besucherzentrum des Nationalparks Lahemaa**. Info-Tel.: 32-95 55 5; E-Mail: info@lahemaa.ee.

ROUTE: *In **Palmse** geht es wieder rechts auf der befestigten Straße nordwärts in Richtung **Loksa**.*

Hinter Palmse gelangen wir in die **Region Haarjumaa**. Haarjumaa ist die zweitgrößte Region des Landes mit den meisten Einwohnern. Die Hauptstadt Tallinn gehört nämlich zu dieser Provinz, die über drei große Straßen aus allen Teilen des Landes bequem erreicht werden kann.

Haarjumaa ist durch die Stadt Tallinn in einen westlichen und einen östlichen Teil gespalten, was sich allerdings nur in Landschaftsmerkmalen bzw. in der Form der Küsten zeigt. So sind z. B. westlich von Tallinn keine Steilküsten zu finden.

Die nördlichste Festlandspitze Estlands erreichen wir bei einer Fahrt durch das unspektakuläre **Loksa** auf die **Halbinsel Pärispea**. Hier liegen am Strand zahlreiche Findlinge, manche mit einem Umfang von bis zu 25 m.

Im östlich der Halbinsel gelegenen Ort Viinistu ist im Haus einer ehemaligen Kolchose ein **Kunstmuseum** eingerichtet *(geöffnet Do – So 10 – 18 Uhr)*. Es stellt Exponate der modernen estnischen Kunst aus.

ROUTE: *Über die Straße 85 fahren wir südwärts und treffen wieder auf die A1, die hier nun zur Autobahn geworden ist und uns bequem in die estnische Hauptstadt **Tallinn** bringt.*

Bevor es auf die Autobahn geht, lohnt sich noch ein kleiner Stopp, um das **Viru-Hochmoor (Viru Raba)** zu besuchen. Wie so oft im Baltikum üblich, kann das Hochmoor über Holzbohlen betreten werden.

Im benachbarten **Kolga** befindet sich eines der ältesten Landgüter Estlands, das auch heute noch in Privatbesitz ist. Es war einst das größte Gut des Landes und verfügte über eine Branntwein- und eine Ziegelbrennerei.

Auf dem weiteren Weg in Estlands Hauptstadt passieren wir die Ortschaft **Kiiu**, wo sich die kleinste **Wehrbefestigung** (Kiiu Torn) des Landes befindet. Sie besteht aus einem einfachen Rundturm mit vier Etagen und einem hölzernem Wehrgang außerhalb der Mauern. Im Inneren befindet sich heute ein **Restaurant**, das leckere Gerichte auf der Karte hat.

Vor den Toren Tallinns erreichen wir den kleinen Ort **Jõeläthme**, der bekannt ist für eine Begräbnisstätte aus der Bronzezeit. Ausgrabungen und Forschungen haben ergeben, dass dort schon vor rund 3.000 Jahren Felder bewirtschaftet wurden. Darum wurde das Gebiet um das nördlich gelegene Rebala zur historischen Schutzzone erklärt.

Nicht weit davon entfernt, befindet sich einer der größten Wasserfälle in Estland. Es handelt sich um den **Fluss Jägala**, den wir kurz zuvor überquert haben. Imposant ist der Anblick des über 7 m hohen Gefälles im Winter, wenn der Fluss und damit auch der Wasserfall zufrieren.

Zwischen Jõeläthme und der Hauptstadt liegt südlich der Autobahn das Dorf **Saha**, das über eine kleine Kapelle verfügt. Sie ist sehr schlicht, präsentiert sich jedoch seit dem Mittelalter in ihrem noch heute unverfälschtem Aussehen.

Vor Tallinn liegen **zwei Inseln** in der Ostsee, Naissaar und Aegna, die jahrelang Sperrzone waren.

Die größere von ihnen, die **Insel Naissaar,** mit einer Fläche von über 18 km^2 war militärisches Sperrgebiet von 1710 bis 1995. Die großen Militäranlagen wurden zu Beginn des 20. Jahrhunderts errichtet. Die letzten Armeeangehörigen verließen die Insel im Jahr 1993. Die 50 Jahre davor durfte kein Privatmensch die Insel betreten.

Landschaftlich besteht das Eiland fast nur aus Wald und ist heute ein Naturpark.

In den letzten Jahren wurden einige schöne Wanderwege angelegt.

Einen regelmäßigen Schiffsverkehr zwischen dem Festland und der Insel gibt es allerdings nicht. Lediglich das Ausflugsschiff auf die wesentlich kleinere Insel Aegna hält gelegentlich an. Nähere Auskünfte gibt es hierzu im Touristenbüro in Tallinn.

Die kleinere der beiden Inseln heißt **Aegna** und ist nur 1,5 km vom Festland entfernt. Erstmalige Erwähnung fand sie in einem Schriftstück des dänischen Königs, der auf der Insel das Holzfällen verbot. Danach war sie im 16. Jahrhundert berühmt berüchtigt als echtes Piratennest.

Um die Insel Aegna rank sich eine interessante Geschichte, die sich in den ersten zwei Wochen des Zweiten Weltkrieges abspielte, als Estland noch neutral war. Ein polnisches U-Boot wagte sich in Küstennähe und wurde von der Regierung festgehalten. Als es der Besatzung gelang, mitsamt dem Schiff zu fliehen, wurde dem estnischen Kommandanten auf der Insel Aegna der Befehl gegeben, das Boot zu versenken.

Es befanden sich allerdings auch Gefangene aus dem eigenen Lager auf dem Schiff und so schoss der Offizier absichtlich daneben. In diesem Vorfall sah die Sowjetunion einen willkommenen Anlass und eine gute Gelegenheit, Estland Schutz und Unterstützung aufzudrängen, damit solch ein Unvermögen nicht mehr vorkomme. Ob die sowjetische Okkupation von Estland aber mit einem Volltreffer zu vermeiden gewesen wäre ist zweifelhaft.

Auch Aegna war zuletzt ein militärisches Sperrgebiet. Heute findet man auf der Insel vier Gästehäuser, die 150 Personen Platz bieten. Auch Campingurlaub mit dem Zelt ist dort möglich.

Besonders der **Sandstrand** rund um die Insel, die übrigens auch als Vogelparadies gilt, lädt zum Verweilen und zum Schwimmen ein.

In der Zeit von Mitte Mai bis Mitte September fährt von Pirita aus eine Fähre nach Aegna.

TALLINN (REVAL)

Unser nächstes Ziel ist *„Qlwry"*, die Hauptstadt Estlands. Kein Schreibfehler, kein Scherz! Wer's nicht glaubt, der möge bitte die Weltkarte zu Rate ziehen, eine alte, antiquarische allerdings, die der arabische Geograph Al-Idrisi in grauer Vorzeit zeichnete. Al-Idrisi war es nämlich, der **Tallinn** zum ersten Mal schriftlich erwähnte – unter eben dieser unaussprechlichen Bezeichnung „Qlwry".

In Deutschland ist Estlands Hauptstadt Tallinn auch oft noch unter der Bezeichnung **Reval** bekannt.

Den Namen Tallinn verdankt die Stadt einer Burg der Dänen. Dänische Truppen hatten am 15. Juni 1219 in den estnischen Freiheitskampf (1208 – 1227) eingegriffen und die entscheidende Schlacht gewonnen. Der Sieg versetzte die Dänen in die vorteilhafte Lage, den ganzen nördlichen Landesteil nun für sich beanspruchen zu können.

Während die Dänen die nächsten 127 Jahre herrschten, erhielt Tallinn die Lübecker Stadtrechte, mit der Folge, dass sich deutsche Kaufleute in der Stadt niederließen.

In der Zeit, als die Stadt Mitglied des nordeuropäischen Hansebundes wird, erteilt die dänische Königsmutter Margarethe den Befehl, eine Stadtmauer errichten zu lassen.

Im Frühjahr des Jahres 1343 beginnen die Esten mit einem Aufstand, um ihre Unabhängigkeit zurückzuerlangen. Nach drei Jahren gelang es, die Dänen zum RÜckzug zu bewegen. Ihre Unabhängigkeit haben die Esten damit aber nicht bekommen. Die Dänen verkauften den Landesteil an den Deutschen Orden.

In der Folgezeit entwickelte sich die Stadt für die damaligen Verhältnisse zu einer wahren Metropole. Nach einem Großfeuer im Jahr 1433, das zahlreiche Gebäude zerstört, wird drei Jahre später das St. Brigittenkloster erbaut.

Ein weiteres Jahrhundert darauf besitzt die Stadt sogar das höchste Gebäude der Welt. Auf diesen Titel, den die St. Olaikirche im Norden der Altstadt rund acht Jahrzehnte innehatte, sind die Hauptstädter noch heute stolz.

In der Folgezeit wechseln sich nun die Machthaber in der Stadt ab.

Nach dem Livländischen Krieg zwischen Russland und dem Deutschen Orden hat das schwedische Königshaus das Sagen in Estland. In dieser 160 Jahre dauernden Herrschaft wird unter König Gustav II. Adolf das Tallinner Gymnasium gegründet. Auch die erste Druckerei entsteht. 1689, 55 Jahre später, erscheint in Tallinn die erste Zeitung der Stadt. Es handelte sich um die deutschsprachige Zeitung „Revalsche Post-Zeitung".

Nach den Schweden kamen die Russen. Nachdem 75% der Bevölkerung der Pest zum Opfer fielen, kapitulierte das unter schwedischer Herrschaft stehende Tallinn 1710 im Nordischen Krieg. Nun begann die Herrschaft des Zarenreiches, die über 200 Jahre anhielt.

1739 schien die erste estnischsprachige Bibel und 1833 kam sogar der erste Stadtführer über Tallinn heraus. Der war allerdings in französischer Sprache gehalten.

Gegen Ende des 19. Jahrhunderts entwickelte sich auch im Norden Estlands die Industrie sehr rasch und die Eisenbahnstrecke zwischen St. Petersburg und Tallinn wurde 1870 eingeweiht.

Am 24. Februar 1918 wird die unabhängige Republik Estland ausgerufen, worauf der zweijährige Freiheitskampf zwischen Estland und Russland ausbricht.

Im Zweiten Weltkrieg wird auch Estland nicht verschont. Besonders das Frühjahr 1944 ist in der Hauptstadt durch starke Zerstörungen der Roten Armee geprägt. Sehen kann man dies noch nördlich des Vabaduseplatzes in der Harju-Straße, wo sich auf der linken Seite vor der St. Nikolaikirche Überreste eines Gebäudes sowie eine Gedenktafel befinden.

Nach Ende des Zweiten Weltkrieges verliert Tallinn seine Stellung als Hauptstadt, da Estland nun lediglich eine Teilrepublik der Sowjetunion ist.

Dadurch wird Tallinn im Jahre 1980 Austragungsort der XXII. Olympischen Spiele in Moskau. Die Wettkämpfe der Segler finden an der Ostseeküste vor Tallinn statt.

Nach dem Ende der sowjetischen Okkupation feiert Tallinn und natürlich ganz Estland seine wieder erlangte Unabhängigkeit.

1997 wird die mittelalterliche Altstadt in die UNESCO-Liste des schützenswerten Weltkulturerbes aufgenommen. Heute hat die Stadt rund 385.000 Einwohner.

Tipps zur Stadtbesichtigung

Wer plant, bei einem Besuch in Tallinn in möglichst kurzer Zeit so viel wie möglich in der Stadt zu sehen, der sollte sich die **Tallinn Card** kaufen. Sie ist in der Tourismusinformation erhältlich und ermöglicht eine kostenlose Stadtrundfahrt, sowie den kostenlosen Eintritt in alle Museen und Sehenswürdigkeiten. Zusätzlich bieten einige Geschäfte den Karteninhabern Rabatte an. Die Karte gibt es für 6 Stunden (90,00 EEK), 24 Std. (250,00 EEK), 48 Std. (300,00 EEK) und 72 Std. (350,00 EEK). Weitere Informationen zur Tallinn Card erhält man unter Tel.: 64-57 77 7, per E-Mail: tallinncard@tallinnlv.ee oder im Touristenbüro.

Noch ein Hinweis: Sie können sich auch mit einer Art **Fahrradrikscha** durch die Altstadt fahren lassen. Eine geführte Tour kostet 300,00 EEk/je Stunde. Informationen unter Tel.: 50-88 81 0 oder im Web: www.velotakso.ee.

Alt- und Neustadt sind zu Fuß am Besten vom **Vabaduse-Platz** aus zu erreichen.

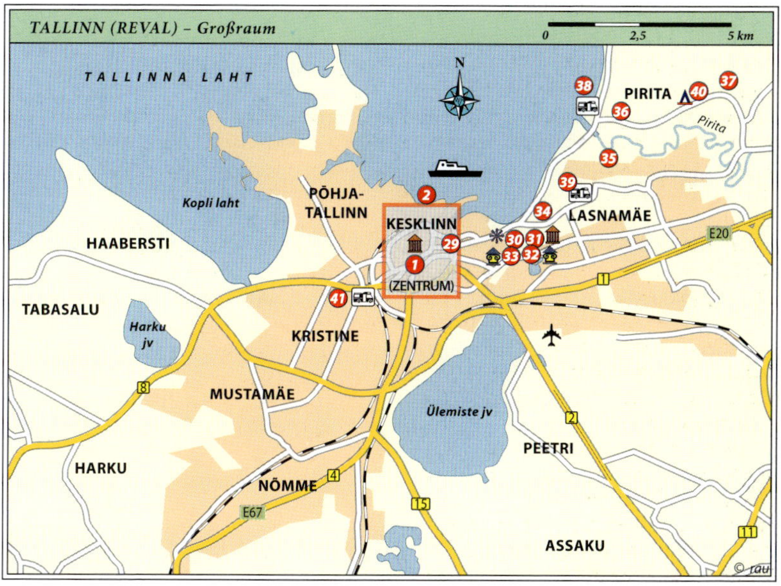

Er liegt zentral zwischen dem alten und dem modernen Stadtteil. Am Vabaduse-Platz kann man auch sein Fahrzeug relativ günstig abstellen. Zwei gute Gründe, den **Stadtspaziergang** am Vabaduse-Platz zu beginnen.

Es existieren zwar auch kostenlose Parkplätze in unmittelbarer Nähe des **Hafens (Sadam, 2)**, doch diese sind nicht bewacht und der Platz macht eher einen schäbigen Eindruck.

Stadtspaziergang

Vom Vabaduse-Platz geht es nordwärts in die Harju-Straße und hinein in die Altstadt.

Auf der linken Seite sehen Sie die **Nikolaikirche (3)**. Sie wurde im 13. Jahrhundert von deutschen Kaufleuten errichtet.

Die Kirche beherbergt das **Niguliste-Museum** *(geöffnet Mi – So 10 – 17.00 Uhr, Eintritt 35,00 EEK, Info-Tel.: 63-14 33 0, Fax: 63-14 32 7, E-Mail: niguliste@ekm.ee)*. Im Museum ist u. a. das Gemälde „Der Totentanz" des Lübecker Malers Bernt Notke zu sehen ist. Sehenswert ist die Silberkammer des Musums. Es zeigt silberne Exponate der Gilden und der Schwarzhäupter. Das älteste Stück stammt aus dem 15. Jahrhundert, das jüngste aus dem ersten Jahrzehnt des letzten Jahrhunderts. Keine andere Stadt in Europa hat eine vergleichbare Ausstellung.

An der Kirche vorbei, treffen Sie auf das Büro der **Touristeninformation (4)**. Wenige Meter dahinter breitet sich der lebhafte **Rathausplatz (Raekoja plats, 5)** aus. Dieser zentral gelegene Platz ist auch heute noch der wichtige Mittelpunkt Tallinns.

Bereits seit 800 Jahren gilt der Platz als beliebter Treffpunkt in der Stadt. 1441 wurde auf ihm der erste Weihnachtsbaum aufgestellt.

Heute finden auf dem Rathausplatz regelmäßig Konzerte und Festlichkeiten statt und er ist Schauplatz der Feiern während der „Altstadttage".

Wenn Sie sich die Straßennamen der umliegenden Gassen anschauen, dann lesen Sie Kinga, Saiakang oder Kullassepa. Die Namen bedeuten soviel wie Schuhstraße, Weckengang oder Goldschmiedestraße und sind ein deutlicher Hinweis darauf, dass der Platz auch Mittelpunkt eines lebhaften Handwerker-, Markt- und Handelsviertels war. Vermögendere Kaufleute richteten ihre Läden direkt am Markplatz oder unter den Gewölben des Rathauses ein. Heute findet man dort leider nur noch ein paar winzige Kioske.

Im Norden des Platzes befindet sich die Apteegi-Straße. Direkt am Anfang der Gasse liegt die **Ratsapotheke (Raeapteek, 6)** aus dem Jahre 1422. Sie ist eine der ältesten Apotheken der Welt. Die Traditionsapotheke wurde 10 Generationen lang von der ungarischen Familie Burchart geführt.

Im 15. Jh. hätte man die Apotheke vielleicht eher für ein Kaffeehaus gehalten. Hier konnte man nämlich nicht nur Pillen und Pülverchen bekommen, sondern auch Schnaps und Kuchen, Süßigkeiten und Wein zu sich nehmen.

Am Tag des Heiligen Thomas war und ist es noch heute üblich, zusätzlich zur Miete, dem Stadtrat die beliebtesten und kostbarsten Waren zu bringen, Marzipan und gewürzter Wein.

Gegenüber der Apotheke sieht man ein sehr schmales grau-weißes Haus. Es ist das älteste Haus am Markt und wurde als einziges als Handerwerkerhaus genehmigt. Ansonsten befinden sich rund um den Markt nur Geschäfts- und Handelshäuser.

Das wichtigste Bauwerk steht am Südrand des Platzes, das gotische **Rathaus (7)** *(geöffnet Juli und August Mo – Sa 10 – 16.00 Uhr, übrige Monate nur nach telefonischer Anmeldung, Tel.: 64-57 90 0, E-Mail: raekoda@tallinnlv.ee)*.

Im Jahr 2004 wurde das 600jährige Jubiläum des Hauses gefeiert. Eigentlich ist das Rathaus noch älter. Das Jahr 1404 markiert lediglich das Ende langjähriger Umbauarbeiten.

In der ersten Etage befanden sich der **Ratssaal** und der **Bürgersaal** während im Untergeschoss die **Schatzkammer** und der **Weinkeller** untergebracht waren.

Im Ratssaal tagte natürlich der Stadtrat, in den nur Angehörige der Großen Gilde gewählt werden konnten. Die Ratsmitglieder wurden zwar auf Lebenszeit gewählt, doch da es sich ja gleichfalls um Mitglieder der Großen Gilde, also um Kaufleute handelte, waren sie nach einer gewissen Zeit berechtigt, sich von ihren Pflichten im Stadtrat befreien zu lassen, um sich weiter um ihr Geschäft kümmern zu können.

Sie müssen nicht unbedingt in das Gebäude hineingehen, um historische Spuren zu finden. Wenn Sie vor dem Rathaus stehen, so schauen Sie einmal nach oben zur Turmspitze. Dort hängt bereits seit 1530 eine Wetterfahne. Sie trägt den Namen „Alter Thomas" und ist eines der Wahrzeichen der Hauptstadt.

Lohnenswert ist die Besteigung des **Rathausturmes** *(geöffnet Mitte Mai – Ende August täglich 11 – 18.00 Uhr)*. Von dort oben hat man einen schönen Blick auf den Rathausplatz, die Neustadt und den Hafen.

Vor dem Rathaus befinden sich weitere geschichtliche Spuren.

Zum Beispiel sind die Standorte des einstigen Eichamtes und des Prangers gekennzeichnet.

Auch ein ehemaliger Brunnen ist durch einen großen, flachen Stein markiert.

Und dort wo zwei Steine den Buchstaben L bilden, wurde ein Priester enthauptet. Es war die Strafe dafür, dass er ein Dienstmädchen mit einer Axt tötete. Die Hinrich-

Tallinns Rathausplatz

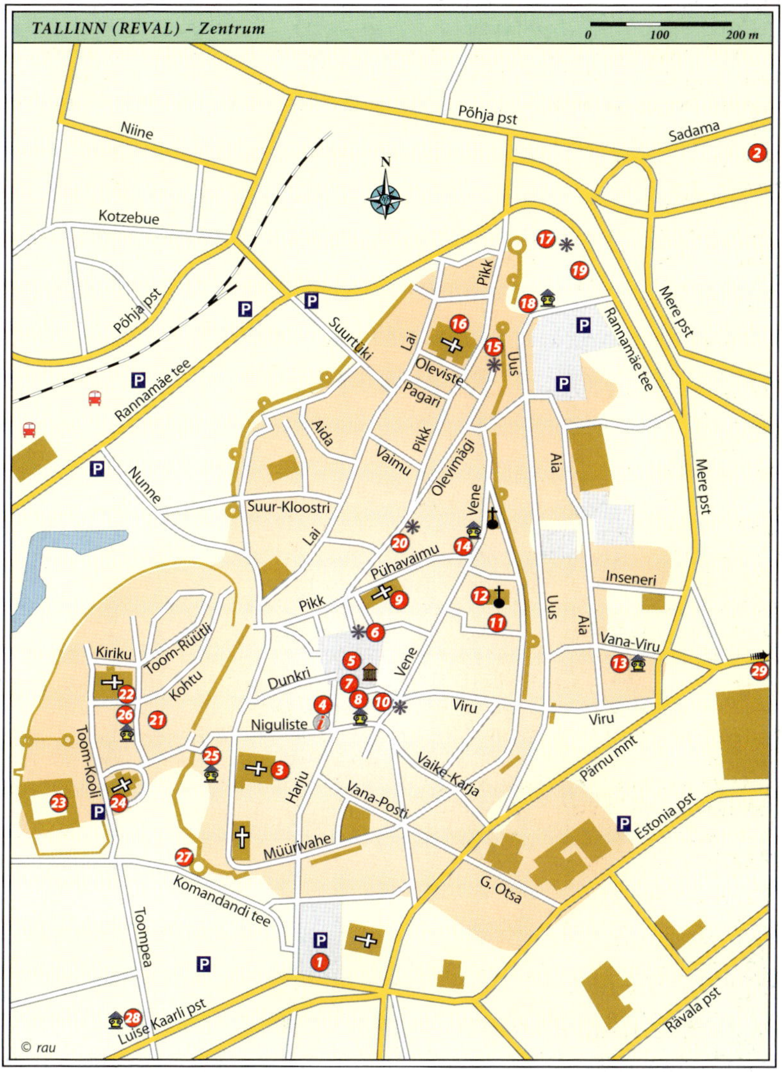

*TALLINN (REVAL) – **1** Vabaduse-Platz – **2** Hafen (Sadam) – **3** Nikolaikirche – **4** Touristeninformation – **5** Rathausplatz – **6** Ratsapotheke – **7** Rathaus – **8** Fotografie-Museum – **9** Heiliggeistkirche – **10** Olde Hansa – **11** Katariina Käik – **12** Dominikanerkloster – **13** Feuerwehrmuseum – **14** Tallinner Stadtmuseum – **15** Gebäudeensemble „Drei Schwestern" – **16** St. Olaikirche – **17** „Dicke Margarethe" – **18** Seeminenmuseum – **19** Estonia-Denkmal – **20** Schwarzhäupterhaus (Große Gilde) – **21** Domberg – **22** Domkirche – **23** Parlament – **24** Nevsti-Kathedrale – **25** Eric-Adamson-Museum – **26** Estnisches Kunstmuseum – **27** Kiek in de Kök – **28** Okkupationsmuseum – **29** Tallinns Neuestadt – **30** Katharinental – **31** Schloss – **32** Mikkel-Museum – **33** Vilde-Museum – **34** Sängerfestwiese – **35** Pirita – **36** Brigittenkloster – **37** Fernsehturm – **38** Wohnmobil-Stellplatz am Jachthafen – **39** City Camp – **40** Camping Kalev – **41** Wohnmobil-Stellplatz White Villa*

tung des Priesters war allerdings die einzige innerhalb der Stadtmauern.

Gewöhnlich wurden Missetäter ins Gefängnis gesteckt. Es befand sich hinter dem Rathausgebäude, wo heute das **Museum der Fotografie (8)** eingerichtet ist *(geöffnet März – Okt. täglich außer Mi 10.30 – 18.00 Uhr, sonst bis 17.00 Uhr, Eintritt 15,00 EEK, Info-Tel.: 64-48 76 7, Fax: 64-41 57 4, E-Mail: lmuuseum@online.ee)*. Es zeigt eine interessante Ausstellung alter Fotoapparate sowie den Nachbau einer Dunkelkammer, wie sie zu Beginn des 20. Jahrhunderts genutzt wurde. Das Gebäude selbst stammt aus dem 15. Jahrhundert.

Wenn Sie nun den Rathausplatz überqueren und an der Ratsapotheke vorbei gehen, erreichen Sie ein Gotteshaus, das in der estnischen Kulturgeschichte eine wichtige Rolle spielte, die **Heiliggeistkirche (Püha-vaimu kirik, 9)**.

Der Geistliche Johann Koell druckte den ersten Katechismus in estnischer Sprache ab und war lange Zeit als Pfarrer in dieser Kirche tätig. Auch der Autor der „Livländischen Chronik", Balthasar Russow, predigte in der Heiliggeistkirche.

Im Kircheninneren können Sie die älteste **Kanzel** der Stadt sowie Balkone sehen, die mit zahlreichen biblischen Motiven verziert sind. Der **Altar** ist unbedingt sehenswert. Er stammt aus dem Jahr 1483 und ist einer der wichtigsten mittelalterlichen Kunstwerke des Landes.

An der Außenfassade zeigt eine barocke Uhr aus dem Jahr 1684 die Zeit an.

Wir gehen zurück zum Rathausplatz und dort links am Rathaus vorbei.

Zwischen den vielen Touristen sieht man vereinzelt Menschen in mittelalterlichen Gewändern, die lecker duftenden Kuchen und frisch gebrannte Mandeln feilbieten. Ein Blick nach rechts verrät, woher die vielen Touristen kommen. An der Straßenecke liegt das rustikale Restaurant **„Olde Hansa" (10)**, das zwar eines der schönsten, aber auch eines der touristischsten Restaurants Tallinns ist. Wer hier speist, genießt sein Essen zwar in angenehmer Atmosphäre, wird aber selten auf Einheimische treffen.

Gehen Sie durch die kleine Gasse weiter abwärts und Sie treffen auf die wichtigste Einkaufsstraße der Altstadt, die **Viru-Straße**.

In fast allen Gassen und Sträßchen innerhalb der Altstadtmauern befinden sich hauptsächlich Andenkengeschäfte. Hier, auf der Viru-Straße hingegen, sind auch Boutiquen und Fast Food Läden vorzufinden.

Am Ende der Straße sehen Sie auf der linken Seite die **Stadtmauer**. Biegen Sie vor dem Wall links ab. Hier in Einbuchtungen der Stadtmauer an der Müürivahe Straße stehen täglich in den Vormittagsstunden zahlreiche Straßenhändler und bieten Strickwaren, Hüte und weitere modische Accessoires an.

die Katarina Käik, eine typische Gasse in Tallinns Unterstadt

Die Straße verläuft bis zum Brookus Platz weiter im Norden. Die mehrere Meter dicke Stadtmauer wurde unter Befehl der dänischen Königin Margarethe Sambiria 1265 errichtet und in den folgenden Jahrhunderten regelmäßig ergänzt.

Interessant ist, dass sich auf der vier Kilometer langen Mauer insgesamt 60 Türme befanden. Der Bau eines jeden Turmes fand immer unter der Aufsicht eines anderen Bauleiters statt, der jeweils für die Fertigstellung verantwortlich war. Gleichzeitig waren die Bauleiter aber auch Namensgeber für die einzelnen Türme. Von der bis zu 15 m hohen Wallanlage sind heute nur 1,85 km verblieben.

Weitere Wehranlagen wurden im 17. Jahrhundert erbaut. So entstand beispielsweise vor dem Kanonenturm „Kiek in de Kööк", zu dem wir später kommen werden, die „Bastion von Ingermanland". Die Bastionen entstanden alle während der Schwedenherrschaft. Also gab man jeder Bastion den Namen einer Region in Schweden. So heißt zum Beispiel die Bastion am nördlichen Altstadtrand „Schonen-Bastion" (Schonen = Region Skåne in Südschweden). Später verloren die Bastionen ihre militärische Bedeutung und man wandelte sie in Grünanlagen um.

Linker Hand sieht man eine kleine Toreinfahrt. Sie führt aber nicht in einen Hinterhof, sondern in die kleine Gasse **Katarina Käik (11)**. Selbst manch Einheimischer findet die Gasse auf Anhieb, so versteckt liegt sie. Die Gasse wurde nach Zarin Katharina der Großen benannt, die bei einem Aufenthalt in der Stadt diesen Weg benutzt haben soll. Ansonsten sieht man in der Gasse nur ein kleines Restaurant und ein kunsthandwerkliches Geschäft.

Wir gehen wieder zurück auf die Müürivahe Straße und biegen links ab.

Auf der linken Seite sieht man das **Dominikanische Kloster (12)**, dem ältesten Klostergebäude im Gebiet der Unterstadt. Auch hier gibt es einige Kunsthandwerksläden und Werkstätten, die sich um das Gebäude aus dem 13. Jahrhundert angesiedelt haben. Im Inneren des Klosters befinden sich drei Gebäudeflügel, die sich Claustrum nennen, von denen der östliche noch erhalten ist *(geöffnet Mo – So 10 – 17 Uhr, Eintritt 45,00 EEK, Info-Tel.:51-12 53 6, E-Mail: mauritanum@edu.ee)*. Im Claustrum zu sehen sind der Schlaf- und Speisesaal der Mönche sowie Bibliothek und Wohnstätte des Abts.

Das eigentliche **Museum des Dominikanerklosters** betritt man über den Innenhof von der römisch-katholischen Peter-und-Paulkirche aus. Hier kann man zahlreiche Bildhauerarbeiten betrachten *(geöffnet Mitte Mai – Mitte Sept. 9.30 – 18.00 Uhr, Eintritt 45,00 EEK, Info-Tel.: 64-44 60 6, E-Mail: kloostri@hot.ee)*.

Parallel zur Müürivahe Straße liegt auf der anderen Seite der Stadtmauer die Vana-Viru. Sie beginnt beim Immobilienhändler am **Viru-Tor**, einem alten Stadtor, hinter dem es zur Neustadt geht.

Am Viru-Tor lohnt sich ein kleiner Abstecher zum **Estnischen Feuerwehrmuseum (13)**, das alles zeigt, was mit der Brandbekämpfung zu tun hat *(geöffnet Juni – Aug. Do – Sa 12 – 17.00 Uhr, sonst Di – Sa 12 – 17 Uhr, Eintritt 4,00 EEK, Info-Tel.: 64-44 25 1, Web: www.rescue.ee)*. U. a. umfasst die Ausstellung Feuerwehrschläuche, Helme und Fahrzeuge bis hin zu Wassereimern. Zudem mahnt es auch mit Gegenständen aus vergangenen Bränden, wie diese Feuer hätten verhindert werden können.

Am Ende der Müürivahe Straße lohnt ein kurzer Blick in eine kleine unbedeutende Gasse nach rechts. Dieses Sträßchen ist, wie das Straßenschild verrät, nach einer alten deutschen Hansestadt benannt: Bremeni käik, und nicht nur das, das Tor der Stadtmauer trägt ebenfalls den Namen der norddeutschen Stadt an der Weser.

Bei dem weiteren Spaziergang verlassen Sie die Mungastraße und erreichen die Straße Vene. Dort können Sie das **Tallinner Stadtmuseum (14)** besuchen und sich der Geschichte und Entwicklung der Hauptstadt widmen *(geöffnet März – Okt. täglich außer Di 10.30 – 18 Uhr, sonst bis 17.00 Uhr, Eintritt 35,00 EEK, Info-Tel.: 64-46 55 3, Fax: 64-41 57 4, E-Mail: lmuuseum@online.ee)*. Die Ausstellung ist nicht langweilig, da man nicht nur Texte und Gegenstände zeigt, sondern mit Videos und Modellen alles anschaulich darstellt.

Das Obergeschoss ist ganz dem 20. Jahrhundert gewidmet inklusive beider Weltkriege, Okkupation und Wiedererlangung der Unabhängigkeit.

Gehen Sie die Vene-Straße in Richtung Norden. Sie treffen dann auf den Brookus-Platz. Dort biegen Sie in die Sulvmägi ein.

An der nächsten Möglichkeit halten Sie sich links und befinden sich nun auf der Hauptstraße des Mittelalters – altehrwürdige **Pikk**. Die Pikk (Pikk = kurz), eine der ältesten Straßen der Stadt, führt weiter in die Pikk Jalg. Die wiederum geht westwärts auf den Domberg zu, zu dem wir später kommen.

Zuvor biegen wir aber rechts ab und schauen uns die alten Wohnhäuser der wohlhabenden Kaufleute von einst an.

Ein interessantes Gebäudeensemble befindet sich am Straßenende und trägt den Namen **„Drei Schwestern" (Kolm öde, 15)**. Unklar ist, ob die Bezeichnung auf die Ähnlichkeit der drei Häuser zurück zu führen ist, oder ob die Gebäude einstmals wirklich im Besitz von drei Schwestern waren.

Die Häuser in Tallinn wurden zum Schutz vor Bränden aus Stein erbaut und hatten eine einfache Architektur. Die Hausfassade hatte meistens einen schmalen Giebel, dahinter standen Haus und Nebengebäude. Die Nebengebäude erreichte man über den Hofgang, der durch ein Tor abgetrennt war. Gewohnt wurde in der Regel im Erdgeschoss, während die oberen Stockwerke als Lagerraum genutzt wurden. Dies änderte sich erst nach Ende des Hansebundes im 17. Jahrhundert. Manche Lagerräume wurden anschließend zu Wohnräumen umgebaut und zahlreiche Häuser bekamen auch von außen ein neues Aussehen.

Wie bereits erwähnt, hatte Tallinn das höchste Gebäude der Welt. Sie sehen es am Ende der Pikk auf der linken Seite. Es handelt sich um die **St. Olai-Kirche (Oleviste kirik, 16)**. Nach Renovierungsarbeiten bringt es die Kirche wieder auf eine stattliche Höhe von 123 m Höhe bringt. In ihrem ursprünglichen Zustand war die dem norwegischen Heiligen St. Olav geweihte Kirche noch höher und erreichte 159 m.

Direkt dahinter endet die Pikk an einem kleinen Tor. Es lohnt sich hindurch zu ge-

Estonia – Ein Untergang wirft Rätsel auf

Eine junge aufstrebende Nation besitzt mit Stolz seit anderthalb Jahren ein Passagierschiff, das als das größte und modernste im Land gilt. Dann geht es unter und 852 Menschen verlieren ihr Leben bei dem größten Schiffsunglück in der europäischen Nachkriegsgeschichte. Dementsprechend häufig trifft man in Estland, dieser aufstrebenden Nation, auf Denkmäler und Gedenksteine, die an dieses schreckliche Ereignis erinnern sollen. Der Untergang der Estonia vom 28. September 1994 war nicht nur ein Schiffsunglück. Es war ein Politikum und Anlass für Verschwörungstheoretiker, kritische Fragen zu stellen.

Was war passiert?

Die MS Estonia wurde 1980 von der Meyer-Werft in Papenburg gebaut und fuhr unter finnischer Flagge bei der Viking Line (Schiffsname „Viking Sally"), Silja Line („Silja Star") und Wasa Line („Wasa King"). 1992 wurde sie an ein schwedisch-estnisches Joint-Venture verkauft, damit sie unter estnischer Flagge und dem Namen „Estonia" (engl. für „Estland") auf der Strecke Tallinn-Stockholm kreuzen kann. Sie fuhr hauptsächlich nachts, da die Abfahrten in Tallinn um 19 Uhr und in Stockholm um 17.30 Uhr waren. Ankunft war jeweils am nächsten Morgen um 9.00 Uhr. Die unterschiedlichen Zeitangaben resultieren aus der Zeitverschiebung. Das 157 m lange Schiff hatte Platz für 2.000 Passagiere und 370 Autos.

Mit 15minütiger Verspätung verließ die „Estonia" an jenem verhängnisvollen 28. Septemberabend den Hafen von Tallinn. Vor sich hatte das Schiff eine raue Ostsee. Die Fahrt verlief ohne besondere Vorkommnisse, bis in der frühen Nacht Wasser in das Autodeck eindrang. Um 1.22 Uhr wurde 35 Seemeilen südwestlich der finnischen Insel Utö der erste Notruf abgesetzt. Nur wenige Minuten später brach bereits der Funkkontakt ab und um 1.55 Uhr wurde die Estonia zum letzten Mal auf den Radarschirmen der sich in der Nähe befindlichen Fähren gesehen . Die erste Fähre am Unglücksort war eine Stunde nach dem Untergang die „Mariella" der Viking Line. Drei weitere Schiffe kamen kurz darauf hinzu. Aber die aufgewühlte See machte die Rettung schwierig. Hinzu kam der Kampf gegen die Zeit, denn das Wasser hatte nur eine Temperatur von 13°C.

hen, denn sogleich sehen sie die **„Dicke Margarethe" (Paks Margareeta, 17)**. In diesem einstigen Kanonenturm ist heute das **Schifffahrtsmuseum** eingerichtet *(geöffnet Mi – So 10 – 18.00 Uhr, Eintritt 25,00 EEK, Info-Tel.: 64-11 40 8, Fax: 64 11 41 4)*. Auf vier Etagen zeigt das Museum Ausstellungsstücke rund um das Thema Meer und Schifffahrt. Neben Fundstücken aus Schiffswracks und Angelzubehör wurde die gesamte Steuerkabine eines Fischtrawlers aufgebaut. Zum Abschluss des Museumsbesuches hat man die Möglichkeit der „Dicken Margarethe" aufs Dach zu steigen und von dort oben die Aussicht auf den Hafen zu genießen.

Eine Zusatzausstellung bietet das Schifffahrtsmuseum in Form des **Seeminenmuseums (18)**, *geöffnet Mi – So 9 – 17.00 Uhr, Eintritt 15,00 EEK*. Es zeigt die Gefährlichkeit der Ostsee aus einer ganz anderen Perspektive. Die mittlerweile entschärften Seeminen des Baltischen Meeres stammen zum Teil sogar noch aus der Zarenzeit.

Vor dem Kanonenturm Richtung Hafen wurde ein **Denkmal (19)** errichtet, das an die Verunglückten des Estonia-Untergangs erinnert. Die Fähre legte nur wenige Meter entfernt zu ihrer letzten Fahrt ab. Das Drama des rätselhaften Schiffsunglücks erschüttert die Menschen in Estland bis heute.

Wie schon in Rīga gab es auch in Tallinn die Vereinigung der „Schwarzhäupter", die sich nach ihrem dunkelhäutigen Schutzpatron Mauritius benannten.

Die „Schwarzhäupter" waren eine Bruderschaft von jungen, unverheirateten Kaufleuten, die gesellschaftliche Zusammenkünfte und Unterhaltung für die gesamte Stadt boten.

Gelegentlich veranstalteten sie einen Wettbewerb, bei dem eine Papageienfigur abgeschossen werden musste. Der erfolgreichste Schütze wurde zum König gekürt.

Es konnten lediglich 137 Menschen lebend gerettet werden, 93 weitere wurden tot aus dem Wasser geborgen. Der größte Teil der Passagiere und der Besatzung hingegen wurde nie gefunden: Über 700 Menschen gelten seitdem als vermisst. Die Estonia ging innerhalb einer halben Stunde unter. Das Unglück überraschte die Menschen im Schlaf, so dass die meisten es gar nicht schaffen konnten, sich in Sicherheit zu bringen. Hinzu kam, dass das Schiff sehr schnell Schlagseite bekommen hatte.

Auf Grund fehlender Passagierlisten kann die genaue Anzahl der Toten wahrscheinlich niemals geklärt werden. Und was bis heute auch noch nicht endgültig geklärt wurde, ist die Ursache des Untergangs. Im Laufe der Jahre hat es mittlerweile mehrere Untersuchungsberichte diverser Organisationen gegeben. Ursprünglich wurde die nicht richtig schließende Bugklappe als Grund genannt. Später wurde behauptet, die Klappe hätte dem Sturm nicht Stand halten können. Gegen diese Behauptung wehrte sich die Meyer-Werft als Hersteller des Schiffes und beauftragte eine eigene Untersuchungskommission.

Später wurden vom Meeresgrund Filmaufnahmen gezeigt, wo man an den Wänden des Schiffes Bombenpäckchen erkannt haben will und man kam zur Schlussfolgerung, dass es sich um ein Attentat gehandelt habe. Hinzu kam die Reaktion der schwedischen Regierung, die ursprünglich einen Betonmantel über das Wrack gießen lassen wollte und sogar ein Militärschiff an der Unglücksstelle kreisen ließ, damit niemand auf eigene Faust zur Estonia tauchen konnte. Solch ein Verhalten wirft natürlich Fragen auf und die deutsche Journalistin Jutta Rabe recherchierte zu diesem Thema und veröffentlichte ein Buch hierüber. Nach einem unerlaubten Tauchgang zum Schiffswrack erließ die schwedische Regierung Haftbefehl gegen Rabe.

10 Jahre nach dem Unglück wurde eine erneute Untersuchung angeordnet, weil man nun glaubt, dass militärisches Material aus der ehemaligen Sowjetunion auf diesem zivilen Schiff transportiert wurde und daher möglicherweise das Schiff, aus welchen Gründen auch immer, Opfer eines Sabotageaktes wurde. Gleichzeitig wurden Stimmen laut, das Schiff endlich zu heben, damit die Gründe für dessen Untergang endlich geklärt werden können.

Wenn Sie die Pikk zurückgehen, sehen Sie das ehemalige **Vereinshaus der Schwarzhäupter (20),** dessen Fassade aus dem 16. Jahrhundert stammt. In dem Haus war auch die Vereinigung der „Großen Gilde" untergebracht.

Heute befindet sich im ehemaligen Vereinshaus das **Estnische Historische Museum** *(geöffnet tgl. a. Mi 11 – 18.00 Uhr. Info-Tel.: 64-11 63 0, Fax: 64-43 44 6, E-Mail: post@eam.ee)*. Die Ausstellung informiert über die Geschichte Estlands von der Frühzeit bis ins 18. Jahrhundert. Gelegentlich finden auch saisonale Ausstellungen statt. Im Jahr 2005 konnte man beispielsweise Waffen aus aller Welt aus der Zeit vom 13. Jahrhundert bis heute besichtigen.

Gehen wir nun die Pikk westwärts, gelangen wir automatisch in die Pikk Jalg, die uns auf den **Domberg (Toompea, 21)** führt. Dieses aus Kalkstein bestehende Plateau bietet einen schönen Blick auf die Altstadt. Von drei Aussichtspunkten kann man den Blick auf die sogenannte Unterstadt genießen. In der Hauptsaison sind sie allerdings mit Touristen und Souvenirverkäufern überfüllt. Doch den Ausblick auf Altstadt, Hafen und den in der Ferne gelegenen Fernsehturm sollte man sich nicht entgehen lassen.

Estlands Parlamentsgebäude

Dass der Domberg ein idealer Platz für den Bau einer Burg war, erkannten auch die Dänen, als sie Nordestland eroberten und errichteten auf dem Felsplateau auf den Resten einer älteren Burg ihre eigene Festung.

Die Esten nannten diese Befestigungsanlage „Tanni Linnus", übersetzt „dänische Burg". Aus Tanni Linnus wurde schließlich im Laufe der Zeit Tallinn.

Im Zuge des Burgbaus wurde gleichzeitig die **Kirche der Jungfrau Maria (22)** errichtet. Sie wurde zur Hauptkirche des estnischen Bistums geweiht. In ihr befinden sich Sarkophage und Grabplatten u. a. vom schwedischen Heeresführer Pontus de la Gardie.

Die Ursprungsform der Burg ist heute kaum noch zu erkennen. Die zahlreichen Fremdherrscher, die über das Land regierten, hinterließen allesamt ihre Spuren an der Festung. Zwar stammt das heutige Aussehen hauptsächlich aus dem 13. und 14. Jahrhundert als der Deutsche Orden sich breit machte. Doch auch Zarin Katharina die Große ließ einige Veränderungen vornehmen.

Das heutige **Parlamentsgebäude (23)** indes stammt aus den 1920er Jahren. Es wurde innerhalb des Festungshofs erbaut. Dort wo heute das estnische Parlament tagt, war in der Zeit der Okkupation der Ministerrat der sowjetischen Republik tätig.

Von der alten Burg sind mehrere Türme erhalten geblieben. Der höchste steht auf der rechten Seite des Parlamentsgebäudes und wird als Flaggenturm benutzt. Im Volksmund ist er auch bekannt als „Langer Herrmann".

Gegenüber dem rosafarbenen Schloss erhebt sich die **russisch-orthodoxe Alexander-Newskij-Kathedrale (24)**. Sie ist das jüngste Gotteshaus der Altstadt und wurde erst 1900 erbaut. Im Turm hängt – neben weitere 10 Kirchenglocken – die jschwerste Glocke in Nordeuropa. Sie wiegt 15 Tonnen.

Der Innenraum des orthodoxen Gotteshauses ist mit zahlreichen Ikonen und einer vergoldeten Ikonostase ausgestattet.

Hinter der Alexander-Newskij-Kathedrale führt unser Stadtrundgang in die Lühike Jalg-Straße. Dort kann man im Haus mit der Nummer 3 das **Museum** des estnischen Künstlers **Eric Adamson (25)** besichtigen *(geöffnet Mi – So 11 – 18.00 Uhr, Eintritt*

15,00 EEK, Info-Tel.: 64-45 83 8, Fax: 64-45 83 7, E-Mail: adamson-eric@ekm.ee). Adamson lebte von 1902 bis 1968 und war in vielen Bereichen aktiv. So entwarf er Schmuck und verschiedene Möbeldesigns, malte aber auch einige Ölbilder. Das Museum über seine Kunstwerke ist in einem mittelalterlichen Haus untergebracht.

Nicht weit davon entfernt erwartet den Kunstliebhaber das **Estnische Kunstmuseum (26),** *geöffnet Mi – So 11 – 18.00 Uhr, Eintritt 20,00 EEK, Info-Tel.: 64-49 34 0, Fax: 64-42 09 4, E-Mail: muuseum@ekm.ee.* Im Hauptgebäude auf dem Kiriku-Platz Nummer 1, dem „Ritterhaus", sind zahlreiche Werke der schönen Künste Estlands aus dem 19. Jahrhundert sowie einige klassische Exponate zu sehen.

Verlassen Sie nun den Domberg und gehen Sie hinab zu dem massiven Wehrturm mit dem plattdeutschen Namen **„Kiek in de Kök" (27).** Den Namen erhielt der mächtige Turm von den Soldaten, die hier Dienst leisten mussten. Man sagt, sie konnten während ihrer Arbeit in die Küchen der Altstadt schauen, denn „Kiek in de Kök" heißt nichts anderes als „Schau in die Küche". Der Turm ist heute zu einem **Museum** umgebaut und zeigt anschaulich die Militärgeschichte vom 13. bis zum 18. Jahrhundert *(geöffnet März – Okt. 10.30 – 18.00 Uhr, sonst bis 17.00 Uhr, EIntritt 25,00 EEK, Info-Tel.: 64-46 68 6, Fax: 64-41 57 4, E-Mail: lmuuseum@online.ee).*

Mein Tipp! Ein **schönes Fotomotiv** ergibt sich vom vorgelagerten dänischen Garten aus. Der mittelalterliche Wehrturm steht in einem interessanten Kontrast zu den modernen Hochhäusern von Tallinns Downtown im Hintergrund.

Bevor Sie nun wieder zum Parkplatz zurückgehen, empfiehlt sich bei entsprechendem Interesse der Besuch in einem weiteren Museum, dem **Okkupationsmuseum (28),** *geöffnet Di – So 11 – 18 Uhr, Eintritt 10,00 EEK, Info-Tel. 65-05 28 0, Fax: 65-05 28 1, E-Mail: muuseum@okupatsioon.ee.* Das Museum befindet sich in der Straße Toompea und dokumentiert, ähnlich wie ein ensprechendes Museum der lettischen Hauptstadt Riga, die Besatzungszeit des 20. Jahrhunderts. Bilder und Videos führen dem Besucher vor, wie die Menschen mit den Repressionen während der deutschen und sowjetischen Besatzung umgingen. Das Museum ist das erste seiner Art in Estland.

die russisch-orthodoxe Alexander-Newskij-Kathedrale

Wer nun auch den **modernen Teil der Stadt (29)** besichtigen möchte, sollte sein Fahrzeug ebenfalls auf dem Vabaduse-Platz abstellen. Über die Pärnu mnt. und Narva mnt. ist die lebendige und moderne Innenstadt des 21. Jahrhunderts schnell zu erreichen.

Das erste Hochhaus Tallinns wurde 1972 fertig gestellt. Im Inneren des 23stöckigen Gebäudes befindet sich seitdem das Viru-Hotel. Zu den Olympischen Spielen 1980 kam das Hotel Olümpia hinzu.

Aber die meisten der Glaspaläste und modernen Hochhäuser wurden erst seit dem Bauboom nach Wiedererlangung der Unabhängigkeit errichtet. Um die Jahrtausendwende herum wuchs plötzlich ein Hochhaus nach dem nächsten aus dem Boden. So zum Beispiel das Hotel Tallinn, die Verwaltung der Eesti Ühispank oder die modernen Einkaufszentren. Ein Ende der hiesigen Baubooms ist nicht abzusehen.

Vielleicht liegt dies aber auch an der Legende, die sich auch heute noch im modernen Tallinn erzählt wird: Am Südrand von Tallinn liegt der Ülemiste-See und in jedem Herbst steigt ein grünes Männchen aus den Tiefen des Sees auf und fragt die Stadtväter, ob die Stadt nun fertig gebaut sei. Denn dieses Wesen hat sich geschworen, das Wasser des Sees über die Stadt laufen zu lassen, wenn sie denn fertig gestellt ist. Und jedes Jahr schicken die Stadtväter das Fabelwesen wieder weg mit der Antwort, dass in Tallinn noch sehr viel gebaut werden wird, bevor es fertig sei. Vielleicht ist dieses Märchen eine amüsante Ausrede, damit man in der Hauptstadt weiter planen und bauen kann.

Auch im modernen Stadtviertel von Tallinn gibt es ein **Museum**, auch wenn es ein eher ungewöhnliches ist. Im Keller der **Estnischen Zentralbank** kann man Banknoten und Münzen besichtigen, die jemals auf estnischem Boden benutzt wurden, sei es in der Zarenzeit oder während der Sowjetherrschaft *(geöffnet Mi – Fr 12 – 17.00 Uhr, Eintrittfrei, Info-Tel.: 66-80 76 0, E-Mail: muuseum@eobe.ee)*.

Weiter außerhalb – mit öffentlichen Verkehrsmitteln oder mit dem eigenen Auto zu erreichen – liegt **Katharinental (30)**. Die Gegend ist als Erholungsgebebiet und als Wohnviertel sehr beliebt. Die Kanzlei des estnischen Präsidenten befindet sich hier ebenso wie zahlreiche Botschaften.

Eigentlich heißt das Viertel im Estnischen **„Kadriorg"**. Zu Ehren der Gemahlin von Zar Peter dem Großen wurde die Gegend dann in Katharinental umbenannt.

Ein kleines weiß getünchtes Haus inmitten des Parks ist auch als **Haus Peters des Großen** bekannt. Es ist das einzige, bis heute erhaltene Sommergut aus dem 17. Jahrhundert und es ist gleichzeitig das älteste Haus in Katharinental. Der Zar hatte das Anwesen im Jahre 1713 erworben.

Blick auf Tallinns Altstadt

Zar Peter war es auch, der den Standort für das **Schloss (Loss, 31)** bestimmte. Er vergab den Auftrag an den Architekten Niccolò Michetti, der das Gebäude im barocken Stil entwarf. Wer das Gebäude betritt, trifft zuerst auf den Hauptsaal, der sich über zwei Etagen erhebt.

Das Schloss *(geöffnet Mai – Aug. Mi – So 11 – 19.00 Uhr, sonst 11 – 16.00 Uhr; Eintritt 15,00 EEK, Inf-Tel.: 60-13 13 6, Fax: 64-41 57 4, E-Mail: lmuuseum@online.ee)* ist Teil des **Estnischen Kunstmuseums** und zeigt ausländische Kunst, hauptsächlich aus Deutschland und Russland.

Eine weitere Sammlung ist von **Johannes Mikkel (32)** zu sehen *(geöffnet Mi – So 11 – 18.00 Uhr, Eintritt 15,00 EEK, Info- Tel.: 60-66 40 0, Fax: 60-66 40 1, E-Mail: mikkel@ekm.ee)*. Sie befindet sich in einem Nebengebäude, in der früher die Schlossküche untergebracht war und zeigt die Privatsammlung des Kunstliebhabers Johannes Mikkel, die sich über chinesisches Porzellan und flämische Gemälde bis hin zu italienischen Gravurarbeiten erstreckt.

Der bereits aus Tartu bekannte Schriftsteller Eduard Vilde (1865 bis 1993) lebte in einem anderen Nebengebäude ses Schlosses. In seinem ehemaligen Wohnhaus, das einstmals dem Vogt gehörte, befindet sich heute ein **Eduard-Vilde-Museum (33)**, das sich dem Leben und Wirken des Autors widmet *(geöffnet täglich außer Di 10 – 17.00 Uhr, Eintritt 10,00 EEK, Info-Tel.: 60-13 18 1, E-Mail: info@vile.tammsaare.ee)*.

Das Viertel Katharinental hat sich in den letzten Jahren zu einer Art Museumsviertel entwickelt. Und dieser Prozess scheint noch nicht beendet zu sein. Es gibt nämlich Pläne, weitere Museen zu eröffnen. So soll zum Beispiel im Kunstmuseum Estlands auch klassische und moderne Kunst des Landes ausgestellt werden.

Neben der Kunst gehört die Erholung zu Katharinental. Zahlreiche **Parkanlagen** mit einer Größe von 60 ha befinden sich um den zentralen Schwanenteich herum. Jeder einzelne Park ist in einem bosenderen Stil angelegt worden. Gesäumt werden die Parks von Villen und Holzhäusern, die zum Teil bis zu 200 Jahre alt sind. Gebaut wur-

das Schloss im Tallinner Stadtviertel Katharinental

den sie, als es in der reichen Oberschicht als schick galt, Urlaub in Katharinental zu machen.

Gehen Sie auf der breiten Allee nordwärts in Richtung Ostsee und Sie erreichen das **Russalka-Denkmal**. Es wurde in Erinnerung an das Panzerschiff gleichen Namens aufgestellt und stellt eine Engelsgestalt auf einem Granitsockel dar. Das Denkmal wurde 1902 vom Bildhauer Amandus Adamson fertig gestellt.

Von hier gelangt man nach links wieder zurück zum Stadtzentrum.

Nach rechts führt der Weg weiter Richtung **Pirita**. Dort im Nordosten der Stadt windet sich der gleichnamige Fluss zur Ostsee, in die er wenig später mündet.

Im Übrigen geht es in dieser Richtung auch zu den drei weiter unten beschriebenen **Campingplätzen** der Stadt.

Auf dem Weg nach Pirita, passiert man die **Sängerfestwiese (Lauluväljak, 34)**. Schon auf dem Domberg konnten Sie die gewölbte, weiße Decke der Open-Air-Bühne erkennen. Die Sängerfestwiese wurde, wie der Name schon sagt, für die großen Sängerfeste des Landes angelegt.

In einem Zeitraum von fünf Jahren treffen sich am ersten Wochenende im Juli mehrere tausend Menschen, um den besten Musikern und Chorsänger zuzuhören und dabei Volkstänze aufzuführen.

Eröffnet wird das Sängerfest immer mit einem Festzug, bei dem die Teilnehmer typisch, estnische Trachten tragen. Dabei herrscht Volksfeststimmung und zahlreiche Ausstellungen, Jahrmärkte und kleinere Veranstaltungen finden statt. Bei dem Höhepunkt des Sängerfestes zeigen 30.000 Sänger gleichzeitig im größten Chor der Welt ihr Können.

Während des gesamten Wochenendes brennt, wie bei olympischen Spielen, eine Flamme im sogenannten Flammenturm.

Die Geschichte des Sängerfestwochenendes reicht zurück bis in das Jahr 1869, als in Tartu zum ersten Mal dieses Fest gefeiert wurde, damals natürlich noch in kleinerer Gesellschaft.

Außerhalb Estlands wurde das Festival später als „singende Revolution" berühmt, die als ein Mosaiksteinchen für den Untergang des Kommunismus in Europa gilt.

Mittlerweile dient das Sängerfest auch in Lettland und Litauen als Vorbild. Mittlerweile werden auch dort ähnliche, wenn auch kleinere Festivals organisiert.

Letzter Höhepunkt war 2003 die Aufnahme des Sängerfestes in die UNESCO-Liste des geistigen und mündlichen Erbes.

Das nächste Festival findet erst wieder im Jahr 2009 statt.

Weiter geht die Fahrt nun in den waldreichen Vorort **Pirita (35)**.

Die „Singende Revolution"

Gegen Ende der 80er Jahre im 20. Jahrhundert erlebte die Welt einen gewaltigen politischen Wandel. In Ungarn reisten DDR-Bürger vom Neusiedler-See aus nach Österreich. In der Prager Botschaft sprach Hans-Dietrich Genscher zu zahlreichen Ostdeutschen, dass ihre Ausreise in die Bundesrepublik genehmigt sei und in den baltischen Sowjetrepubliken haben die Menschen – gesungen.

Der sowjetische Staats- und Parteichef Michail Gorbatschow sprach von Perestroika (Umgestaltung) und Glasnost (Öffnung) und gab den Menschen in den ehemaligen Ostblockstaaten ein Zeichen zum Aufbruch.

Bis zum Sommer 1988 war es in den baltischen Ländern verboten, nationale Symbole zu zeigen, die litauische, lettische oder estnische Fahne auszurollen oder gar Versammlungen zu organisieren. Doch es gab Autonomiebestrebungen, die sich in Estland und Lettland in der Volksfront bemerkbar machten. In Litauen war es die Bewegung „Sajudis". Die erste Großkundgebung von Sajudis fand mit über 100.000 Menschen im Juli 1988 statt. Sie trafen sich im Vingis-Park und sangen an dem Ort, wo traditionell die großen Sängerfeste stattfanden. Das erste Sängerfest war 1869 in Tartu veranstaltet worden.

Die Volkslieder der Länder sollten ihre Eigenständigkeit hervorheben, wurden jedoch zum Teil von der Sowjetregierung zensiert. Gleichzeitig mussten zwischendurch Loblieder auf die kommunistische Partei gesungen werden. Doch nun wurden die Sängerfeste das Sprachrohr der Massen.

Im August 1989 fand der 50. Jahrestag des Hitler-Stalin-Paktes statt. An diesem Tag bildeten Esten, Letten und Litauer eine Menschenkette, die über 600 km lang war. Sie führte von Vilnius bis nach Tallinn und war ein Zeichen des Protestes gegen die Annektierung durch die Sowjetunion. Als im Zuge dieser Unabhängigkeitsbestrebungen das litauische Parlament die unabhängige Republik Litauen verkündete, wurde es dem Obersten Sowjet zuviel und er schickte schließlich Panzer nach Vilnius.

Nun versammelten sich die Bewohner von Vilnius vor dem Parlament, vor dem Pressehaus, dem Rundfunksender und dem Fernsehturm und begannen ihre Stimme musikalisch zu erheben. Der Begriff „Singende Revolution" machte nun endgültig die Runde.

14 der Demonstranten werden allerdings nie wieder singen können, sie wurden Opfer der „Singenden Revolution". In der Nacht zum 13. Januar 1991 besetzen sowjetische Soldaten den Fernsehturm und erschiessen bei der Erstürmung 14 der singenden Demonstranten. Trotz alledem trug diese Revolution zur Auflösung der Sowjetunion bei und war letztendlich notwendig für die Unabhängigkeit der baltischen Staaten.

Pirita ist ein beliebtes Wohn- und Erholungsgebiet. Im Sommer lockt besonders der lange Sandstrand viele Tallinner aus anderen Stadtteilen hierher.

Bei Sportfans ist Pirita möglicherweise noch ein Begriff aus dem Jahr 1980, als hier die Segelregatta der Moskauer Olympischen Spiele stattfand, die von vielen Staaten der Welt boykottiert wurden. In Pirita steht auch das olympische Dorf von damals, heute sind dort Büroräume und ein Hotel untergebracht.

Im Jahr 2001 wurde in Pirita ein neues **Kloster (Pirita klooster, 36)** für den Birgittenorden errichtet *(geöffnet Mai – Okt. täglich von 10 – 18.00 Uhr, sonst 12 – 16.00 Uhr, Eiuntritt 20,00 EEK, Info-Tel.: 60-55 04 4, E-Mail: lagle.parek@mail.ee)*. Das alte Kloster wurde ursprünglich im Jahr 1436 gegründet und war als Gemeinschaftskloster für

Blick auf Tallinns Fährhafen

Nonnen und Mönchen konzipiert. Es dauerte aber nicht lange bis das Gebäude im Livländischen Krieg wieder zerstört wurde. Seit dem 16. Jahrhundert fristet es als Ruine sein Dasein. Die Reste des Westgiebels und der Außenmauern sind allerdings noch immer bemerkenswert.

Mit seiner stattlichen Höhe von 314 m ist der **Fernsehturm (37)** der Hauptstadt weithin sichtbar. In 170 m Höhe gibt es eine **Aussichtsplattform**. Vor zu Zeiten der Sowjetherrschaft die Aussicht von hier oben bei den Besuchern äußerst beliebt, weil man bei guter Sicht einen Blick auf die „freie Welt", nach Finnland, werfen konnte.

Unterhalb des Turmes, der anlässlich der Olympischen Spiele errichtet wurde, befindet sich der **Waldfriedhof**, der die letzte Ruhestätte zahlreicher estnischer Berühmtheiten ist. Hier liegen Schauspieler, Staatsmänner und Künstler begraben.

Im Zusammenhang einer Schilderung Tallinns kann ein Thema nicht unerwähnt bleiben – der Wohnungsbau der ehemaligen Sowjetunion. Auch in Estlands Hauptstadt ist es nicht anders wie in vielen anderen Städten des ehemaligen Warschauer Paktes – das im Grunde schöne Stadtbild wird durch diese Art von Wohnbauarchitektur bestimmt nicht attraktiver, im Gegenteil.

Am Rande der Stadt sind zahlreiche Plattenbauten in die Höhe geschossen. Diese Vororte entstanden zumeist an den Reißbrettern Moskauer Stadtplaner und Architekten. Grund war die Wohnungsnot nach dem Zweiten Weltkrieg.

In den 60er Jahren des letzten Jahrhunderts entstand erst der Stadtteil Mustamäe mit noich relativ kleinen Wohnbauten, dann der Stadtteil Lasnamäe, östlich von Katharinental. Hier stehen Wohnblöcke mit nicht weniger als 14 Etagen, in denen tausende von Menschen leben.

Ob Planung oder nicht, sicher ist, dass in die neu entstandenen Wohnlagen überraschend viele Menschen aus anderen Sowjetrepubliken nach Tallinn zogen. Nicht von ungefähr kommt es, dass in Estlands Hauptstadt nur knapp jeder Zweite Este ist. 36% aller Hauptstädter sind Russen.

Nun ist auch noch Lasnamäe einer der ersten Stadtteile, die man bei einer Fahrt von Narva nach Tallinn sieht. Wenn nun noch das Wetter trübe ist, schreckt der erste Eindruck von Tallinn den Besucher eher ab, erfreulicherweise aber zu Unrecht, wie man bei einen Bummel durch die Innenstadt bald bemerkt.

Im Westen der Stadt befindet sich **Rocca al Mare**, das größte und wichtigste Freilichtmuseum Estlands. Da es auf dem Weg der Tour 15 (Tallinn – Haapsalu) liegt, findet sich die Beschreibung dort.

Praktische Hinweise – Tallinn

Touristeninformation, Niguliste 2/Kullassepa 4, Tallinn 10146, Tel.: 64-57 77 7, Fax: 64-57 77 8, E-Mail: turismiinfo@tallinnlv.ee. Öffnungszeiten: Mo – Fr 9 – 20.00 Uhr, Sa und So 10 – 18.00 Uhr (Juli, August); Mo – Fr 9 – 18.00 Uhr, Sa und So 10 – 17.00 Uhr (September); Mo – Fr 9 – 17.00 Uhr, Sa 10 – 15.00 Uhr, So geschlossen (Oktober – April); Mo – Fr 9 – 19.00 Uhr, Sa und So 10 – 17.00 Uhr (Mai, Juni)

Talliner Hafen Terminal A, Sadama 25, 10111 Tallinn, Tel.: 63-18 32 1, E-Mail: port.tallinn@visitestonia.com, Öffnungszeiten: Mo - So 8 - 16.30 Uhr.

Feste und Folklore:

Im **Februar** findet alljährlich das studentische **Jazz-Festival** statt.

Im **März** wird die **Woche der estnischen Filme** abgehalten und im **April** feiert man die **Estnischen Musiktage**. Zahlreiche Marktstände werden im **Juni** vor dem Rathaus aufgebaut, wenn die **Altstadttage** stattfinden. Nur wenige Tage später in der ersten **Juliwoche** findet an gleicher Stelle der **Mittelaltermarkt** statt. Fast den gesamten **August** feiert man in Tallinn das **Tanzfestival** und im **Dezember** kann man den romantischen **Weihnachtsmarkt** mit dem traditionellen Christbaum auf dem Rathausplatz besuchen.

Restaurants

Restaurant Olde Hansa, Vana turg 1, Tel.: 62-79 02 0, Fax 62-79 02 1, E-Mail: reserve@oldehansa.ee, Web: www.oldehansa.ee. Geöffnet von 11 – 24.00 Uhr täglich. Sehr touristisches, aber schönes Restaurant in einem 700 Jahre alten Gebäude. Die Bediensteten tragen mittelalterliche Gewänder und das Essen wird zu Klängen aus dieser Zeit gereicht.

Peppersack, Viru 2, Tel.: 64-66 80 0, E-Mail: peppersack@peppersack.ee, Web: www.peppersack.ee, täglich geöffnet von 11 – 24.00 Uhr. Ebenfalls im mittelalterlichen Gewand präsentiert sich dieses geschmackvoll eingerichtete Restaurant mitten in der Altstadt. Jeden Abend nach 20.00 Uhr wird ein typischer Schwertkampf aus der Ritterzeit vorgeführt.

Restaurant Renessanss, Nunne 18, Tel 64-64 13 8, E-Mail: info@renessanss.ee, Web: www.renessanss.ee. Etwas ruhiger geht es auf dem Domberg zu. Hier werden typisch ukrainische und auch europäische Gerichte gereicht.

Hotels

Hotel Schlössle, Pühavaimu 13/15, Tel.: 69-97 70 0, Fax: 69-97 77 7, E-Mail: schlossle.reservations@schlossle-hotels.com, Web: www.schlossle-hotels.com. Sehr exklusives 5-Sterne-Hotel mitten in der Altstadt hinter der Ratsapotheke. 42 Zimmer in dem besten Hotel am Platze bieten erstklassigen Komfort mit Sat-TV, Telefon und Internetanschlussmöglichkeit,

Old House, Uus Straße 22, Tel.: 64-11 46 4, E-Mail: info@oldhouse.ee, Web: www.oldhouse.ee. In der Nähe der ‚Dicken Margaretha' liegt das Hotel und Gästehaus. Die Zimmer sind einfach, aber gemütlich. Dafür beginnen die Preise bereits ab 225,00 EEK, was für die zentrale Lage äußerst günstig ist.

Hotel G9, Gonsiori 9, Tel.: 62-67 10 0, Fax: 62-67 10 2, E-Mail: info@hotelg9.ee, Web: www.hotelg9.ee. Zwischen den Hochhäusern der neuen Stadtmitte liegt dieses modern eingerichtete und frisch renovierte Hotel mit 23 Doppelzimmern. Sie verfügen über Telefon und sind standardmäßig ausgestattet. Im Erdgeschoss gibt es eine Sauna und das asiatische Restaurant „Sehs-Besh". Gefrühstückt werden kann allerdings nur im benachbarten Café „Narva". Vor dem Haus gibt es einen Parkplatz.

White Villa, Kännu 26/2, Tel.: 65-42 30 2, Web: www.white-villa.com. Südwestlich außerhalb des Stadtzentrums auf der anderen Seite des Bahndammes liegt diese kleine familiär geführte Pension. Sie bietet Appartements, Suiten und auch Bed & Breakfast. Das Haus hat einen Parkplatz und verfügt über Internetanschluss.

Camping

Camping City Camp, Pirita Straße 28, Tel.: 60-52 04 4, Fax: 61-37 42 9, Web: www.tallinn-city-camping.ee. Relativ neuer Campingplatz (1 ha) und der zentralste zur Besichtigung der Altstadt. Er befindet sich auf dem Weg nach Pirita auf der rechten Seite. Ein kleines Schild weist nach rechts, wo man über Hinterhöfe zum Campingplatz findet und möglicherweise ein bisschen enttäuscht wird, da es sich bei dem Platz um einen Hinterhof handelt, der allenfalls die Bezeichnung „Wohnmobil-Stellplatz" erhalten kann. Er bietet jedoch WC's, Waschräume, Internetanschluss und eine kleine Bar. Waschmaschine, Strom, Fahrradverleih und Saunamöglichkeit sind optional. Die Übernachtung kostet 200,00 EEK/je Wohnmobil. Gute Standardausstattung.

Camping am Yachthafen Pirita, Purje Straße. Kein richtiger Campingplatz, sondern ein **bewachter 24 Std.-Parkplatz** am Yachthafen von Pirita. Allerdings ist das die angenehmste Möglichkeit, mit dem Wohnmobil oder -wagen in Tallinn zu nächtigen. Der Platz liegt etwas versteckt rechts hinter dem **Spa Hotel Pirita** an der kleinen Werft vorbei. Das Schöne an diesem Platz ist die Aussicht, die man auf die Stadt genießen kann. Eine Übernachtung kostet 200,00 EEK und beinhaltet Strom und WC. Die WC's befinden sich in dem Eckgebäude und sind sauber. Leider gibt es keine Duschen!

MTK Camping „Kalev", Kloostrimetsa tee 56a, Tel.: 63-38 68 6, Fax: 62-39 19 1, E-Mail: motoklubikalev@hot.ee. Dieser einzige „richtige" Campingplatz (1 ha) ist am Weitesten von der Altstadt und vom Strand entfernt. Er befindet sich unmittelbar rechts neben dem Fernsehturm. Der kleine Platz ist in der Hochsaison meistens überfüllt, was ein wenig der Ruhe und der Sauberkeit der Sanitäreinrichtung schadet. Mit 300,00 EEK ist Kalev die teuerste Campingmöglichkeit. Vor dem Campingplatz halten direkt die Buslinien 34a und 38, die in Tallinns Zentrum fahren, einfache Standardausstattung.

Wohnmobil-Stellplätze

Wohnmobil-Stellplatz – Das oben erwähnte **Hotel „White Villa"** bietet Übernachtungsmöglichkeiten für ein Wohnmobil auf dem hauseigenen Parkplatz an. Strom und Wasserversorgung ist ebenfalls möglich, die Übernachtung kostet EEK 250.

Wohnmobil-Stellplatz – In **Laagri** am **Hotel Peoleo,** Pärnu mnt 555, Laagri 76401, Tel.: 65-03 96 5, Fax: 65-03 90 0, Web: www.peoleo.ee, E-Mail: hotel@peoleo.ee. Rund 20 km südlich von Tallinns Altstadt befindet sich am Beginn der Autobahn 4/E 67 die kleine Ortschaft **Laagri**. Dort bietet das Hotel Peoleo auf schotterigem Untergrund die Möglichkeit mit dem Wohnmobil zu übernachten. 50 Fahrzeuge können dort stehen und über Frischwasser und Elektrizität verfügen. Zusätzlich gibt es auch Duschmöglichkeiten. Leider ist der Platz sehr teuer, die Übernachtung im Wohnmobil liegt bei 24 Euro, geöffnet von April bis September.

am Jachthafen von Tallinn, im Hintergrund die Skyline der Stadt

15. TALLINN – HAAPSALU

Länge der Tour: Rund 130 km, ohne Abstecher.

Strecke: Straße 8 und Nebenstraßen bis **Paldiski** – Straße 8 bis Straße 18 – Straße 18 und Straße 17 bis Einmündung Straße 9 – Straße 9 bis **Haapsalu**.

Empfohlene Reisedauer: Mindestens ein Tag.

Reisehöhepunkte auf dieser Tour: Freilichtmuseum Rocca al Mare *, Wasserfall in **Keila-Joa***, Stadt **Haapsalu***.

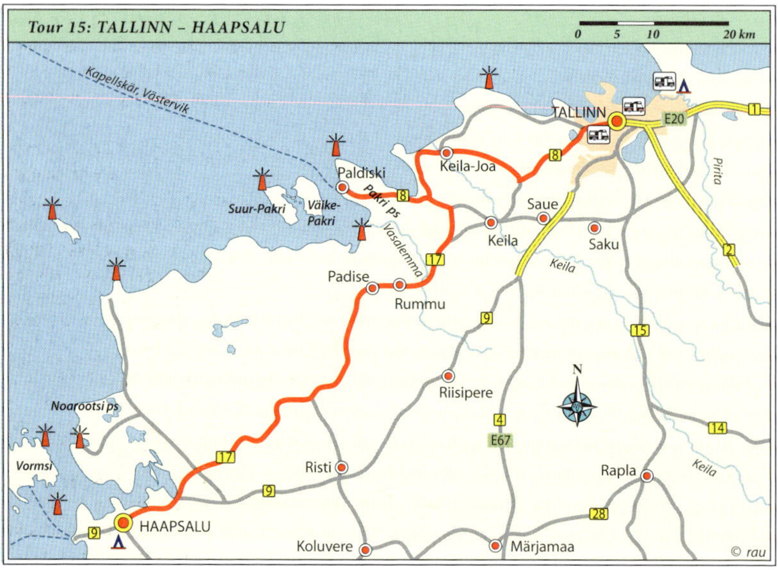

Route: *Wir folgen in* ***Tallinn*** *am südlichen Altstadtrand der Ausschilderung nach* ***Õismäe*** *und verlassen die Hauptstadt auf der Paldiski mnt. Zwischen Sportstadion und dem Einkaufszentrum Prisma zweigt rechts die Straße Vabaõhumuuseumi tee zum Freilichtmuseum Rocca al Mare ab, der wir folgen werden.*

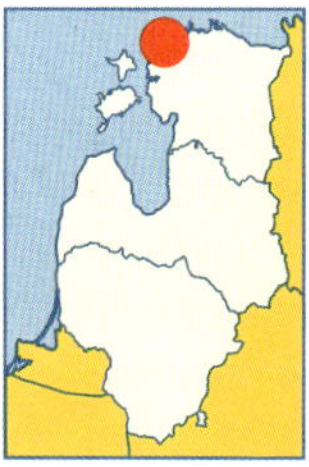

Das **Freilichtmuseum Rocca al Mare** (Eesti Vabaõhumuuseumi, *geöffnet Mai – Sept. 10 – 20 Uhr, sonst 10 – 17 Uhr)* liegt ca. 7 km westlich von Tallinn an der Küste. Baron de Soucanton, Bürgermeister von Tallinn, erbaute hier 1863 seinen Herrensitz und als Italienliebhaber benannte er diesen Küstenabschnitt nach einem großen Findling Rocca al Mare, Fels am Meer.

Die Bezeichnung übernahm man 1964 bei der Gründung des Estnischen Freilichtmuseums, das über 70 Gebäude zeigt, die sehr anschaulich vier Regionen Estlands präsentieren (Nord-, Süd- und Westestland sowie die estnischen Inseln). Man sieht Bauernhöfe, Dorfläden, ein Feuerwehrhaus, Kirchen, Mühlen und sogar einen russischen Fischerhof. Den Reiz dieses Freilichtmuseums macht auch seine Lage direkt am Meer aus, teilweise mit Blick auf die Ostsee, die ein wenig unterhalb liegt.

Route: *Zurück zur Paldiski mnt. Hier biegen wir rechts ab und überqueren den folgenden Kreisverkehr. Nun befinden wir uns auf der Straße 8 Richtung* ***Haapsalu****. Nach rund 17 km* *erscheint ein Abzweig nach **Keila-Joa**, dem wir nach rechts folgen.*

Vor dem Abzweig durchqueren wir die kleine Ortschaft **Harku**. Dort befindet sich ein geschichtsträchtiges **Herrenhaus**, in dem im Jahr 1710 der Kapitulationsvertrag nach dem Nordischen Krieg unterzeichnet wurde. Der Sohn des größten Landbesitzers Estlands, von Ungern-Sternberg, dem wir auf Hiiumaa noch begegnen werden, erhielt das Gut in der ersten Hälfte des 19. Jahrhunderts.

Wer die Liebe zu seiner Angebeteten festigen möchte, kommt auf einer Reise durch Estland nicht darum herum, nach **Keila-Joa** zu fahren. Dort führen zahlreiche Wanderwege durch die Wälder zu einem wildromantischen **Wasserfall**. Er soll, vermutlich durch seine Hufeisenform, Verliebten, Verlobten, Verheirateten Glück bringen. Viele heiratswillige Pärchen zieht es wie magisch hierher. Unterhalb des Gefälles befindet sich nämlich eine kleine Brücke zu der jedes frisch verheiratete Paar pilgert, um dort nach alter Tradition ein Vorhängeschloss mit der Gravur der Namen und des Hochzeitstages anzubringen. Und um die Ewigkeit der Liebe schließlich zu besiegeln, wird der dazu passende Schlüssel in den Fluss geworfen. Im Laufe der Zeit sind schon viele Dutzend Schlösser angebracht worden.

ROUTE: *Von **Keila-Joa** fahren wir entlang der Steilküste weiter Richtung **Paldiski**. Wir treffen zuvor wieder auf die Straße 8, auf die wir rechts abbiegen und bis Paldiski fahren.*

Baltijskij Sadama heißt soviel wie Baltischer Hafen. Abgeleitet wurde daraus in den 1930er Jahren der Ortsname **Paldiski**.

Man erzählt sich, dass die 52 km westlich von Tallinn gelegene Stadt von Zar Peter I. als Hafen gegründet worden sei. Seine Majestät schnippte einen Stein ins Wasser. Damit war die Stelle bestimmt, an der der Hafen gebaut werden sollte. So zumindest will es die Legende. Angeblich sollen auch die Baupläne vom Zaren höchstselbst gezeichnet worden sein.

Der Grund für den Bau von Paldiski liegt ausnahmsweise nicht im militärischen Bereich. Vielmehr wollte Peter der Große die Halbinsel und die Pakri-Insel mit einer Brücke verbinden. Doch bevor die Bauarbeiten abgeschlossen werden konnten, verstarb der Zar im Jahr 1725 und man stellte die Arbeiten ein.

Der Ort Paldiski wuchs dennoch weiter, erhielt Stadtrechte und fast 90 Jahre später war hier Endstation für die St.Petersburg-Bahnlinie. Die Einrichtung dieser Endhaltestelle war für die Wirtschaft von großer Bedeutung.

Nach Ende des Zweiten Weltkrieges wurde Paldiski doch noch militärisch ausgebaut und somit zu einer „geschlossenen Stadt". Ein privater Besuch der Paldiski-Halbinsel war also während der Sowjetherrschaft nicht mehr möglich. In der Stadt, die als Marinestützpunkt diente, war ein Trainingszentrum für Offiziere der Atom-U-Boot-Flotte eingerichtet.

Nach Abzug der Russen, die ihre Trainings-Reaktoren glücklicherweise gleich mitnahmen, gründete die estnische Regierung hier ein Naturreservat.

Heute gibt es auf dem Stadtgebiet von Paldiski zwei Häfen. Der nördliche von ihnen dient dem Güterverkehr. Der südliche hingegen wird von Passagierschiffen aus Schweden, Finnland und Deutschland genutzt. Eine Fähre z. B. verkehrt einmal täglich in das schwedische Kapellskär. Kappelskär liegt allerdings ein gutes Stück nördlich von Stockholm, für Reisende von oder nach Deutschland also weniger günstig.

Des Weiteren befindet sich in Paldiski die 1787 erbaute orthodoxe Kirche sowie die evangelische Nikolauskirche aus dem 19. Jahrhundert.

Ganz am Ende der Halbinsel steht der höchste **Leuchtturm** des Landes. Er ragt 52 m in die Höhe.

Im Westen von Paldiski liegen die von der Ostsee umspülten **Pakri-Inseln**. Trotz ihrer fast gleichen Größe tragen Sie die Na-

PRAKTISCHE HINWEISE – KEILA-JOA

Hotel Keila Residence, Keskväljak 10, Tel.: 67-82 44 0, Fax: 67-82 44 5, Web: www.keilaresidence.ee, E-Mail: info@keilaresidence.ee. Mitten im Zentrum der Stadt gelegen bietet das Gästehaus 22 einfache Zimmer. Bei 14 Zimmern befinden sich die WC´s jedoch auf dem Flur.

men Suur-Pakri (Groß-Pakri) und Väike-Pakri (Klein-Pakri). Der Damm, der die beiden Inseln miteinander verbindet, wurde vom sowjetischen Militär gebaut, da die beiden Inseln bis 1992 als Truppenübungsplatz benutzt wurden.

Zwar können die Eilande mittlerweile bereist werden und bieten sich an für kleinere Spaziergänge oder Radtouren. Doch der estnische Kampfmittelräumdienst ist noch heute damit beschäftigt, die Spuren der Sowjet-Zeit zu beseitigen! Die letzten Bewohner, zwei Familien verließen die Insel 1965. Vor dem Zweiten Weltkrieg lebten dort über 340 Menschen, die meisten waren Schweden.

Nicht unerwähnt bleiben sollte die 5 km lange Insel **Osmussaar**. Sie liegt noch weiter westlich draußen in der Ostsee und ist heute unbewohnt.

Rund 500 Jahre lang war Osmussaar von Schweden bewohnt. Mit ihrer höchsten Erhebung von gerade einmal 8 Meter ist sie eine sehr flache Insel. Zudem bringt sie es an ihrer breitesten Stelle auf lediglich 1,6 km.

Nun sollte man meinen, dass diese kleine Insel niemanden interessiert hätte. Doch weit gefehlt. Die letzten 120 Schweden, die vor dem Zweiten Weltkrieg hier noch lebten und ihre eigene Kultur mit eigenen Bräuchen entwickelt hatten, mussten ihre Heimat schließlich verlassen. Grundlage für den erzwungenen Exodus der Schweden war ein sog. Basenvertrag zwischen Estland und den Sowjets, der es den Sowjets erlaubte, sich auf der Insel militärisch breit zu machen. So wurde Osmussaar im Zweiten Weltkrieg von rund 1.000 russischen Soldaten verteidigt. Die Insel war eines der letzten Gebiete, die in der Region im Zweiten Weltkrieg den Deutschen überlassen werden musste.

Wer sich die Insel anschauen möchte, hat von **Dirhami** aus die Möglichkeit, per Schiff nach Osmussaar zu gelangen. Da die Nachfrage jedoch gering ist, sind die Fährzeiten unterschiedlich und müssen vor Ort erfragt werden.

Man kann die Inselnatur auf Osmussaar erleben oder auf Spurensuche nach Relikte aus der Vergangenheit gehen. So sind zum Beispiel die Ruinen der **Jesuskapelle** aus dem Jahr 1766 sowie ein Friedhof zu entdecken, auf dem aber schon lange keiner mehr beerdigt wird.

In Gedenken an den deutschen Kreuzer „Magdeburg", der im August 1914 vor der Insel auf Grund gelaufen ist, wurde auf der Insel einstmals ein Denkmal errichtet.

Das einzige bewirtschaftete Gebäude auf der Insel ist der **Leuchtturm** aus dem Jahr 1954.

Übrigens bedeutet der Name der Insel im schwedischen „Odinsholm". Der schwedischen Mythologie zufolge soll hier der Wikingergott Odin begraben sein.

→ **ROUTE:** *Von Paldinski über die 8 ostwärts zurück Richtung* ***Keila****, wo einige Kilometer zuvor die Straße 18 nach rechts abzweigt. Hinter den Bahngleisen erreichen wir die Straße 17 und fahren wieder Richtung Westen bzw.* ***Haapsalu****. Knapp 20 Kilometer sind es auf der Straße 18 bis zur* ***Burgruine Padise****.*

In der Ortschaft **Padise** leben rund 2.000 Menschen. Die westlichste Gemeinde Harjumaas hat Besuchern eine Klosterruine Padise und einen Gutspark als Sehenswürdigkeiten zu bieten.

Das aus dem 13. Jahrhundert stammende **Kloster Padise** ist eines der ältesten Baudenkmäler in Nordeuropa und steht auf Überresten einer Burg, die an derselben Stelle bereits im 8. Jahrhundert erbaut worden war. Es ist nicht mehr viel von dem einstigen Zisterzienser-Kloster übrig geblieben. Dennoch lohnt ein kurzer Stopp.

→ **ROUTE:** *Schließlich erreichen wir nach einer 60 km langen Fahrt durch den Wald die Ortschaft* ***Haapsalu****.*

Der Urlaubs- und Kurort **Haapsalu** ist zugleich Hauptstadt des Landkreises Läänemaa und vermittelt ein wenig Flair des 19. Jahrhunderts.

Schon der Komponist Tschaikowsky und die Zarenfamilie besuchten Haapsalu. Der Grund – Haapsalu hatte damals das erste Schlammheilbad weit und breit.

Der Blickfang der Stadt aber ist nach wie vor die **Burg** aus dem 13. Jahrhundert inmitten der Altstadt. Die einst von Zisterziensern errichtete Bastion mit seiner **Domkirche (Toom kirik)** war ausschlaggebend dafür, dass Haapsalu Stadtrechte erhielt. Der 38 m hohe, markante Wachtturm erhielt bei Ausbauarbeiten im 15. Jahrhundert seinen wehrhaften Charakter.

Praktische Hinweise – Paldiski

Touristeninformation, Sadama 9, Tel.: 67-90 60 0, Fax: 67-90 61 0, E-Mail: paldiski@paldiski.ee.

Avalik Internetipunkt Liinaraamatukogus Rae 38, Tel.: 67-41 31 3.

Architektonisch am wertvollsten sind die sogenannte **„Kleine Burg"** und die **Kirche**. In der „Kleinen Burg", so wird vermutet, befand sich einst auch die Domschule. Das Gotteshaus hingegen wurde, wenn es darauf ankam, als Festung benutzt, was man an den hohen und engen Fenstern gut erkennen kann. Im Inneren des einschiffigen Sakralbaus sind hauptsächlich gotische Architekturelemente zu finden. Der Kirchenraum wird wegen seiner guten Akustik gelegentlich auch als Konzerthalle benutzt. *Öffnungszeiten Burg, Domkirche und Burgmuseum: Mitte Mai – Mitte Sept. täglich 10 – 18.00 Uhr, Info-Tel.: 47-24 47 0, E-Mail: haapsalu@kultuurinfo.ee, Web: www.haapsalu.ee/kulturikeskus.*

Eine Legende erzählt von einer ‚Weißen Frau', die als Geist in und um die Kirche umherspukt. Zur Strafe, einem Domherrn zu nahegekommen zu sein, soll vor langer Zeit eine Frau in weißem Kleid in die Wand der Taufkapelle eingemauert worden sein. Man gab ihr für einige Tage Wasser und Brot und so soll sie langsam gestorben sein, während ihr Wehklagen tagelang zu hören war.

Übrigens - Leute mit einer Ader fürs Spiritistische sollen in Vollmondnächten im August noch heute den Geist der Weißen Dame gelegentlich sehen können. Aufgeklärtere Naturen wissen aber inzwischen, dass es sich bei dem Phänomen um eine Reflektion des Mondes handelt, der just im August durch ein Fenster in die Kirche scheint, was sich natürlich weniger romantisch anhört.

Passend dazu wird regelmäßig das Festival der „Weißen Dame" veranstaltet.

Nördlich der Burg grenzt direkt der **Schlossplatz (Loss plats)** an. Dort liegt das ehemalige Rathaus. Es beherbergt heute das sehenswerte **Läänemaa-Museum** *(geöffnet Mitte Mai – Mitte Sept. Di – So 11 – 18.00 Uhr, sonst 11 – 16.00 Uhr, Info-Tel.: 47-37 04 8, E-Mail: talis@haapsalu.ee, Web: www.muuseum.haapsalu.ee).* Zu sehen sind geschichtliche Exponate wie zum Beispiel eine Münze des Königs Richard Löwenherz oder das älteste Friedrich-Schiller-Denkmal der Welt.

Durch die Aufteilung der Ausstellungen in mehrere Themenkomplexe kann man die Geschichte der Gutshöfe in Estland genauso kennenlernen, wie das Leben der Fischer an der Küste oder der Kaufleute in der Region.

Im zweiten Gebäudeabschnitt wird die Historie der Stadt Haapsalu auf interessante Art erklärt. Hier gibt es einen Saal, der den Ort als eine Art begehbares Modell zeigt. Dann sieht man den „Raum der Bürgermeister" und dahinter eine Szene auf der Promenade Haapsalus. Die echte **Promenade** übrigens befindet sich nur zwei Straßen weiter nördlich.

Eine andere Sehenswürdigkeit der Stadt ist – neben ihrer Lage an der Ostsee – das **Kurhaus (Kuursaal)** aus dem Jahr 1898. Anfangs stand das Gebäude fast komplett im Wasser, doch im Laufe der Jahrzehnte füllten sich die kleinen Badebuchten und die Befestigung des Ufers bekam ihr heutiges Aussehen. Während der russischen Okkupation wurde das Kurhaus als Lagerhalle genutzt. Heute gibt es darin wieder, so wie zur Zarenzeit, ein exklusives Café.

Am Kurhaus beginnt die so genannte ehemalige **„Schokoladenpromenade"**. Zu sehen ist auf ihr die **Tschaikowsky-Steinbank**, die dem Komponisten, der 1867 hier zur Kur weilte, zu Ehren aufgestellt wurde. Diese Sitzgelegenheit ist wohl das kleinste Freilichtmuseum der Welt. Denn über Lautsprecher sind Teile von Tschaikowskys Werken zu hören und Informationen aus seinem Leben zu erfahren. Zu Ehren Tschaikowskys

Praktische Hinweise – Padise

Touristeninformation, Harjumaa, Tel.: 60-87 81 0, Fax: 60-87 89 8, E-Mail: padise@padise.ee.

Feste und Folklore: In der zweiten Augusthälfte wird in den Klosterruinen ein Fischmarkt abgehalten.

trägt heute die ganze ehemalige „Schokoladenpromenade" seinen Namen.

Von der Promenade hat man einen herrlichen Blick auf die Halbinsel **Noarootsi**. Vom 13. Jahrhundert bis zum Zweiten Weltkrieg lebten Schweden dort, die wegen der Kriegshandlungen aber nach Schweden flüchten mußten.

Von der Uferpromenade ist die Halbinsel zwar nur 2 km entfernt, aber es dauert, wenn man mit dem Auto hinfahren will. Man hat 35 Straßenkilometer mehr auf dem Tacho, bis man endlich dort angekommen ist.

Um auf die Halbinsel **Noarootsi** zu gelangen muss man erst einmal die gesamte Haapsalu-Bucht umrunden. Dazu fährt man auf der Straße 9 wieder Richtung Tallinn und biegt hinter Herjava links ab auf die Straße 17. Nach weiteren 5 km geht es in Linnamäe erneut nach links auf die schmale Landstraße Richtung Ingküla. Weitere 12 km folgen bis Aulepa, wo man ein weiteres Mal links abbiegen muss um schließlich die vier Ortschaften Paslepa, Pürksi, Saare und Österby auf Noarootsi zu erreichen.

In Haapsalu sieht man am südlichen Ende der Tschaikowsky-Promenade die **Johanniskirche**. Sie stammt aus dem 16. Jahrhundert. Die Ursprünge der Kirche, die einst dem heiligen Nikolaus geweiht war, reichen zurück auf die Fundamente einer alten Lagerhalle. Der Kirchturm wurde erst viel später errichtet und im Jahr 1858 fertiggestellt. Die Glocke im Turm stammt aus der Anfangszeit der Kirche. Sie ist eine der ältesten in Estland.

Am Rande der Stadt lohnt der Besuch eines sehenswerten **Bahnhofes**. Je nachdem aus welcher Richtung man sich dem Bahnhof nähert, sehen Sie entweder das pittoreske Bahnhofsgebäude oder die fünf dahinter stehenden Dampflokomotiven, die ihre endgültige Endstation in Haapsalu erreicht haben. Der Bahnhof ist heute ein **Eisenbahnmuseum** *(geöffnet Mi – So 10 – 18.00 Uhr, Info-Tel.: 47-34 57 4, E-Mail: raudtee@jaam.ee, Web: www.jaam.ee)*. Die Lokomotiven stammen aus dem Zeitraum 1940 bis 1960. Der 200 m lange und schön verzierte **Bahnsteig** ist komplett überdacht.

Außergewöhnlich an dem Bahnhofsgebäude ist, dass hier gleich zwei Architekten aus St. Petersburg tätig waren. Das war damals völlig unüblich. In russischer Zeit wurden nämlich alle Bahnhöfe nach feststehenden einheitlichen Plänen errichtet. Wazu also zwei Architekten? Man weiß es nicht. Auch im Museum ist nichts darüber zu erfahren.

Im Museum wird die Geschichte der estnischen Eisenbahn erklärt. Der Besucher sieht nicht nur Züge und Waggons, sondern auch lebensgroße Puppen, die in der typischen Arbeitskleidung eines früheren Eisenbahners stecken.

Die Einrichtung des **„Imperatorpavillons"** stammt aus dem 19. Jahrhundert. Sie ist aus Bahnhöfen an der Bahnlinie Haapsalu – Keila zusammengetragen. Der Name der Empfangshalle mit ihrem Mosaikboden ist darauf zurück zu führen, dass in vergangenen Zeiten an diesem Bahnhof auch gekrönte Häupter empfangen wurden.

Der Personenzugverkehr in Haapsalu wurde nach 90jähriger Tätigkeit im Jahr 1995 eingestellt.

Eisenbahnmuseum in Haapsalu

ABSTECHER AN DIE BUCHT VON MATSALU

Von Haapsalu aus lohnt ein kleiner Abstecher gen Süden. Auf der Straße 31 erreicht man nach zehn Kilometern zunächst das Dorf **Ridala**, mit einer für diese Region typischen Kirche samt Friedhof. Von außen zwar schlicht, besticht sie jedoch durch ein schönes **Spitzbogenportal** und alte **Wandmalereien** im Inneren.

Zehn Kilometer weiter südlich beginnt das Mündungsgebiet des Flusses Kasari. Der Fluss mündet hier in die **Bucht von Matsalu** und bietet zahlreichen Zugvögeln ein ideales Revier zur Brut und Rast. Nicht selten sind hier Kormorane, Schwäne und Seeadler zu sehen. Zahlreiche **Aussichtstürme** rund um die gesamte Bucht sind für ornithologisch Interessierte aufgestellt.

Praktische Hinweise – Haapsalu

Touristeninformation, Posti 37, 90502 Haapsalu, Tel.: 47-33 24 8, Fax 47-33 46 4, E-Mail : haapsalu@visitestonia.com, Öffnungszeiten: Mo - Fr 9–18.00, Sa und So 10 – 15.00 Uhr.

Feste und Folklore: Das Herbst-Festival der „Weißen Dame" in der Burg findet bereits im August statt.

Restaurants

Restaurant Blu Holm, Sadama 9/11, Tel.: 47-24 40 0, E-Mail: bluholm@bluholm.ee, Web: www.bluholm.ee. Elegantes Restaurant mit Blick auf den Hafen.

Hermannuse Maja, Karja 1a, Tel.: 47-37 13 1, E-Mail: maja@hermannus.ee, Web: www.hermannus.ee.

Peetri Pizza, Tallinna mnt. 1.

Internetcafé Läänemaa Haigla, Vaba 6, Tel.: 47-25 87 5, rund um die Uhr geöffnet.

Hotels

Hotel Haapsalu, Post 43, Tel.: 47-33 34 7, E-Mail: sales@haapsaluhotel.ee, Web: www.haapsaluhotel.ee. Das beste Hotel am Platze bietet 38 modern eingerichtete Zimmer und befindet sich im Ortskern in unmittelbarer Nachbarschaft zur Touristeninformation. Im Erdgeschoss ist ein Restaurant und eine Bar mit einer kleinen Terrasse eingerichtet.

Baltic Hotel Promenaadi, Sadama Str. 2, Tel.: 47-37 25 0, Web: www.promenaadi.ee. Direkt am Hafen mit Blick auf das Meer bietet das Hotel 28 moderne Doppelzimmer, eine Bar, Sauna und ein Restaurant.

Hotel Kongo, Kalda 19, Tel.: 47-24 80 0, Fax: 47-24 80 9, E-Mail: kongohotel@hot.ee, Web: www.kongohotel.ee. Zentral gelegen zwischen Ortskern, Schlosspark und Ostsee bietet das zweigeschossige Hotel saubere und moderne Zimmer sowie eine Sauna inklusive Pool. Zum Haus gehört ein Restaurant, eine Bar und ein Parkplatz. Die Zimmer verfügen über Farb-TV und Telefon.

Camping

Camping Pikseke, Männikue tee 32, Tel.: 47-55 77 9 oder 51-92 22 91. In der Winterzeit auch unter der finnischen Handy-Nummer zu erreichen: 00358-40 55 29 25 1, Web: www.albinet.com/camping, E-Mail: pikseke@albinet.com oder pikseke@hotmail.com. Dieser freundliche Platz (2 ha) liegt im Süden und im Grünen der Stadt und ist gut ausgeschildert. Es existieren 40 Stellplätze mit Strom, Entsorgung für die Chemietoilette, Waschmaschine, drei Toiletten und 5 Duschen, die sich in mehreren kleinen Holzhäusern befinden. Wenn der Platz voll ist, kann es unter Umständen zu Wartezeiten kommen. Ebenso wird dann der Saunabetrieb eingestellt, damit die dortigen Duschen benutzt werden können. Der ruhige Platz ist ganzjährig geöffnet, einfache Standardausstattung.

16. HAAPSALU - INSEL HIIUMAA

Länge der Tour: Rund 135 km, ohne Abstecher.

Strecke: Straße 80 – Straße 83 – Nebenstraße über Insel **Kassari** – Straße 81 bis **Kärdla** – Straße 80, Nebenstraße und Schotterstraße bis **Kõpu** – Straße 84 bis **Emmaste**.

Emfohlene Reisedauer: Mindestens ein Tag.

Reisehöhepunkte auf dieser Tour: **Kärdla***, Besteigung des **Leuchtturmes Kõpu****, das gesamte Landschaftsbild der Insel **Hiiumaa*****.

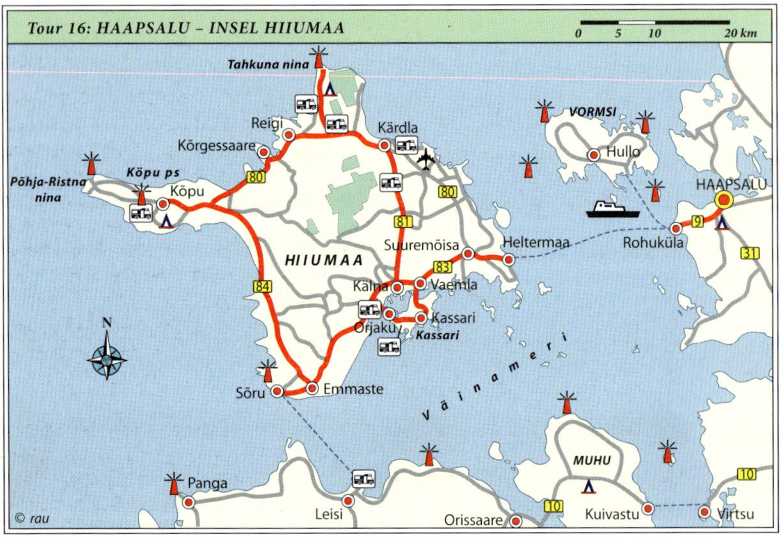

*ROUTE: In **Haapsalu** geht es am Eisenbahnmuseum vorbei bis nach **Rohuküla**, wo sich die beiden Fähranlegestellen nach **Vormsi** und **Hiiumaa** befinden.*

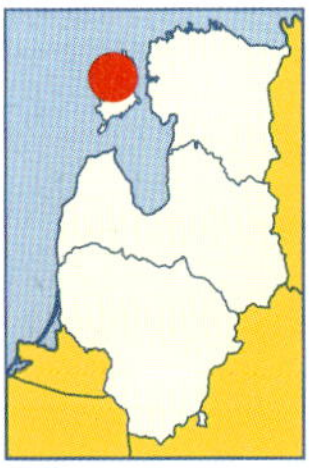

Wer Lust verspürt eine ganze Insel mit dem Rad zu umrunden, aber nicht allzuviel Zeit hat, der ist auf **Vormsi**, Estlands viertgrößter Insel, genau richtig.

Die stark zerklüftete Küste von Vormsi bringt es auf eine Länge von gut 100 km. Um einiges kürzer ist dagegen die Ringstraße, die alle Ortschaften des Eilandes miteinander verbindet.

Die Insel besitzt einige kleine Seen, die sich dadurch gebildet haben, dass sich im Laufe der Zeit die Buchten meist durch strömungsbedingte Sandaufspülungen geschlossen haben. Geologisch betrachtet, ist Vormsi mit seinen 3.000 Jahren jedoch noch recht jung.

Wie auch auf der weiter im Norden gelegenen Insel Osmussaar, haben sich auch auf Vormsi die so genannten „Küstenschweden" angesiedelt, die mit der estnischen Kultur und dem estnischen Volk nichts gemein haben. Viele der noch heute existierenden Ortsnamen wie *Norrby, Sviby* und *Saxby* können ihre skandinavische Wurzeln nicht verleugnen. Und nicht zuletzt auf Grund der weiten Entfernung zu ihrem Heimatland Schweden entwickelten die Küstenschweden ihre eigene Kultur und Tradition.

In **Saxby** kann ein eiserner Leuchtturm aus dem Jahr 1864 besichtigt werden.

Zentraler Ausgangspunkt für eine Inseltour ist die Ortschaft **Hullo**.

Praktische Hinweise – Vormsi

Hullo Trahter, Hullo, Tel.: 51-91 52 44, Web: hot.ee/hullotrahter, E-Mail: hullo.trahter@stammen.nu. Kleine Privatunterkunft mit 9 Doppelzimmern in der ersten und zweiten Etage des Hauses. Im ersten Stock sind auch ein kleiner Pub und die Sauna untergebracht. Es gibt ebenso die Möglichkeit das Wohnmobil ab- oder das Zelt aufzustellen.

In Hullo wurde im 12. Jahrhundert unter Fürsprache des dänischen Königs Valdemar II. eine Kirche errichtet. Sie war die Vorgängerkirche der **St. Olaikirche**, die vor 200 Jahre entstand und heute am Waldrand von Hullo liegt. Der erst im 15. Jahrhundert errichtete Kirchturm ist heute nur noch in Ruinen zu sehen.

Hiiumaa ist die zweitgrößte Insel Estlands.

Die Überfahrt von **Rohuküla,** ca. 8 km westlich von Haapsula gelegen, nach **Heltermaa** auf der Insel Hiiumaa mit der Autofähre „St. Ola" kostet 180,00 EEk für ein Wohnmobil und 45,00 EEK pro Person. Es ist die teuerste und längste Fahrt zwischen den Inseln und dem Festland.

Für die rund 10 km Luftlinie zwischen Haapsalu und Heltermaa benötigt das Schiff ca. 90 Minuten. Es fährt je nach Wochentag und Jahreszeit 6 – 8 Mal täglich.

Man kann die Schiffsfahrt auch im Vorfeld buchen. Das Büro der Heltermaa – Rohuküla Line befindet sich jedoch auf der Insel Saaremaa, so dass nur die Buchung per Telefon oder E-Mail bleibt. Informationen unter: Heltermann – Rohuküla Line, Kohtu 1, 93812 Kuressaare, Tel.: 45-24 44 4, Fax: 45-24 37 3, E-Mail: broneerimine@laevakompanii.ee oder booking@laevakompanii.ee. Öffnungszeiten: Mo – Fr 8 – 18.00 Uhr und Sa 9 – 15.00 Uhr.

Mein Tipp! Planen Sie Ihre Reise auf die Insel Hiiumaa so, dass Sie nicht an einem Freitag auf die Inseln oder an einem Sonntag von der Insel zurück fahren. Die Hauptstädter nutzen in den Sommermonaten fast jedes Wochenende, um auf den Inseln zu entspannen und man könnte meinen, Tallinn ist in dieser Zeit wie leer gefegt. Wartezeiten an den Fähren von bis zu drei Stunden sind dann keine Seltenheit!

Auf Hiiumaa leben rund 10 Einwohner pro km^2. Fast die Hälfte der 10.000 Insulaner wohnt in der Inselhauptstadt **Kärdla**. In der ersten Hälfte des letzten Jahrhunderts hatten allerdings wesentlich mehr Menschen ihren Wohnsitz auf der Insel. Bis zum Ausbruch des Zweiten Weltkrieges lebten auf Hiiumaa 17.000 Menschen. Aber wie auf allen estnischen Inseln siedelten die Leute langsam auf das Festland über. Dort sahen sie einfach bessere Perspektiven.

Landwirtschaft, unter früheren Generation ein wichtiger Erwerbszweig, war mühsam und ernährte die Bauern kaum. Das Innere der Insel besteht hauptsächlich aus Wald und Moor. Nicht umsonst ist Hiiumaa der waldreichste Landkreis des gesamten Landes. Aber agrartechnisch sind Wald und Moor so gut wie wertlos. So sind auch die meisten Siedlungen in unmittelbarer Nähe der Küste entstanden. Die Küste der Insel Hiiumaa ist 326 km lang!

Eine erste namentliche Erwähnung von Hiiumaa taucht in den Annalen des Jahres 1228 auf, damals aber noch unter dem Name „Dageida".

Der Landkreis Hiiumaa, der nicht der größeren Nachbarinsel Saaremaa unterstellt ist, teilt sich in die fünf regionalen Bezirke Kärdla, Käina, Kõrgessaare, Emmaste und Pühalepa auf.

Das Klima der Insel weicht ein wenig von dem auf dem Festland ab, da der Regen normalerweise schon auf der Ostsee nieder geht und so die Insel mehr Sonnentage und kürzere Regenperioden hat als das übrige Estland.

Den Menschenschlag auf der Insel kann man in etwa vergleichen mit den Ostfriesen in Deutschland. Zumindest was den Humor angeht. Wenn ein Este einen Witz erzählen möchte, dann benutzt er meistens einen Inselbewohner von Hiiumaa als Hauptdarsteller. Aber Leute von Hiiumaa können auch herzhaft über sich selber lachen. Sie sind ein fröhlicher Menschenschlag.

Und wenn es um die regionale Rivalität zwischen Hiiumaa und Saaremaa geht, dann sagen sie, dass die Bewohner Saaremaas nur eines besser hätten: die Bewohner der Nachbarinsel, also sich selbst.

So behaupten sie ebenfalls humorvoll, dass ihre Insel aussehe, wie eine Ente, die

die Kirche von Suuremõise

auf der Ostsee landen will. Und tatsächlich, ein Blick auf die Karte lässt mit ein wenig Phantasie glauben, die Kõpu-Halbinsel sei der Kopf des Seevogels, während sich im Norden und Süden die Flügel ausbreiten.

Da dieser kleinste Landkreis Estlands mit einer breitesten Ausdehnung von gerade mal 60 km schnell bereist ist, sollte man sich Zeit lassen und die Schönheit und Natur Hiiumaas in Ruhe genießen.

Mein Tipp! Lassen Sie das Fahrzeug stehen und erkunden sie die Insel mit dem Fahrrad. Ideal ist hierfür die Ortschaft **Kärdla**, wo man gut parken kann und man in der Straße Hiiu 1 den Pritsumaja-Laden findet, der Fahrräder ausleiht.

ROUTE: *Auf Hiiumaa angekommen, ist unser erstes Ziel der kleine Ort* ***Suuremõise****.*

Die Historiker wissen zwar nicht hundertprozentig, wann die **Kirche von Suuremõise** fertig gestellt wurde, sie sind sich aber einig, dass es sich um das älteste Gotteshaus von Hiiumaa handelt. Die Kirche steht auf der rechten Seite der Straße 83 in Richtung Kälna und trägt den Namen des heiligen Laurentius. Zuvor befand sich an der Stelle eine kleine Holzkirche, die dem jetzigen Bauwerk weichen musste.

Auch wenn man das genaue Entstehungsjahr nicht definitiv weiß, wird das Jahr 1259 als Zeitpunkt der Fertigstellung angenommen.

Ursprünglich sollte das Bauwerk Verteidigungszwecken dienen, daher baute man die Kirche ganz ohne Turm. Erst viel später, im Jahr 1770 wurde ein niedriger Turm angebaut. Zu sehen ist dies an der eingemeißelten Jahreszahl über dem Portal.

Ihr heutiges Erscheinungsbild erhielt die Kirche endlich im Jahre 1860, als der Turm um eine Etage nach oben wuchs. Nach dem Zweiten Weltkrieg wurde der Bau während der Sowjetherrschaft als Lagerraum für die Landwirtschaft genutzt und erhielt seine Kirchenwürde erst im Jahr 1989 zurück.

Es lohnt, einen Blick in das Innere der Kirche. Man trifft dort auf die einzige Steinkanzel in ganz Estland, die vom Steinmetzen Joachim Winter aus Haapsalu geschaffen wurde.

Nicht weit von der Kirche entfernt befindet sich das **Herrenhaus von Suuremõisa**. Die Gründerin des dortigen Parks und Schlossensembles, Gräfin Ebba-Margaretha Stenbock, liegt seit 1776 auf dem kleinen Friedhof mit der Kapelle neben der Kirche begraben.

Ihr Herrenhaus gilt als eines der schönsten in Estland und wird im allgemeinen estnischen Sprachgebrauch auch einfach nur als „das Schloss" bezeichnet.

Heute kann das Gut, das von drei kleinen Teichen umgeben ist, nur nach Voranmeldung besichtigt werden, da sich dort zwei Schulen befinden. Zu sehen gibt es dann neben 64 Räumen ein schönes Esszimmer mit einer spektakulären Deckenbemalung sowie einer eindrucksvollen Stuckdecke im Obergeschoss.

Zum Bau des Schlosses wurde der notwendige Kalkstein mittels einer Menschenkette aus dem 2 km entfernten Steinbruch herangeschafft. Fertiggestellt wurde das Hauptgebäude im Jahr 1761 nach sechsjähriger Bauzeit, während der Gebäudeflügel, in dem höhere Beamten wohnten, erst neun Jahre später eingeweiht werden konnte.

Ebenfalls nicht weit von der Kirche entfernt sehen Sie eine Aufhäufung mehrerer Steine, die völlig unnatürlich in der Landschaft liegen. Wenn dieses **Steinfeld** von Menschenhand geschaffen wurde, dann nicht ohne technische Hilfsmittel. Es gibt

unterwegs auf der Insel Hiiumaa

keine genauen Angaben darüber, wer die Felsen aus welchem Grund dorthin brachte. Es wird jedoch angenommen, dass es sich um das Grab des nordischen Königs Ingvar handeln könnte. Andere haben die Steine auch schon als „Stonehenge von Hiiumaa" bezeichnet. Aber man wäre nicht in Estland, existierten nicht auch zahlreiche Legenden um diese Steinpyramide.

ROUTE: *Weiter geht es auf der Straße 83 südwestwärts nach* ***Käina****.*

Vor Käina erreicht man die kleine Ortschaft **Vaemla**. Dort in dem weißen und lang gezogenen Steingebäude befindet sich eine der letzten Insel-Fabriken, die noch heute in Betrieb ist und Wolle produziert. Bekannt ist, dass das Haus um das 19. Jahrhundert herum errichtet wurde. Heute beherbergt es das Familienunternehmen Hiiu Vill, seit 1992 geführt von Tiiu und Jüri Valdma.

Beim Betreten des Gebäudes vergisst man fast, dass man sich im 21. Jahrhundert befindet und es sich hier um eine Fabrik handeln soll. Mit der Beschreibung „Manufaktur" würde man es eher treffen, vieles wird hier tatsächlich noch in Handarbeit hergestellt.

Doch es gibt auch Maschinen.Die älteste von ihnen stammt aus dem 19. Jahrhundert und ist heute noch in Betrieb. Gefertigt wurde diese Art von Maschinen seit 1860 in Polen. Unter anderem befindet sich in der Fabrik eine Maschine, die automatisch Wolle spinnt. Sie stammt noch aus der Sowjet-Ära und wurde in Taschkent gebaut.

25 – 30 kg Garn werden durchschnittlich pro Tag hergestellt. Im Sommer kann man die Fabrik besichtigen und auch einige Produkte, wie z.B. Socken kaufen.

Hinter Vaemla führt ein kleiner Abzweig nach links auf die **Insel Kassari**. Sie ist über zwei kurze Fahrdämme mit Hiiumaa verbunden. Übergang von einer Insel zur anderen ist kaum zu bemerken.

Dabei ist Kassari nach Saaremaa, Hiiumaa, Vormsi und Muhu die fünftgrößte Insel des Landes und Heimat vier kleiner Dörfer. Geprägt ist die Insel von einer wunderschönen Natur, die man auf zahlreichen Wanderwegen näher kennenlernen kann.

Nicht umsonst wird Kassari sogar von den Inselbewohnern Hiiumaas als Urlaubs-

Wohnmobil-Stellplatz Insel Kassari

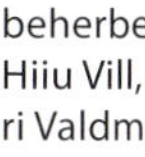

Wohnmobil-Stellplatz Vetsi Tall – Fünf Stellplätze im Vetsi Tall Feriendorf. Mal was anderes wäre eine Übernachtung in einem der großen Holzfässer, die für nur EEK 190 pro Nacht angeboten werden. Volleyball-Feld, Grillplatz, WC, Dusche, **Ver- und Entsorgungsmöglichkeit**.

Wohnmobil-Stellplatz Insel Orjaku

Wohnmobil-Stellplatz Mäeotsa Farm – Ein 150 Jahre altes Herrenhaus wurde in den 1970er Jahren renoviert und nennt sich heute **Mäeotsa Farm Sommerhaus**. Die Besitzer stellen **zwei Parkplätze für Wohnmobilisten** zur Verfügung, keine Entsorgungsmöglichkeit, Frischwasser auf Nachfrage.

insel bezeichnet. Wenn sie sagen, sie fahren in den Süden, meinen sie meistens Kassari bzw. die dortige Halbinsel Sääretirp. In heißen Sommermonaten, vor allem an den Wochenenden, sind die feinen Strände sowie die Zeltplätze auf beiden Seiten der Straße meist hoffnungslos überfüllt.

Auf dem Weg nach Kassari begegnen Sie einer **Skulptur**, die einen großen Felsbrocken auf den Schultern trägt. Es handelt sich hierbei um **Leiger**, einen estnischen Sagenhelden, der der Überlieferung nach Felsen zwischen die Inseln warf, um diese als Brücke zu nutzen. Hintergrund war, dass der Riese Leiger auf Kassari lebte und seinen Bruder auf der Nachbarinsel besuchen wollte.

Die einzige **Kirche mit Reetdach** in Estland steht in **Kassari**. Im **Hiiumaa-Museum** von Kassari *(geöffnet täglich 10 – 17.00 Uhr)* sind auch einige Ausstellungshäuser, die nicht nur die Geschichte Hiiumaas von der Steinzeit bis in die Gegenwart erklären zu sehen, sondern auch Fotos der berühmtesten Einwohner, auf deren Namen man bei einer Reise über die Insel häufig trifft, wie z.B. Ebba Margarethe von Stenbock oder Otto Reinhold Ludwig von Ungern-Sternberg. Und schließlich werden noch einige Besonderheiten gezeigt. So gibt es hier zum Beispiel den letzten Wolf Hiiumaas oder ein Spiegelkabinett mit Spiegeln aus den Leuchttürmen zu sehen. Vor dem Museum wurde ein Rettungsboot des Fährschiffes „Estonia" aufgestellt.

Zwischen Kassari und Hiiumaa liegt die wesentlich kleinere **Insel Orjaku**. Für die Bewohner macht es natürlich einen Unterschied, ob man von der Insel Kassari oder von der Insel Orjaku stammt, darauf wird Wert gelegt.

Auf der Insel Orjaku gibt es einen orientalisch anmutenden **Turm**. Von diesem aus hat man eine **herrliche Rundumsicht** auf die Käina-Bucht und kann von hier aus Vogelwelt beobachten.

Gleich nebenan steht ein kleiner **Leuchtturm**. Beide sind schon von weitem erkennbar.

1995 wurde hier ein 1,5 km langer **Naturpfad** angelegt, der an der Käina-Bucht entlang führt. Die Bucht, die Hiiumaa von Kassari trennt, ist sehr flach und der Meeresgrund völlig verschlammt. Der Schlamm hat allerdings die Qualität von Heilschlamm, der mit dem von Haapsalu gut mithalten kann. Nicht umsonst wurde der hiesige Schlamm schon benutzt, lange bevor es das Sanatorium von Haapsalu gab.

Zurück auf der Insel Hiiumaa treffen wir auf die größte Stadt im Süden **Käina**. Sie zählt heute rund 1.000 Einwohner und besaß vor langer Zeit das größte Gotteshaus der Insel.

Bereits im 15. Jahrhundert entstand die gotische Kirche. Sie bot damals 600 Sitzplätze. Die Zahl ist umso erstaunlicher wenn man erfährt, dass der Ort vor 500 Jahren keine 1.000 Einwohner hatte. Heute kann man nur noch die Ruinen der Kirche sehen. Sie ist im Zweiten Weltkrieg zerstört wor-

Praktische Hinweise – Käina

Feste und Folklore: Ende Mai werden die Musiktage zur Erinnerung an Rudolf Tobias in seinem Haus abgehalten.

Restaurant

Restaurant Luige, Mäe 2, Tel.: 46-36 63 7.

Hotels

Taastusravihotell Lõokese, Lõokese 14, Tel.: 46-36 10 7, Fax: 46-36 26 9. Das Drei-Sterne-Wellnesshotel bietet 30 Doppelzimmer, Restaurant, 2 Bars und Sauna. Die Zimmer sind mit Farb-TV und Telefon modern ausgestattet.

Hotel Liilia, Hiiu mnt.22, Tel.: 46-36 14 6, Fax: 46-36 54 6. In dem kleinen privaten Hotel gibt es 26 Betten, ein Restaurant und ein Pub.

den. Gelegentlich werden in den Trümmern Freilichtkonzerte veranstaltet, die dann ein ganz besonders Ambiente haben. Doch es gibt Pläne, die Kirche in der Zukunft wieder komplett aufzubauen.

Am Ortsrand von Käina befindet sich das **Tobias-Museum**, das private Ausstellungsstücke von Rudolf Tobias zeigt und seine Lebensgeschichte erklärt *(geöffnet Mitte Mai – Mitte Septl. täglich 11 – 17.00 Uhr)*. Rudolf Tobias war ein estnischer Komponist. Er lebte von 1873 bis 1918. Einen Großteil seines Lebens verbrachte er jedoch in Paris, St. Petersburg, Leipzig und Berlin, wo er bis zu seinem Tode als Lehrer an der Musikhochschule arbeitete. Das Museum ist in seinem Geburtshaus nahe der Straße 83 untergebracht.

ROUTE: *Von der 83 zweigt nach Norden die Straße 81 ab, die uns nach 19 km nach* ***Kärdla*** *bringt.*

Als Hauptstadt der Insel gilt **Kärdla**, das rund 4.000 Einwohner beheimatet und im 14. Jahrhundert vermutlich von den Schweden gegründet wurde. Alte Dokumente belegen, dass der Ort in der Vergangenheit auch die skandinavischen Namen Kertil, Kärtellby und Kertel trug. Das älteste dieser Dokumente, in dem die Stadt erwähnt wird, stammt aus dem Jahr 1564. Im Übrigen bedeutet der Name aus dem Schwedischen übersetzt, nichts weiter als schwammige, nasse Stadt. 1938 erhielt Kärdla die Stadtrechte, als gerade Hochkonjunktur herrschte und in der einstigen Tuchfabrik bis zu 700 Mitarbeiter beschäftigt waren. Im Krieg wurde das Fabrikgebäude zerstört und es erinnert heute nur noch eine Kupferplatte, auf der das damalige Gebäude vom Bildhauer Mati Karmin eingraviert wurde.

Heute trägt Kärdla, ein Städtchen mit viel Grün und reichem Baumbestand, den Beinamen „Gartenstadt". Von Industrie ist schon lange nichts mehr zu sehen.

Unübersehbar ist der lang gezogene **Parkplatz** im idyllischen Kern des Ortes. Dort am südlichen Rand befindet sich die **Touristeninformation** und auf der rechten Seite das kleine Feuerwehrhaus, während im Norden ein Supermarkt zu finden ist.

PRAKTISCHE HINWEISE – KÄRDLA

Touristeninformation, Hiiu tn 1., Tel.: 46-22 23 2, E-Mail: hiiumaa@visitestonia.com, Web: www.hiiumaa.ee.

Feste und Folklore: Alljährlich Mitte Juni wird in Kärdla das Drachenfestival veranstaltet während im August der Kärdla-Pferdetag Reitfans aus ganz Estland anzieht.

Restaurants

Restaurant Söökla Sõnajala, Leigri v. 3, Tel.: 46-31 22 2.

Internetcafé Kultuurikeskus, Rookopli 18, Tel.: 46-32 18 2.

Hotels

Hotel Sõnajala, Leigri väljak 3, Tel.: 46-31 22 0, E-Mail: sonajala@hot.ee, Web: www.hiiumaa.ee/sonajala. Das zweistöckige Hotelgebäude am westlichen Stadtrand ist rund 2 km vom Meer entfernt. Es bietet 26 Doppelzimmer, eine Sauna, eine Bar und einen Fahrradverleih.

Hotel Padu, Heltermaa mnt. 22, Tel.: 46-33 03 7, Fax: 46-33 02 3, E-Mail: info@pdauhotell.ee, Web: www.paduhotell.ee. 18 Doppelzimmer befinden sich in dem ebenfalls zweistöckigen Gebäude. Es bietet neben einer Sauna, einem Tennisplatz und einem Fahrradverleih auch die Internetnutzung per Wifi.

Wohnmobil-Stellplätze

Wohnmobil-Stellplatz, nur 100 m vom Strand entfernt und rund 1,5 km östlich von Kärdla befindet sich das **Hostel Hausma**. Dort ist die Übernachtung im Wohnmobil gestattet. Drei Stellplätze für je EEK 150, keine Ver- und Entsorgungsmöglichkeit.

Wohnmobil-Stellplatz, 5 km südlich von Kärdla an der Straße 81 befindet sich in **Tubala** das **Gästehaus Katri**. Mitten im Grünen besteht dort für drei Wohnmobile die Möglichkeit einer günstigen Übernachtung, keine Entsorgungsmöglichkeit, Frischwasser auf Nachfrage.

Aufschlussreich ist das **Inselmuseum**, das über die Geschichte Hiiumaas informiert und einige alte Fundstücke anschaulich darstellt. Es befindet sich in der Vabrikuväljak Straße 8 *(geöffnet Mo – Fr 10 – 17.00 Uhr und Sa 11 – 14.00 Uhr).*

Das Stadtgebiet von Kärdla liegt inmitten eines 4 km großen Kraters, der durch einen Meteoriteneinschlag vor über 450 Millionen Jahren entstanden ist. Um den Krater besser erkennen zu können, hat die Stadtverwaltung eigens zur Besichtigung des Kraterwalles Aussichtsplattformen in der näheren Umgebung von Kärdla aufgestellt.

Eine weitere Sehenswürdigkeit, die sich am Rande der Stadt befindet, ist der **Ristimägi**. Hierbei handelt es sich – ähnlich wie in Litauen – um einen Berg der Kreuze. Dieser hier ist weit weniger bekannt und zudem wesentlich kleiner. Das erste hier aufgestellte Kreuz stammt aus dem Jahr 1781 und wurde im Andenken an die Vertreibung der Schweden von der Insel aufgestellt.

Vier Jahrhunderte war Hiiumaa die Heimat von 1.200 Schweden. Die Zarin Katharina die Große befahl die Umsiedlung. Einige wurden nach Haapsalu oder Vormsi geschickt. Die meisten aber wurden in die Ukraine deportiert. Am letzten Abend, den die Esten und Schweden gemeinsam auf der Insel verbrachten, stellte man eben dieses erste Kreuz auf. Daraus entstand die Tradition, dass jeder, der die Insel verlässt, ein Kreuz aufstellen muss. Nicht geklärt ist allerdings, warum die Tradition heute umgekehrt ist und jeder Neuankömmling erst einmal zum Ristimägi gehen soll, um dort ein Kreuz aufzustellen.

Rund 7 km östlich von Kärdla findet man eine typische Sehenswürdigkeit der Balten. An der Küste, in der Nähe des Dorfes **Kukka,** liegt der „fünftgrößte Stein Estlands", Umfang: 42 m.

In unmittelbarer Nachbarschaft befindet sich das **Bauernhofmuseum (Soera Talumuuseum)**, *geöffnet täglich 12 – 18.00 Uhr, Eintritt 20,00 EEK.*

Das 1979 gegründete Museum gehört zur Gemeinde Pühalepa. Es zeigt das frühe Leben der Inselbewohner und gibt einen guten Überblick darüber, wie es sich im Laufe der Zeit verändert hat. Alle Charakteristiken eines früheren Bauernhauses haben hier überlebt. Der mächtige Hof mit dem Gebäude ist nicht zu übersehen.

Am Hof beginnt auch ein **Naturlehrpfad** durch den angrenzenden Wald.

*ROUTE: In **Kärdla** benutzen wir wie zu Anfang unserer Inselrundreise die Straße 80 und fahren durch die waldreiche Landschaft über **Kõrgessaare** nach **Kõpu**.*

Nach 8 km auf der Straße 80 besteht die Möglichkeit rechts nach Norden abzubiegen, um den nördlichsten Punkt **„Takhuna nina"** auf Hiiumaa zu erreichen.

In **Tahkuna** befindet sich das erste Windrad Estlands und ein **Leuchtturm,** der in Paris gebaut und hierher transportiert wurde. Der Leuchtturm ist 43 m hoch.

Wohnmobil-Stellplätze bei Tahkuna

Wohnmobil-Stellplatz – Im **Feriendorf Malvaste**, auf dem Weg nach **Tahkuna** gelegen, ist Platz für 20 Wohnmobile. Frischwasseraufnahme möglich.

Wohnmobil-Stellplatz – Das **Ferienhaus Randmäe** liegt ein wenig weiter nördlich. Es befindet sich direkt am Meer zwischen Bäumen und bietet zehn Stellplätze. Auch im Winter ist hier jemand anwesend, der sich um die Gäste kümmert, Versorgungsmöglichkeit.

Camping

Camping Kalda Puhktealu, Mangu Küla, Tel.: 46-22 12 2, Web: www.kaldapuhketalu.ee, E-Mail: kalev@kaldapuhkethal.ee. Überwiegend kleine Holzhäuser bietet der Campingplatz (1 ha), doch es besteht auch die Möglichkeit mit Wohnmobil oder Wohnwagen anzureisen und zu übernachten. Des Weiteren bietet der Platz eine Zeltwiese, einen Swimmingpool, Lagerfeuerstelle und Bootsverleih, einfache Standardausstattung.

Daneben gibt es ein **Denkmal**, dass einen traurigen Anlass hatte und von dem es in Estland zahlreiche ähnliche Denkmäler gibt. Dieses hier erinnert an die Kinder, die 1994 beim Untergang des Passagierschiffs Estonia umgekommen sind. Der Gedenkstein wurde von Bildhauer Karmin bearbeitet, der für viele Kunstwerke im Nordwesten Estland verantwortlich zeichnet. Das Denkmal wurde durch Spenden der Bewohner finanziert und am 1. November 1995 eingeweiht.

In der Vergangenheit war Tahkuna ein militärischer Stützpunkt. Zar Peter I. hatte hier einen Seehafen errichten lassen. Gewachsen ist der Stützpunkt dann durch die Armee der Sowjets, die zahlreiche militärische Anlagen baute. Erst im Jahr 1993 verließ die Rote Armee die Insel wieder. Sie hinterließ Bunker, Geschützanlagen und eine fünfeinhalb Kilometer lange Eisenbahnstrecke, die für den Munitionstransport gedacht war und die einzigen Bahngleise auf der gesamten Insel sind.

Zurück auf der Straße 80 erreicht man nach 6 km den Ort Kõrgessaare. Zuvor passiert man die **Kirche von Reigi**, die aus dem Jahre 1802 stammt. Baron Otto Ludwig Reinhold von Ungern-Sternberg ließ dieses Gotteshaus in Gedenken an seinen Sohn bauen, der Selbstmord begangen hat.

Es ist nur schwer zu erahnen, wie die Stadtchronik von **Kõrgessaare** aussehen würde, wenn nicht der Erste Weltkrieg dazwischen gekommen wäre. Denn zu Beginn des letzten Jahrhunderts wollte man hier eine Industrieseidenfabrik errichten und das Hafenbecken erweitern, um den Seehandel anzutreiben. Doch die Fabrik, die bis zu 1.000 Mitarbeiter hätte beschäftigen sollen, konnte nur einen kurzen Testlauf starten, bevor sie evakuiert werden musste und nicht mehr in Betrieb ging. 1917 wurde die Fabrikanlage von der deutschen Armee gesprengt. Erst nach dem Zweiten Weltkrieg begann man mit dem Wiederaufbau und gründete an der Stelle eine Konservenfabrik.

Ansonsten wird Kõrgessaare vom **Gut Hohenholm** geprägt, das als eines der ältesten Gutshöfe auf Hiimuaa gilt und ebenfalls dem Baron von Ungern-Sternberg gehörte.

Vor der Küste des Ortes, in dem sich übrigens auch eine Schnapsbrennerei aus dem 19. Jahrhundert befindet, gibt es zahlreiche Felsenriffe. Sie machten in den letzten Jahrhunderten manchem Seefahrer das Leben schwer oder nahmen es ihm sogar. Um weitere Schiffsunfälle möglichst zu verhindern, wurde an der Stelle ein Feuerschiff verankert. Zu Beginn des Zweiten Weltkrieges wurde das Feuerschiff von einem deutschen U-Boot versenkt. Die Mannschaft des Feuerschiffes kam dabei um. Der estnische Bildhauer Riho Kuld gestaltete ein Denkmal zu Ehren der Opfer, das 1990 eingeweiht wurde.

ROUTE: *Die Straße 80 führt weiter in Richtung Westen bis nach* ***Luidja*** *und trifft dort auf die 84. Diese nutzen wir 3 km südwärts, um dann nach rechts Richtung* ***Kõpu*** *abzubiegen.*

Entlang der Straße sehen Sie rechts und links im Straßengraben seltsame, aus Steinen und Kieseln geformte Schriftzüge, die Touristen und Einheimischen hinterlassen haben. Wenn Sie sich auch im Straßengraben „verewigen" wollen, Steine liegen genügend herum.

Am Ende der Straße biegt man rechts ab und erreicht sogleich das Wahrzeichen von Hiiumaa, den **Leuchtturm** auf der **Kõpu-Halbinsel**. Auf den estnischen Landkarten ist die Region um den Leuchtturm mit 67 m Höhe angegeben. Die Halbinsel liegt zwar so hoch, doch sie steigt im Gesamten

PRAKTISCHE HINWEISE – KÕRGESSAARE

Hotel Viinakööк, Sadama 2, Tel.: 46-93 33 7, E-Mail: sales@haapsaluhotel.ee, Web: www.haapsaluhotel.ee. Dieses zum gleichnamigen Hotel in Haapsalu gehörende Gästehaus bietet 13 Zimmer, Sauna, Restaurant und einen Fahrradverleih.

Järveääre Puhkekeskus, Kõrgessaare Hiuumaa in Jõeranna, Tel.: 50-97 17 9, Web: www.jarveaare.ee, E-Mail: jarveaare@jarveaare.ee. In der Nähe des kleinen Veski-Dammes befindet sich diese private Pension mit vier Zimmern und drei kleinen Hütten. Dazu gehören noch eine Sauna, ein Kaminzimmer, Grillmöglichkeit, eine kleine Sporthalle, Zelt- und Bootsverleih.

markant, der 57 m hohe Leuchtturm auf der Kõpu-Halbinsel

langsam an und man findet keine hügelige Landschaft vor.

Der Leuchtturm mit seinem markanten Äußeren ist der älteste Leuchtturm in der gesamten Ostseeregion und sogar der drittälteste der Welt. Grund für die Errichtung des Leuchtfeuers war die so genannte Hiiu-Untiefe, eine der gefährlichsten in der Ostsee.

Schon im Jahr 1499 beschloss man, an dieser Stelle einen Turm zu errichten. Man sollte meinen, dass alle damit einverstanden gewesen wären. Immerhin ging es um die Sicherheit und um Menschenleben. Doch weit gefehlt. Der Bau des Leuchtturmes war umstritten. Zur damaligen Zeit gab es nämlich die gesetzliche Regelung, dass jedes Strandgut, das angeschwemmt wurde, dem jeweiligen Finder gehörte. Also kam es den Strandbewohnern und den ansässigen Gutsherren recht ungelegen, wenn nun die Seeleute vor der Untiefe gewarnt werden sollten. Es gab sogar Fälle, in denen die Insulaner etwas nachhalfen und die Kapitäne mit falschen Signalen in die Irre leiteten. Der berühmteste dieser Insulaner war Baron von Ungern-Sternberg, der seine so gesammelten Trophäen und Schätze in einem doppelten Boden des bereits erwähnten Gutes Suuremõisa lagerte.

Nach rund drei Jahrzehnten Bauzeit war der Leuchtturm nur halb so groß wie heute. Eine erste Erweiterung erfuhr das Gebäude im Jahr 1649, als ein Feuerrost und eine Außentreppe angebracht wurde. 1810 dann wurden innerhalb des Turmes eine Treppe sowie ein Mannschaftsraum eingerichtet. Damals war ein halbes Dutzend Mitarbeiter ständig damit beschäftigt, das Leuchtfeuer in Gang zu halten. Am Anfang verbrannte man Holz, nach dem Umbau benutzte man Öl. Seit 1845 hat man Gas zur Verbrennung benutzt. Heute wird das Licht natürlich elektrisch erzeugt. Es ist bis zu 50 km bzw. 26 Seemeilen weit sichtbar. Die Lampe befindet sich in einem Gehäuse, das die Russen auf der Pariser Weltausstellung im Jahre 1900 kauften.

Bei einer Renovierung in der Mitte des letzten Jahrhunderts machte man allerdings einen fatalen Fehler. Der Turm sollte mit wetterfester Ölfarbe angestrichen werden. Es stellte sich jedoch später heraus, dass diese Farbe wasserundurchlässig ist und zwar in beide Richtungen. Da das Bindematerial im Mauerwerk jedoch Feuchtigkeit aus der Erde saugt, konnte diese auf Grund der Farbe jetzt nicht mehr nach außen entweichen. Der Turm sog sich voll mit Wasser und drohte einzustürzen. Erst im letzten Moment konnte man das verhindern als Ende der 1980er Jahre der gesamte Turm mit einem Eisenbetongerüst ummantelt wurde.

Die Besteigung des Turmes ist täglich von 9 – 22.00 Uhr möglich und kostet 30,00 EEK/Person. Gezahlt wird am **Restaurant**, das sich am **Parkplatz** befindet.

Im Inneren des Leuchtturms befindet sich eine mehrsprachige **Ausstellung** über die Leuchttürme in der Ostseeregion. Der Aufstieg ist bis zur ersten Etage recht beschwerlich.

Wohnmobil Stellplatz – Kõpu-Halbinsel

Wohnmobil-Stellplatz Pihla – In unmittelbarer Nähe zum **Leuchtturm** befindet sich der **Pihla Bauernhof**. Er bietet neben Urlaub auf dem Bauernhof auch fünf Wohnmobilstellplätze, Frischwasser auf Nachfrage, jedoch keine Entsorgungsmöglichkeit.

Seit 1874 gibt es ein wenig weiter westlich bei dem Ort **Ristna** einen weiteren Leuchtturm. Ristna ist wegen der Brandung bei Surfern sehr beliebt. Im Ort selbst ist außer der westlichsten Wetterstation Estlands nichts zu entdecken.

*ROUTE: Um die Insel zu verlassen benutzen wir die Straße 84 an der Westküste, die uns Richtung **Emmaste** bringt, wo sich der kleine Hafenort **Sõru** befindet.*

Drei Kilometer vor Emmaste erscheint eine kleine Kreuzung. Dort befindet sich das **Vanajõe-Tal**. Es als Tal zu bezeichnen, mag ein wenig übertrieben sein, da es sich lediglich um eine 10 m tiefe Sanddüne handelt. Aber ein kurzer Spaziergang über die eigens angelegten Brücken und Treppen ist lohnt allemal.

Der kleine Bach, der in der Senke gemütlich vor sich hin fließt, sollte nicht unterschätzt werden. Das klare Wasser schafft es im Frühling oder Herbst auch schon mal, ganze Bäume wegzureißen und das sandige Ufergestein zu unterspülen.

Nicht umsonst befand sich unweit von dieser Stelle im 16. Jahrhundert eine Mühle, die von dem Wasser angetrieben wurde. Das Flusstal ist als geologisches Gebiet seit 1962 geschützt.

Wenn Sie weiter fahren, treffen Sie auf den Ort **Emmaste**.

In Emmaste kam man im Zweiten Weltkrieg auf die Idee, die Glocke der Kirche aus Angst vor Plünderungen zu verstecken. Die Einwohner gruben ein Loch, legten die Kirchenglocke hinein und schütteten das Loch wieder zu. Der Trick half und keiner fand die Glocke. Allerdings galt das auch für die Einwohner. Denn dummerweise konnte sich nach dem Krieg keiner mehr erinnern, wo das gute Stück denn nun vergraben war. Es vergingen viele Jahre, bis ein amerikanischer Soldat in den 1990er Jahren die Glocke mit Hilfe eines Metalldetektors ausfindig machen konnte.

Die kleine Hafenstadt **Sõru** ist für die meisten nur ein simpler Hafen mit der Fährverbindung nach Saaremaa. Doch einige Historiker assoziieren Sõru mit dem Namen *Sarwo*, der im Jahr 1254 die erste namentliche Erwähnung auf der Insel gewesen sein soll.

50 km weit zu sehen, das Leuchtfeuer der Kõpu-Halbinsel

In Sõru befindet sich auf dem Hafenkai ein alter **Dreimaster**. Er soll in Zukunft restauriert und als **Museum** dienen. Gleichzeitig soll er an die glanzvolle Zeit der Segelschiffe erinnern. Das Schiff lief 1939 vom Stapel und wurde für den Holztransport eingesetzt. Als dann die Rote Armee vorrückte, planten einige, mit dem Schiff nach Schweden zu fliehen. Die Gestapo erfuhr davon und schickte den Dreimaster nach Haapsalu. Über Umwege geriet das Schiff nach Deutschland und von dort nach Schweden, wo es bis 1968 in Dienst stand.

Mittlerweile war der Dreimaster alt und musste generalüberholt werden. Dafür brachte man den maroden Windjammer nach Dänemark. Dort geriet es in Vergessenheit. Bis zum Jahr 1998. Die Esten erfuhren davon und holten das Segelschiff zurück nach Hiiumaa, wo es nun auf bessere Zeiten wartet.

Die Überfahrt vom Fährhafen **Sõru** auf Hiiumaa zum Fährhafen **Triiki bei Leisi auf der Nachbarinsel Saaremaa** dauert eine Stunde. Die Fahrkarten kauft man in der kleinen Bar an Bord. Sie kosten pro Person 20,00 EEK, ein Wohnmobil kostet 115,00 EEK. Die Fähre fährt in den Sommermonaten vier bis fünfmal täglich.

17. INSEL HIIUMAA – INSEL SAAREMAA – PÄRNU (PERNAU)

Länge der Tour: Rund 260 km, ohne Abstecher.

Strecke: Nebenstraßen bis **Kihelkonna** – Straße 78 bis **Kuressaare** – Straßen 10, 79, und 75 bis **Orissaare** – Straße 10 über die Insel **Muhu** – Straße 10 bis **Lihula** – Straße 60 bis **Pärnu**.

Abstecher: Halbinsel Sõrve.

Empfohlene Reisedauer: Mindestens drei Tage.

Reisehöhepunkte auf dieser Tour: **Insel Saaremaa** als Gesamtes ***, Besichtigung von **Kuressaare** **, Stadtbesichtigung von **Pärnu** **.

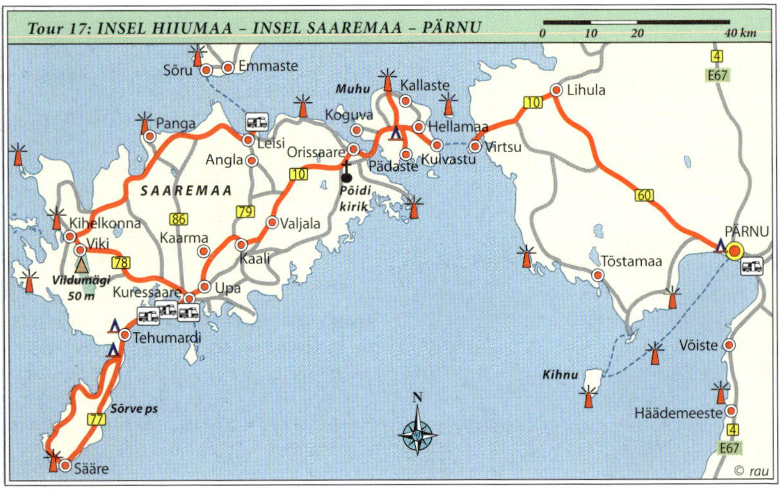

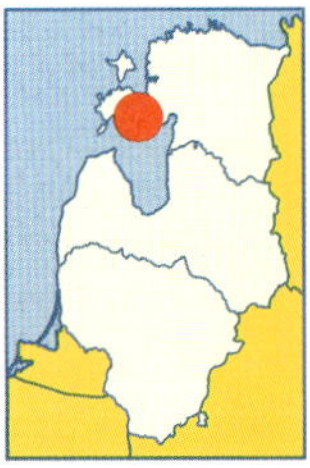

Die größte Insel der Ostsee ist zwar das schwedische Gotland, aber nur wenig kleiner ist **Saaremaa**. Sie ist die größte Insel Estlands und die größte des gesamten Baltikums. Wer bereits Gotland besucht hat, wird auf Saaremaa keinen geologischen Unterschied entdecken können.

Bevor Estland seine Unabhängigkeit wieder erlangt hat, war die Insel eine rein landwirtschaftliche Region. Auch heute noch sind bei Urlaubern die dort hergestellten Fisch-, Milch- und Fleischprodukte sehr beliebt. Zudem macht die gute Infrastruktur die Insel mittlerweile zu einem beliebten Ausflugs- und Reiseziel. Jährlich reisen über 200.000 Touristen über die Häfen der Insel ein.

Die Inselfläche von fast 3.000 km² entspricht ungefähr 6% des gesamten estnischen Territoriums.

Traditionsgemäß gilt Saaremaa als eine ausgesprochen sichere Insel. Vielen Einwohnern fällt es gar nicht ein, ihre Haustüren abzusperren. Die Leute gelten – auch Fremden gegenüber – als sehr offen und entgegenkommend. Vielleicht ist ein Grund für diesen freundlichen Wesenszug in der jüngeren Geschichte zu suchen, als es zu Zeiten der Okkupation nicht so einfach möglich war, die Insel zu betreten. Für einen Besuch bei den Insulanern musste man eine Einladung vorzeigen, das galt auch für die „sowjetischen Esten" des Festlandes. Gerne wird gescherzt, dass die Insel sogar verfeindete Mafiosi zum Waffenstillstand bringt. Hier möchte man Urlaub machen, korrupte Geschäfte und Schießereien können besser woanders stattfinden.

Während der Fähr-Überfahrt von Hiiumaa nach Saaremaa kann man die schöne

Die Pferde von Saaremaa

Im Laufe der letzten Jahre haben sich einige Pferdehöfe auf der Insel Saaremaa entwickelt. Nicht ohne Grund, denn die Pferde von Saaremaa sind ideale Reittiere für Anfänger und Kinder.

Die Rasse wird auch als „Estnisches Pferd" bezeichnet. Die Tiere haben eine Widerristhöhe von ca. 144 cm und einen ruhigen Charakter. Gleichzeitig verfügen sie aber auch über eine enorme Leistungsfähigkeit und wurden daher in der schwedischen Armee unter König Gustav II. Adolf genutzt. Verbreitet wurden die Pferde auf Grund ihrer Größe auch als Nutztiere in Bergwerken eingesetzt.

Mitte des 19. Jahrhundert wurde das Estnische Pferd nach Russland exportiert, damit es dort weiter gezüchtet werden konnte. Zwischen den Weltkriegen lag die Anzahl der Tiere noch bei rund 100.000. Heute gibt es kaum noch 500 Estnische Pferde. Längst müssen sie keine schweren Arbeiten mehr verrichten, sondern werden lediglich im Bereich des Sports oder des Tourismus eingesetzt. Damit die Rasse erhalten bleibt, gibt es mittlerweile den Verein zum Schutz des Estnischen Pferdes und den Verband der estnischen Pferdezüchter.

Nordküste betrachten, die im Gegensatz zum südlichen Inselufer steil abfällt.

Nach Ankunft der Fähre in **Triigi,** erreicht man die 22 m hohe Steilküste über eine staubige Straße Richtung Panga. Auf den nächsten 12 km führt die Straße – wie so viele Straßen auf Saaremaa – durch dichten Wald. Bei klarer Sicht ist von der Klippe aus der Leuchtturm von Kõpu zu erkennen.

Vor der Fahrt westwärts nach Panga sollte man in **Leisi** rund 5 km auf der Straße 79 südwärts fahren. Auf diesem Wegstück sieht man aneinander gereiht fünf **Windmühlen** am rechten Straßenrand. Sie sind die letzen Zeugen des einstigen Mühlenreichtum von Saaremaa.

In den letzten Jahrhunderten arbeiteten auf der Insel insgesamt rund 800 Mühlen. Doch wie auch in anderen Ländern haben sämtliche Mühlen im Laufe der Zeit ihre Bedeutung verloren. Auch diese fünf Mühlen sind nur noch der Rest einer Gruppe von einstmals neun Windmühlen, die ehemals hier standen. Heute sind sie das beliebteste Fotomotiv auf der Insel.

Besichtigt werden kann die **Hauptmühle** von Mai – Oktober 10 – 18 Uhr. Informationen: Tel.45-28 91 0, Web: www.leisivald.ee.

Noch ein kleines Stück weiter südlich erreicht man die Siedlung **Karja**. Die dortige **Kirche** aus dem 14. Jahrhundert ist mit einem reichen Innendekor ausgestattet. Zahlreiche aus Dolomit gearbeitete Figuren verzierten die Pfeiler des Bauwerks.

ROUTE: *Von der Steilküste* ***Panga*** *geht es nun 31 km auf Schotterpiste über den Ort* ***Mustjala*** *nach* ***Kihelkonna*** *im Westen der Insel.*

In **Kihelkonna** stand einstmals eine Kirche ohne Turm. Der Grund ist darin zu sehen, dass die Leute von Kihelkonna ihre Kirche so niedrig wie nur irgend möglich bauen wollten, damit sie von See aus von Seeräuber und Piraten nicht gesehen wer-

Windmühle bei Leisi auf Saaremaa

Praktische Hinweise – Leisi/Panga

Touristeninformation, Kuressaare mnt 11, Tel.: 56-64 54 06, Fax: 45-73 07 3, Web: sassimaja.uni.cc, E-Mail: sassi.maja@mail.ee.

Feste und Folklore: Bierfest im Juli, das größte Volksfest auf Saaremaa, meistens in Verbindung mit einem Motorradtreffen.

Restaurant

Restaurant Sassimaja, gemütliche Gaststube an der Kreuzung nach Triigi. Im Restaurant ist auch die Touristeninformation untergebracht.

Ferienhof mit Wohnmobil-Stellplatz

Ferienhof Panga, Tel.: 52-08 01 5, Web: www.panga.ee. Im Dorf Panga befindet sich ein kleines sogenanntes Feriendorf. Dabei handelt es sich um ein großes Gebäude, das 30 Betten, ein Restaurant und einen Bootsverleih anbietet. Darüber hinaus besteht die Möglichkeit einen **Wohnmobil-Stellplatz** zu nutzen.

den konnte. Anscheinend half diese Vorsichtsmaßnahme nichts, denn das Bauwerk aus dem 13. Jahrhundert wurde trotzdem mehrfach geplündert.

Das Gotteshaus, dessen Turm im Jahr 1899 schließlich doch gebaut wurde, ist heute das einzig Sehenswerte im Dorf. Im Kircheninneren ist ein Altar aus dem 16. Jahrhundert zu sehen.

Geht man an der Kirche vorbei, sieht man einen weiteren Glockenturm. Dieser relativ niedrige Turm stammt aus dem 17. Jahrhundert und ist so platziert, dass er vom Meer aus nicht gesehen werden kann.

Lebhaftere Zeiten erlebte Kihelkonna, als es als Seehafen eine gewisse Berühmtheit erlangte. Damals erfuhr der Ort einen recht imposanten Aufschwung. Das Postamt wurde sogar mit einem Telegrafen und einem Telefonapparat ausgestattet und Geschäfte siedelten sich an.

Im Westen von Kihelkonna beginnt der **Vilsandi-Nationalpark,** einer der ältesten geschützten Naturräume Europas. Seit dem Jahr 1914 kann man dort Vogelbeobachtungen machen.

Vilsandi ist eine 8 km^2 große Insel, die jedes Jahr zahlreiche Ornithologen anzieht, da das kleine Eiland von einer großen Anzahl Seevögeln als Brutgebiet genutzt wird. Die Insel, die im Norden von Kiefernwäldern bedeckt und im Süden eher kahl ist, kann von Papisaare aus mit dem Schiff erreicht werden.

Die wenigen Einwohner auf Vilsandi arbeiten meistens in der Wetterstation in unmittelbarer Nachbarschaft zum Leuchtturm. Der aus Kalkstein errichtete Turm entstand 1809. Zu dem Zeitpunkt arbeiteten dort 5 bis 8 Leuchtturmwärter. Heute wird dies selbst in dieser Abgeschiedenheit längst elektronisch geregelt.

*→ **Route:** Auf der asphaltierten Straße 78 geht es nun weiter südostwärts in Richtung **Kuressaare**.*

Anfang der 1950er Jahre versuchte die sowjetische Armee eine Eisenbahnlinie auf der Insel anzulegen. Sie sollte den Strandschutz mit Munition versorgen. Ruinen dieser militärischen Anlagen sind noch heute hinter der kleinen Siedlung Viki zu sehen, die wir als nächstes passieren.

In **Viki** befindet sich das **Bauernhofmuseum Mihkli talumuuseum** *(geöffnet April bis Sept. Mi – So 10 – 18 Uhr)*. Gegründet im Februar 1959, handelt es sich um einen typischen Bauernhof West-Saaremaas. Zu sehen gibt es in den acht Gebäuden des Hofes Arbeitsgeräte und Gebrauchsgegenstände. Vieles stammt noch aus dem 19. Jahrhundert als der Hof gebaut wurde. Lediglich die neue Mühle, rund 100 m entfernt, stammt aus dem Jahr 2001. Sie ersetzt die 1994 abgebrannte Mühle.

Etwas weiter südlich erreichen wir den **Viidumägi,** die mit 59 m höchste Erhebung der Insel. Als Höhenrücken oder gar als Berg kann man den Viidumägi aber kaum bezeichnen. Aber immerhin war es die erste Landfläche von Saaremaa, so sagen es Wissenschaftler, die zu sehen war, als sich die Insel in grauer Vorzeit vor mehreren Jahrtausenden langsam aus dem Meer erhob. Noch immer steigt Saaremaa an, allen Unkenrufen der Klimaerwärmung und dem daraus resultierenden Anstieg der Ozeane zum Trotz. Es wird sogar vermutet, dass es nur noch wenige Jahrhunderte dauern wird, bis Saaremaa mit der nächstgelegenen Insel, Muhu, zusammen wächst.

Von Viidumägi aus hat man einen schönen Überblick über den Westteil von Saaremaa und besonders über das **Naturschutzgebiet Viidumäe**, in dem sich viele seltene Pflanzenarten befinden. Stolz sind die Insulaner auf eine endemische Pflanze, die nur hier gedeiht. Es handelt sich um den Saaremaa-Klappertopf (Rhinanthus osiliensis).

Man kann sich durch das Naturschutzgebiet führen lassen und die **Viidumäe-Ausstellung** besichtigen *(geöffnet Juni – August Mi – So 10 – 18.00- Uhr)*. Informationen gibt es unter Tel.: 45-76 44 2, Web: tt.ee/viidumae, E-Mail: viidumae@tt.ee.

An der Küste gelegen, bildet **Kuressaare** den urbanen und gesellschaftlichen Mittelpunkt der Insel Saaremaa. 15.000 Menschen leben heute in der Inselhauptstadt, die als kleiner Marktflecken am Ufer des Põduste-Fluss entstand.

Geprägt wird Kuressaare von der gut erhaltenen **Festung**, die das westestnische Bistum errichten ließ. Als man die Stadt gegen Ende des 14. Jahrhunderts zum Bischofssitz erhob, wollte man damit die Handelsbeziehungen, insbesondere mit Rīga ausbauen.

Doch wie schon oben beschrieben, steigt die Insel langsam aus dem Meer und somit stieg auch der Meeresboden mit an. In der Folge wurde das Hafenbecken kleiner, doch der Tiefgang der Handelsschiffe gleichzeitig größer. Kuressaares Hafen und damit der für die Stadt so wichtige Seehandel verloren an Bedeutung.

Erschwerend kam hinzu, dass das Bistum aufgelöst und nun die Ländereien durch den dänischen König verwaltet wurden. Nur der Bruder des Königs hatte noch Hoffnung auf eine florierende Wirtschaft und verlieh dem Ort im Jahr 1563 die Stadtrechte.

Immer wieder auftretende Feuersbrünste zerstörten fast schon regelmäßig die alten Holzhäuser. Das Rathaus aus dem 17. Jahrhundert und eben die Burg sind die einzigen Gebäude, die die Brände überstanden. Der letzte verheerende Feuersturm fand während des Nordischen Krieges im Herbst 1710 statt.

Weitere Einzelheiten zur Geschichte von Kuressaare sind im **Museum der Burg** zu besichtigen, die als eine der besterhaltenen Festungen des Baltikums gilt *(geöffnet Mai – August 10 – 18.00 Uhr, sonst Do – So 11 – 18 Uhr. Web: www.saremaamuuseum.ee, E-Mail: muuseum@muuseum.tt.ee)*. Im Burgmuseum befindet sich auch ein kleines Café.

Gebaut wurde die mächtige Burg in der zweiten Hälfte des 13. Jahrhunderts. Im Laufe der Jahrhunderte wurde sie immer wieder erweitert. So stammen die Rundtürme aus dem 15. und die hohen Erdwälle um die Burg herum aus dem 16. bis 18. Jahrhundert. Zwischen der Burg und den Wällen schwappte einst das Wasser der Ostsee. Die Burg von Kuressaare war zur damaligen Zeit eine Festung, die man besser gar nicht versuchte anzugreifen.

Eine Besichtigung des Inneren lohnt sich vor allem wegen des **Speisesaals** und der **Bischofswohnräume**.

Noch vor wenigen Jahren herrschte eine Tristesse im Stadtbild von Kuressaare, die Touristen eher abschreckte. In sehr kurzer Zeit hat sich aber viel getan. In der Stadt entstanden zahlreiche neue Gebäude. Unter anderem wurden zwei neue Gesundheitszentren gebaut. Man will an die Zeiten der 1930er Jahre anknüpfen, als Heilschlamm die Stadt zu einem beliebten Kurort gemacht hatte. Das geschah

mächtig, die Festung von Kuressaare

Die Insel Ruhnu und der einsame Pfarrer

Ruhnu, die Insel zwischen Rīga und Saaremaa, ist nur 16 km² groß. Dennoch oder gerade deswegen war die Insel der Grund für einen Zeitungsartikel in der Westdeutschen Allgemeinen Zeitung in 2005.

Worum es ging? Um den dorfeigenen 78jährigen Pfarrer Harri Rein und seine Arbeit. Jeden Sonntag geht der brave Gottesmann in die Kirche um zu predigen. Doch fast jeden Sonntag ist er ganz alleine in dem Gotteshaus. Die meisten der 60 Einwohner haben anscheinend keine Zeit oder keine Lust zum Kirchgang.

Pfarrer Rein hat sich in seinem langen Pristerleben daran gewöhnt. Und wenn schon am Sonntag keiner kommt, ist unter der Woche erst recht kein Kirchengänger zu erwarten. Doch der Pfarrer hält trotzdem jeden Morgen eine Messe. Er sagt, so die Zeitung, dass er sich sicher ist, dass ihm wenigstens die Engel zuhören. Und Harri Reín, der einsame Pfarrer von Ruhnu, denkt nicht daran zu resignieren. Im Gegenteil. Er erbeitete an einem eigenen Gebetbuch. Der Titel: „Die 1000 Gebete der Insel Ruhnu." Leider gibt es auf Ruhnu keine Buchhandlung, so dass Pfarrer Rein seine Gemeinde wohl auch auf diesem Wege nicht erreichen wird.

vor allem in der Zeit des 19. Jh. Die erste Heilschlammbadeanstalt wurde 1840 gegründet. Weitere folgten. Heute existieren mehrere moderne Thermenhotels und der Gesundheitstourismus wird das ganze Jahr hindurch betrieben.

Die Altstadt, wie man sie heute sehen kann, stammt weitgehend aus dem 18. und 19. Jahrhundert. Im **Rathaus**, das direkt am Zentralplatz gelegen ist, befindet sich heute die **Touristeninformation**. Über dem Portal steht der lateinische Text: „Immer füllt es seine Pflicht zu Gunsten der Menschen, wobei es sich immer von seiner Bürgerschaft beraten lässt."

Wenn Sie das Rathaus verlassen und nach rechts abbiegen, gelangen sie automatisch zur **Laurentiuskirche**, die sich auf der linken Seite befindet. Sie wurde im spätklassizistischen Stil erbaut.

Südlich von Kuressaare liegt die 9 km² große **Insel Abruka** in der Ostsee. Ihr größter Teil steht unter Naturschutz, bietet dennoch Platz für ein Gästehaus, einen Zeltplatz und einen Friedhof, auf dem sich ein Denkmal für die Opfer des Estonia-Unglücks befindet.

Nach Abruka pendelt eine **Fähre** von **Roomassaare** aus. Sie fährt in der Zeit von Mitte Mai bis Ende September Di, Do und Sa um 8.45 und 14.30, Fr um 17.00 Uhr und So um 15.45 Uhr.

Rund 50 km weiter südöstlich befindet sich eine weitere Insel, **Ruhnu**. Sie kann nur mit dem Flugzeug erreicht werden, das zweimal pro Woche von Kuressaare und Pärnu aus startet.

Ruhnu verfügt über eines der ältesten Holzgebäude Estlands. Es handelt sich dabei um die aus dem Jahr 1644 stammende **Holzkirche**. Des Weiteren gibt es auf Ruhnu ein kleines **Museum** über die Inselgeschichte *(geöffnet Mitte April – Ende September Do – So 11 – 16 Uhr. Info-Tel. 45-33 81 4).*

Zurück nach Kuressaare. An den östlichen Stadtrand grenzt der Nachbarort **Kudjape**. Dort findet man den Friedhof der Inselhauptstadt Kuressaare. Der Friedhof wurde 1780 angelegt und trägt den Namen des einstigen Gutshofes, der hier stand.

Die Grabsteine des Friedhofes erzählen dem Besucher die gesamte estnische Geschichte. Man findet zahlreiche deutsche Namen der hier früher lebenden so genannten Deutschbalten, bei denen es sich um angesehene Einwohner und Adelsfamilien handelte. Außerdem sieht man Gedenksteine, die an die Deportationen im Zweiten Weltkrieges erinnern oder auch an den Untergang des Fahrschiffes Estonia. Im westlichen Teil des Friedhofes liegen die Gräber der im Zweiten Weltkrieg gefallenen Soldaten ungeachtet ihrer Nationalität nebeneinander.

ABSTECHER AUF DIE HALBINSEL SÕRVE

ROUTE: *Von* ***Kuressaare*** *aus führt die breite Landstraße 77 über* ***Nasva*** *südwestwärts erst zur schmalsten Stelle der Insel bei* ***Salme*** *und von dort weiter auf die* **Halbinsel Sõrve**.

Mehrere meterhohe Sanddünen prägen das Bild der **Halbinsel Sõrve**, die rund 30 km in die Ostsee hinausragt. Sie ist trotz der Nähe zur Inselhauptstadt relativ ruhig und beinahe menschenleer.

An der Südspitze der Halbinsel liegt die **Sääre-Nehrung**, die einstmals besiedelt war. Das Dorf Sääre existiert heute nicht mehr. Nur ein **Leuchtturm** aus dem Jahr 1960 ist von der Siedlung übrig geblieben. Und selbst an diesem trifft man nur noch einmal im Monat auf einen Mitarbeiter, wenn dieser zur Technikkontrolle

PRAKTISCHE HINWEISE – KURESSAARE

Touristeninformation, Tallinna 2, Tel.: 45-33 12 0, E-Mail: kuressaare@visitestonia.com. Öffnungszeiten: Mo – Fr 9 – 18.00 Uhr, Sa 9 – 17.00 Uhr, So 10 – 15.00 Uhr.

Feste und Folklore: Im **Juni Johannisfeuer** und das **Walzerfestival** im Burgho. **Kuressaarer Operntage** im **Juli** sowie die **Schlosstage, Meerestage** und das **Kammermusikfestival** im **August**.

Restaurants

Restaurant La Perla, Lossi 3, Tel.: 45-36 91 0, täglich geöffnet von 12 – 23.00 Uhr. Das einzige italienische Restaurant in Kuressaare.

Veski Windmill Tavern, Pärna 19, Tel.: 45-33 77 6, täglich geöffnet von 11 – 24.00 Uhr, am Wochenende bis 1.00 Uhr. Ein in einer alten Windmühle eingerichtetes gemütliches Restaurant, inklusive Sitzmöglichkeit auf dem Balkon und Live-Musik.

Café Wildenberg, Tallinna 1, Tel.: 45-45 32 5, E-Mail: wildenberg@hot.ee. Gemütliches Musikcafé mitten in der Stadt, geöffnet ab 8.00 – Ende offen. Wifi-Angebot.

Hotels

Hotel Arensburg, Lossi 15, Tel.: 45-24 70 0, Fax: 45-24 72 7, E-Mail: arensburg@sivainvest.ee, Web: www.sivainvest.ee. Zentral in der Altstadt gelegen befindet sich das Hotel mit 25 gemütlich eingerichteten Zimmern. Zum Haus gehört ein Restaurant.

Hotel Linna, Lasteaia 7, Tel.: 45-31 88 8, Fax: 45-33 68 8, E-Mail: linnahotell@kontaktid.ee, Web: http://linnahotell.kontaktid.ee. Das modern eingerichtete Haus liegt in einer kleinen, ruhigen Seitenstraße im Zentrum.

Gästehaus Kuus sõlme, Roomassaare tee 7, Tel.: 45-38 86 6, fax: 45-33 37 1, Web: www.saaremaa.ee/housing, E-Mail: abr@tt.ee. Zweigeschossige und gemütliche Holzvilla mit 6 Doppelzimmern. Das Gebäude befindet sich rund 4 km außerhalb des Stadtzentrums direkt am Meer.

Campingmöglichkeit und Wohnmobil-Stellplätze

Camping/Wohnmobil-Stellplatz am Yachthafen, Tel.: 45-33 45 0, Web: www.kuressaare.ee/yachtharbour. Wie bereits in Tallinn ist auch am hiesigen Yachthafen von Kuressare die Übernachtung mit Wohnmobil und Caravan möglich. Gleiches gilt auf Saaremaa auch für die Häfen von **Roomassaare, Triigi, Kõiguste, Mõntu** und das nahe gelegenen **Nasva**. Bis auf Kõiguste verfügen alle über ein WC. Dieser Platz in Kuressaare bietet zudem ein Restaurant, eine Bar und Internetanschluss, **Ver- und Entsorgung möglich**.

Feriendorf Suure Tõllu, Tel.: 50-83 02 2, E-Mail: holidaypark@hot.ee. Rund 3 km außerhalb von Kuressaare befindet sich dieses Feriendorf. Es bietet 50 Betten, ein Restaurant, Dusche, Internet per Wifi, Fahrrad- und Autoverleih, Lagerfeuerstelle und eine Bar sowie **Wohnmobil-Stellplätze**.

vorbeischaut. Ein Vorgänger des heutigen Leuchtturmes wurde schon im Jahr 1170 erbaut und mit Holz und später mit Öl betrieben. Leider ist von diesem Leuchtturm seit November 1944 nichts mehr zu sehen, Er wurde damals gesprengt.

Im Norden der Halbinsel liegt der kleine Ort **Tehumardi**. So beschaulich, wie er heute vorzufinden ist, war er in der Nacht auf den 9. Oktober 1944 nicht. 1.500 Soldaten der deutschen Wehrmacht und der Roten Armee standen sich hier gegenüber und lieferten sich eine blutige Schlacht, wie sie die Insel nie zuvor erlebt hat. Rund ein Drittel der Soldaten verließen nach diesem Nahkampf die Halbinsel nicht mehr.

Der Bildhauer Matti Varik schuf ein Denkmal, das 1967 enthüllt wurde und das an diese blutige Nacht erinnern soll. Weitere „Denkmäler" auf der Halbinsel Sõrve sind einige verbliebene Ortsschilder, zu denen der passende Ort fehlt. Diese Siedlungen wurden ebenfalls im Zweiten Weltkrieg zerstört.

Ein ganz anderes Andenken an die Vergangenheit ist der griechische Frachter „Volare", der im Jahr 1980 vor der Halbinsel strandete. Das Schiffswrack befindet sich dort wo der Lõu-Fluss in die Ostsee fließt.

HAUPTROUTE

*ROUTE: Zurück über die Straße 77 über **Kuressaare** nach **Upa**, wo wir links abbiegen, um nach **Kaarma** zu gelangen.*

Die einzige Kirche mit zwei Kirchenschiffen auf der Insel befindet sich in **Kaarma**. Ursprünglich stand hier eine einschiffige Kirche. Doch der Boden unter dem Gotteshaus war zu weich. Die Kirche versank allmählich mit der Folge, dass das Deckengewölbe einstürzte. Beim Neubau Anfang des 15. Jahrhunderts plante man eine weitere Reihe von Stützpfeilern, die das Langhaus nun in zwei Schiffe teilte.

Interessant ist hierbei eine Gedenktafel, die an diesen Wiederaufbau erinnert. Sie ist am Portal des barocken Turmes zu sehen. Es ist jedoch nicht bekannt, wann genau die Tafel dort angebracht wurde. Sollte sie gleichzeitig mit dem Wiederaufbau angebracht worden sein, dann wäre der Text in estnischer Sprache ungewöhnlich alt.

In unmittelbarer Nähe der Kirche kann man einen kleinen **Erdwall** erkennen. Dieser ist ein Überbleibsel einer ehemaligen Wallburg, die sich in Kaarma befand.

Ansonsten wird in Kaarma der wichtigste Bodenschatz von Saaremaa abgebaut – Dolomit.

PRAKTISCHE HINWEISE

Wohnmobil-Stellplatz in Nasva

Wohnmobil-Stellplatz – Das **Nasva Yachtclub-Hotel** bietet auf seinem Parkplatz, direkt am Meer 10 Stellplätze für Wohnmobile. Die Übernachtung kostet EEK 100 inkl. Strom und Frischwasser, **Entsorgung möglich**.

Camping – Mändjala

Camping Mändjala, an der Straße 77 auf der linken Seite gelegen, Tel.: 52-25 30 0, Web: www.mandjala.ee, E-Mail: mandjala.kamping@mail.ee. Relativ großer Campingplatz (2,5 ha). Der Platz liegt unter Kiefern direkt am Strand und bietet auch Holzchalets an. Die Sanitäranlagen sind sauber und modern. Geöffnet von Mai – September, gute Standardausstattung.

Tehumardi Camping, bei **Tehumardi**, Tel.: 45-71 66 6, Web: www.tehumardi.ee. Das Erholungszentrum Tehumardi (2 ha) wurde Anfang 2004 eröffnet und liegt an der schmalsten Stelle zwischen Saaremaa und der Halbinsel Sõrve. Es bietet Blockhütten, Doppelzimmer im Hauptgebäude, einen Zeltplatz und Stellplätze für Wohnmobile und Caravans. Diese befinden sich ordentlich angelegt im Kreis unter Kiefern. Die Sanitäreinrichtungen sind sauber und modern, bei voller Belegung des Platzes kann es aber zu Engpässen und Wartezeiten kommen. Der Platz liegt nur wenige Meter vom Strand entfernt, dazu muss allerdings die Straße überquert werden. Gute Standardausstattung.

Dolomit entsteht aus kalziumreichem Sedimentgestein unter Hinzufügung von Magnesiumsalzen und wird für zahlreiche Bauwerke benutzt. So sind einige Gebäude in Kuressaare aus Dolomit errichtet. Aber auch die meisten Grabsteine auf dem Friedhof von Kudjape bestehen aus diesem Stein.

In Kaarma existieren einige Steinmetzwerkstätten, die sich mit der Bearbeitung dieses Minerals befassen.

Auch auf dem Festland findet man einige Bauwerke, die zu Teilen aus Dolomit bestehen, der in Kaarma gefördert wurde. Die Nationalbibliothek in Tallinn ist ein Beispiel dafür.

In der Inselhauptstadt Kuressaare gibt es einige Souvenirgeschäfte, in denen schön geschnitzte Andenken aus Dolomitgestein zu erwerben sind.

ROUTE: *Kaarma verlassen wir ostwärts auf der kleinen Landstraße, treffen nach wenigen Kilometern auf die Straße 79 und folgen der Beschilderung nach **Leisi**. Rund 6 km später folgt ein Abzweig nach rechts (südöstlich) in Richtung **Kaali**.*

Ein kleiner kreisrunder **See** beim Ort **Kaali** ist die Hauptattraktion von Saaremaa. Das Wasser des Tümpels, der weder Zu- noch Abfluss hat, schimmert leicht grünlich. Jedes Jahr kommen rund 50.000 Menschen hierhin, um das Naturphänomen zu bestaunen.

Das mitten in einem Wald gelegene Gewässer ist zudem von einem mehrere Meter hohen Erdwall umgeben, der nicht von Menschenhand geschaffen wurde.

Es ist gerade mal ein Jahrhundert her, als man noch annahm, dieser See wäre durch eine unterirdische Gasexplosion entstanden. Doch weit gefehlt. Die Ursache kam weder aus dem Erdinneren noch von diesem Planeten. Der Bergbauingenieur Ivan Reinwald fand im Jahr 1937 einige Meteoritensplitter und konnte eindeutig beweisen, dass es sich bei dem so genannten **Kaali-Krater** um die Einschlagsstelle eines Meteoriten handelt.

In der unmittelbaren Umgebung des Hauptkraters gibt es acht weitere Krater, die durch Bruchstücke des Meteoriten entstanden sind. Es wird vermutet, dass der Einschlag im Zeitraum von vor 3.000 bis 7.000 Jahren statt gefunden haben könnte, doch genau ist das bisher nicht geklärt werden. Der Wasserstand im Kaali-Krater ändert sich je nach Niederschlagsmenge und Jahreszeit.

Weil die naturverbundenen Esten ungewöhnliche Naturerscheinungen als Heiligtümer hielten, gaben Sie dem Krater früher den Namen „Pühajärv", was so viel wie „Heiliger See" bedeutet.

Direkt neben dem Wald gibt es am Parkplatz ein kleines Hotel, das zum Meteoriten-Informationszentrum gehört. Im **Informationszentrum** bzw. im **Museum für Meteoritik und Kalkstein** erfährt man einiges über Eigenschaften und Materialien eines Meteoriten. Der Eintritt kostet 25,00 EEK.

ROUTE: *Über die kleine Straße am Informationszentrum vorbei führt der Weg zur Landstraße 10, wo wir links abbiegen, um nach **Orissaare** zu gelangen.*

Auf dem Weg nach **Orissaare** passieren wir nach rund 11 km die auf der rechten Seite liegende Kirche von **Valjala**. Sie ist die älteste Kirche auf Saaremaa und hat romanische Baustilelemente.

In ihrer unmittelbaren Nähe kann man eine bis zu 8 m hohe und 120 m lange Wall-

PRAKTISCHE HINWEISE – KAALI

Restaurant Kaali Thrater, Tel.: 45-91 18 2, Web: www.kaalithrater.ee, E-Mail: info@kaalithrater.ee. 100 Plätze auf über zwei Etagen mit Innenhof und Souvenirverkauf. Das Restaurant gehört zum Gästezentrum Kaali.

Hotel

Gästezentrum Kaali, Tel.: 45-91 18 2, Web: www.kaali.kylastuskeskus.ee, E-Mail: kaali@kylastuskeskus.ee. Die Hotelrezeption ist zugleich der Eingang des Besucherzentrums. Das Gebäude befindet sich rund 150 m vom Krater entfernt und bietet eine Sauna und einen Souvenirladen, in dem Andenken aus Dolomit gekauft werden können.

erholsam, ein Spaziergang über die estnischen Hochmoore

mauer erahnen, die einstmals zu einer hier stehenden Wallburg gehörte.

Kurz bevor man wieder die Ostsee erreicht, befindet sich am Wegesrand die **Pöide-Kirche**, die mehr an eine Festung als an eine Kirche erinnert. Hohe Kalksteinmauern mit schmalen Fensteröffnungen prägen das Bild des Gotteshauses. Im Inneren ist der Chorbereich mittlerweile restauriert worden, nachdem 1940 der Kirchturm durch einen Blitzeinschlag in Brand geraten war, die Kirche nach dem Krieg geplündert und das gesamte Bauwerk anschließend als Heuschober benutzt wurde. An der Kanzel auf der Nordseite befindet sich ein Grabstein, der an einen Ritter erinnert. Dieser ehemalige estnische Gutsherr wurde im dänischen Kopenhagen enthauptet, weil er sich zu Schweden bekannte.

Gleich hinter der Kirche liegt einer der ältesten Gutshöfe Saaremaas, das **Gut Oti,** das sich heute in Privatbesitz befindet. Dort starb 1917 der deutsche Dichter Walter Flex.

ROUTE: *An der Kreuzung bei der Kirche fahren wir auf der Straße 75 nun 5 km nordwärts bis nach* ***Orissaare****.*

Eine kuriose Gemeindechronik kann **Orissaare** vorlegen. In den 1920er Jahren plante man hier eine Industriesiedlung. Zusätzlich sollten 50 Haushalte angesiedelt werden. Doch eines hatten die Planer vergessen – die Flächen für die Industrieanlagen. Den Neusiedlern blieb nun nichts anderes übrig, als sich in das ländliche Leben der hier bereits ansässigen Bewohner, die hauptsächlich in der Viehzucht tätig waren, einzufügen.

Im Laufe der Zeit entwickelte sich Orissaare zu einem Bezirkszentrum. Darüber hinaus kann der Ort heute einen Segelhafen vorweisen. Und bei den Planungen hin zum Urlaubsdorf wird es diesmal hoffentlich keine Pannen geben. Heute leben in der Ortschaft, die schon von weitem durch die riesige Sendeantenne zu erkennen ist, rund 1.100 Einwohner.

Nur fünf Autominuten weiter nördlich erreicht man bei **Masilinna** die Ruinen einer ehemaligen **Ordensburg** .

Neben dem Segelhafen von Orissaare konnten Sie ein altes Schiff sehen. Es ist ein historisches Schiff. Man entdeckte es 1985 vor der Küste im lehmigen Meeresboden wieder und fand heraus, dass der Kahn ein

PRAKTISCHE HINWEISE – VALJALA

Restaurant Kalaküla, Tel.: 53-85 89 66, E-Mail: info@kalakula.ee. Rustikales Fischrestaurant in Jõelapa bei Valjala. Als Besonderheit wird hier auch Bogenschießen angeboten.

Frachtsegler war, mit dem Steine und Kalk für den Bau der Ordensburg antransportiert wurden.

Zerstört wurde die Ordensburg übrigens auf Befehl des dänischen Königs, der sie sprengen ließ, damit sie nicht in die Hände der Schweden falle. Heute wird die Burg restauriert.

ROUTE: *Über die Straße 75 gelangen wir von* ***Orissaare*** *entlang der Küste wieder zur Landstraße 10, die uns auf die nächste Insel* ***Muhu*** *bringt.*

Ein unaufmerksamer Autofahrer bemerkt nicht, dass er soeben Saaremaa verlassen und die nächste Insel erreicht hat.

Muhu, die drittgrößte Insel Estlands, liegt zwischen Saaremaa und dem estnischen Festland und ist durch einen Damm mit Saaremaa verbunden. Ein Pastor namens Carl Wilhelm Freundlich aus Liiva hatte die Idee zu diesem 1896 fertiggestellten Damm, der zu Beginn natürlich nicht so befestigt war wie heute. Im Winter kam es deshalb oft genug vor, dass das Eis der Ostsee den Damm zur Seite drückte.

Erst im Laufe der Zeit wurde die Straße befestigt. Nun war ganzjährig ein gefahrloses Passieren möglich.

Bis zum Jahr 1914 existierte sogar ein Wärterhäuschen am Ufer von Muhu, in dem ein Bediensteter den Verkehr über den Damm regelte.

Der Bau des Dammes war aber auch ein Eingriff in die Natur. Die durch den Damm geschlossene Meerenge zwischen den beiden Inseln wächst nun auf Grund der ausbleibenden Strömung langsam mit Schilf zu.

Benannt wurde der Damm, dessen Errichtung vier Jahre dauerte, offiziell nach dem russischen Gouverneur Zinovjev. Die Esten nannten ihn Väina tamm (Damm der Meerenge).

An der Stelle, wo sich vor einhundert Jahren das Wärterhäuschen befand, sind heute das **Kriegsdenkmal** der trauernden Mutter und ein **Gedenkstein** zum Dammbau zu sehen.

2.000 Menschen leben auf Muhu. Sie haben viel von ihrer eigenständige Traditionen bewahrt.

Auf den nationalen Sängerfestivals fallen die Sänger von Muhu immer besonders auf, da ihre Trachten äußerst farbenfroh sind. Die Männer tragen schwarz-orangefarbene Strickjacken und die Frauen gelbgestreifte Röcke.

Gleich nach der Überquerung des Dammes erscheint rechts das kleine Dorf **Linnuse**. Dort befindet sich **Eemu-Windmühle**, die einzige Mühle des Landkreises, die noch in Betrieb ist. Sie wurde 1980 vom Müller Jüri Ling rekonstruiert, der sie gerne auch Besuchern vorführt *(geöffnet Mitte April – Ende Sept. Do – So 11 – 18 Uhr, Info-Tel. 45-28 13 0)*.

Auf der Hauptstraße, die über Muhu verläuft, erreicht man die **Katharina-Kirche (Katariina kirik)**. So wie schon bei anderen Kirchen auf der Insel fehlt auch hier der Kirchturm. Hinzu kommt bei diesem Gotteshaus aus dem Jahr 1267 die teleskopartige Bauweise sowie eine schöne Holzkanzel im Renaissance-Stil.

Man sollte Muhu aber nicht einfach durchqueren.

Machen Sie einen Abstecher zum südlichen Teil des Eilands und besuchen Sie dort den **Gutshof Pädaste**.

Das Anwesen besteht aus einigen Gehöften des Dorfes, die als Lehngut zusammengeschlossen wurden und seit 1566 das Gut Pädaste bilden.

Die Gutsbesitzer wechselten sich im Laufe der Zeit immer wieder ab, stammten aber in der Regel aus den Adelsfamilien Saaremaas.

Der Gutshof wird von fünf Granitgebäuden umgeben und liegt so nah am Meer, wie kein anderes Gut im gesamten Baltikum. Den Stallungen und der Käserei gegenüber stehen Schmiede, Werkstatt und Speicher. Das zweistöckige Haupthaus wurde im Jahr 1875 errichtet.

PRAKTISCHE HINWEISE – ORISSAARE

OG Hostel, Sadama 5, in der Nähe des Yachthafens. Tel.: 45-45 39 8, E-Mail: hostel@oris.edu.ee, Web: www.oris.edu.ee. 60 Betten auf zwei Etagen in einem unscheinbaren Haus. Internetanschluss. Zum Hostel gehören ein Restaurant und ein Bootsverleih.

Der Pferdestall und die Käseküche wurden zu Hotelzimmern ausgebaut,

Im Norden der Insel liegt das kleine Dorf **Kallaste**, nicht zu verwechseln mit der gleichnamigen Ortschaft am Peipus-See.

Die Küste im Norden Muhus ist sehr steil und bis zu 7 m hoch. Im Lauf der Zeit hat das Meer Höhlen aus den Steilhängen gewaschen. Das Dolomitgestein hier ist annähernd 3.000 Jahre alt.

Am westlichsten Zipfel der Insel Muhu befindet sich das **Museumsdorf Koguva** *(geöffnet Mai – September tägl. 10 – 19 Uhr, sonst Mi – So 10 – 17 Uhr)*. Einige der Häuser, die bis zu 200 Jahre alt sind, werden heute noch bewohnt. Ansonsten sind in den über 100 Häusern Bauernstuben und Schlafräume aus der Wende zum 19. Jahrhundert zu besichtigen.

Auf der weiteren Reise Richtung Osten trifft man auf die letzte Sehenswürdigkeit der drittgrößten estnischen Insel Muhu. Östlich von **Hellamaa** erhebt sich ein beachtenswertes Gebäude, in dem heute die Gemeindeverwaltung und die Bibliothek untergebracht sind. Davor wurde das Haus bis zum Jahr 2002 als orthodoxe Schule benutzt. Ursprünglich erbaut wurde das Haus im Jahr 1866 aber als apostolisch-orthodoxe Kirche.

Route: *In **Kuivastu** geht es mit der Fähre wieder zurück zum Festland bei **Virtsu**. Diese Überfahrt ist die kürzeste und dauert ca. 30 Minuten. Sie kostet für ein Wohnmobil 70,00 EEK und pro Person 35,00 EEK. Die Fähre pendelt bis zu 20mal täglich. Informationen findet man im Reservierungsbüro von Kuressaare (s. Route 16). Von Virtsu geht es über die Straße 10 bis nach **Lihula** und dort auf die Straße 60 bis nach **Pärnu (Pernau)**.*

Pärnu (Pernau) wird heute von rund 44.000 Menschen bewohnt und liegt an der Mündung des gleichnamigen Flusses in die Ostsee. An der Flussmündung fand man auch die ersten Spuren von Menschen, die vor rund 11.000 Jahren hier siedelten.

Erstmalig erwähnt wurde Pärnu im Jahr 1241 als der Hafen von *Perona*, wie die Ortschaft einstmals hieß, in Chroniken festgehalten wurde. Später errichtete man die Domkirche und mit der Zeit folgte die erste feste Ansiedlung. Diese wurde in der zweiten Hälfte des 13. Jahrhunderts durch den Einfall der Litauer zerstört.

Konrad von Madern, ein Ritter des Deutschen Ordens, war für den Wiederaufbau verantwortlich. Man baute aber nicht eine, sondern gleich zwei neue Städte.

Zum einen wuchs um die Domkirche erneut das alte Pärnu, während sich auf der linken Flussseite Uus-Pärnu (Neu-Pärnu) wesentlich schneller entwickelte. Neu-Pärnu erhielt bereits im Jahr 1318 die Stadtrechte. Im Laufe der Jahre und nach weiteren Zerstörungen durch Kriege und Feuer wuchsen die beiden Ortsteile zusammen und Pärnu entfaltete sich zu einer Großstadt.

Um die Wende zum 17. Jahrhundert wurde in Pärnu sogar für einige Zeit die Universität von Tartu untergebracht.

Praktische Hinweise – Insel Muhu

Feste und Folklore: Festival der Zukunftsmusik im Juli.

Hotel

Hotel Pädaste, Pädaste, Muhu, Tel.: 45-48 80 0, Fax: 45-48 81 1, Web: www.padaste.ee, E-Mail: info@padaste.ee. Luxuriöses Hotel im oben beschriebenen Gutshof, über das schon im Wall Street Journal und in der Times berichtet wurde. Man kann wählen zwischen herkömmlichen Zimmern, einer Unterkunft im Gästehaus oder sogar einem kompletten Privathaus mit allem erdenklichen Komfort. Geöffnet hat es ganzjährig außer im Februar.

Camping

Camping Aki, Liiva küla, Tel.: 51-48 21 1, Web: kodu.neti.ee, E-Mail: aki@neti.ee. Direkt neben der Katharinenkirche befinden sich kleine Holzchalets, Zeltcamping ist hier auch möglich (1 ha). Ansonsten bietet der kleine Platz 24 Betten in 8 Häusern und einen Pub. Geöffnet von Mai – September. Einfache Standardausstattung.

*PÄRNU (PERNAU) – **1** Parkmöglichkeit – **2** St. Katharinenkirche – **3** Rathaus – **4** Touristeninformation – **5** Pärnu-Museum – **6** apostolisch-orthodoxe Kirche – **7** Elisabeth-Kirche – **8** Tallinner Tor – **9** Kuursaal – **10** Mini-Zoo – **11** Campingplatz – **12** Wohnmobil-Stellplatz*

Doch den wahren Aufschwung erlebte Pärnu durch den Bau einer Badeanstalt für Schlammkuren. Einige clevere Privatunternehmer nutzten das hiesige Klima und ließen ein leer stehendes Wirtshaus am Strand zu einer Badeanstalt umbauen.

Die 1838 fertig gestellte Badeanstalt besaß fünf Baderäume, in denen Warmwasserbäder angeboten wurden und die in den Wintermonaten sogar als Sauna nutzbar waren. Damit war der Grundstein für die so genannte „Sommerhauptstadt Estlands" gelegt. Zahlreiche Esten machen heute noch Urlaub an der Pärnu-Mündung.

Die erste Badeanstalt bestand ausschließlich aus Holz. Sie brannte im Ersten Weltkrieg komplett ab und konnte erst 1927 wieder aufgebaut werden.

Im heutigen Schlammkurbad werden Knochen- und Gelenkkrankheiten, Erkrankungen am Nervensystem und gynäkologische Erkrankungen behandelt. Dabei werden unter anderem Wasser-, Schlamm- oder Lasertherapien sowie Akupunkturen angewendet.

Die Einwohner von Pärnu waren die ersten Esten, die über eine regelmäßige Zeitung in estnischer Sprache verfügten. Johann Voldemar Jannsen gründete 1857 die Zeitung „Perno Postimees" und exakt 80 Jahre später gab es eine weitere Neuheit. 1937 legte das Schiff im Hafen von Pärnu ab, das die erste regelmäßige Fährverbindung über die Ostsee begründete. Von dem Moment an konnte man regelmäßig die schwedische Hauptstadt Stockholm ansteuern. Leider folgten der Zweite Weltkrieg und damit die Einstellung der Verbindung. Während der Sowjetherrschaft war der Hafen von Pärnu für fast fünf Jahrzehnte geschlossen und kann erst seit 1990 wieder angesteuert werden.

Besucher, die mit dem eigenen Fahrzeug unterwegs sind, finden am Besten auf der Tallinna mnt. bzw. vor dem Endla Theater einen **Parkplatz (1)**. Von dort kann man einen bequemen **Stadtbummel durch die Altstadt** starten.

Am besten geht man am Theater aus dem Jahr 1967 links vorbei. Als erstes trifft man dann auf die unübersehbare gelb-grüne **St. Katharinenkirche (Katariina kirik, 2)** aus dem Jahr 1768 *(geöffnet täglich 11 – 18.00 Uhr, Sa und So 9 – 18.00 Uhr)*. Sie wurde auf Befehl von Zarin Katharina II. erbaut, die vier Jahre zuvor die Stadt besucht und an einem Gottesdienst in einer Kirche teilgenommen hate, die vorher an dieser Stelle stand. Der Innenraum der St. Katharinenkirche ist dunkel gehalten und wird dominiert von barocken und frühklassizistischen Einrichtungen. Der Grundriss des barocken Gotteshauses stellt ein griechisches Kreuz dar. Zahlreiche apostolische Kirchenbauten orientierten sich an der St. Katharinenkirche von Pärnu.

Unser Spaziergang durch die Stadt geht weiter über den kleinen Platz neben der Kirche, wo sich auch das klassizistische Gebäude des **Rathauses (Raekoja, 3)** befindet. Es wurde 1797 errichtet. Der russische Zar Alexander I. hielt sich 1806 während seines Pärnu-Aufenthaltes hier auf.

Auf der rechten Seite des kleinen Platzes verläuft die Hauptstraße der Stadt, die **Rüütli-Straße**. Es ist die Fußgängerzone mit zahlreichen interessanten Wohn- und Geschäftshäusern. Im Haus Nummer 16 an der Ecke findet man die **Tourismusinformation (4)**.

Auf derselben Seite sehen wir ein wenig später das Gebäude der ehemaligen **Zentralbücherei**. Es stammt aus dem Jahr 1875 und wurde im Neo-Renaissance-Stil errichtet.

Das Geschäftshaus gegenüber mit der Hausnummer 27 stammt aus dem Jahr 1903.

Zwei Häuser weiter rechts steht seit 1681 das **Haus mit dem Treppenaufgang**. Hier verweilte der schwedische König Karl XII. 10 Tage lang, bevor er mit seinen Truppen weiter in Richtung Narva zog. Er war nicht die einzige historische Persönlichkeit, die hier nächtigte. Auch Katharina II., die über ein halbes Jahrhundert später hier war, nahm im Haus Quartier.

Geht man die Straße weiter aufwärts, so erreicht man das Haus Nummer 40. Hier handelt es sich um ein ehemaliges **Schulgebäude** aus den 60er Jahren des 19. Jahrhunderts. Das Gebäudes hat schon so ziemlich jede Instituition beherbergt. Nach dem Mädchengymnasium zog das Büro der Eisenbahngesellschaft ein. Während der Sowjetherrschaft dann war hier ein Club für junge Offiziere der Sowjets eingerichtet. Und heute haben sich in der alten Schule eine Spielhalle und der Mirage-Nachtclub etabliert.

Gegenüber findet sich in Nummer 41 ein schönes Beispiel für einen Jugendstilbau, während Haus Nummer 45 zwar im gotischen Stil, aber erst Ende des 19. Jahrhunderts errichtet wurde. In ihm befindet sich unter anderem das Bristol Hotel, das nach der Okkupation restauriert wurde. Bereits um die Jahrhundertwende 1900 war das Hotel hier eingerichtet.

Am Ende der Rüütli Straße befindet sich das **Pärnu Stadtmuseum (5)**, in dem die Geschichte der Stadt und der Region seit der ersten Besiedlung anschaulich vermittelt wird *(geöffnet täglich außer Mo 10 – 18 Uhr, Eintritt 30,00 EEK, Info-Tel.: 44-33 23 1, Fax: 44-33 23 2, E-Mail: info@pernau.ee, Web: www.pernau.ee)*.

Gleich daneben sieht man die **apostolisch-orthodoxe Kirche (6)** aus dem Jahr 1904 und das Denkmal, das an das ehemalige Endle-Theater erinnern soll, welches im Zweiten Weltkrieg an dieser Stelle zerstört wurde.

Gehen wir die Rüütli-Straße zurück und biegen links in die Nikolai Straße ein, wo sich die barocke **Elisabeth-Kirche (7)** befindet *(geöffnet täglich 12 – 18.00 Uhr, So 10 – 13.00 Uhr)*. Als die einzige lutherische Kirche der Stadt weggenommen und der russischen Garnison zur Verfügung gestellt wurde, spendete die Kaiserin 8.000 Rubel, um eine neue Kirche errichten zu lassen. Ende des 19. Jahrhunderts wurde die Kirche um- und ein Querschiff an der Südseite angebaut. Verziert ist von außen jedoch nur die Westfassade. Der Rest des Gebäudes ist schlicht gehalten.

Wenn Sie sich nun geradewegs von der Kirche entfernen und auf der Kuninga Straße entlang schlendern, gelangen Sie zum **Tallinner Tor (Tallinna Värav, 8)**. Dieses im Südwesten der Altstadt gelegene Bauwerk, ist das einzig übrig gebliebene seiner Art im Baltikum. Es ist ein Überbleibsel eines Walls, der in der zweiten Hälfte des 17. Jahrhunderts rund um Pärnu angelegt wurde.

Das Tallinner Tor (auch Königstor nach König Carl Gustav) ist eines von dreien, die sich in der Festung befanden. Zudem gab es sieben Bastionen, die nach den Himmelsobjekten Mond, Sonne, Jupiter, Merkur, Mars, Venus und Saturn benannt und mit einem Wall verbunden waren.

Neben dem Tallinner Tor blieb nur noch ein kleines Stück der Festung zwischen dem Tor und der Venus-Bastion übrig. Der Rest wurde in der Zarenzeit eingeebnet.

Der Weg durch das aus Granit- und Ziegelsteinen errichtete und mit Dolomit verzierte Tallinner Tor führt nicht direkt auf Tallinn zu, wie der Name vermuten lassen könnte. In Zeiten als das Tor entstand, in den Jahren 1675 bis 1686, gab es noch keine Brücke über den Fluss Pärnu, so dass die Straße nach Tallinn erst nach Westen führte und später nach Norden abzweigte. Die Brücke über den Fluss wurde erst im Jahr 1803 errichtet.

Heute kann der Besucher in Pärnu die Ausdehnung der Wallanlage noch gut erahnen, wenn er der Grünanlage folgt, die sich an Stelle der Befestigungen heute um den Altstadtkern erstreckt.

Eine weitere kleine Parkanlage, der Munamägi, befindet sich hinter dem Tor. Dieser Munamägi hat natürlich nichts mit dem größten baltischen Berg, dem Suur Munamägi zu tun. Hier handelt sich lediglich um eine kleine Erhebung, die im Volksmund dieselbe Bezeichnung erhielt, weil auch sie eierförmig ist. Bis in die erste Hälfte des 20. Jahrhunderts befand sich hier noch ein kleines Café. Heute ist der kleine Munamägi leider etwas verwahrlost.

Von der Parkanlage Munamägi gelangt man über den Boulevard Mere pst. an alten **Holzvillen** vorbei in Richtung Strand. Haus Nummer 7 am Mere Boulevard gilt als eines der besten Beispiele für den frühen Jugendstil in Estland. Es wurde 1905 fertig gestellt und diente in der Zeit von 1927 bis 1935 als Sommercasino für Wohlhabende und nach dem Zweiten Weltkrieg als Club. 1999 wurde das Gebäude restauriert.

Eine weitere interessante Villa befindet sich auf der gegenüberliegenden Straßenseite. 1945 war dort ein Teil des städtischen Sanatoriums eingerichtet. 1995 wurde auch diese Villa restauriert.

Auf dem weiteren Weg zum Strand passieren wir den **Kuursaal (9)**. Er wurde 1880 erbaut und hat eine zylindrische Bühne. Bei dem doppelten Buchstaben „u" handelt es sich übrigens nicht um einen Tippfehler, sondern um das estnische Wort für Kursaal, ausgesprochen wird es jedoch wie im Deutschen.

Auf der Strandpromenade kommt man als nächstes zur **Badeanstalt**, einem Bau im neoklassizistischen Stil. Flankiert wird er vom **Strandcafé** und dem **Strandhotel**, das nach einer grundlegenden Restaurierung im Jahr 1994 wieder eröffnet wurde. Von den Zimmern hat man einen wunderschönen Blick auf das Baltische Meer.

Wer in Pärnu seinen Kindern eine Freude machen möchte, sollte den Tieren im **Mini-Zoo** einen Besuch abstatten *(geöffnet Mai – Aug. täglich 10 – 19.00 Uhr, sonst 12 – 16.00 Uhr, Eintritt 35,00 EEK, Web: www.hot.ee/minizoo)*. Der Name des Tiergartens ist Programm, denn ein größeres Lebewesen als die 5 m große Netzpython wird man hier nicht finden. Hauptsächlich sind Schlangen, Spinnen und Reptilien zusehen. Der Mini-Zoo stellt aber nicht nur Tiere aus. Hier wird auch gezüchtet und über die Lebensweisen der Tiere geforscht. In den letzten Jahren konnten z. B. schon zahlreiche Ringelnattern und Kreuzottern ausgewildert werden.

Schließlich verdient noch die **Insel Kihnu** Erwähnung. Das 16 km^2 großen Eiland liegt in der Bucht von Pärnu und ist der Stadt rund 12 km vorgelagert.

Auf der Insel befinden sich vier kleine Ortschaften – **Lemsi, Rootsiküla, Sääre-kula** und **Linaküla** – sowie eine Kirche und einen Friedhof.

Wer die Insel nicht per Schiff oder im Winter und Herbst per Flugzeug erreichen möchte, kann sie von Pärnu aus zumindest sehen. Der Leuchtturm von Kihnu wurde im Jahr 1864 gebaut und ist klarem Wetter gut sichtbar.

Praktische Hinweise – Pärnu

Touristeninformation, Rüütli 16, 80011 Pärnu, Tel.: 44-73 00 0, Fax: 44-73 00 1, E-Mail: parnu@visitestonia.com. Geöffnet Juni – Aug. Mo - Fr 9 – 18, Sa 10 – 16, So 10 – 15 Uhr; Sept. – 13. Mai Mo – Fr 9 – 17, Sa + So geschlossen; 14. Mai – Ende Mai 9 – 18, Sa + So 10 – 15 Uhr.

Praktische Hinweise – Pärnu

Feste und Folklore: Im **April** startet seit fast 5 Jahrzehnten am letzten Wochenende das **Pärnuer Radrennen**. Das **Estnische Country Festival** auf der Rüütlistraße findet **Mitte Juni** statt. Im **Juli** feiert man das **Pärnu Film Festival** und zu den **Tagen der Gilde** auf der Rüütli Straße kommen zahlreiche Artisten. Ebenfalls im Juli treten auf dem **Wasserfestival** viele Musiker, Sportler und Künstler auf.

Restaurants

Restaurant Ahven, Haapsalu mnt. 7, Tel.: 44-25 93 3, Web: www.ahven.ee. Gemütliches Fischrestaurant auf der Westseite des Parnu-Flusses.

Pappa Pizza, Kuninga 34, Tel.: 44-30 61 6., täglich geöffnet bis 24.00 Uhr, am Wochenende bis 2.00 Uhr.

Internetcafé Rüütli Internetipunkt, Rüütli 25, Tel.: 44-31 44 2. Sieben Computer stehen zur Verfügung (25,00 EEK/Std.). Geöffnet von 9 – 21.00 Uhr, Sa und So 9 – 18.00 Uhr.

Hotels

Hotel Villa Johanna, Suvituse 6, Tel.: 44-38 37 0, Fax: 44-38 37 1, E-Mail: villa-johanna@villa-johanna.ee, Web: www.villa-johanna.ee. Rund 300 m vom Strand entfernt, liegt das Hotel mitten im Lõbustuspark südlich der Altstadt. 4 Einzel- + 9 Doppelzimmern, modern ausgestattet. Sauna, Bar.

Best Western Hotel Pärnu ***, Rüütli 44, Tel.: 44-78 91 1, E-Mail: hotparnu@pergohotels.ee, Web: www.pergohotels.ee. Bestes Haus am Platz, äußerst zentral in der Hauptstraße Pärnus gelegen. Auf 7 Etagen 240 modern eingerichtete Zimmer mit Farb-TV, Telefon, Mini-Bar. Restaurant, Bar, bewachter Parkplatz, Sauna, Wifi.ee.

Lepanina Hotell, Valge Külalistemaja, Pärnu mnt. 20, Häädemeste, Tel.: 44-65 02 4, Fax: 44-65 02 4, E-Mail: lepanina@lepanina.ee, Web: www.lepanina.ee. Südlich von Pärnu an der Via Baltica liegen die drei Ortschaften Hääedemeste, Kabli und Majaka, in denen sich jeweils ein Hotel der Lepanina-Kette befindet. Sie liegen direkt am Meer und sind allesamt modern ausgestattet. Das Hotel in Majaka öffnete erst im September 2004 seine Pforten. Für eine Entscheidung empfiehlt sich hier der Vergleich im Internet.

Camping

Camping Konse Puhkeküla, Suur-Jõe, Tel.: 53-43 50 92, Fax: 44-75 56 1, E-Mail: info@konse.ee, Web: www.konse.ee. Das **Feriendorf Konse** (1,5 ha) ist noch relativ neu und liegt direkt am Fluss Pärnu. Der Strand und auch die Altstadt sind nur 15 Gehminuten entfernt. Der Platz bietet ca. 50 Stellplätze auf Rasen mit Stromanschlüssen. Vorhanden sind eine Waschmaschine mit Trockner, eine komplett eingerichtete Küche und ein Gästehaus mit verschiedenen großen Zimmern, sowie eine Sauna, Ruderboot- und Fahrradverleih, Internetanschluss und ein rustikaler Aufenthaltsraum. Komfortausstattung.

Wohnmobil-Stellplatz

Wohnmobil-Stellplatz – Ranna pst. Nummer 5. Hier findet man das edle Hotel Scandic Rannahotel. So luxuriös es aussieht und man es gar nicht vermutet, erlaubt es auf dem Parkplatz vor dem Haus die Übernachtung im Wohnmobil. Die Übernachtung kostet EEK 200. Erwähnenswert ist, dass es in der Hauptsaison und an Wochenenden voll werden kann und möglicherweise kein Parkplatz frei ist. Kein Strom, Ver- und Entsorgung ebenfalls nicht möglich.

EXTRA-TOUR

18. RUND UM KALININGRAD (KÖNIGSBERG)

Länge der Tour: Rund 470 km, ohne Abstecher.

Strecke: Straße A195 bis **Kaliningrad (Калининград)** – A229/E28/E77 über **Černjahovsk (Черняховск)** bis **Gusev (Гусев)** – Straße 198 bis **Sovetsk (Советск)** – Straße A216/E77 und A229/E28/E77 bis **Kaliningrad (Калининград)** – Straße 193 bis **Primorsk (Приморск)** – Straße 192 über **Svetlogorsk (Светлогорск)** bis **Železnogradsk (Зеленоградск)** – Straße P515 über die **Kurische Nehrung** bis **Litauen.**

Empfohlene Reisedauer: Mindestens zwei Tage.

Reisehöhepunkte auf dieser Tour: **Königsberger Dom** **, Königin-Luise-Brücke in **Sovetsk** *.

REISETIPPS

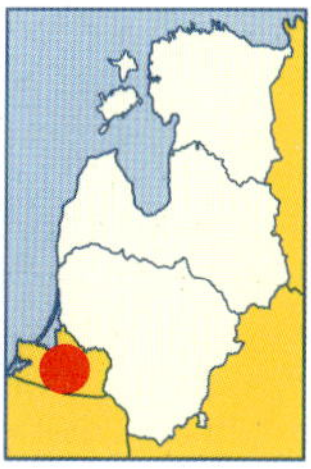

Eine Reise durch das Kaliningrader Gebiet ist mit einer durch das restliche Baltikum kaum zu vergleichen. Deshalb ist diese Route als Extra-Tour gekennzeichnet. Und sie ist möglicherweise nicht für Jeden etwas.

Russland ist abenteuerlicher, Russland ist komplizierter und – Russland ist teurer.

Wer sich für eine Wohnmobilreise durch die Kaliningradskaja Oblast, das russische Gebiet rund um Kaliningrad, entscheidet, hat im Verhältnis zu dieser kleinen Region unverhältnismäßig hohe Ausgaben zu erwarten.

Angefangen bei den Kosten für die Visabeschaffung (rund 60 Euro pro Person) bis hin zu den Übernachtungskosten. Und diese sind das eigentliche Problem.

In der gesamten Oblast (russische Bezeichung für einen Verwaltungsbezirk, entfernt vergleichbar mit einem deutschen Bundesland), existierte im Jahr 2006 gerade mal ein einziger Campingplatz. Und auch für diesen war die Schlie-

Einreise nach Russland

In fast ganz Europa benötigt man bei einem Grenzübertritt nur den Personalausweis, so auch in Estland, Lettland und Litauen. Nur in Russland scheint alles viel komplizierter. Wer sich mit der Einreise nach Russland beschäftigt, erhält zahlreiche Informationen und ist anschließend in den meisten Fällen verwirrter als zuvor.

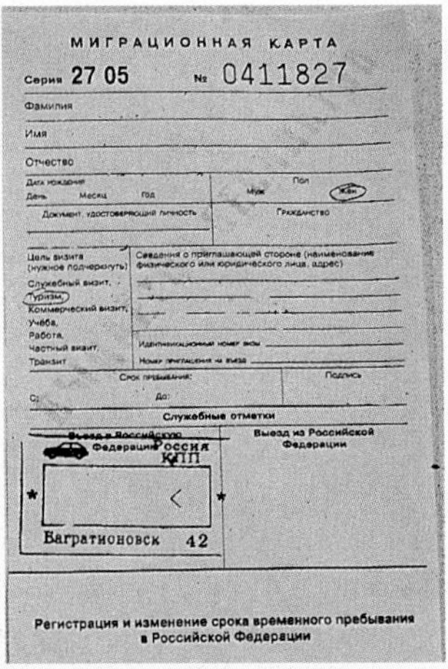
МИГРАЦИОННАЯ КАРТА

Серия 27 05 № 0411827

Фамилия

Имя

Отчество

Дата рождения: День Месяц Год | Пол: Муж Жен

Документ, удостоверяющий личность | Гражданство

Цель визита (нужное подчеркнуть): Служебный визит, Туризм, Коммерческий визит, Учёба, Работа, Частный визит, Транзит

Сведения о приглашающей стороне (наименование физического или юридического лица, адрес)

Идентификационный номер визы

Номер приглашения на въезд

Срок пребывания: С: До: | Подпись

Служебные отметки

Въезд в Российскую Федерацию | Выезд из Российской Федерации

РОССИЯ КПП Багратионовск 42

Регистрация и изменение срока временного пребывания в Российской Федерации

Hier nun also die exakte Anleitung für die Einreise nach Russland:

Der erste Akt beginnt vier Wochen vor Reiseantritt. Zuerst beantragt man das **Visum**, am einfachsten bei einem kommerziellen Visa-Beschaffungsbüro. Geeignet ist die *Fa. Spomer, Bahnhofstr. 16, 53604 Bad Honnef, Tel.: 02224/94 68 0, Fax: 02224/94 68 29, E-Mail: info@visum.net, Web: www.visum.net.*

Dorthin schickt man den Reisepass, sowie den Antrag, den man sich vorher aus dem Internet herunter geladen hat und eine Bestätigung der Überweisung von 60 Euro. Nach drei Wochen erhält man den Reisepass mit eingetragenem Visum per Post zurück.

Der zweite Akt folgt wenige Meter vor der Grenze. Dort schließt man in einem Versicherungsbüro eine **zusätzliche Kfz-Versicherung** ab (100 PLN = ca. 26 Euro).

Nach der anschließenden und problemlosen **Grenzkontrolle** der polnischen Behörden folgt nun der spannendste Teil. Der erste russische Grenzbeamte entfernt das Nagelbrett von der Straße und reicht jedem Fahrzeuginsassen einen **Migrationszettel** (Einreisezettel). In diesen trägt man seine Personendaten, Reisezeit und Übernachtungsadresse ein. Als Tipp: Das Hotel Baltika (Moskowskij Prospekt 202, Kaliningrad) wird hierfür standardmäßig genutzt.

Der nächste Grenzbeamte bittet nun um Reisepass, Kfz-Schein und Kfz-Versicherung. Es kann an dieser Stelle vorkommen, dass die Fahrzeuginsassen gebeten werden, getrennt voneinander zu warten. Wenn man die gestempelten Pässe zurückbekommt, hat man es aber noch nicht geschafft.

Die letzte Hürde, oder der dritte Akt, ist die **Zollkontrolle. Für das Fahrzeug muss eine Zollerklärung** ausgefüllt werden. Diese erhält man aber erst, wenn man in einem weiteren Gebäude 100 Rubel (ca. 3 Euro) bezahlt hat.

Schließlich bekommt man seine gesammelten Dokumente in einer Klarsichthülle zurück. Ein weiterer Grenzpolizist öffnet die letzte Schranke, salutiert freundlich und heißt Sie in Russland herzlich Willkommen.

ßung im Jahr 2007 geplant. Allerdings heißt das nichts, denn schon 2005 und 2006 sollte er geschlossen werden.

Dennoch, wenn es diesen Campingplatz nicht mehr geben wird, dann bleibt nur die Übernachtung in einem Hotel, da das freie Campieren verboten ist! Auf diesen Umstand wird man bereits bei der Einreise an der Grenze hingewiesen. Es gibt zwar einige Stellen, die zu einem freien Stehen mit dem Wohnmobil verlocken, doch aus zweierlei Gründen wird davon abgeraten. Zum einen ist die Armut im Lande recht hoch und ein westliches Wohnmobil übt auf den einen oder anderen vielleicht einen gewissen Reiz aus und setzt kriminelle Energien frei und zum anderen ist die Polizei-Präsenz in Russland so hoch, dass man damit rechnen muss, bei dieser verbotenen Art der Übernachtung erwischt zu werden.

Die Ausreise aus Russland über die vorgeschlagene Route ist zwar kostspieliger, aber trotzdem empfehlenswerter.

Wer nicht über die Kurische Nehrung nach Litauen weiter reist, der hat keine weiteren Kosten zu erwarten. Bei einer Fahrt über die Kurische Nehrung sind aber hohe Gebühren für den Nationalpark zu entrichten!

GEOGRAFISCHES

Deutsche Spuren sind im Kaliningrader Gebiet kaum noch auszumachen. So existieren zwar noch vereinzelt deutsche Schriftzüge an manchen Gedenksteinen, doch wer hier einst als Ostpreuße wohnte, wird heute kaum noch etwas wiedererkennen.

Von der einstigen Altstadt Königsbergs, wie Kaliningrad in früheren Zeiten hieß, ist heute kaum noch etwas zu sehen. Und dass sich mal am Ufer der Pregel ein herrschaftliches Schloss befand ist heute fast unvorstellbar, auch wenn man an der richtigen Stelle steht. Selbst einheimische Taxifahrer fragen erstaunt, ob das tatsächlich Kaliningrad sein soll, wenn man ihnen einen Königsberger Stadtplan von 1937 zeigt.

Bei der **Kaliningrader Oblast** handelt es sich um das ehemalige nördliche Ostpreußen.

Wie mit dem Lineal gezogen, verläuft die Grenze zwischen Russland und Polen geradewegs von Ost nach West.

Südlich dieser Grenzlinie befindet sich der polnische Teil Ostpreußens, der an die Masurische Seenplatte angrenzt und wo heute kaum noch deutsche Spuren zu finden sind, von der Wolfsschanze, dem ehemaligen Führerhauptquartier, abgesehen.

Nördlich der Grenze beginnt die russische Oblast Kaliningrad, früher Königsberg.

Die größte Stadt in der Exklave ist Kaliningrad, gefolgt vom weiter östlich gelegenen Černjahovsk, dem damaligen Insterburg.

Im Westen der Oblast befindet sich die **Bernstein- oder auch Samlandküste**. Sie ragt wie eine Halbinsel in die Ostsee hinein und breitet sich zu beiden Seiten aus. Im Süden liegt das **Frische Haff**, das sich Russland mit Polen teilt. Im Norden liegt das **Kurische Haff**, welches mit Litauen eine Grenze bildet. In das Kurische Haff fließt die **Memel** bzw. die **Nemunas**, wie der Fluss heute heißt. Sobald dieser von Osten kommende Fluss russisches Territorium berührt, wird er bis zur Mündung zum Grenzfluss. Weiter südlich bilden die beiden ebenfalls im Osten entspringenden Flüsse Inster und Pissa den Fluss Pregel, der durch die Stadt Kaliningrad fließt.

Soweit zur Geographie. Die Historie dagegen ist weitaus schwieriger und umfassender.

GESCHICHTLICHES

Man muss sich zuerst mit der Frage beschäftigen, wann denn die Geschichte Kaliningrads überhaupt beginnt. Nach russischer Denkart erst im Jahr 1946. Zumindest will es das landeskundliche Museum so.

Doch was ist mit den älteren Bauwerken und was mit der Geschichte, die vorher auf dem Gebiet stattfand? Von Persönlichkeiten wie Kant und E.T.A. Hoffmann ganz zu schweigen.

Eine genaue Beschreibung der Geschichte Kaliningrads bzw. Königsbergs würde ein eigenes Buch füllen. Es wurde auch schon mehrfach getan.

Begonnen hat alles im 13. Jahrhundert, als in der Nähe der Bernsteinküste eine Burg namens Königsberg errichtet wurde. Kurze Zeit darauf entstand schon der Name der Region. Preußen stammt von den Prussen ab, die den Aufstand probten, während die Burg befestigt werden sollte.

Nach zahlreichen Machtwechseln, bedingt auch durch die Schlacht von Tannenberg im Jahr 1410 und den Thorner Frieden, wurde im Jahr 1544 die Königsberger Universität gegründet. Sie ist damit älter als die von Moskau.

In der Folgezeit gab es immer wieder Auseinandersetzungen rund um die Stadt und in der Region. Nicht nur Litauen und Polen versuchten in Sachen Preußen bzw. Königsberg mitzureden, auch von der anderen Seite der Ostsee kamen Machthaber und kämpften um die Vorherrschaft. Der schwedische König Gustav II. Adolf z. B. forderte von Königsberg eine Neutralitätserklärung und besetzte die Stadt dafür nicht.

Als Preußen am Anfang des 18. Jahrhunderts zu einem Königreich wurde, begann die Blüte von Königsberg. Die Stadt hatte damals so viele Einwohner wie Berlin. Und als königliche Residenzstadt wurde sie berühmt.

Wirtschaftlich ging es der Stadt niemals besser als um die Wende zum 20. Jahrhundert. Gebaut wurde die Börse, der Seekanal zwischen Pillau (heute Baltijsk) und Königsberg, sowie das Eisenbahnnetz, das zügig ausgebaut wurde. Es folgten die Kunsthalle, das Telegrafenamt, die Eisenbahndirektion und viele weitere wichtige Institutionen und Gebäude.

Nach einigen Zerstörungen im Ersten Weltkrieg und dem anschließenden Wiederaufbau kam die Tragödie des Zweiten Weltkrieges über Königsberg.

Lange Zeit hatte Königsberg nicht viel vom Krieg mitbekommen, außer dass zahlreiche Waffen und Kriegsgüter hier umgeschlagen wurden.

Dann aber, im Jahre 1944, bombardierten die Engländer Königsberg und vernichteten fast die halbe Stadt. Den Rest übernahmen die Russen, als sie im April 1945 in die Stadt einmarschierten.

Wer nicht schon vorher geflohen war, war dem Hass des Kriegsgegners ausgeliefert, wurde vergewaltigt, hingerichtet oder auf den Todesmarsch geschickt. Am Ende des Krieges gab es dann wirklich nichts mehr. Königsberg war dem Erdboden gleichgemacht worden.

Das Gebiet rund um Königsberg wurde als besondere Verwaltungseinheit der Russischen Sowjetrepublik zugeschlagen. Diese gaben der Stadt im Juli 1946 eine neue Bezeichnung. Namensgeber war der damalige Oberste Sowjet, Michail Kalinin.

Damit nichts mehr an die deutsche Vergangenheit erinnerte, wurden zuerst einmal alle Deutschen ausgewiesen. Als nächstes gab man jeder noch bestehenden Ortschaft einen neuen Namen, sowohl im russischen Teil der Sowjetunion als auch in der litauischen Sowjetrepublik.

Anschließend kamen die Neusiedler, entweder aus der Ukraine oder Kasachstan oder aus vielen anderen Regionen der Sowjetunion. Sie wurden angesiedelt in einer Region, die ihnen fremd war, mit der sie überhaupt nichts zu tun und zu der sie keinerlei Bindungen welcher Art auch immer hatten, ob russische oder gar deutsche. In nur einem Jahr kam rund eine Viertelmillion Menschen nach Kaliningrad.

Nachdem man die gröbsten Kriegsschäden beseitigte und langsam ein Wiederaufbau erkennbar war, beschloss man den Abriss des Königsberger Schlosses. Es wurde im Dezember 1965 gesprengt und abgetragen.

Wenige Jahre später beschloss man ein Neubauprogramm und plante ganze Stadtteile neu. Nun mussten auch noch die letzten wenigen Häuser aus deutscher Zeit weichen. Die spärlichen Hinweise auf deutsche Spuren gingen mit diesem Bauprogramm endgültig verloren.

Die Stadt Königsberg existierte jetzt tatsächlich nicht mehr. Eine neue Stadt wurde geschaffen.

Die Oblast Kaliningrad galt als die isolierteste Region der Sowjetunion. Jahrzehntelang wusste außerhalb der Sowjetunion keiner was dort geschieht. Selbst innerhalb war dies nicht immer bekannt.

Als schließlich mit der Perestroika und dem Glasnost ein Umdenken erfolgte, beschloss man die Öffnung Kaliningrads für westliche Besucher zum 1. Januar 1991. Die deutschen Reisenden, die daraufhin ihre alte Heimat oder die Heimat ihrer Eltern besichtigen wollten, waren enttäuscht. Sie suchten vergeblich das ihnen vertraute Gesicht der Stadt Königsberg, das Schloss und sie fanden einen Dom in desolatem Zustand.

In den 1990er Jahren hat man den Dom wieder restauriert. Doch was sonst geblieben ist, hat mit der deutschen Kultur und Vergangenheit nichts mehr gemein.

Erstaunlicherweise sind aber viele Russen, besonders sehr viele junge Russen, heute bemüht, deutsche Spuren zu suchen und zu bewahren.

Aber letztendlich ist Kaliningrad heute eine sowjetische Stadt mit großen kyrillischen Buchstaben am Ortseingangsschild, einer breiten Lenin-Straße, sowie bunter Neon-Werbung für weltbekannte Importartikel zwischen Plattenbauten.

Dennoch, eine Reise durch das Kaliningrader Oblast hat durchaus seinen Reiz. Und hier sind nicht nur die äußerst günstigen Kraftstoffpreise gemeint. Auf einer Reise durch die Region hat man noch die Möglichkeit Lenin-Statuen an offiziellen Plätzen zu sehen, einen starken Kontrast zwischen Arm und Reich zu erleben und Vorurteile gegenüber den „bösen Russen“ abzubauen.

Man wird es zwar nicht schaffen, ohne Polizeikontrolle durch das Land zu kommen. Doch es gibt keinen uniformierten Russen, der nicht auch ein freundliches Wort übrig hätte.

DIE TOUR

Die im Folgenden geschilderte Route ist in zwei Abschnitte unterteilt, die man auf zwei Tage aufteilen sollte. Als Übernachtungsort empfiehlt sich das Hotel Baltika, das am östlichen Rand der Stadt Kaliningrad liegt. Von dort aus kann man die Region in zwei Tagesetappen bequem erkunden.

Achtung Falle! Offener, ungesicherter Kanalschacht am Straßenrand

ROUTE: Um nach Russland einzureisen, empfiehlt sich der Grenzübergang beim polnischen ***Bezledy.*** *Auf russischer Seite erscheint auf der rechten Seite ein Denkmal in deutscher Sprache sowie kurz darauf ein Findling, an dem der Ortseingang von* ***Bagrationovsk (Preussisch Eylau)*** *auch in Deutsch angebracht wurde.*

Fahren Sie auf der A194 in nördliche Richtung nach ***Kaliningrad(Калининград).*** *In der Stadt überqueren Sie den Fluss Pregel und halten sich rechts bzw. ostwärts an die Beschilderung nach* ***Černjahovsk/Insterburg (Черняховск).*** *Nach einer stationären Polizeikontrolle befindet sich auf der linken Seite das* ***Hotel Baltik.***

Fahren Sie hinter der Polizeikontrolle auf der vierspurigen Straße links und wenden Sie an der nächsten Haltestelle. Anschließend fahren Sie zurück bis zu der kleinen Tankstelle und biegen dort nicht zu den Zapfsäulen ab, sondern auf die kleine Straße mit den Schlaglöchern, die zum Hotel führt.

ÖSTLICHER TEIL DER OBLAST KALININGRAD

ČERNJAHOVSK (INSTERBURG) UND SOVETSK (TILSIT)

ROUTE: Wenn Sie an besagtem Hotel Baltika starten und nach Insterburg möchten, bleibt es Ihnen nicht erspart, zweimal durch die nahe gelegene Polizeikontrolle zu fahren, die sich am Anfang der Autobahn befindet. Fahren Sie also erst wieder zur Tankstelle zurück, passieren Sie die erste Kontrolle in Richtung Kaliningrad und wenden Sie anschließend an der nächsten Möglichkeit. Dann geht es abermals an der Polizei vorbei. Bleiben Sie nun geradewegs auf der Schnellstraße. Anfangs führt sie vierspurig durch das weite Brachland hindurch. Hinter der Überquerung des breiten Flusses Dejma geht es durch Wald. Wenn sich dieser lichtet fahren Sie auf einer zweispurigen Landstraße bis nach Insterburg.

In **Insterburg / Černjahovsk (Черняховск)** fallen einem sofort die alten Gebäude auf, die zum Teil noch aus der Zeit vor dem Krieg stammen.

Auf dem Weg in das Stadtinnere gelangt man automatisch zum **Leninplatz**. Lenin in Bronze grüßt auf der linken Seite.

Dieser öde und leere Platz war einst das Zentrum bzw. der alte Marktplatz von Insterburg. Heute ist es nur noch eine T-Kreuzung mit besagtem Lenin-Denkmal.

Vom ehemaligen **Schloss**, das sich in unmittelbarer Nähe befand, ist heute nicht mehr viel zu sehen.

Nach rechts, bzw. nach Süden, der Blickrichtung Lenins folgend, gelangt man automatisch zum **Bahnhof**, der jedoch wenig spektakulär ist und sich heute immer noch mit Hammer und Sichel präsentiert.

ROUTE: In Černjahovsk bleiben Sie auf der E28 und folgen der Beschilderung nach Moskau. Nach rund 20 km haben Sie ***Gusev (Гусев)*** *erreicht.*

Der Fluss Pissa, der sich bei Insterburg mit der Inster zum Fluss Pregel vereinigt, teilt die Stadt **Gumbinnen/Gusev (Гусев)** in zwei Hälften. Zu sehen gibt es in Gusev nicht viel, die markanteste Sehenswürdigkeit ist ein Elch.

Diese Bronzefigur wurde nach Ende des Zweiten Weltkrieges in den Zoo von Kaliningrad gebracht. Erst 1991 durfte der Elch zurückkehren. Einst stand er auf dem Magazinplatz, heute neben dem Theater Mir auf der Pobedystraße. Der Magazinplatz ist mittlerweile mit einer anderen Büste besetzt. Dort sieht man den russischen Offizier Gusev, nach dem die Stadt Gumbinnen heute benannt ist.

*ROUTE: Fahren Sie in Gusev nordwärts aus der Stadt hinaus und folgen Sie auf der schmalen Landstraße der Beschilderung nach **Sovetsk (Советск)**, das Sie nach rund 60 km erreichen.*

Sovetsk (Советск) oder auch **Tilsit**, wie es früher genannt wurde, ist eine Grenzstadt zu Litauen und liegt direkt am Nemunas bzw. an der Memel.

Dort befindet sich die beeindruckende **Königin-Luise-Brücke**, die den Fluss überspannt und als das markanteste und schönste Bauwerk der Stadt gilt. Beim Rückzug der Deutschen im Zweiten Weltkrieg sprengten diese das Brückenbauwerk. Aber das Portal aus Sandstein blieb stehen. Es macht diese Brücke heute zu einer kleinen Sehenswürdigkeit.

Als die Stadt noch Tilsit hieß, war die Brücke eine der letzten Grenzübergänge Deutschlands. Heute ist ein Überqueren der Brücke nur noch möglich, wenn man Russland verlassen möchte. Für ein erneutes Einreisen wird dann aber ein neues Visum benötigt.

Am Ende des Brückenkopfes befinden sich heute zahlreiche hässliche Plattenbauten. Früher stand hier die Deutsche Kirche, die das Stadtbild prägte. Doch die Überreste des Gotteshauses wurden in den 1970er Jahren endgültig abgerissen. Dieses Schicksal musste die Deutsche Kirche mit den anderen Gotteshäusern in der Stadt teilen. So ist auch von der Litauischen Kirche in der Drushbystraße nichts mehr zu sehen.

*ROUTE: Wenn Sie in Sovetsk nicht die Grenze nach Litauen überqueren möchten, dann fahren Sie auf der E 77 / 216 südwärts nach **Kaliningrad**. Nach fast 70 km treffen Sie wieder auf die Querverbindung zwischen Kaliningrad und Černjahovsk.*

WESTLICHER TEIL DER OBLAST KALININGRAD

STADT KALININGRAD (KÖNIGSBERG) UND DIE OSTSEEKÜSTE

Wer mit dem Fahrzeug nach **Königsberg/Kaliningrad (Калининград)** fährt, wird lange suchen müssen, bis er einen bewachten Parkplatz findet. Diese sind in der Stadt bei weitem noch nicht so bekannt wie in anderen Staaten. Wer auf Nummer Sicher gehen will, was sicherlich auch zu empfehlen ist, der sollte seinen Wagen am Hotel stehen lassen und mit dem Taxi zum gewünschten Ort fahren. Alternativ bieten sich einige Parkplätze direkt hinter dem Dom auf der Oktjabrskaja-Straße (Октябрская) an.

Ein richtiges Zentrum hat Kaliningrad nicht. Es gibt lediglich den **Zentralplatz**, wo sich früher das Schloss befand. Heute steht hier das merkwürdig anmutende **Rätehaus**.

Der Fluss Pregel fließt von Ost nach West durch Kaliningrad und teilt die Stadt in eine nördliche und eine südliche Hälfte. Im südlichen Bereich befindet sich zwischen dem **Brandenburger Tor** und dem **Friedländer Tor** der **Hauptbahnhof**. Diese Tore wurden im neogotischen Stil Mitte des 19. Jahrhunderts errichtet und gehören zu der letzten Stadtbefestigung, die überhaupt noch in Europa gebaut wurde.

Nördlich des Brandenburger Tores steht noch das **Friedrichsburger Tor** direkt am Ufer der Pregel.

Weiter flussaufwärts sieht man ein schönes Gebäude, das schon älter zu sein scheint. Es ist die **Börse**, eines der wenigen von den Russen restaurierten Gebäude.

Direkt gegenüber der Börse befindet sich die kleine **Kneiphof-Insel** (heute **Kant-Insel**) mit dem Wahrzeichen der Stadt, dem **Königsberger Dom**.

In früheren Zeiten war dieses kleine Eiland dicht bebaut. Heute sieht man hier nur noch den Dom und die daran angrenzende **Grabstätte von Immanuel Kant**.

Willkommen in Kaliningrad, dem ehemaligen Königsberg

Am südwestlichen Ende des Gebäudes gibt es einen kleinen Gedenkstein für Julius Rupp mit der deutschen Inschrift: „Wer nach der Wahrheit, die er kennt, nicht lebt, ist der gefährlichste Feind der Wahrheit selbst."

Der Grundsteinlegung des Domes fand im Jahr 1333 statt. Fertig gestellt wurde er schließlich 18 Jahre später.

Das 96 m lange Gebäude stand während der Sowjetzeit viele Jahre lang als Ruine mitten in der Stadt. Erst 1992 hat der Wiederaufbau durch das staatliche Bauunternehmen „Kafedralny Sobor" begonnen. Nun glänzt der Dom endlich wieder mit seinem 57 m hohen Südturm.

Heute sind in dem Dom mehrere Ausstellungen untergebracht. So kann man die Geschichte des Kneiphofes, wie Königsberg im Mittelalter genannt wurde, sehen. Darüber hinaus sind Sammlungen zur Historie des Domes sowie eine Kant-Ausstellung zu sehen.

Gruppenführungen Königsberger Dom: täglich 10, 11, 12, 14, 15 und 16.00 Uhr.

Nördlich des Domes befindet sich auf der anderen Seite der Nowaja Pregel (Neuer Pregel) das **Rätehaus**. An derselben Stelle wurde 1965 das **Königsberger Schloss** gesprengt. Hinter dem Rätehaus beginnt in nördliche Richtung der Schlossteich.

Das Gewässer reicht fast bis zum **Roßgärter Tor**, einem weiteren Tor der einstigen Stadtbefestigung. Dort erhebt sich der **Dohna-Turm**. In ihm ist eines der weltgrößten **Bernsteinmuseen** untergebracht *(geöffnet Di – So 10 – 17.00 Uhr)*. 6.000 Exponate, teilweise mit seltenen Insekteneinschlüssen, Objekte aus dem Bernsteintagebau von Palmnicken und Kunsthandwerkliches aus dem baltischen Gold werden dort gezeigt.

Der Dohna-Turm befindet sich auf der östlichen Seite des **Oberteiches**, der zu einem kleinen Naherholungsgebiet gehört. Auf der anderen Uferseite befindet sich der **Wrangelturm**. Dieses unter Denkmalschutz stehende Bauwerk ist ein massives Bollwerk, das die sowjetische Armee als Lagerraum nutzte.

In unmittelbarer Nähe befindet sich das **Haus der Technik**, auf dem heute noch eine deutsche Inschrift angebracht ist.

Gehen Sie auf der Ul. Tschernjachowskowo (улица Черняховского) nach Westen, so gelangen Sie zum **Platz Pobedy (Площадь Победы)**. Dort sehen Sie am südlichen Ende das **Stadthaus** und gegenüber des Nordbahnhofes die **Technische Hochschule**. Dieser Platz, einst Hansaplatz, heute Platz des Sieges, ist das eigentliche Zentrum der Stadt. Zumindest spielt sich hier das gesellschaftliche Leben ab.

Im Südosten des Platzes verläuft der **Leninski Prospekt (Ленинский Проспект)** zum Zentralplatz mit dem **Rätehaus**. Es beherbergt heute die Verwaltung der Oblast Kaliningrad und den Sitz des Bürgermeisters.

Wenn Sie die Gleise überqueren und die Technische Hochschule rechts liegen lassen, so sehen wir auf der linken Seite in einer kleinen Grünanlage in der Kurve das **Schiller-Denkmal**. Nach dem Straßenknick des Mira-Prospekts (Проспект Мира) steht hinter einigen Bäumen, etwas versteckt, das **Schauspielhaus**. Das Schiller-Denkmal stammt aus dem Jahr 1910 und steht heute nicht mehr ganz an derselben Stelle wie ehedem. Zudem wurde von den Russen die Inschrift auch in Kyrillisch eingemeißelt.

Schräg gegenüber dem Schauspielhaus sieht man das kleine **Stadion Baltika** und kurz darauf erscheint auf der rechten Seite der **Tiergarten**. Der Wiederaufbau wurde durch den Bürgermeister Wiktor Denissow veranlasst. Er war auch dafür verantwortlich, dass die **Kunstgalerie** errichtet wurde und die weiter im Westen gelegene **Luisenkirche** erhalten blieb. Dass vor allem letzteres eine mutige Tat war wird deutlich, wenn man erfährt, dass der Befehl, den der Bürgermeister erhalten hatte, ganz anders gelautet hatte.

Ebenso ließ Bürgermeister Wiktor Denissow den Schlossteich sanieren und verschönerte dadurch die Stadt, die zu dem Zeitpunkt schon ziemlich herunter gekommen war. Als Dankeschön musste er Mitte der 1980er Jahre seinen Stuhl als Stadtoberhaupt räumen.

Der Weg unseres Spaziergangs durch Kaliningrad führt über den Platz Pobedy zurück zum Leninski Prospekt.

Wenn Sie dieser breiten Straße nun Richtung Rätehaus folgen, erreichen Sie kurz vorher auf der linken Seite das **Kant-Denkmal** direkt am **Universitätsgebäude**.

Vor der Universität befindet sich der unterirdische Befehlsstand von General Otto Lasch, dem Verteidiger von Königsberg. In dem **Militärbunker** ist heute ein **Museum** eingerichtet, das an Hand von Fotos und Dokumenten den Kampf um Königsberg in den letzten Tagen des Zweiten Weltkrieges dokumentiert *(geöffnet Di – Fr 10 – 17.00 Uhr)*.

ROUTE: *Nördlich des Domes verläuft die breite Hauptstraße (Moskovskij Prospekt) durch die Stadt. Ihr folgen wir in westlicher Richtung. Am Kreisverkehr halten wir uns links und fahren auf der Straße 193 durch waldreiche Gegend nach* ***Primorsk (Fischhausen)****. Rund 12 km südlich von Primorsk liegt* ***Baltijsk (Pillau)*** *und rund 30 km nördlich* ***Svetlogorsk (Rauschen)****.*

Pillau bzw. **Baltijsk (Балтийск)** ist eine reine Militärstadt, d.h. die Stadt hat nicht nur eine größere Kaserne, sondern sie ist die größte russische Marinebasis nach St. Petersburg. So ist es nicht verwunderlich, dass die Stadt Sperrgebiet ist und nur mit einer ausdrücklichen schriftlichen Genehmigung besucht werden darf!

Kurz vor Baltijsk trifft man auf eine Straßensperre, die freundlich darauf aufmerksam macht, dass eine Weiterfahrt hier nicht möglich ist. Selbst Verwandte der in Baltijsh lebenden Einwohner benötigen diese Erlaubnis, die in Kaliningrad ausgestellt wird.

Da das gesamte Leben in der Stadt doch nur von Militär geprägt ist, lohnt es nicht, sich um die Genehmigung zu bemühen.

Das einzige Museum in Baltijsk beschäftigt sich mit dem Thema Militär, wie sollte es auch anders sein.

Die Festung, ein markantes Gebäude von Baltijsk, ist zu einer Kaserne umfunktioniert worden und im Hafen liegen natürlich Kriegsschiffe.

ROUTE: *Bleiben Sie in Primorsk auf der Straße A192, die nordwärts und auf direktem Weg nach* ***Svetlogorsk (Rauschen)*** *führt. Auf dem Weg dorthin haben Sie die Möglichkeit nach links einen kleinen, aber nicht lohnenswerten Abstecher nach* ***Jantarnyj (Palmnicken)*** *zu machen.*

In einigen älteren Reiseführern steht geschrieben, dass **Palmnicken/Jantarnyj (Янтарный)** nicht betreten werden darf, da es sich einerseits um einen Küstenstreifen im Grenzgebiet handelt, andererseits aber auch, weil hier Bernstein in großen Mengen abgebaut wird. Diese Information gehört der Vergangenheit an. Jantarnyj kann wieder besucht werden.

Und man darf mittlerlweile auch den **Strand** betreten. Dieser ist teilweise bis zu 100 m breit und lockt mit feinem Sand. Tourismus ist hier allerdings fast unbekannt.

Den Bernsteintagebau, der einzige seiner Art auf der Welt, kann man von der Steilküste aus sehen.

Rauschen, wie das heutige **Svetlogorsk (Светлогорск)** einst hieß, war einmal ein erholsamer Badeort.

Bereits im 13. Jahrhundert wurde die Ortschaft erwähnt. Der Aufschwung kam jedoch erst mit der Wende zum 20. Jahrhundert, als die Samlandbahn gebaut wurde.

Unterteilt ist Svetlogorsk in zwei kleinere Ortschaften, einerseits in **Svetlogorsk I (Rauschen-Ort)** und in **Svetlogorsk II (Rauschen-Düne)**. Letzteres befindet sich etwas weiter oberhalb und ist der eigentliche Kurort. Wer also zum Kuren und Entspannen hier kommt, muss nach Svetlogorsk II gehen. Wohnhäuser dagegen gibt es lediglich in Svetlogorsk I.

Das kuppelartige Gebäude mit dem Turm ist das **Warmbad**. Im Turm befindet sich nicht nur das Wasser sondern in 25 m Höhe auch eine **Aussichtsplattform**.

ROUTE: *Von Svetlogorsk geht es weiter in das Landesinnere. Folgen Sie nicht der Beschilderung nach Pionerskiy! Dabei handelt es sich um eine Sackgasse. Sondern halten Sie sich in Richtung* ***Želenogradsk (Cranz)****.*

An der so genannten **Samlandküste** war vor dem Zweiten Weltkrieg die Ortschaft **Cranz** (heute **Želenogradsk, Зеленоградск**) der bedeutendste und mondänste Kurort. Doch der Krieg, und nicht nur der, hat Spuren hinterlassen. Hinter dem schmalen Strand befindet sich heute nur noch eine breite Betonpromenade und dahinter sind zum Teil verfallene Häuser zu sehen, die eher abstoßend wirken und kein Gefühl von Badeurlaub aufkommen lassen.

Von Cranz aus hat man beste Möglichkeiten die **Kurische Nehrung** zu erreichen. Dieser sehr schmale, sichelförmige Sand und Dünenstreifen zwischen Kurischem Haff und Baltischer See, ist, wie in Tour 1 beschrieben, aufgeteilt in einen litauischen und einen russischen Teil. Der südliche, russische Teil ist zwar urtümlicher, jedoch touristisch kaum erschlossen. Bei einer Fahrt über die gesamte Nehrung merkt man diesen Unterschied sehr deutlich, obwohl es sich um das gleiche Landschaftsbild und die gleiche Flora handelt. Auch der Zugang zum russischen Teil der Nehrung ist kostenpflichtig.

Praktische Hinweise – Kaliningrad

Hotel Dohna, General Vasilevsky Platz 2 (площадь маршала Василевского), Tel.: 0112-35 16 50, E-Mail: dona@kaliningrad.ru. 24 saubere und gut ausgestatte Zimmer mit SAT-TV, Mini-Bar, Klimaanlage und Telefon. Im Erdgeschoss gibt es das Restaurant „Dolce Vita" mit mediterraner Küche bis 24 Uhr. Die Rezeption spricht Deutsch. Das Hotel liegt in unmittelbarer Nähe des Dohna-Turmes und des Oberteiches.

Hotel Moscow, Prospekt Mira 19 (Мира Проспект), Tel.: 0112-35 23 33, in unmittelbarer Nähe des Tiergartens mit 171 Zimmern. Das Hotel bietet eine Sauna sowie ein Restaurant.

Hotel Kaliningrad, Leninski Prospekt 81 (Ленинский Проспект), Tel.: 0112-53 60 21. Das größte Hotel in der Stadt befindet sich direkt am Zentralplatz. Wer von Süden kommt, fährt automatisch drauf zu. Die 235 Zimmer bieten Telefon und Fernsehen. Im Hotel gibt es ein Internetcafé, ein Restaurant und eine Bar.

Camping

Camping am Hotel Baltika, Moskowskij Prospekt 202, Tel.: 0112-45 55 30, Fax: 0112-45 55 43. Wie bereits im Text erwähnt, erwägt das Hotel jedes Jahr aufs Neue den Campingplatz hinter dem Haus zu schließen. Dabei handelt es sich bei dem Platz lediglich um eine kleine Wiese mit Stromanschluss am Seeufer des Mühlenteiches. Es lohnt sich immer, zumal sich hier die einzige Campingmöglichkeit überhaupt bietet, das Hotel Baltika anzufahren und nach einer Übernachtungsmöglichkeit im Auto zu fragen. Das Hotel ist ganzjährig geöffnet und erreichbar über die Schnellstraße nach Insterburg.

am russischen Fluss Pregel

ROUTE: Von Želenogradsk aus haben Sie die Möglichkeit entweder wieder südwärts nach Kaliningrad, oder Richtung Norden zu fahren, um durch bewaldetes Gebiet auf die Kurische Nehrung zu gelangen. Wählen Sie den Weg nach Norden dauert es nicht lange, bis die Schranke der Nationalparkverwaltung auftaucht. Von russischer Seite aus kostet die Fahrt in den Nationalpark das stattliche Sümmchen von 1.400 Rubel (rund 43 Euro) für ein Wohnmobil mit zwei Personen.

PRAKTISCHE HINWEISE – SVETLOGORSK

Hotel Alter Doctor, Gagarin Straße 12 (улица Гагарина), Tel.: 0115-32 13 62, E-Mail: alterdoktor@baltnet.ru, Web: www.alter-doctor.ru (deutschsprachig). Der Name des Hotels stammt von einem Arzt, dessen Skulptur vor dem Krieg im angrenzenden Park stand. Ende des letzten Jahrzehnts wurde das Gebäude restauriert und zu einem Hotel ausgebaut. Zuvor befand sich vor dem Krieg ein Schwesternerholungsheim in dem Haus. 21 Zimmer mit Telefon, Sat-TV und eine kleine, gemütliche Bar befinden sich in dem Hotel.

MOBIL REISEN EXTRA - RADTOUREN

EINLEITUNG UND EIN WORT ZUR AUSRÜSTUNG

Wer Auto, Caravan oder Wohnmobil verlässt, um mit dem Rad die nähere Umgebung zu erkunden, der macht im Baltikum nichts falsch. Gerade die Flora und Fauna kann man auf dem Fahrradsattel besser genießen als im Auto.

Während in Deutschland an fast jedem Fluss oder Kanal ein Fernradweg gebaut wurde, ist dies im Baltikum (noch) nicht üblich. Doch auch hier finden sich gute Gelegenheiten, gemütlich in die Pedale zu treten. Alle drei Länder werden beispielsweise vom Europäischen Fernradweg Nummer 1 durchkreuzt. Dieser führt vom französischen Calais bis St. Petersburg.

In **Litauen** wurde im Jahr 2006 der **Küstenradweg** eingeweiht und in **Lettland** gibt es einen **Fernradweg** in die Hauptstadt Rīga.

Am vorbildlichsten ist das nördlichste baltische Land. **Estland** hat ein **sehr gutes Fahrradwegesystem**, das sich über das gesamte Land erstreckt. Die Fernradwege sind mit blauen Schildern ausgeschildert. Auf diesen zeigen weiße Ziffern in roten Quadraten die Streckennummern an.

In Estland gibt es **fünf Hauptrouten** mit einstelliger Zahl: Ikla – Pärnu (981 km), Pärnu – Tallinn (233 km), Valga – Narva (402 km), Valga – Tallinn (603 km) und Värska – Pärnu (305 km). Daneben gibt es noch sechs Nebenrouten mit zweistelliger Bezifferung, sowie einige Rundkurse, die mit drei Ziffern bezeichnet sind.

Bis auf die Hauptrouten muss man in Estland, aber auch in Lettland und Litauen, mit einem teilweise schlechten Fahrbahnbelag rechnen.

Die Schotterstraßen sind zum Teil in einem derart fahrraduntauglichen Zustand, dass man hier nur von Waschbrettpiste reden kann. Manchmal bleibt einem nichts anderes übrig, als den schmalen Übergang zwischen Straße und Straßengraben zu befahren, doch das ist nur die Ausnahme.

Aber auf Grund dieser Wegbeschaffenheit ist es sinnvoll, das Baltikum mit einem **Mountainbike**, mindestens mit einem **Trekkingrad** mit einem breiten Reifenprofil zu erkunden. Bei der Reifengröße ist 28-622 das absolute Minimum, wenn man sich nicht immer auf den Hauptstraßen aufhalten möchte. Besser ist die Reifenbreite 32-622.

Da das Baltikum relativ flach ist, benötigt man nicht unbedingt sehr viele Gänge. Es reicht sogar eine Dreigangschaltung aus. Besser sind aber mindestens sechs Gänge.

Für einen längeren Tagesausflug ist es zu empfehlen, einen stabilen hinteren **Gepäckträger** mit mindestens zwei Streben zu besitzen, an dem man seine Packtaschen einhängen kann. Während einer Radtour einen Rucksack zu tragen, ist wenig sinnvoll und verursacht möglicherweise Rücken- oder Nackenschmerzen.

Die **Packtaschen** sollten staub- und wasserdicht sein. Diese sind im Übrigen nur unwesentlich teurer als Packtaschen, die man mit einem Plastiküberzug schützen muss.

Das Fahrrad sollte zudem mit **Schutzblechen** ausgestattet sein, die nicht nur vor Dreck schützen, sondern auch hochfliegende Steinchen zurück halten.

Auch wenn sich heute immer noch viele unverständlicherweise dagegen sträuben, aber ein **Helm** schützt wirklich vor schweren Kopfverletzungen.

Ein Sturz mit dem Rad ist schneller geschehen, als man glaubt. Das gilt auch für erfahrene und erwachsene Radler.

Leider sieht man immer noch Familien, in denen die Kinder angehalten werden, einen Helm zu tragen, die Eltern es aber anscheinend für sich selbst nicht für nötig halten.

Wer kein Fahrrad mitnehmen möchte oder kann, der hat im Baltikum bei zahlreichen Verleihgeschäften die Möglichkeit, **ein Fahrrad zu mieten**. Doch es fährt sich natürlich immer besser auf dem eigenen Sattel, zumal das heimische Fahrrad auf die eigenen Bedürfnisse zugeschnitten ist.

Für Tagesauflüge reicht es in der Regel, **Flickzeug** und eine **Luftpumpe** mitzunehmen.

Besonders hilfreich sind bei einer evtl. Panne bzw. Reparatur übrigens Einmalhandschuhe aus dem Sanitärbereich. Denn selbst wenn nur die Kette abspringt, macht man sich meistens die Hände sehr dreckig – und anschließend den Lenker.

Am wichtigsten aber ist es, vor Fahrtantritt, am besten noch vor Reiseantritt zuhause, das Fahrrad fachmännisch zu überprüfen. In die Jahre gekommene Fahrradteile sollte man besser austauschen, dazu gehören insbesondere poröse oder abgefahrene Mäntel, Schläuche und Brems- oder Schaltungszüge, die nur noch vom Rost zusammen gehalten werden.

Sinnvoll kann auch eine kleine Erste-Hilfe-Ausrüstung sein: Pflaster, elastische Mullbinden und eine Rettungsdecke sollten darin enthalten sein.

Schließlich sei noch der Mücken- und Sonnenschutz zu erwähnen, der nicht vergessen werden darf.

Doch das Wichtigste ist immer noch ausreichend Trinkwasser. Zwei Liter pro Person sollten das Minimum sein!

TOUR 1
KURISCHE NEHRUNG (LITAUEN)

Entfernung: ca. 52 km.

Strecke: Nida – Preila – Pervalka – Juodkrantė

Reisedauer: ca. 3-4 Stunden, ohne Pause.

Wegbeschaffenheit: asphaltierte Strecke über Dünen, daher manchmal kurze aber steile Anstiege, die jedoch kaum der Rede wert sind.

Schwierigkeitsgrad: leicht, ideal für ungeübte Radler.

Fahrradservice: Fahrradverleih am Campingplatz in Nida.

Wie bereits im Hauptteil dieses Buches empfohlen, lohnt es sich, das Fahrzeug auf dem Campingplatz abzustellen und von Nida aus die gesamte Kurische Nehrung per Rad zu erkunden. Ein Verfahren ist hier kaum möglich, da der Radweg gut ausgebaut und beschildert ist.

Zudem befindet sich auf der einen Seite die Ostsee, auf der anderen das Kurische Haff. Allerdings führt dies zu dem Nachteil, dass man dieselbe Strecke auch wieder zurück radeln muss und keine Rundtour möglich ist.

Verlassen Sie den Campingplatz und fahren Sie geradeaus bis hinter der Linkskurve die etwas größere Straße erscheint. Rechts geht es bergauf in das Zentrum von **Nida** und links geht es zur Straße 167, die überquert werden muss, um auf der Ostseeseite zum Radweg zu gelangen.

Sie fahren durch Dünenlandschaft und Kiefernwälder immer in der Nähe der Ostsee.

Nur wenn es zu den Ortschaften **Preila** und **Pervalka** oder über einen Nebenweg nach **Nida** geht, bleiben Sie in unmittelbarer Nähe der dort entlang führenden Straßen. Zu großen Teilen geht es aber auf einem extra angelegten Radweg weiter.

Hinter **Juodkrantė** lohnt es nicht, weiter nach Norden zu radeln. Sie würden den Nationalpark wieder verlassen und müssten bei der Rückreise erneut Eintritt bezahlen. Zudem ist dort der Blick auf die nicht so schöne Hafenanlage von Klaipėda getrübt.

TOUR 2
RADELN AM FLUSS NEMUNAS (MEMEL-RADWEG) (LITAUEN)

Entfernung: ca. 115 km.

Strecke: am Nordufer des **Nemumas** (Memel) überwiegend auf der Straße 141 von **Jurbarkas** bis **Vilkija** – **Nemunas-Fähre** – auf der Südseite über **Krukiai** und **Ilguva** sowie **Gelgaudiškis** bis **Jurbarkas.**

Reisedauer: ca. 8-9 Stunden.

Wegbeschaffenheit: am Nordufer hauptsächlich Asphalt, auf der Südseite überwiegt der Schotter.

Schwierigkeitsgrad: auf Grund der langen Etappe hoch, ein Wechseln der Flussseite ist jedoch leider erst in Vilkija möglich. Wer sich die komplette Länge nicht zutraut, kann auf der Südseite durch die ruhigen Auen fahren und jederzeit umkehren.

Fahrradservice: Dviračių parduotuvė, Valančiaus 4, Jurbarkas, Tel.: 447-71 66 0.

Diese Tour führt von **Jurbarkas** erst am Nordufer des Nemunas in Richtung Osten bis zur Ortschaft **Vilkija**. Dort besteht von Mai bis September die Möglichkeit, mit der Fähre den Fluss zu überqueren und auf der südlichen Flussseite wieder gen Westen zu fahren, um in Jurbarkas die Brücke zu passieren.

Verlassen Sie Jurbarkas auf der Straße 141 in Richtung **Kaunas**. Sie passieren das Dorf **Rotuliai** und erreichen **Skirsnemunė**.

Diese Ortschaft erhielt im 18. Jahrhundert die Magdeburger Stadtrechte, wurde aber oftmals von verheerenden Bränden heimgesucht, so dass ein wirtschaftlicher Aufstieg nie möglich war. Vermutlich beherbergte der Ort die litauische Burg Bisena, die jedoch im Jahr 1328 vernichtet worden sein soll, nachdem die Deutschordensritter sie von der anderen Flussseite aus ständig angriffen.

Zwei Kilometer darauf erreicht man **Šilinė**, wo sich die Parkverwaltung des nahe gelegenen **Regionalparks Panemunė** befindet.

Kurz darauf kreuzt man den Bach Kartupis, wo sich der **Burgwall Kartupėnai** befindet. Vorher sieht man die Türme der **Burg Vytėnai**. Diese gehörte in mittelalterlicher Zeit dem Ritter Vytenis. Nach zahlreichen Kämpfen um die Burg und dem anschließenden Zerfall wurde sie in den 1960er Jahren wieder restauriert.

Als nächstes folgt nach weiteren neun Kilometern die Ortschaft **Raudonė**. Es wird angenommen, dass in Raudonė der Großfürst Gediminas starb. Zumindest steht fest, dass er dort gegen Ende des 16. Jahrhunderts eine Residenz bauen ließ, das eines der ersten Renaissance-Bauwerke des Landes war.

Auf dem weiteren Weg auf der Straße 141 folgt nun **Veliuona**. Hinter dem kleinen Fluss Gystus sieht man einige Wälle, bei denen es sich um Überbleibsel einer Kreuzritterburg handelt. Veliuona ist eher unscheinbar, doch Fürst Vytautas ließ in dem Ort eine der ersten Kirche in Litauen bauen. Sie stammt aus dem Jahr 1421 und enthält wertvolle Kunstgegenstände wie zum Beispiel eine spätgotische Madonna und einen herrlichen Barockaltar.

Als nächstes folgt die Ortschaft **Seredžius**, wo der Fluss Dubysa in den Nemunas fließt. Diesen überqueren Sie über die Brücke und fahren anschließend durch das Landschaftsschutzgebiet bis **Vilkija**.

Die Ortschaft wurde im Jahr 1426 zum ersten Mal in einem Brief des Großfürsten Vytautas erwähnt. Es handelte sich um das erste Zollamt Litauens, in dem Wachs, Felle, Leder exportiert und Salz, Seide und Stoffe importiert wurden.

Benutzen Sie die Fähre in Vilkija. Am anderen Ufer radeln Sie wieder zurück bis Jurbarkas.

Nun geht es gemütlicher durch die Auen des Flusses zurück. Im kleinen Weiler **Mikytai**, der sich ein wenig vom Fluss entfernt befindet, biegen Sie rechts ab und erreichen nach kurzer Zeit **Žemoji Panemunė**.

Das Dorf ist schnell durchquert. Doch wer genau hinschaut, kann einige Gräber mit französischer Inschrift sehen. Diese stammen aus der Zeit, als einige Einheiten von Napoleon sich hier geschlagen geben mussten.

Von hier geht es wieder direkt am Fluss entlang und durch das Dorf **Kriukai**. Sechs Kilometer später sehen Sie die gelb strahlende Kirche von **Ilguva**. Dort quert das Flüsschen Nyka den Weg, das über eine neue Brücke passiert werden kann.

Dahinter geht es links weg und Sie entfernen sich ein wenig vom Fluss Nemunas.

Sie treffen auf eine Schotterstraße, an der Sie nach rechts abbiegen, den Fluss Nykutė überqueren und sich in Richtung **Plokščiai** halten. Von hier gibt es bis **Gelgaudiškis** einen relativ neuen geschotterten Radweg, der über 14 km am Nemunas entlang führt.

Schließlich sind es nur noch 12 km bis **Kiduliai**, wo die Brücke nach Jurbarkas führt. Auf dem Weg dorthin ist nochmals ein Burgwall zu sehen. Dort soll es sogar einstmals einen Hafen der Kreuzritter gegeben haben.

TOUR 3 IM DZŪKIJOS NATIONAL-PARK (LITAUEN)

Entfernung: ca. 36 km.

Strecke: Marcinkonys – Zervynos – Žiūrai – Mardasavas – Marcinkonys.

Reisedauer: ca. 2-3 Stunden.

Wegbeschaffenheit: überwiegend Schotter, teilweise Waldweg, das letzte Stück nach Marcinkonys ist asphaltiert.

Schwierigkeitsgrad: sehr leicht.

Fahrradservice: Landhaus Ūši, an der P131 südlich von Kolka, Tel.: 929-34 83.

Im Nationalpark befinden sich mehrere Möglichkeiten und Wege für Radfahrer.

Einer der schönsten beginnt in **Marcinkonys**. Lassen Sie das Fahrzeug auf dem Parkplatz zwischen Nationalparkverwaltung und Bahnhof stehen und fahren Sie zunächst in Richtung Bahnhof. An den Gleisen geht es nach links am Bahnhof entlang. Folgen Sie der Beschilderung nach **Lynežeris**.

Der Weg führt rechts von den Bahngleisen weg und am kleinen See Kastinis vorbei. Nach rund einem Kilometer erscheint in einer Rechtskurve ein schmaler Weg durch den Wald. Folgen Sie diesem für ca. 5 km bis **Zervynos**. Dieses Dorf befindet sich am Ufer des Flusses Ula, den Sie überqueren.

Danach biegen Sie links ab auf die schmale Straße nordwestwärts, überqueren die schmale, asphaltierte Landstraße zwischen **Marcinkonys** und **Varėna** und erreichen nach weiteren 4 km **Žiūrai**.

Dort verläuft die Straße weiter durch den dichten Wald bis **Mardasavas** und endet drei Kilometer hinter Mardasavas in **Puvočiai**. Auf der schmalen Straße geht es wieder zurück nach Marcinkonys, das Sie nach weiteren 6 km erreichen.

TOUR 4 KOLKA RUNDTOUR (KURLAND/LETTLAND)

Entfernung: ca. 65 km.

Strecke: P131 bis **Melnsils** – Nebenstrecken bis **Slītere** – P125 bis **Mazirbe** – Küstenweg und P124 bis **Kolka**.

Reisedauer:.ca. 5-6 Stunden.

Wegbeschaffenheit: auf den Hauptstraßen Asphalt, die Nebenstraßen bestehen aus Schotter oder sind Feldwege.

Schwierigkeitsgrad: mittel, in der Regel kommt der Wind von Westen, so dass man an der Küste Rückenwind hat, leichte Steigungen.

Fahrradservice: Landhaus Ūši, an der P131 südlich von Kolka, Tel.: 929-34 83.

Der größte Teil der Route führt an der Küste durch den **Slītere-Nationalpark**. Zu sehen gibt es die im Hauptteil des Buches beschriebenen Orte sowie die **livischen Fischerdörfer**.

Beginnen Sie die Strecke am besten in **Kolka** und starten Sie im Uhrzeigersinn nach Süden auf der Straße P131. Dieser folgen Sie nach **Melnsilns**, wo Sie rechts abbiegen und den Fluss Timatejupe überqueren.

Über den schmalen Weg geht es weiter bis zur Schotterstraße, die wiederum nach Süden führt. Nach Überquerung des kleinen Flusses Lorumupe biegen Sie rechts ab und erreichen das Dorf **Vīdale**.

Dort fahren Sie rund 2 km auf der befestigten Straße bis **Cirstes**. In Cirstes geht es wieder auf einer Schotterpiste weiter.

Der Weg teilt sich und Sie schlagen den Lenker nach links ein. Nach 2,5 km erreichen Sie den Weiher Lapmežciems, wo sich am rechten Fahrbahnrand ein kleiner Weg befindet, der nach **Slītere** führt. Folgen Sie diesem bis zur Straße P125, die Sie anschließend bis **Mazirbe** benutzen müssen. Dort wiederum überqueren Sie die Straße 124 und fahren in Richtung Küste.

Fahren Sie auf keinen Fall auf der 124 in Richtung Kolka. Diese Straße ist in einem grauenvollen Zustand und fürs Radeln denkbar ungeeignet.

In Mazirbe biegen Sie abermals rechts ab und fahren nun an der Küste entlang durch **Pitrags** und **Vaide**.

Am Ende, kurz vor dem Kap Kolka, müssen Sie trotzdem kurzzeitig die P124 benutzen und treffen wieder in Kolka ein.

TOUR 5
VÕRU BIS VASTSELINNA (ESTLAND)

Entfernung: ca. 65 km.

Strecke: Straße 2 bis **Vastselinna** – Tal der **Piusa** – Nebenstraße und Straße 65 bis **Võru**

Reisedauer: ca. 8-9 Stunden.

Wegbeschaffenheit: hauptsächlich Asphalt, lediglich im Tal der Piusa Waldboden.

Schwierigkeitsgrad: leicht, am Anfang jedoch etwas mehr Verkehrsaufkommen.

Fahrradservice: Silja Sport, Tartu 31, Võru, Tel.: 78-21 91 6, Web: www.siljasport.ee.

Fahren Sie in **Võru** auf die Hauptstraße 2 und folgen Sie dieser über **Kose** bis **Vastselinna**.

Hinter der Ortschaft biegen Sie links ab in Richtung russischer Grenzübergang nach Petseri.

Nach etwas über drei Kilometer beginnt links das **Tal der Piusa**. Im Tal ist ein Verfahren denkbar unmöglich, da man sich nur nach dem Wasserlauf richten muss bzw. kann.

Der Fluss fließt nordwärts und begleitet Sie bis zur Asphaltstraße zwischen **Obinitsa** und **Lasva**. Biegen Sie auf diese links ab und Sie erreichen nach rund 18 km die Straße 65. Rechts geht es in die kleine Gemeinde **Kääpa**, während links nach 5 km wieder der Ort Võru liegt.

TOUR 6
INSEL HIIUMAA (ESTLAND)

Entfernung: ca. 48 km, alternativ 60 km.

Strecke: Straße 81 – Straße 83 – Nebenstrecke über **Kassari** und **Orjaku** – Straßen 83 und 81 bis **Kärdla**.

Reisedauer: ca. 4-5 Stunden.

Wegbeschaffenheit: teils Schotter, teils Asphalt.

Schwierigkeitsgrad: leicht, die Insel ist sehr flach und macht Freude, per Rad entdeckt zu werden.

Fahrradservice: Hotel Sõnajal, Leigri väljak 3, Kärdla, Tel.: 46-31 22 0 (Verkauf, Verleih und Reparatur).

Je nach Standort gibt es natürlich zahllose Möglichkeiten, die Insel per Rad zu erkunden.

Am schönsten ist natürlich, das der größeren Insel Hiiumaa im Südosten vorgelagerte **Inselchen Kassari**. Noch schöner ist es jedoch, diese kleine Inselumrundung mit einem Besuch von **Käina**, Hauptstadt von Hiiumaa, in Verbindung zu bringen.

Kärdla und **Käina** liegen 19 km auseinander. Wenn man nun sein Fahrzeug auf dem Parkplatz von Kärdla abstellt, dann kann man die Insel Hiiumaa bequem über die Landstraße 81 von Nord nach Süd durchqueren.

Kurz vor Käina treffen Sie auf die Straße 83. Folgen Sie dieser nach links und biegen Sie vor **Vaemla** wieder rechts ab. Dort bleiben Sie auf den Schotterwegen bis **Kassari** und fahren über **Orjaku** wieder zurück zur Straße 83.

An der T-Kreuzung biegen Sie nun rechts ab, radeln durch **Käina** und fahren die Straße 81 bis Kärdla nordwärts zurück.

Wer lieber Rundtouren mag, der bleibt besser auf der Straße 83 und biegt in **Suuremõisa** links auf die Straße 80. Sie führt mehr in Küstennähe nach Kärdla. Doch diese kleine Rundreise beinhaltet 12 km mehr Strecke.

PRAKTISCHE UND NÜTZLICHE INFORMATIONEN VON A BIS Z

ANSCHRIFTEN

Touristeninformation

Baltikum Tourismus Zentrale (BTZ)
Fremdenverkehrszentrale Estland – Lettland – Litauen
Katharinenstr. 19-20
10711 Berlin
Tel.: 030-89009091
Fa: 030-89009092
E-Mail: info@baltikuminfo.de
Web: www.baltikuminfo.de

Automobilclubs

Eesti Auto Sport Union
1-5 P Regatiare, Suite 105
11911 Tallinn
Tel.: 6/398 666
Fax: 6/398 553

Auto Moto Society of Latvia (LAMB)
16 b Raunusstr.
1039 Riga
Tel.: 7 56 6222
Fax: 7 51 3676

Lietuvos Automobilininku Sajunga (LAS)
Antakalnio Str. 28
2055 Vilnius
Tel.: 00370/2 34 14 51
Fax: 00370/2 34 14 51

Konsularische Vertretungen

Baltische Botschaften in Deutschland

Estland
Botschaft der Republik Estland
Hildebrandstraße 5
10785 Berlin
Tel.: 030-25 46 06 00
Fax: 030-25 46 06 01
E-Mail: embassy.berlin@mfa.ee
Web: www.estemb.de

Lettland
Botschaft der Republik Lettland
Reinerzstraße 40 – 41
14193 Berlin
Tel.: 030-82 60 02 22
Fax: 030-82 60 02 33
E-Mail: latembger@mfa.gov.lv
Web: www.botschaft-lettland.de

Litauen
Botschaft der Republik Litauen
Charité 9
10117 Berlin
Tel.: 030-8 90 68 10
Fax: 030-89 06 81 15
E-Mail: botschaftlitauen@t-online.de
Web: www.botschaft.lt

Konsularische Vertretungen im Baltikum

Estland
Deutsche Botschaft
Toom-Kuninga 11
15048 Tallinn
Tel.: 6/27 53 00
Fax: 6/27 53 04

Generalkonsulat der Schweiz
Tuvi 12-28
EE-10119 Tallinn Tel.: 00372 6 313 041
Fax: 00372 6 314 092
E-Mail: matti.klaar@starman.ee

Österreichische Botschaft
Vambola 6
EE 10114 Tallinn
Tel.: 0037 2 6278740
Fax: 0037 2 6314365

Lettland
Deutsche Botschaft
Raina bulvaris 13
1050 Riga
Tel.: 07/85100
Fax: 07/885149
E-Mail: mailbox@deutsche-botschaft-riga.lv
Web: www.deutschebotschaft-riga.lv

Schweizerische Botschaft
Elizabetes iela 2
LV-1340 Riga
Tel.: 00371 733 83 51
Fax: 00371 733 83 54
E-Mail: vertretung@rig.rep.admin.ch
Web: www.eda.admin.ch/riga

Österreichische Botschaft
Elizabetes iela 21a
LV-1010 Riga
Tel.: 0037/1 721 61 25
Fax: 0037/1 721 61 26
E-mail: riga-ob@bmaa.gv.at

Litauen
Deutsche Botschaft
Sierakausko Gatve 24/8
03105 Vilnius
Tel.: 00370 5 210 64 00
Fax: 00370 5 210 64 46
E-Mail: info@wilna.diplo.de

Österreichische Botschaft
Gaono gatve 6,
LT-01131 Vilnius
Tel.: 00370 5 2 66 05 80
Fax: 00370 5 2 79 13 63
E-Mail: wilna-ob@bmaa.gv.at

Generalkonsulat der Schweiz
Rudninku gatve 18/2
LT-2001 Vilnius
Tel.: 00370 5 212 0837
Fax: 00370 5 279 1484
E-Mail: schweizer-gk-vilnius@gmx.ch

Fluggesellschaften

Air Baltic
Hessenring 32
64546 Mörfelden-Walldorf
Tel.: 06105-20 60 40
Fax: 06105-20 60 78
E-Mail: salesbt@airbaltic.de
Web: www.airbaltic.com

Estonian Air
Hessenring 32
64546 Mörfelden-Walldorf
Tel.: 06105-20 60 70
Fax: 06105-20 60 78
E-Mail: Salesov@estonianair.com
Web: www.estonian-air.ee

Lithuanian Airlines
Landsbergerstr. 155
80687 München
Tel.: 089-55 25 33 41
Fax: 089-54 50 68 55
E-Mail: steger@aviareps.com

Air Lithuania
Steyler Str. 21
51067 Köln
Tel.: 040-50 75 14 66
Fax: 040-50 75 16 27
Mail: ham@airlineindustry.de
Web: www.airlithuania.lt

Weitere wichtige Internetadressen

Estland
www.visitestonia.com
www.riik.ee/en
www.vm.ee/eng
www.rmk.ee
www.turismiweb.ee
www.maaturism.ee
www.viroweb.com
www.regio.ee
www.inyourpocket.com/estonia/en
www.culture.ee
www.festivals.ee
www.estonica.org
www.laulupidu.ee
www.estoniantheatre.info
www.estmusic.com
www.goethe.de/ins/ee/tal/deindex.htm
www.mois.ee

Lettland
www.latviatravel.com
www.latvians.com
www.rigaguide.com
http://folklora.lv/en.shtml
www.music.lv/en
www.lmuza.lv/opera
www.li.lv/en
www.culture.lv
www.art.lv
www.castles.lv
www.latviansonline.com
www.lvm.lv/deu
www.celotajs.lv

Litauen
www.litauen-info.de
www.mann.lt
http://muziejai.mch.mii.lt/panorama.en.htm
www.baltic.amber.museum/english/index.htm
www.vilniusjazz.lt
www.folkinstruments.lt
www.teatras.lt
http://litvakai.mch.mii.lt/index.en.htm
www.culture.lt/Lietuva/en.html
www.litauischeskulturinstitut.de
www.thomas-mann-festival.de
www.on.lt

allgemein
www.balticlinks.com

CAMPING

Thema Stellplätze

Immer begehrter bei Wohnmobilisten sind **Stellplätze**, ob offizielle oder inoffizielle. So sind in diesem Reiseführer spezielle Stellplatzangebote für Wohnmobilreisende aufgeführt, die zum Zeitpunkt der Recherche bekannt und vorhanden waren.

Ausdrücklich hinweisen wollen wir, dass es sich bei diesen Stellplätzen in der Regel um offizielle Plätze handelt, die von den Gemeinden oder von Privat angeboten werden.

Das „freie Stehen" im Baltikum wird grundsätzlich toleriert und es existieren Plätze, an denen dies sehr gut praktiziert werden kann. Jedoch wird dies in Zukunft die Folge haben, dass bei einer übermäßigen Anzahl von frei stehenden Wohnmobilen die Kommunen dazu übergehen werden, dies zu untersagen, so wie man es bereits aus südlichen Ländern kennt.

Gerade im Baltikum sind die Campingplatzpreise zum Teil noch so niedrig, dass es einfach nicht lohnt, lange nach einem guten freien Stellplatz zu suchen. Zudem sind die offiziellen Stellplätze noch nicht so überlaufen, als wenn man wie auf einem Parkplatz beengt steht.

Sanitäranlagen und Stromanschlüsse darf man nicht an jedem Stellplatz erwarten.

Da die meisten der in diesem Reiseführer aufgezeigten Stellplätze zu einem Hotel gehören, ist es aber dort möglich, die hoteleigenen Sanitäranlagen zu benutzen. Vielfach wird vom Toilettenraum einfach ein Stromkabel aus dem Fenster zum Wohnmobil geführt. Hier kann es sehr hilfreich sein, ein ausreichend langes Kabel mit sich zu führen.

Campingsituation

Alle drei baltische Staaten verfügen über **zahlreiche Campinglätze**. Die meisten von ihnen haben westeuropäischen Standard. Zu Zeiten der Okkupation durch die Sowjetunion gab es kaum Campingplätze. Die meisten oder fast alle Plätze stammen aus der Zeit nach 1990.

Doch seit der Jahrtausendwende wird Camping im Baltikum immer populärer. Hat man noch vor 2 oder 3 Jahren in diversen Wohnmobilforen im Internet gelesen, dass man als Wohnmobilist relativ einsam durch die baltischen Staaten reist, so ist diese Aussage heute nicht mehr zutreffend.

Kaum ein Campingplatz, auf dem nicht mindestens ein Wohnmobil oder ein Wohnwagen anzutreffen ist. Die meisten stammen aus Deutschland, den Niederlanden, Italien und Frankreich. Natürlich trifft man auch viele Finnen und Schweden an, aber manchmal kann man auch ein Fahrzeug aus dem weit entfernten Spanien antreffen.

Seit kurzem erlebt die Campingbranche im Baltikum einen wahren Boom. Allein im östlichen Litauen haben im Jahr 2005 drei neue Campingplätze ihre Pforten geöffnet.

Manchmal sind es auch ausländische Investoren, die einen Campingplatz betreiben, so wie beispielsweise der Campingplatz „Apfelinsel" in Zalvariai/Grabuostas-See in Litauen, der von einem Niederländer betrieben wird.

Bei den meisten Plätzen kann man zwischenzeitlich von modernen Einrichtungen und sauberen Sanitäranlagen berichten.

Manche Campinganlagen haben Toiletten für Behinderte oder einen Babywickelraum, andere wiederum einen Internetanschluss oder zumindest die Möglichkeit mit dem eigenen Laptop online zu gehen. Manche Campingplätze in Estland haben sich auch dem nationalen Angebot von wifi.ee angeschlossen (siehe Internet).

Je weiter man nach Norden kommt, umso öfter findet man auch eine Sauna vor. In Estland gehört sie sogar zur Standardausstattung.

Eine Campingkarte wird nie verlangt, ist aber auch nicht notwendig.

Was häufig benötigt wird, ist der dreipolige **Stromstecker nach CEE-Norm**. Nur selten kann man davon ausgehen, dass der normale Schutzkontaktstecker ausreicht.

Die Preise der Plätze schwanken und sind sehr von der Lage und der Ausstattung abhängig. Generell gilt jedoch, dass sie im Schnitt weit günstiger sind als in Deutschland. So existieren Plätze, auf denen man mit zwei Personen und einem Wohnmobil inklusive Dusche und Strom pauschal € 6,00 zu zahlen hat, während andere, meist größere Campingplätze € 10,00 verlangen und zusätzlich noch Dusche oder Strom berechnen.

Auch wenn die Preise noch unter dem deutschen Niveau liegen, sollte man aber dennoch nicht bereit sein, jeden Preis zu bezahlen, weil er im ersten Augenblick günstig scheint. Denn je mehr Ausländer bereit sind, jeden geforderten Preis zu zahlen, umso teurer wird es langfristig. Und dies schadet letztendlich dem einheimischen Urlauber, der sich so manchen Campingplatz unter Umständen nicht mehr leisten kann, weil das Preisniveau für ihn einfach zu hoch geworden ist.

Dies gilt im Übrigen für alle mittelosteuropäischen Länder. Der Campingplatz am Fernsehturm in Tallin beispielsweise verlangt mittlerweile für eine Wohnmobilübernachtung 300,00 EEK (ca. € 20,00), was für estnische Verhältnisse extrem überteuert ist. Ganz davon abgesehen, dass der Preis für die Leistungen auf diesem Campingplatz sogar in Deutschland zu hoch wäre. Zahlreiche Wohnmobilfahrer haben schon über diesen Platz geklagt (Alternativmöglichkeiten s. Tallinn).

In den meisten Fällen sind die Campingplätze zudem mit **Miethütten** ausgestattet. Je nach Größe des Platzes kann es sein, dass es ein Häuschen für vier Personen gibt oder auch 10 kleine Bungalows für je zwei Personen. Diese verfügen in der Regel über eine entsprechende Bettenanzahl, einen Tisch und Stühle. Meistens haben sie noch eine kleine Terrasse, das war es aber dann auch. Nur sehr große und moderne Campingplätze bieten sogar TV an.

Allerdings ist Vorsicht geboten, insbesondere in Lettland. Hier wird oft unter „Kempings" auch nur ein Holzhaus verstanden, bei dem sich dann aber keine Stellmöglichkeit für das Zelt oder das Wohnmobil findet.

Preislich sind die Miethütten auf den Campingplätzen in der Regel etwas teurer als die Übernachtung im eigenen Fahrzeug, doch sind sie eine günstige Alternative zu Pensionen oder Hotels.

Es fällt auf, dass die Balten nun vermehrt selbst gerne Campingurlaub machen. In den Bereichen Campingfreizeit wird sich im Laufe der nächsten Jahre also noch einiges entwickeln. In keinem anderen Land der ehemaligen so genannten Ostblockstaaten gibt es zwischenzeitlich so viele heimische Wohnmobile wie in Litauen und Lettland. Nur die naturverbundenen Esten bevorzugen weiterhin den Urlaub mit dem Zelt.

Auch für Zelturlauber gibt es zahlreiche Möglichkeiten. Besonders im Binnenland aller drei Staaten gibt es zahlreiche Biwak- bzw. einfache Zeltplätze.

Jeder Einwohner, der ein kleines Grundstück hat, das mit Strom und Wasser versorgt ist, darf ein Gewerbe anmelden und einen Campingplatz betreiben. Das führt allerdings dazu, dass manche Campingplatzbeschilderung viele Kilometer über sandige Pisten durch Waldgelände weisen um schließlich auf einer Wiese mit ein Holztoilettenhäuschen zu enden. Allerdings sind diese Plätze oft sehr romantisch gelegen und geben gute Möglichkeiten, mit den Einheimischen in Kontakt zu kommen. Deswegen sind auch diese privaten Plätze eine gute Alternative zu den großen Campingplätzen. Nur die Anfahrt kann für manche Fahrzeuge insbesondere für Gespanne schwierig werden! Und wer seine Chemietoilette entsorgen möchte, kann dies in den meisten Fällen sowieso nur auf den großen, professionellen Campingplätzen tun.

Hinweise zu Angaben über Campingplätze

Bei den in diesem Reiseführer aufgelisteten Campingplätzen folgen dem **Platznamen** die genaue **Adresse**, die **Telefonnummer** sowie die **Lokalisierung** mit Angaben über den Zustand und der Ausstattung des Platzes.

Die **Größe des Platzgeländes** wird in Hektar (ha), die **Kapazität** wird in Stellplätzen angegeben. Angaben zu Dauercampern fallen weg, da dies im Baltikum noch unbekannt ist. Die Angaben von Miethütten oder Chalets deutet auf das Vorhandensein von mietbaren Campinghütten hin. Diese sind in der Regel sehr einfach ausgestattet und bieten meist nur zwei Betten und einen Tisch.

Es wird versucht, die Platzeinrichtungen, so wie sie beim Besuch vorgefunden wurden, in etwa zu charakterisieren, wobei Zustand und Pflege der Gebäude auch von Bedeutung waren. Die Übergänge zwischen den drei als grobe Anhaltspunkte geschaffenen Kategorien sind fließend.

Mindestaustattung: Einfacher Platz mit bescheidenen, veralteten oder vernachlässigten Einrichtungen, die außer WC´s, Kaltwasserwaschbecken und evtl. Duschen keine oder völlig unzeitgemäße Einrichtungen für Hygiene und Körperpflege aufweisen.

Standardausstattung, mit den Varianten „einfache" oder „gute Standardausstattung": Der Durchschnittscampingplatz mit WC´s, Kaltwasserwaschbecken und Duschkabinen in den Waschräumen, evtl. mit Warmwasser, Kochgelegenheit, Geschirrspül- und Wäschewaschbecken teils mit Warmwasser. Ordentlicher Gesamteindruck, einige Stromanschlüsse für Caravans.

Komfortausstattung, mit der Variante „gehobene Komfortausstattung": Außer ausreichend WC´s, Waschbecken mit Warmwasser und Warmduschen in zeitgemäßen, gepflegten Sanitäranlagen, werden auch Geschirr- und Wäschewaschbecken mit Warmwasser, Waschmaschine und Trockner, Küche und Aufenthaltsraum,

Chemikalausgüsse für Campingtoiletten und Stromanschlüsse für Caravans in ausreichender Zahl erwartet. Das Terrain soll durch Wege erschlossen sein und im Gelände verteilte Müllbehälter und Wasserzapfstellen, sowie Restaurant oder Cafeteria, Einkaufsmöglichkeit und möglichst Freizeit- oder Sporteinrichtungen aufweisen.

EINREISEBESTIMMUNGEN

Einreise mit dem Auto

Private Kraftfahrzeuge können von Besuchern vorübergehend zollfrei eingeführt werden. Die Internationale „Grüne Versicherungskarte" ist in Litauen noch Pflicht, in den beiden anderen Staaten wird die Mitnahme empfohlen.

Die Einfuhr von Benzin oder Diesel in Ersatzkanistern ist nicht erlaubt.

Benötigt werden zudem der Führerschein sowie der Fahrzeugschein. Falls der Eigentümer des Fahrzeugs auf der Reise nicht mit dabei ist, wird eine Vollmacht benötigt, die von einem deutschen Automobilclub bestätigt wurde.

Bei der **Einreise nach Russland** muss zuvor eine für das russische Gebiet gültige **Versicherung** abgeschlossen werden. Dies kann am einfachsten vor der Grenze in einem der dort ansässigen Versicherungsbüros gemacht werden.

An der Grenze selbst muss man unter Zahlung einer Gebühr von 100 Rubel (rund 3,- Euro) eine **Zolldeklaration** unterschreiben und sich verpflichten, das Fahrzeug wieder auszuführen. Für Russland reicht der normale Führerschein offiziell nicht aus, man muss den **internationalen Führerschein** mit sich führen, der bei der örtlichen Straßenverkehrsbehörde beantragt werden kann und in der Regel drei Jahre gültig ist.

Haustiere

Mit der Aufnahme in die Europäische Union ist es mittlerweile kein Problem mehr, seinen Hund oder seine Katze in die baltischen Staaten mitzunehmen. Wichtig ist die Mitnahme des **EU-Heimtierausweises** aus dem hervor geht, dass das Tier geimpft ist. Zudem muss der Vierbeiner mit einer eindeutig erkennbaren Tätowierung oder einem Mikrochip zweifelsfrei zu identifizieren sein.

Für **Russland** gelten hier wieder andere Spielregeln. Die russischen Behörden verlangen ein amtstierärztliches Gesundheitszeugnis, das nicht älter als zehn Tage sein darf. Des Weiteren muss im Impfpass eine Tollwutimpfung eingetragen sein.

Persönliche Dokumente

Für **Estland**, **Lettland** und **Litauen** gilt: Die Mitnahme des **Personalausweises** reicht vollkommen aus. Ebenso werden deutsche Kinderausweise anerkannt. Diese sollten jedoch mit einem Lichtbild versehen sein. Ein Eintrag in den Reisepass der Eltern reicht unter Umständen nicht aus.

Das Gebiet rund um Kaliningrad gehört zu **Russland** ist daher **visumpflichtig**. Das Visum sollte **vor Reiseantritt in Deutschland** beantragt werden.

Des Weiteren benötigt man eine Einladung aus Russland, die man vorzeigen muss. Findige russische Geschäftsleute haben sich aber mittlerweile darauf spezialisiert und beschaffen einem gegen eine Zusatzgebühr das Visum.

Zu empfehlen ist die *Fa. Spomer GmbH, Bahnhofstr. 16, 53604 Bad Honnef, Tel.: 02224/94 68 0, Fax: 02224/94 68 29, E-Mail: info@visum.net, Web: www.visum.net.*

Auf der Webseite ist ein Antragsformular, welches man sich ausdruckt, ausfüllt und an das Unternehmen sendet.

Gleichzeitig überweist man den Betrag von 60 Euro auf das dort angegebene Konto, legt den Überweisungsbeleg, den Nachweis über die gültige Krankenversicherung und den Reisepass bei und erhält nach drei Wochen seinen Pass mit eingetragenem Visum per Post zurück. Dieses Verfahren ist unkompliziert und wird mittlerweile von vielen Russlandfahrern empfohlen.

Zollbestimmungen

Für alle drei baltischen Staaten gilt, dass bei der Rückkehr nach Deutschland nur 200 Zigaretten pro Person mitgebracht werden dürfen. Diese Übergangsfrist endet am 31.12.2009. Bei den alkoholischen Getränken gelten die Freimengen, die auch in anderen EU-Ländern üblich sind (10 Liter Spirituosen oder 90 Liter Wein oder 110 Liter Bier). Bei der Reise nach Estland, Lettland und Litauen dürfen hingegen 800 Zigaretten pro Person eingeführt werden sowie 20 Liter Spirituosen. Die anderen Angaben gelten entsprechend.

Die Zollvorschriften, die **Russland** betreffen, sind etwas strenger, da es sich um eine Reise außerhalb der Europäischen Union handelt. Grundsätzlich gilt aber auch hier die 200-Zigaretten-Grenze pro Erwachsenem. Außerdem muss man bei einem Bargeldbestand von über 10.000 US-Dollar diesen an der Grenze deklarieren. Rubel hingegen dürfen nicht ausgeführt werden. Eine detaillierte Aufstellung findet sich auf der Internetseite www.nachrussland.de.

ESSEN UND TRINKEN

Herzhafte Speisen und Fisch, das sind zwei Attribute für die **estnische Küche**. Sie ist in Mitteleuropa zwar nur wenig bekannt, hat aber Wurzeln in vielen anderen Ländern.

Durch die ständigen Besetzungen durch andere Staaten blieb auch in der Küche ein großer Einfluss von Russland, Deutschland oder Skandinavien.

In der Regel wird alles gekocht, auch Gerichte mit Fleisch. Seltener wird in der estnischen Küche gebraten. Sehr ungewöhnlich für Mitteleuropäer ist das Braten mit Milch oder saurer Sahne, was allerdings nur wenig vorkommt.

Als Vorspeise nimmt man oft eine Milchsuppe, bestehend aus Grießklößchen, Milchgraupen, Weißkohl, Kohlrüben, Fisch, Ei, saure Sahne, Pilzen und Honig.

Auf Grund der geographischen Lage verwundert es nicht, dass **Fisch** eines der wichtigsten Nahrungsmittel in Estland ist. Lachs, Dorsch, Hering oder Seezunge werden oft und gerne serviert.

Aber auch Schweinefleisch mit Kartoffeln in saurer Sahne ist eine Spezialität. Das gegarte Schweinefleisch wird gewürfelt, in Kartoffelpüree getunkt und gebacken. Das Ganze nennt sich dann Kartoffelschweinchen (Kartulipörsad).

Zum Abschluss eines Essens isst man gerne einen Kartoffelkuchen oder einen Eierpudding.

Als Nationalspeise gilt jedoch die **Blutwurst (verivorst)**, die traditionell zu Weihnachten gereicht wird.

Zu Trinken gibt es eher **Bier** als Wein. Zum einen passt es besser zu den herzhaften Speisen, zum anderen wird es in Estland auch gerne selbst hergestellt. *Saku* ist das bekannteste estnische Bier. Es gibt auch einige kleinere Brauereien, die einen leckeren Gerstensaft herstellen.

In **Lettland** richtet sich der Speiseplan sehr nach dem Kalender. Die Letten behaupten von sich, im Herbst würden die meisten Hochzeiten stattfinden, weil zu dem Zeitpunkt die Keller voll sind mit Lebensmitteln, die selbst angepflanzt und geerntet wurden.

Wie in Estland isst man auch in Lettland sehr herzhaft und deftig. Kartoffeln stehen fast immer auf der Speisekarte. Und am besten muss alles immer sehr schnell gehen.

In den Wintermonaten kommen mehr Fleischgerichte und Wurzelgemüse auf den Tisch. Der Sommer hingegen dominiert mit Milchprodukten wie Käse, Brei und Milchsuppe.

Und während der Saison gehen die Letten gerne auf Pilzsuche. Fast jeder Lette kennt ein Pilzrezept.

Um es kurz zu sagen: In Lettland wird traditionell gegessen. Respektvoll geht man mit Grundnahrungsmitteln um, mit Brot zum Beispiel, weil die Letten wissen, dass diese Lebensmittel nicht immer eine Selbstverständlichkeit waren. Nicht umsonst ist es noch heute verbreitet, dass die Frauen in der Familie in den Spätsommermonaten Marmelade einkochen, Gurken marinieren und Konfitüre aus selbst gepflückten Beeren zubereiten.

Abschließend sei erwähnt, dass in Lettland nur ein Drittel der Gerichte warm gegessen wird. Dies hat historische Gründe, da die Bauern früher den ganzen Tag auf dem Feld waren und ihr zubereitetes Essen morgens mitnahmen.

Auch in **Litauen** herrschen die Kartoffeln vor. Und als kalorienarm kann man auch die litauischen Gerichte nicht bezeichnen. Als Nationalgericht gilt **Cepeliniai**. Dabei handelt es sich um Kartoffelklöße, die mit Hackfleisch oder Quark gefüllt sind. Traditionell werden sie an Feiertagen gegessen. Dabei werden die Kartoffeln gerieben und gequetscht, so dass nur der Kartoffelsaft übrig bleibt. Später wird das Ganze dann mit Grütze verarbeitet. Der Name kommt von der Form, die nachher die Klöße haben werden. Sie sehen aus wie ein Zeppelin.

Wie schon in Estland und Lettland gilt auch für die herzhaften litauischen Gerichte, dass am besten ein einheimisches Bier dazu passt.

Nicht unerwähnt sollte bleiben, dass auch im Baltikum die sog. „internationale Küche“ längst Fuß gefasst hat. Chinarestaurants und amerikanische Burgerstationen sind bekannt und verbreitet. Keine Großstadt ohne Fast-Food-Kettenrestaurant und Pizzeria.

Typisch baltische Restaurants dagegen gibt es kaum. Und auf den Speisekarten der Gaststätten muss man schon genau hinschauen und oft lange suchen, bis man ein typisch baltisches Gericht findet.

Das Thema **Russische Küche** würde an dieser Stelle den Rahmen sprengen. So groß das Land ist, so vielfältig ist auch seine Küche. Berühmt sind natürlich der Kaviar und die Rote-Beete-Suppe namens Borschtsch.

Die Küche Russlands ist einfach und keinesfalls aufwändig. Bei den Russen gilt das Prinzip: Hauptsache viel. Doch das ist in manchen Regionen Russland gar nicht so einfach. In der Kaliningrader Oblast hingegen ist fast alles Essbare erhältlich.

Was der Russe zum Essen trinkt, dürfte bekannt sein. Leider ist der hohe Alkoholgenuss der Russen nicht zu übersehen. Man sieht die Einheimischen schon im Teenager-Alter mit einer Flasche Bier (im besten Fall) auf dem Dorfplatz sitzen.

FESTE UND FOLKLORE

Das wichtigste baltische Fest ist die Feier zum **Johannistag**. Man flechtet Blumenkränze, sucht die Farnblüte, singt, tanzt und lacht. Dieser längste Tag des Jahres wird bis zum nächsten Morgen gefeiert.

Besonders die Esten sind sehr bemüht, Folklore und Traditionen zu bewahren. Jahr für Jahr werden zahlreiche Feste veranstaltet.

Und es gibt kaum eine Region oder Ortschaft, die nicht eine eigene Sage zu erzählen hätte. Meistens handeln die Geschichten vom Teufel, der oftmals als Verlierer dargestellt wird oder von Kalevipoeg, dem Helden des Nationalepos.

Doch auch in Lettland und Litauen werden Traditionen bewahrt und Feste gefeiert. Nach der langen Unterdrückung kommt man wieder darauf zurück, eigene Trachten herzustellen und alte Volkslieder zu singen.

Singen ist überhaupt die beliebteste Folklore-Tradition der Balten. Neben dem berühmten Sängerfest, das alle fünf Jahre stattfindet, gibt es natürlich zahlreiche lokale Festlichkeiten, auf den gesungen und getanzt wird.

In **Russland** hingegen kann man noch heute große Aufmärsche der Armee sehen. Besonders im Mai, wenn der Jahrestag des Kriegsendes gefeiert wird. In Russland ist dies der 9. Mai, nicht wie bei uns der 8. Mai.

GESETZLICHE FEIERTAGE

Estland

1. Januar – Neujahrstag
24. Februar – Nationalfeiertag
Karfreitag
Ostersonntag
Ostermontag
1. Mai – Tag der Arbeit
23. Juni – Siegestag
24. Juni – Johannistag (Mittsommerwende)
20. August – Wiedererlangung der Unabhängigkeit
25. und 26. Dezember – Weihnachten

Lettland

1. Januar – Neujahrstag
Karfreitag
Ostersonntag
Ostermontag
1. Mai – Tag der Arbeit
23./24. Juni – Jāņi (Mittsommerwende)
18. November – Nationalfeiertag
25. und 26. Dezember – Weihnachten
31. Dezember – Silvester

Litauen

1. Januar – Neujahrstag
16. Februar – Nationalfeiertag
11. März – Wiedererlangung der Unabhängigkeit
Karfreitag
Ostersonntag
Ostermontag
06. Juli – Jahrestag der Krönung des Königs Mindaugas und der Staatsgründung im Jahr 1250
15. August – Mariä Himmelfahrt
01. November – Allerheiligen
25. und 26. Dezember – Weihnachten

Russland

1. und 2. Januar – Neujahr
7. Januar – orthodoxe Weihnachten
23. Februar – Tag der russischen Armee und Flotte
8. März – Internationaler Frauentag
1. und 2. Mai – Tag des Frühlings und der Arbeit
9. Mai – Tag des Sieges
12. Juni – Deklaration der Staatssouveränität

7. November – Tag der Freundschaft und der Versöhnung
12. Dezember – Tag der Verfassung
25. Dezember – katholische Weihnachten

Fällt ein Feiertag auf einen Samstag oder Sonntag wird der Feiertag am nächsten Werktag arbeitsfrei nachgeholt.

HOTELS UND ANDERE UNTERKÜNFTE

Zu diesem Thema kann man getrost für alle drei Staaten sprechen, da sich Estland, Lettland und Litauen in dieser Hinsicht sehr ähneln.

Wie auch schon bei den Campingplätzen, so hat sich auch bei den **Hotels** in den letzten Jahren vieles getan. Die einstmals staatlichen Häuser wurden privatisiert, teils von westlichen Investoren und bieten heute einen Standard, den man aus Mitteleuropa gewohnt ist. Leider gilt gleiches auch für die Preise.

Die meisten und größten Hotels finden sich natürlich in den Touristenhochburgen und großen Städten wie Tallinn, Tartu, Vilnius, Riga, der Kurischen Nehrung, Kaunas, in einigen Kurorten und natürlich im Küstenbereich.

Bei Einheimischen beliebter und zudem auch kostengünstiger sind kleine Gasthöfe oder **Ferien auf dem Lande**. Im gesamten Baltikum ist es relativ einfach, einen Gasthof bzw. eine Unterkunftsmöglichkeit zu gründen.

Zahlreiche Bauern bieten gemütliche und rustikale Zimmer an. Viele bauen neue kleine Holzhäuser oder stellen einen Teil ihres Grundstücks als Zeltwiese zur Verfügung. Grundsätzlich ist es auch hier oftmals möglich, mit dem Wohnmobil zu stehen, doch das sollte im Einzelfall geklärt werden. Manchmal ist die Zufahrt auch etwas schlechter.

Gemütlich sind die Herbergen, die in den letzten zehn Jahren entstanden und sich auf dem Land befinden, allemal.

Des Weiteren gibt es noch kleinere Hotels und **Motels**, die meist am Stadtrand von mittelgroßen Städten wie Ventspils, Daugavpils oder auch Tartu stehen. Sie bieten einen Parkplatz, ein sauberes Zimmer und sind relativ preiswert. Dennoch sind sind sie nicht so schön und urig wie ein kleines Privatzimmer im Wald an einem See gelegen, wo sich der Besitzer noch persönlich um einen kümmert.

Mittlerweile gibt es im Baltikum auch zahlreiche **Jugendherbergen**. Die meisten davon in den großen Städten. Alleine Tallinn besitzt elf der 17 estnischen Jugendherbergen.

Jugendherbergen liegen oft zentral in der Nähe der Altstadt und sind preiswerter als Hotels. Doch auch hier kann eine Übernachtung im Doppelzimmer schon mit 37 Euro zu Buche schlagen!

Viele Jugendherbergen bieten ein Frühstück an. Und das Bild von großen Schlafsälen gehört auch in baltischen Jugenherbergen langsam der Vergangenheit an. Viele Jugendherbergen sind private Einrichtungen und konnten erst nach der politischen Wende entstehen.

Informationen und Prospektmaterial über Hotels, Gasthöfe und Ferien auf dem Lande erhält man im Web: www.baltikum-tourismus-zentral.de.

Im russischen Teil rund um **Kaliningrad** hat man nicht so viel Auswahl. Hier gibt es nur wenige Hotels, die sich direkt in oder um die Stadt herum befinden. Die Zimmer sind auch hier modern und sauber. Preisgünstige Hotelzimmer darf man aber nicht erwarten. Jugendherbergen oder Ferien auf dem Lande sind hier gänzlich unbekannt.

INTERNET

Morgens melkt ein Bauer seine Kühe, am Nachmittag sitzt er vor dem Flachbildschirm und schaut sich die neueste Agrar-Technologie im weltweiten Datennetz an. Was sich wie ein Werbespruch für das Internet anhört, ist im Baltikum zum Teil Realität.

Offen und selbstbewusst gehen die Balten mit modernster Technik um. Handy, Internet, Wireless Lan sind gängige Begriffe im Alltag der Esten, Letten und Litauer. Zahlreiche Internetcafés und Terminals, an denen das Surfen schnell und sicher funktioniert gibt es in allen drei baltischen Staaten.

Doch die Kosten sind hierbei recht unterschiedlich. Vor allem in den Tourismushochburgen sind die Gebühren – für baltische Verhältnisse jedenfalls – völlig überteuert.

Übrigens: Estland war weltweit das erste Land, das seinen Wählern die Möglichkeit gab, per Internet ihre Stimme abzugeben!

Mein Tipp! In Bibliotheken sitzen keine Jugendlichen an lauten Netzwerkspielen und zudem sind manche Büchereien kostenlos, je nach Gemeinde. Für das schnelle E-Mail-lesen sind sie hilfreicher, als verrauchte Internetcafés in einem Hinterhof.

Wer seinen eigenen Laptop mitnimmt, hat in Estland die Möglichkeit, über **wifi.ee** schnurlos zu surfen, und das an zahllosen Orten im Land. Fast jedes Lokal bietet diese Wifi-Möglichkeit.

Dabei handelt es sich um eine Zone, die mit einem orange-schwarzen Schild markiert ist. Mehr Informationen finden sich unter www.wifi.ee.

Die Firma wurde von vier jungen Männern gegründet, die ihre Technologie bereits nach Kasachstan, Russland, Finnland, Litauen und Lettland exportieren konnten.

In den anderen beiden baltischen Staaten ist wifi.ee noch nicht so weit verbreitet.

Die Länderkürzel für das Internet lauten wir folgt: .ee für Estland, .lv für Lettland, .lt für Litauen sowie .ru für Russland.

KLIMA UND REISEZEIT

Bis zu 70°C Temperaturunterschied kann es im Baltikum geben. Natürlich nicht gleichzeitig, aber auf das Jahr verteilt.

Bis zu 33°C werden es im Sommer, während der frostige Winter mit ebenfalls weit über 30°C Minus die Länder fest im Griff hat. Starke Schneefälle sind keine Seltenheit.

Aber wen wundert´s? Tallinn liegt nördlicher als Stockholm. Und es ist auch keine Seltenheit, wenn das baltische Meer zwischen Tallinn, St. Petersburg und Helsinki komplett zufriert.

In den letzten Jahren waren die Sommer zwar sehr warm und relativ trocken, doch sollte man immer regenfeste Kleidung im Gepäck haben.

Es gibt keine Zeiten, in denen Niederschlag mehr oder weniger stattfindet, er ist in der Regel das ganze Jahr über gleichmäßig verteilt.

In den Monaten Juni, Juli und August ist es am wärmsten und das Thermometer steigt im Schnitt auf 22°C.

Im Winter hat das Baltikum auch seinen Reiz, wenn die Landschaft verschneit ist und das fahle Sonnenlicht alles unwirklich erscheinen lässt. Darauf haben sich auch bereits viele Gastronomen eingestellt und empfangen ihren Besuch das ganze Jahr über.

Die angenehmsten Monate und auch die angenehmste Reisezeit sind die Monate Mai bis September, wenn die Sonne am längsten scheint.

Bis zu 20 Stunden Helligkeit sind in Estland nicht ungewöhnlich und so werden auch in der Umgebung von Tallinn die „Weißen Nächte" wie in St. Petersburg gefeiert.

Höhepunkt ist natürlich die Johannifeier am 23. Juni, wenn in Estland der längste Tag begangen wird.

Im Gegensatz zu den langen Sommertagen sind die Tage im Winter extrem kurz.

Baden gehen kann man im Sommer bei Wassertemperaturen von 16° – 18°C in den Seen und Flüssen. In der Zeit von September bis zum Frühlingsanfang ist die Wassertemperatur in der Regel höher als die der Luft.

MEDIKAMENTE UND ÄRZTLICHE VERSORGUNG

Wer unterwegs auf bestimmte Medikamente angewiesen ist, sollte sich diese von zu Hause mitbringen. Wichtig ist dabei aber, dass man dann tunlichst eine Bescheinigung des Arztes mitführt, die aussagt, dass man auf diese Medikamente aus medizinischen Gründen nicht verzichten kann. Eine solche Bescheinigung ist umso wichtiger, wenn die Medikamente Stoffe enthalten, die unter das Betäubungsmittelgesetz fallen.

Es kann passieren, dass bei bestimmten Behandlungen und Medikamenten Zuzahlungen geleistet werden müssen, die je nach Art unterschiedlich sind. Doch unter Vorlage der europäischen Krankenversicherungskarte sollte die komplette Behandlung abgesichert sein. Allerdings kann es in entlegenen Gebieten noch vorkommen, dass die Karte nicht bekannt ist oder nicht akzeptiert wird.

Zusätzlich ist der Abschluss einer Auslandskrankenversicherung sinnvoll, die zudem die Kosten für einen notwendigen Rettungsflug abdeckt.

Impfungen für das Baltikum sind zwar nicht vorgeschrieben, aber eine Impfung gegen FSME, sprich eine Zeckenimpfung, ist nicht verkehrt.

Für Russland ist eine Auslandsreisekrankenversicherung notwendig, die von den russischen Behörden anerkannt wird. Sie muss bereits vor Beantragung des Visums abgeschlossen sein, da sonst kein Visum erteilt wird. Informationen, welche Krankenkassen anerkannt werden, finden sich auf der Webseite www.visum.net der Fa. Spomer GmbH, die auch das Visum beschafft.

Weitere Informationen zu Zuzahlungen und Adressen über die staatlichen Krankenversicherungen von Estland, Lettland und Litauen finden sich auf der Homepage der Deutschen Verbindungsstelle Krankenversicherung – Ausland (DVKA): www.dvka.de.

MINIWORTSCHATZ

In Estland hat man keine „Zukunft" – zumindest in der Sprache. Das Futur wie wir es kennen, funktioniert im estnischen Sprachgebrauch nicht. Doch das ist nicht die einzige Besonderheit. Die **estnische Sprache** kennt 14 Fälle, die das Ganze zu einer schwierigen Sache machen.

Das Estnisch gehört zur finno-ugrischen Sprachgruppe und ist die einzige Sprache weltweit, die dem Ungarischen ähnelt.

Zudem hat es viele Doppelvokale, die lang ausgesprochen werden. Diese wiederum haben Ähnlichkeit mit dem Finnischen.

Lettisch und **Litauisch** hingegen stammen aus dem indoeuropäischen Sprachraum und sind eng miteinander verwandt.

Alle drei Sprachen haben diakritische Zeichen, die wir aus dem deutschsprachigen Raum nicht kennen.

Das estnische „õ" liegt bei der Aussprache zwischen dem deutschen „o" und „e".

In Lettland spricht man das „h" aus wie das deutsche „ch" in Bach. Der Querbalken über den Vokalen (ā, ē, ī, ū) bedeutet eine gedehnte und lange Aussprache.

Konsonanten, die über oder unter dem Zeichen einen Haken haben, werden weich ausgesprochen (Beispiel ļ = lj).

Im Litauischen gibt es zusätzlich die Dialekte der Aukštaiten und der Žemaiten mit zahlreichen Mundarten und Varianten.

Richtig kompliziert wird es aber in Russland. Zumindest auf den ersten Blick. Hier kommt noch erschwerend hinzu, dass die **kyrillischen** Buchstaben verwirren.

Doch im Grunde ist es gar nicht so schwer. Für das Lesen der kyrillischen Wörter empfiehlt sich immer der Vergleich von lateinischem Buchstaben zu kyrillischen anhand der nachfolgenden Tabelle.

А	а	a	Р	р	r
Б	б	b	С	с	s
В	b	w	Т	т	t
Г	г	g	У	у	u
Д	д	d	Ф	ф	f
Е	е	e, je	Х	х	ch
Ё	ё	jo	Ц	ц	z
Ж	ж	sh	Ч	ч	tsch
З	з	s (stimmhaft)	Ш	ш	sch
И	и	i	Щ	щ	schtsch
Й	й	j	Ъ	ъ	-
К	к	k	Ы	ы	y
Л	л	l	Ь	ь	-
М	м	m	Э	э	e
Н	н	n	Ю	ю	ju
О	о	o	Я	я	ja
П	п	p			

Deutsch	Estnisch	Lettisch	Litauisch	Russisch	
Allgemeines					
Apotheke	apteek	aptieka	vaistinė	аптека	apteka
Arzt	arst	ārsts	gydytojas	врач	wratsch
Auf Wiedersehen	Head aega	zu redzēšanos	Viso gero	До свидания	do swidanija
Bäckerei	leivapood	maizes veikals	duonos parduotuvė	пекарня	pjekarnja
Billig	odav	lēts	pigus	дешёвый	djeschjowyj
bitte	palun	lūdzu	prašom	прошу	proschu
Brief	kirja	past	pašto	письмо	pismo
Briefkasten	kirjakast	pasta kastīte	pašto	почтовый ящик	potschtowyj jaschtschik
Campingplatz	kämping	kempings	kempingas	кемпинк	kempink
Danke	aitäh	paldies	ačiū	спасибо	spasibo
Entschuldigen Sie	Palun vabandust	Piedodiet, lūdzu	prašom	извините	iswinitje
Frauen	Proua	kundze	Ponia	женщины	shenschtschiny
Geöffnet	avatud	atvērts	atidaras	открыт/ работает с - до	otkryt/ rabotajet s - do
Guten Abend	Tere õthust	Labvakar	Labas vakaras	Добрый вечер	dobryj wjetscher
Guten Morgen	Tere hommikust	Labrīt	Labas rytas	Здравствуйте	sdrawstwujtje
Guten Tag	Tere päevast	Labdien	Laba diena	Здравствуйте	
Hallo	Tere	Sveicinati	Sveiki	Привет	priwjet

Herr	Härra	kungs	Pone	мужчина	mushtschina
Hotel	hotell	viesnīca	viešbutis	отель	otjel
Informationsbüro	teadete büroo	uzzinu birojs	informacijos biuras	справочное бюро	sprawotschnoje bjuro
Ja/Nein	jah/ei	jā/nē	taip/ne	да/нет	da/njet
Krankenhaus	haigla	slimnīca	ligonine	больница	bolniza
Links	vasekule	kreisi	kaire	левый	lewyj
Postamt	postkontor	pasts	paštas	почта	potschta
Postkarte	postkaart	atklātne	atvirukas	открытка	otkrytka
Rechts	paremale	labi	dešine	правый	prawyj
Teuer	kallis	dārgs	brangus	дорогой	dorogoj
Toilette	tualett	tualete	tualetas	туалет	tualet
Wieviel kostet es?	Kui palju see maksab?	Cik tas maksā?	Kiek kainuoja?	Сколько стоит?	skolko stoit
Wo?	Kus?	Uz kurieni?	Kur?	где?	gdje
Zahnarzt	hambaarst	zobārsts	dantųgydytojas	зубной врач	subnoj wratsch
Zimmer	tuba	istaba	kambarys	комната	komnata
Abfahrt	ärasõit	atiešana	pavažiamivas	отъезд	otjesd
Auto	autot	mašina	automobilis	автомашина	awtomaschina
Ankunft	saabumine	pienākšana	atvažiamivas	приезд	prijesd
Bahnhof	raudteejaam	stacija	stotis	вокзал	woksal

Deutsch	Estnisch	Lettisch	Litauisch	Russisch	
Bewachter Parkplatz	valvega autoparkla	apsargāta auto stāvvieta	suagoma automobilių stovėjimo aikštelė	охраняемая автостоянка	ochranjajemaja awtostojanka
Benzin	bensiini	benzīns	benzinas	бензи	bensin
Flughafen	lennujaam	lidlauks	aeronostas	аэродром	aerodrom
Geradeaus	otse	taisni	tiesiai	прямо	prjamo
Hafen	sadam	osta	uostas	порт	port
Polizei	politsei	policija	policija	полиция/милиция	polizija/milizija
Tankstelle	bensiinijam	uzpildes stacija	degalinė	бензозаправочная станция	bensosaprawotschnaja stanicija
Werkstatt	remonditöökojani	auto darbnīca	autoservissas	автомастерская/автомобиль технической помощи	awtomastjerskaja / awtomobil tjechnitscheskoj pomoschtschi
Zentrum	keskus	centrs	centras	центр	zentr
Zug	rong	vilciens	traukinys	поезд	pojesd
Essen und Trinken					
Abendessen	õhtusöök	vakariņas	vakarienė	ужин	ushin
Bier	õlu	alus	alus	пиво	piwo
Brot	sai	maize	duona	хлеб	chleb
Fisch	kala	zivs	žuvis	рыба	ryba
Fleischgericht	liharoad	gaļas ēdieni	ėsos patiekalai	мясное	mjasnoje

Frühstück	hommikueine	brokastis	pusryčiai	завтрак	sawtrak
Gemüse	köögiviljad	saknes, dārzeņi	daržovės	овощи	owoschtschi
Getränke	joogid	dzērieni	gėrimai	напиток	napitok
Käse	junst	siers	sūris	сыр	syr
Kaffee	kohv	kafija	kava	кофе	kofe
Kuchen	kook	kūka	pyrágaitis	лепёшка	ljepjoschka
Limonade	limonaad	limonāde	limonadas	лимонад	limonad
Milch	piim	piens	pienas	молоко	moloko
Mineralwasser	mineraalvesi	minerālūdens	mineralvanduo	минеральная вода	mineralnaja woda
Mittagessen	lõuna	pusdienas	pietūs	обед	objed
Nachtisch	magusroad	saldie ēdieni	saldumynai	вечерняя закуска	wjetschjernaja sakuska
Obst	puuvili	augļi	vaisiai	фрукты	frukty
Rechnung	arvet	rēķinu	sąskaitą	счёт	stschjot
Restaurant	restoran	restorāns	restoranas	ресторан	restoran
Saft	mahl	sula	sultys	сок	sok
Salz	sool	sāls	druska	соль	sol
Speisekarte	menüü	ēdienkarte	valgiaraštis	меню	menju
Suppe	supp	zupa	sriuba	суп	sup
Tee	tee	tēja	arbata	чай	tschaj
Wasser	vesi	ūdens	vanduo	вода	woda
Wein	vein	vīns	vynas	вино	wino

Deutsch	Estnisch	Lettisch	Litauisch	Russisch	
Zucker	suhkur	cukurs	cukrus	сахар	sachar
Im Lande unterwegs					
Bernstein	merevaik	dzintars	gintaras	янтарь	jantar
Brücke	sild	tilts	tiltas	мост	most
Denkmal	ausammas	piemineklis	paminklas	памятник	pamjatnik
Dorf	küla	ciems	kaimas	деревня	djerjewnia
Fluss	jõgi	upe	upė	река	rjeka
Insel	saar	sala	sala	остров	ostrow
Haltestelle	peatus	pietura	stotelė	остановка	ostanowka
Kirche	kirik	baznīca	bažnyčia	храм	chram
Meer	meri	jūra	jūra	море	morje
Museum	muuseum	muzejs	muziejus	музей	musej
Nationalpark	rahvuspark	nacionālais parks	nacionalinis parkas	гасударственный заповедник	gasudarstwjennyj sapowjednik
Naturschutzgebiet	looduskaitseala	rezervāts (rez.)	rezervatas (rez.)	заповедник	sapowjednik
Platz	väljak	laukums	aikštė	площадь	ploschtschad
See	järv	ezers	ezeras	озеро	osjero
Stadt	linn	pilsēta	miesta	город	gorod

Straße	tänav	iela	gatvė	улица	uliza
Zahlen					
In Lettland und Litauen sind die Zahlen 1-9 geschlechtsbezogen.					
Eins	üks	viens, -a	vienas, -a	один, одна, одно	odin, odna, odno
Zwei	kaks	divi, -as	du, dvi	два, две	dwa, dwje
Drei	kolm	trīs	trys	три	tri
Vier	neli	četri, -as	keturi, -ios	четыре	tschetyrje
Fünf	viis	pieci, -as	penki, -ios	пять	pjat
Sechs	kuus	seši, -as	šeši, -ios	шесть	schjest
Sieben	seitse	septiņi, -as	septyni, -ios	семь	sjem
Acht	kaheksa	astoņi, -as	aštuoni, -ios	восемь	wosjem
Neun	üheksa	deviņ, -as	devyni, -ios	девять	djewjat
Zehn	kümme	desmit	dešimt	десять	djesjat
Elf	üksteist	vienpadsmit	vienuolika	одиннадцать	odinnadzat
Zwölf	kaksteist	divpadsmit	dvylika	двенадцать	dwjenadzat
Dreizehn	kolteist	trīspadsmit	trylika	тринадцать	trinadzat
Vierzehn	neliteist	četrpadsmit	keturiolika	четырнадцать	tschjetyrnadzat
Fünfzehn	viisteist	piecpadsmit	penkiloika	пятнадцать	pjatnadzat

Deutsch	Estnisch	Lettisch	Litauisch	Russisch	
Zwanzig	kakskümmend	deivdesmit	dividešimt	двадцать	dwadzat
Einhundert	sada	simts	šimtas	сто	sto
Eintausend	tuhat	tūkstotis	tūkstantis	тысяча	tysjatscha
Zeit					
Montag	esmaspäev	pirmdiena	pirmadienis	понедельник	ponjedjelnik
Dienstag	teisipäev	otrdiena	antradienis	вторник	wtornik
Mittwoch	kolmapäev	trešdiena	trečiadienis	среда	srjeda
Donnerstag	neljapäev	ceturtdiena	ketvirtadienis	четверг	tschjetwjerg
Freitag	reede	piektdiena	penktadienis	пятница	pjatniza
Samstag	laupäev	sestdiena	šeštadienis	суббота	subbota
Sonntag	pühapäev	svētdiena	sekmadienis	воскресенье	woskrjesjenje
Tag	päev	diena	dienau	день	djen
Woche	nädal	nedēļa	savaitė	неделя	njedjelja
Monat	kuu	mēnesis	mėnuo	месяц	mjesjaz
Jahr	aasta	gads	metai	год	god

MIT DEM AUTO DURCH DAS BALTIKUM

Breite **Asphaltstraßen** aber auch **Schotterpisten** sind charakteristisch für das gesamte Baltikum. Teilweise sind manche Schotterstraßen in einem solchen waschbrettartigen Zustand, dass man nur Schritttempo fahren kann. Andere wiederum sind gut befahrbar, wirbeln jedoch ziemlich viel Staub auf.

Die Asphaltstrecken hingegen sind gut ausgebaut und machen ein gutes und sicheres Vorwärtskommen möglich.

Das **Tankstellennetz** ist dicht und weist teilweise sehr modern ausgestattete Tankstellen auf. Bleifreies Benzin wird meist mit einem „E" gekennzeichnet. Die Diesel-Zapfsäulen erkennt man an dem „D" oder an der Farbe der Zapfpistole (schwarz). In Russland steht das kyrillische Zeichen „Д" (D) für Diesel.

Die **Ampelschaltung** in Estland, Lettland und Litauen ist etwas anders als in Deutschland. Nach der normalen Grünphase blinkt das Grün erst, bevor es gelb wird. Allerdings entspricht das blinkende Grün dem westeuropäischen Gelb. Das Gelb des Baltikums wiederum bedeutet aber schon Rot und verpflichtet zum Stehen.

Estland

Eine sehr gute und lobenswerte **Beschilderung** macht es einem in Estland schwer, sich zu verfahren.

Man sollte sich aber nicht dazu verleiten lassen, der teilweise ebenfalls sehr guten Beschilderung für Radfahrer zu folgen. Diese führt unter Umständen über besagte Schotterpisten, die man für ein schnelles Vorwärtskommen mit Auto meiden sollte. Andererseits sind diese Straßen noch verkehrsärmer als es ohnehin in Estland üblich.

Verkehrsregeln und Verkehrszeichen entsprechen den in Europa üblichen.

Es gibt keine Straßenbenutzungsgebühr.

Das ganze Jahr über muss **mit Abblendlicht gefahren werden**.

In den Wintermonaten von Dezember bis einschließlich März ist das Benutzen von **Winterreifen** ebenfalls Pflicht. Je nach Wetterlage, kann dieser Zeitraum auch ausgedehnt werden. Was in Deutschland verboten, ist in Estland erlaubt. Die Nutzung von **Spikesreifen** ist in der Zeit von Mitte August bis Ende April erlaubt.

Das **Telefonieren** während der Fahrt ohne Freisprecheinrichtung ist nicht erlaubt.

Es gelten die **0,0-Promille-Grenze** und eine **Höchstgeschwindigkeit** von 50km/h in der Ortschaft und 90km/h außerhalb, sowie eine **Anschnallpflicht**. Eine **Autobahn** existiert noch nicht.

Lettland

In Lettland gilt die **0,5-Promille-Grenze**. Auch hier ist die Benutzung von **Spikesreifen** gestattet und zwar – wie in Estland – von Mitte August bis Ende April. **Winterreifen** sind Pflicht von Dezember bis Ende Februar.

Rund um das gesamte Jahr muss mit **Abblendlicht** gefahren werden. Es gelten **Anschnallpflicht und Telefonierverbot** ohne Freisprecheinrichtung.

Die **Straßenverhältnisse** in Lettland gleichen denen von Estland. Allerdings verfügt Lettland über autobahnähnliche Straßen. Doch freies Fahren wie in Deutschland kann hier gefährlich werden. Denn auf diesen so genannten Autobahnen darf links abgebogen und gewendet werden! Auf diesen autobahnähnlichen Straßen existieren sogar Zebrastreifen und auch Ampeln können vorkommen.

Litauen

Im südlichsten baltischen Staat muss zwar auch das gesamte Jahr hindurch das **Abblendlicht** eingeschaltet werden, doch ein Zwang zur Benutzung von **Winterreifen** besteht nicht. **Spikesreifen** dürfen nur von November bis Ende März benutzt werden.

Die **Geschwindigkeit** beträgt auch hier maximal 50km/h innerorts und 90 km/h außerorts. Hinzu kommen die beiden **Autobahnen**, die mit 110 km/h befahren werden dürfen.

Ohne Freisprecheinrichtung darf während der Fahrt nicht telefoniert werden. Es besteht **Anschnallpflicht**.

Die **Straßenverhältnisse** sind etwas besser als in den beiden nördlicheren Staaten und es gibt in Litauen weniger Schotterstrecken.

Russland

Bei allen anderen Themen hat sich bisher gezeigt, dass in Russland alles etwas komplizierter ist. Ausgerechnet beim Stra-

ENTFERNUNGSÜBERSICHT

Städte	Berlin	Daugavpils	Kaunas	Klaipėda	München	Narva	Pärnu	Rīga	Tallinn	Tartu	Vilnius
Berlin	-	1007	792	1004	580	1494	1267	1267	1386	1292	830
Daugavpils	1007	-	215	430	1595	655	429	229	544	483	147
Kaunas	792	215	-	212	1380	702	475	271	594	500	104
Klaipėda	1004	430	212	-	1592	649	413	223	538	467	309
München	580	1595	1380	1592	-	2082	1855	1651	1976	1880	1415
Narva	1494	655	702	649	2082	-	296	426	214	182	714
Pärnu	1267	429	475	413	1855	296	-	190	125	171	483
Rīga	1063	229	271	223	1651	426	190	-	315	244	290
Tallinn	1386	544	594	538	1976	214	125	315	-	185	605
Tartu	1292	483	500	467	1880	182	171		185	-	534
Vilnius	830	147	104	309	1415	714	483	290	605	534	-

ßenverkehr jedoch gibt es nichts besonders Erwähnenswertes außer, dass die **Höchstgeschwindigkeit** innerorts bei 60km/h liegt. Alles andere ist mit Deutschland vergleichbar.

Aufzupassen ist jedoch bei den **Straßenverhältnissen**. Diese sind teilweise sehr schlecht bis gefährlich!

Dabei ist noch nicht einmal die Rede vom Straßenverkehr, sondern vom Untergrund, vom „Straßenbelag". Große Schlaglöcher und Risse in der Fahrbahndecke sind genauso wenig auszuschließen, wie fehlende Gullydeckel. **Daher sollte man niemals im Dunkeln fahren.** Und tagsüber sollte man sich tunlichst nicht von der rasanten Fahrweise mancher Einheimischer anstecken lassen. Ein übersehener offener Gullyschacht kann böse Schäden am Fahrwerk anrichten!

Eine sinnvolle Erfindung ist die Anzeige an den **Ampeln**, wie lange die jeweilige Rot- oder Grünphase noch andauert. So kann man schnell entscheiden, ob man die Ampel noch „erwischen" will, oder ob es sich sogar lohnt, den Motor auszumachen.

In Russland finden viele **Polizeikontrollen** statt. Einfachstes Mittel, um hier nichts falsch zu machen, ist freundlich bleiben. Bei der Recherche zu diesem Reiseführer kam der Autor rund ein dutzendmal in eine Polizeikontrolle. Man verlangte jedes Mal lediglich die Ausweispapiere und salutierte anschließend freundlich zur Weiterfahrt.

ÖFFNUNGSZEITEN

Estland

Geschäfte – Montag – Freitag 10 – 18/19 Uhr, Samstag 10 – 15 Uhr.

Große Supermärkte – Montag – Freitag 10 – 20/22 Uhr, Samstag 10 – 15 Uhr.

Banken – Montag – Freitag 9/10 – 18 Uhr, Samstag 10 – 15 Uhr.

Postämter – Montag – Freitag 8 – 20, Samstag 9 – 18 Uhr (gilt nur für große Hauptpostämter), sonst Montag – Freitag 9 – 18 Uhr, Samstag 9 – 14 Uhr.

Lettland

Geschäfte – Montag – Freitag 9 – 19 Uhr, Samstag 10 – 17 Uhr.

Große Supermärkte – Montag – Freitag 10 – 19 Uhr, Samstag 8 – 20 Uhr, Sonntag 10 – 19 Uhr.

Banken –Montag – Freitag 9 – 17 Uhr.

Postämter –Montag – Freitag 9 – 18 Uhr, Samstag 9 – 16 Uhr. Das Hauptpostamt in Rīga auf dem Boulevard Brīvības 19 hat von Montag – Freitag 7 – 22 Uhr und am Samstag und Sonntag von 8 – 20 Uhr geöffnet.

Litauen

Geschäfte – Montag – Freitag 10 – 19 Uhr, Samstag 10 – 15/16 Uhr.

Große Supermärkte – haben oftmals rund um die Uhr geöffnet. Zu erkennen ist dies am Symbol 7/7 in Verbindung mit 24h.

Banken – Montag – Freitag 8 – 17 Uhr, in großen Städten mitunter auch bis 20 Uhr oder auch Samstag von 8 – 14 Uhr.

Postämter – Montag – Freitag 7/8 – 18/20, Samstag 9 – 16 Uhr.

Russland

Geschäfte – Montag – Samstag 9/10 – 18/19.

Banken – Montag – Freitag 9/10 – 18/19.

Postämter – Montag – Freitag 8 – 20/21.

Bei allen Angaben gilt jedoch, dass Öffnungszeiten variieren können! Besonders im ländlichen Bereich werden auch Mittagspausen eingelegt oder die Filialen schließen etwas früher.

POST UND TELEFON

Das komplette **Telefonsystem im Baltikum** ist wie im übrigen Mitteleuropa auf Selbstwählverkehr ausgerichtet und entspricht dem europäischen Standard.

Die meisten **Telefonzellen** sind mit einer **Telefonkarte** zu bedienen, bei manchen kann man auch mit Kreditkarte bezahlen. Telefonkarten sind in Geschäften, an Tankstellen oder an Kiosken erhältlich.

Die technische Qualität der Telefonverbindungen ist gut.

Wie auch schon in Frankreich und Polen wurde in Estland und Lettland das **Telefonnummern-System** eingeführt, welches die **Vorwahl mit in die Rufnummer integriert**. So gibt es in diesen Ländern keine spezielle Vorwahl mehr und man wählt die komplette Rufnummer inkl. integrierter Vorwahlnummer, egal ob Orts- oder Ferngespräch.

Nur in Litauen muss vor der eigentlichen Nummer noch eine 8 gewählt werden. Aber es gibt Ausnahmen: Die 8 wird nicht vorgewählt innerhalb derselben Stadt und auch nicht zu einer Handy-Rufnummer.

Von Russland aus wählt man ebenfalls erst eine 8 und wartet den Summton ab.

Das **Mobilfunknetz** ist gut ausgebaut und deckt den gesamten baltischen Raum ab.

In Grenzregionen gilt aber zu beachten, in welchem Handynetz man sich gerade befindet, besonders im engen Küstenbereich Litauens kann es schnell passieren, dass man in einem lettischen oder einem russischen Handynetz eingewählt ist.

Für die Angabe der entsprechenden Roaming-Gebühren hilft der heimische Handy-Anbieter weiter. Wer möchte, kann sich auch eine entsprechende Pre-Paid-Karte kaufen, die mit ca. 20 Euro aufgeladen ist.

Vorwahlen von Deutschland aus

nach Estland – 00372
nach Lettland – 00371
nach Litauen – 00370
nach Russland – 007

Vorwahl vom Baltikum aus

nach Deutschland – 0049 (von Russland aus auch 1049)
nach Österreich – 0043
in die Schweiz – 0041

Porto

Estland

Postkarte 3,60 EEK
Brief 6,50 EEK

Lettland

Postkarte 0,36 Ls.
Brief 0,45 Ls.

Litauen

Postkarte 1,70 Lt.
Brief 1,70 Lt.

Russland

Das lohnt nicht. Postsendungen nach Deutschland dauern mindestens zwei Wochen. Aber zwei Monate sind auch keine Seltenheit, immer vorausgesetzt, der Brief kommt überhaupt an! Wer ganz sicher gehen will oder es eilig hat, sollte sich an UPS oder DHL wenden, muss jedoch mit enormen Gebühren rechnen. Die russische Post ist schlicht unzuverlässig.

REISEN IM LANDE

Auf Grund der Größe der drei baltischen Staaten und der ähnlichen Situation muss man die Länder Estland, Lettland und Litauen in diesem Fall als Ganzes betrachten. Das öffentliche Verkehrsnetz ist verhältnismäßig gut ausgebaut.

Mit der Bahn

Bahnfahren ist im Baltikum weniger populär als das Busfahren.

In Estland gibt es sogar nur eine vernünftige Bahnverbindung. Sie führt von Tallinn über Narva und St. Petersburg nach Moskau, hat also mit den beiden anderen baltischen Staaten nichts zu tun.

In Lettland sieht das schon wieder etwas anders aus. Dreh- und Angelpunkt ist die Hauptstadt Rīga, von der aus man in weite, aber nicht in alle Teile des Landes kommt.

International geht es von Lettland aus auch mehr in Richtung Osten. Die einzige grenzüberschreitende Verbindung in eine andere Richtung führt nach Vilnius in Litauen.

In Litauen hingegen ist das Bahnnetz noch am besten ausgebaut. Es gibt ausreichende Verbindungen innerhalb des Landes und internationale Verbindungen nach Polen, Belarus (Weißrussland) und in das Kaliningrader Gebiet.

Genaue Informationen erhält man auf den drei Webseiten der jeweiligen Bahnunternehmen, die alle auch auf Englisch zu lesen sind: www.evrekspress.ee (Estnische Bahn), www.ldz.lv (Lettische Bahn) und www.litrail.lt (Litauische Bahn).

Mit dem Bus

Wesentlich populärer und schneller sind die Busreisen. Fast jeder Ort hat eine Bushaltestelle. Das Ticket erhält man in der Regel beim Fahrer. Im Grunde funktioniert das Busfahren im Baltikum ähnlich wie in einer deutschen Großstadt, nur die Entfernungen sind größer.

Mit dem Flugzeug

Innerhalb des Baltikums gibt es drei verschiedene Fluggesellschaften, die man nutzen kann.

Lithuanian Airlines (www.lal.lt) fliegt national einmal die Woche zwischen Palanga und Vilnius, international jedoch nicht in die anderen beiden baltischen Staaten.

Mit Estonian Air (www.estonian-air.com) geht es dreimal am Tag zwischen Tallinn und Rīga hin und her. Diese Route bedient auch Air Baltic (www.aribaltic.de), allerdings viermal täglich.

Air Baltic pendelt zudem auch viermal pro Tag zwischen Rīga und Vilnius sowie dreimal täglich von Vilnius nach Tallinn. Innerhalb Lettlands fliegt die Gesellschaft dreimal in der Woche von Rīga nach Liepāja und zurück.

Mit dem Schiff

Estland ist das einzige baltische Land mit Inseln, dennoch haben alle drei Staaten eine Fährverbindung.

Die estländischen Inseln Saaremaa und Hiiumaa werden mehrfach täglich angefahren.

Von Saaremaa aus besteht auch die Möglichkeit, weiter zur Insel Ruhnu zu reisen. Fünfmal die Woche pendelt das Schiff zwischen den beiden Inseln. Genauere Informationen und eine Preisliste erhält man im Web unter www.laevakompanii.ee, wo sich die Saaremaa Shipping Company, kurz SSC, präsentiert.

Eine Tochtergesellschaft der SSC, die SLK, fährt seit Sommer 2005 regelmäßig auf der Route von Saaremaa in das lettische Ventspils. Diese Route ist die einzige lettische Fährverbindung innerhalb des Baltikums.

In Litauen pendeln Fähren auf zwei Strecken zwischen der Hafenstadt Klaipėda und der Kurischen Nehrung.

WÄHRUNG UND DEVISEN

Estland

In Estland wurde 1992 die **Eesti Kroon/ Estnische Krone (EEK)** eingeführt. 1 Krone sind 100 **Senti**. Es existieren Banknoten zu 1, 2, 5, 10, 25, 100 und 500 Kronen sowie Münzen zu 5, 10, 20 und 50 Senti sowie 1- und 2-Kronenstücke. Die 5-Senti-Münze ist jedoch nicht mehr im Umlauf, da ihre Herstellung teurer ist als ihr Wert.

Der **Wechselkurs** zum Euro ist festgelegt und beträgt **15,64664 Kronen = 1 Euro**.

Seit dem 27. Juni 2004 ist Estland im Wechselkursmechanismus II, dessen zweijährige Mitgliedschaft Voraussetzung ist für die Einführung des Euro. Der Beitritt in die Euro-Zone ist für 2010 vorgesehen.

Lettland

Die Währung **Lats** wurde 1993 (wieder) eingeführt. Ein Lat entspricht 100 **Santims**. Der Währungscode lautet LVL, abgekürzt wird in der Regel aber mit **Ls**.

Es gibt 1, 2, 5, 10, 20 und 50 Santim-Münzen sowie 1- und 2-Lat-Stücke. An Banknoten existieren 5, 10, 20, 50, 100 und 500 Lat.

Der **Wechselkurs beträgt 0,6960 LVL = 1 Euro** mit einer maximalen Schwankung von 1% zum Euro. Lettland ist seit dem 29. April 2005 im Wechselkursmechanismus II vertreten und kann daher den Euro frühestens im Sommer 2007 einführen, vorgesehen ist aber das Jahr 2010.

Litauen

Die litauische Währungseinheit heißt **Litas** und teilt sich auf in 100 **Centas**. Abgekürzt wird sie mit **Lt**. Der offizielle Währungscode ist jedoch LTL. Die Banknoten gibt es in 10, 20, 50, 100, 200 und 500 Litas, an Münzen erhält man 1, 2 und 5 Litas sowie 1, 2, 5, 10, 20 und 50 Centas. Eher selten, aber noch gültig sind die 1, 2 und 5-Litas-Scheine.

Der **Wechselkurs** ist fest und beträgt **3,4528 LTL = 1 Euro**. Auch Litauen wird den Euro frühestens 2010 einführen können. Fest steht jedoch schon, wie die litauischen Euro-Münzen aussehen werden. Die Rückseiten aller Münzen werden geziert von einem Bildnis des litauischen Vytis, hoch zu Ross mit einem gezogenen Schwert. Stand Sommer 2006.

Russland

Der Rubel rollt, in Russland wohl noch sehr lange. Ein **Rubel** unterteilt sich in 100 **Kopeken**. **Wechselkurs: 34 Rubel entsprechen einem Euro**. Es existieren 10, 50, 100, 500 und 1000-Rubel-Banknoten sowie 1, 5, 10 und 50 Kopeken-Münzen und 1- und 2-Rubel-Stücke.

Geldautomaten sind in allen baltischen Staaten üblich und die günstigste Art, Geld in der Landeswährung zu erhalten. Über 2.000 Automaten existieren im gesamten Baltikum.

Die EC-Karte wird an über 20.000 Verkaufsstellen akzeptiert, an denen aber auch mit MasterCard oder EuroCard gezahlt werden kann.

WICHTIGE RUFNUMMERN

Estland

Notruf – 110
Feuerwehr, Notarzt – 112
Deutsche Botschaft in Tallinn – 00372 6 27 53 00
Pannenhilfe – 69 69 188
Englischsprachige Auskunft – 1182

Lettland

Notruf – 112 oder
Feuerwehr – 01
Polizei – 02
Notarzt – 03
Deutsche Botschaft in Rīga – 00371 7 08 51 00
Giftnotruf – 00371-7 04 26 73
Pannenhilfe – 80 00 00
Englischsprachige Auskunft – 118

Litauen

Notruf – 112 oder
Feuerwehr – 01
Polizei – 02
Notarzt – 03
Deutsche Botschaft in Vilnius – 00370 52 10 64 00
Giftnotruf – 00370 52 36 20 52
Pannenhilfe – 02 70 94 04
Englischsprachige Auskunft – 118

Russland

Notruf – 112 oder
Polizei – 02
Notarzt, Feuerwehr – 03
Deutsche Botschaft in Moskau – 007 095 937 95 00

Weitere Nummern

ADAC Auslandsnotruf – 0049 89 22 22 22

ADAC-Ambulanzdienst – 0049 89 76 76 76
ÖAMTC-Notrufzentrale – 0043 1 982 13 04

ZEITUNTERSCHIED

Das Baltikum ist uns das ganze Jahr hindurch eine Stunde voraus. Wenn es in Deutschland 12.00 Uhr schlägt, ist es in Vilnius, Rīga und Tallinn bereits 13.00 Uhr. Dasselbe gilt auch für das Gebiet von Kaliningrad.

Doch das war nicht immer so. Vor wenigen Jahren galt dort noch die westlichste Zeitzone des „großen" Russlands. Das bedeutete allerdings, dass in Kaliningrad, die Sonne früher aufging als in Litauen, obwohl Litauen östlicher liegt. Und zum südlich gelegenen Polen gab es dann sogar zwei Stunden Unterschied.

Zu beachten ist die **Schreibweise der Tage**. Besonders bei Öffnungszeiten kann man sich über die römischen Zahlen wundern. Doch die römische 1 (I) steht für Montag, die 2 (II) für Dienstag und so geht es weiter bis Sonntag (VII).

MOBIL REISEN

ROADBOOK BALTIKUM

Die schönsten Auto- & Wohnmobil-Touren mit GPS-Koordinaten

GPS-NAVIGATIONSDATEN
mit Breiten- und Längenkoordinaten
System WGS-84

Die Koordinaten sind entsprechend dem Verlauf der in diesem Reiseführer beschriebenen Reiserouten angelegt.

Die Navigationsdaten beziehen sich auf Anfang und Endpunkte der Touren, auf wichtige Orte und Abbiegepunkte unterwegs, auf Wegpunkte zur allgemeinen Orientierung, auf Sehenswürdigkeiten, Campingplätze und Wohnmobil-Stellplätze.

TOUR 1	**KLAIPĖDA – KURISCHE NEHRUNG**			
Ort	**genaue Bezeichnung**	**GPS-Daten**		**Höhe**
Klaipėda	Fähre	N 55°32'02,7"	E 21°07'05,4"	1m
Juodkrantė	Zentrum	N 55°25'14,1"	E 21°03'36,4"	2 m
Nida	Campingplatz	N 55°17'55,5"	E 20°58'57,8"	37 m
Palanga	Zentrum	N 55°55'01,6"	E 21°03'56,0"	6 m
Kretinga	Zentrum	N 55°53'16,0"	E 21°14'18,6"	14 m
Gargzdai	Zentrum	N 55°42'34,5"	E 21°24'04,5"	26 m
TOUR 2	**KLAIPĖDA – KAUNAS**			
Ort	**genaue Bezeichnung**	**GPS-Daten**		**Höhe**
Klaipėda	Fähre	N 55°32'02,7"	E 21°07'05,4"	1m
	Abzweig nach Šilutė	N 55°41'55,8"	E 21°12'14,9"	11 m
Šilutė	Zentrum	N 55°20'35,9"	E 21°28'22,6"	4 m
	Campingplatz	N 55°21'13,6"	E 21°12'24,0"	3 m
Jurbarkas	Zentrum	N 55°04'37,8"	E 22°45'56,3"	17 m
Kaunas	Parkplatz Seilbahn	N 55°54'12,9"	E 23°54'50,9"	72 m
	Staumauer	N 54°52'26,0"	E 24°00'00,0"	42 m

TOUR 3	KAUNAS – DRUSKININKAI			
Ort	**genaue Bezeichnung**	**GPS-Daten**		**Höhe**
Rumšiškės	Autobahnabfahrt	N 54°52'34,4"	E 24°12'57,3"	72 m
	Abzweig nach Birštonas	N 54°34'46,1"	E 24°10'11,0"	93 m
Birštonas	Zentrum	N 54°36'18,4"	E 24°01'43,7"	51 m
	Stellplatz	N 54°36'13,6	E 24°02'29,2	57 m
Alytus	Parkplatz Zentrum	N 54°23'47,0"	E 24°02'56,5"	92 m
Druskininkai	Campingplatz	N 54°00'36,9"	E 23°58'33,5"	104 m
TOUR 4	**DRUSKININKAI – VILNIUS**			
Ort	**genaue Bezeichnung**	**GPS-Daten**		**Höhe**
Druskininkai	Girios Aidas	N 54°01'50,5"	E 24°02'18,9"	120 m
	Grūtos Park	N 54°01'01,2"	E 24°05'57,7"	116 m
Merkinė	Zentrum	N 54°10'01,4"	E 24°11'15,5"	120 m
	Stellplatz	N 54°09'20,8"	E 24°10'47,7"	75 m
Marcinkonys	Zentrum	N 54°03'45,7"	E 24°24'27,6"	115 m
Straße A4	Abzweig nach Lieponys	N 54°20'55,7"	E 24°41'42,3"	152 m
Trakai	Promenade	N 54°38'49,8"	E 24°56'03,7"	150 m
	Campingplatz	N 54°40'10,4"	E 24°55'39,1"	153 m
Jovariškės	Stellplatz	N 54°39'22,4"	E 24°53'25,1"	169 m
Vilnius	Parkplatz/Stellplatz	N 54°41'17,3"	E 25°17'37,8"	96 m

	Kathedralenvorplatz	N 54°41'07,6"	E 25°17'09,7"	93 m
	Rathausplatz	N 54°40'42,1"	E 25°17'13,7"	113 m
	Platz am Tor der Morgenröte	N 54°40'27,2"	E 25°17'22,5"	133 m
TOUR 5	**VILNIUS – IGNALINA**			
Ort	**genaue Bezeichnung**	**GPS-Daten**		**Höhe**
	Europos Parkas	N 54°49'45,8"	E 25°21'14,0"	138 m
	Mittelpunkt Europas	N 54°54'25,1"	E 25°19'01,0"	160 m
	Camping Apfelinsel	N 55°09'35,5"	E 25°18'31,1"	173 m
Molėtai	Zentrum	N 55°13'41,5"	E 25°25'16,6"	158 m
Labanoras	Campingplatz	N 55°15'59,5"	E 25°46'32,9"	149 m
	Camping Mindūnų Kaimas	N 55°15'38,4"	E 25°50'27,3"	158 m
	Camping Ulyčia	N 55°15'57,6"	E 25°53'30,6"	170 m
Palūšė	Campingplatz	N 55°19'41,0"	E 26°06'18,0"	163 m
Ignalina	Kreuzung Straßen 114/102	N 55°20'34,2"	E 26°10'21,2"	159 m
TOUR 6	**IGNALINA – DAUGAVPILS**			
Ort	**genaue Bezeichnung**	**GPS-Daten**		**Höhe**
Ignalina	Abzweig Alternativroute	N 55°23'01,1"	E 26°08'51,9"	173 m
Tauragnai	Zentrum	N 55°26'34,0"	E 25°49'01,6"	185 m
Dūkštas		N 55°31'18,7"	E 26°19'40,1"	155 m

Visaginas	Abzweig zum AKW	N 55°35'38,4"	E 26°27'16,2"	150 m
	Atomkraftwerk	N 55°35'53,3"	E 26°33'34,7"	150 m
	Camping Skaidrio	N 55°36'09,2"	E 26°20'55,7"	168 m
Zarasai	Zentrum	N 55°43'02,7"	E 26°14'27,8"	143 m
	Campingplatz	N 55°43'04,3"	E 26°12'48,4"	146 m
Stelmužė	Eiche	N 55°49'40,5"	E 26°13'13,7"	148 m
Daugavpils	Brücke über Daugava	N 55°52'01,4"	E 26°30'46,9"	91 m
	Parkplatz Einkaufszentrum	N 55°52'28,6"	E 26°31'11,6"	93 m
	Naturpark Daugava Schleifen	N 55°54'10,6"	E 26°49'53,6"	103 m
TOUR 7	**DAUGAVPILS – ŠIAULIA**			
Ort	**genaue Bezeichnung**	**GPS-Daten**		**Höhe**
Daugavpils	Kreuzung A13 / A14	N 55°51'19,4"	E 26°27'29,1"	114 m
Pilskalne	Siguldina Park	N 55°57'40,3"	E 26°14'49,2"	113 m
Subate	Zentrum	N 56°00'44,4"	E 25°54'22,1"	128 m
Obeliai	Zentrum	N 55°56'26,8"	E 25°47'41,8"	114 m
Rokiškis	Zentrum	N 55°57'15,4"	E 25°35'43,7"	135 m
Biržai	Zentrum	N 56°11'58,5"	E 24°45'28,1"	55 m
Pasvalys	Zentrum	N 56°03'49,5"	E 24°24'01,3"	28 m
Šiauliai	Berg der Kreuze	N 56°00'54,7"	E 23°24'46,5"	96 m
	Campingplatz	N 55°58'44,2"	E 23°18'26,5"	105 m

	Peter-und-Paulskirche	N 55°55'57,8"	E 23°19'07,9"	128 m
TOUR 8	**ŠIAULIAI – LIEPĀJA**			
Ort	**genaue Bezeichnung**	**GPS-Daten**		**Höhe**
	Kreuzung Straßen 154/153	N 56°17'28,5"	E 22°56'57,4"	70 m
Naujoji Akmenė	Zentrum	N 56°18'18,2"	E 22°56'50,5"	84 m
Akmenė	Zentrum	N 56°14'44,9"	E 22°44'59,7"	72 m
	Abzweig Straße 155	N 56°13'32,0"	E 22°38'03,6"	64 m
Mažeikiai	Zentrum	N 56°18'46,1"	E 22°20'14,5"	69 m
	Grenzübergang	N 56°24'03,0"	E 22°21'48,7"	62 m
Ezere	Abzweig Straßen P106 / P107	N 56°25'31,2"	E 22°19'31,9"	79 m
Skrunda	Kreuzung P107 / A9	N 56°40'41,5"	E 22°03'45,7"	35 m
	Zentrum	N 56°40'25,1"	E 22°01'03,8"	34 m
Liepāja	Tourismusinformation	N 56°30'32,6"	E 21°00'42,3"	8 m
	St. Joseph-Kathedrale	N 56°30'18,8"	E 21°00'28,3"	8 m
	Stellplatz	N 56°19'34,2"	E 20°59'11,1"	20 m
Liepāja-Karosta	orthodoxe Kirche	N 56°33'07,2"	E 21°00'42,9"	10 m

TOUR 9	LIEPĀJA – VENTSPILS			
Ort	**genaue Bezeichnung**	**GPS-Daten**		**Höhe**
Grobiņa	Abzweig P111	N 56°32'23,2"	E 21°09'19,6"	18 m
	Stellplatz	N 56°37'55,8"	E 21°06'28,8"	14 m
	Campingplatz Saka	N 56°39'49,9"	E 21°08'22,4"	27 m
Pāvilosta	Tourismusinformation	N 56°53'22,9"	E 21°10'37,2"	1 m
	Campingplatz	N 56°53'36,7"	E 21°11'12,9"	1 m
Jūrkalne	Abzweig P119	N 57°00'41,4"	E 21°23'35,5"	18 m
Kuldīga	Zentrum	N 56°58'04,1"	E 21°58'08,3"	27 m
Ventspils	Hafenmole	N 57°23'50,9"	E 21°33'50,6"	1 m
	Camping Piejūras	N 57°22'19,6"	E 21°31'56,1"	3 m
TOUR 10	**VENTSPILS – RĪGA**			
Ort	**genaue Bezeichnung**	**GPS-Daten**		**Höhe**
Ugāle	Camping Rožkalni	N 57°19'12,6"	E 22°02'41,6"	40 m
Usmas	Camping Pie Lakšu	N 57°13'44,2"	E 22°10'01,6"	23 m
	Camping Usmas	N 57°12'31,4"	E 22°09'13,4"	23 m
	Kempings Mežmalas	N 57°12'48,5"	E 22°12'31,1"	24 m
	Camping Lejastiezumi	N 57°11'56,4"	E 22°12'09,2"	24 m
Talsi	Kreuzung A10/P120	N 57°11'42,5"	E 22°34'08,2"	78 m
	Tourismusinformation	N 57°14'37,0"	E 22°35'34,9"	76 m

Miķeļtornis	Camping Miķeļbāka	N 57°36'01,1"	E 21°58'49,8"	1 m
Kolka	Zentrum	N 57°44'35,0"	E 22°35'22,6"	2 m
Mērsrags	Zentrum	N 57°20'05,8"	E 23°07'29,0"	2 m
Jūrmala	Camping Nemo	N 56°57'24,0"	E 23°38'43,5"	2 m
Rīga	Parkplatz am Schloss	N 56°57'05,7"	E 24°06'05,7"	9 m
	Camping ABC	N 56°56'04,3"	E 24°00'15,9"	8 m
	Stellplatz in Richtung Grenze	N 57°14'01,5"	E 24°23'26,5"	9 m
TOUR 11	**RĪGA – VÕRU**			
Ort	**genaue Bezeichnung**	**GPS-Daten**		**Höhe**
Rīga	Abzweig zum ethnographischen Museum	N 56°59'58,2"	E 24°16'31,9"	18 m
Sigulda	Zentrum	N 57°09'08,0"	E 24°51'05,8"	99 m
	Camping Gobas Sala	N 57°07'05,9"	E 24°39'09,5"	44 m
	Camping Siguldas Pludmale	N 57°09'08,0"	E 24°50'07,8"	18 m
Straße A2/E77	Abzweig auf P20	N 57°13'36,4"	E 25°15'18,8"	144 m
Cēsis	Burg	N 57°18'58,8"	E 25°15'45,4"	54 m
	Camping Vasaras Atpūtas Vieta	N 57°18'49,1"	E 25°13'49,6"	43 m
	Camping am Ungurs-See	N 57°20'40,8"	E 25°05'50,0"	74 m
Priekuļi	Stellplatz	N 57°18'37,1"	E 25°21'39,9"	118 m
Valmiera	Zentrum	N 57°32'11,8"	E 25°25'08,8"	46 m
Valka/Valga	Grenzübergang	N 57°46'27,5"	E 26°01'40,0"	52 m

Kangsti	Abzweig nach Rõuge	N 57°43'46,7"	E 26°46°58,8"	99 m
Rõuge	See	N 57°43'43,7"	E 26°55'02,4"	122 m
Haanja	Suur Munamägi - Parkplatz	N 57°42'45,8"	E 27°03'18,8"	290 m
	Suur Munamägi - Spitze	N 57°42'47,7"	E 27°03'33,7"	318 m
Vana-Vastseliinna	Burgruine	N 57°43'47,0"	E 27°21'20,6"	129 m
Võru	Zentrum	N 57°50'33,4"	E 27°00'50,6"	
TOUR 12	**VÕRU – TARTU**			
Ort	**genaue Bezeichnung**	**GPS-Daten**		**Höhe**
Võru	Abzweig nach Põlva	N 57°51'35,1"	E 27°00'01,2"	72 m
Põlva	Zentrum	N 58°03'16,9"	E 27°03'34,7"	44 m
	Stellplatz Tamme Trahter	N 58°05'04,6"	E 27°03'40,1"	53 m
Räpina	Zentrum	N 58°05'45,0"	E 27°27'19,3"	37 m
Saverna	Abzweig auf Straße 2 nach links	N 58°04'23,8"	E 26°44'06,1"	131 m
	Abzweiig von der Straße 2 nach rechts	N 58°03'59,2"	E 26°43'53,9"	131 m
Otepää	Zentrum	N 58°03'11,7"	E 26°29'23,4"	152 m
Pühajärve	Stellplatz Hotel Pühajärve	N 58°02'44,4"	E 26°27'16,7"	121 m
	Camping Inni Järve	N 58°01'04,2"	E 26°27'17,1"	126 m
	Camping Annimatsi	N 58°02'56,2"	E 26°25'30,7"	149 m
Straße 46	Mündung in Straße 2	N 58°14'51,4"	E 26°40'44,4"	56 m
Tartu	Zentrum	N 58°22'10,8"	E 26°44'27,8"	36 m

Piirissaar	Ablegestelle/Hafen	N 58°20'17,0"	E 27°25'01,9"	32 m
TOUR 13	**TARTU – NARVA**			
Ort	**genaue Bezeichnung**	**GPS-Daten**		**Höhe**
Tartu	Abzweig Straße 3 auf Straße 43	N 58°26'46,1"	E 26°48'31,1"	62 m
Koosa	Abzweig nach Varnja	N 58°31'34,1"	E 27°04'58,3"	50 m
Alatskivi	Straße 43	N 58°35'59,6"	E 27°08'05,6"	51 m
Jõhvi	Zentrum	N 59°21'28,6"	E 27°25'04,5"	61 m
Narva	Zentrum	N 59°22'33,7"	E 28°11'44,5"	28 m
	Stellplatz Etapp Hotel	N 59°22'46,6"	E 28°11'34,0"	35 m
TOUR 14	**NARVA – TALLINN**			
Ort	**genaue Bezeichnung**	**GPS-Daten**		**Höhe**
Laagna	Stellplatz	N 59°23'22,0"	E 27°58'45,5"	50 m
	Camping Raudkivi Talu	N 59°22'42,1"	E 27°55'24,8"	35 m
Sillamäe	Küste	N 59°24'03,7"	E 27°45'25,8"	7 m
Kohtla-Järve	Zentrum	N 59°24'08,3"	E 27°16'27,3"	63 m
Pada	Abzweig Straße 20	N 59°25'46,9"	E 26°41'51,1"	66 m
Kunda	Zentrum	N 59°29'58,1"	E 26°31'23,7"	50 m
Võsu	Camping Eesti Caravan	N 59°34'36,1"	E 25°56'14,7"	2 m
	Camping Lepispea Caravan	N 59°34'36,4"	E 25°56'31,1"	2 m

Straße 85	Mündung in Autobahn 1 / E 20	N 59°27'45,3"	E 25°38'15,0"	62 m
Tallinn	Vabaduse-Platz	N 59°26'00,6"	E 24°44'38,2"	25 m
	Parkplatz am Hafen	N 59°26'35,8"	E 24°45'19,3"	3 m
	Stellplatz am Yachthafen	N 59°28'02,3"	E 24°49'27,4"	2 m
	Camping City Camp	N 59°26'53,3"	E 24°48'27,9"	17 m
	MTK Camping „Kalev"	N 59°28'21,2"	E 24°53'08,1"	29 m
	Stellplatz „White Villa"	N 59°24'50,9"	E 24°42'46,5"	11 m
TOUR 15	**TALLINN – HAAPSALU**			
Ort	**genaue Bezeichnung**	**GPS-Daten**		**Höhe**
Straße 8	Abzweig nach Keila-Joa	N 59°21'41,6"	E 24°29'46,5"	42 m
Keila-Joa	Zentrum	N 59°23'43,3"	E 24°18'29,1"	31 m
Paldiski	Zentrum	N 59°20'19,9"	E 24°05'00,6"	16 m
Straße 8	Abzweig zur Straße 18	N 59°19'41,4"	E 24°19'42,5"	33 m
Straße 18	Abzweig zur Straße 17	N 59°17'26,7"	E 24°20'10,4"	29 m
Padise	Burgruine	N 59°13'31,7"	E 24°08'22,0"	20 m
Haapsalu	Burg	N 58°56'44,4"	E 23°32'18,9"	13 m
	Camping Pikseke	N 58°55'42,5"	E 23°32'11,6"	7 m

TOUR 16	HAAPSALU – INSEL HIIUMAA			
Ort	**genaue Bezeichnung**	**GPS-Daten**		**Höhe**
Rohuküla	Ablegestelle/Hafen	N 58°56'09,1"	E 23°25'43,4"	1 m
Heltermaa	Anlegestelle/Hafen	N 58°51'59,9"	E 23°02'52,0"	1 m
Suuremõise	Kirche	N 58°52'23,8"	E 22°56'54,8"	10 m
Käina	Zentrum	N 58°49'42,3"	E 22°46'40,5"	8 m
Kassari	Stellplatz Vetsi Tall Feriendorf	N 58°47'18,4"	E 22°47'55,3"	4 m
Orjaku	Stellplatz Mäeotsa Farm Sommerhaus	N 58°47'33,6"	E 22°46'26,6"	3 m
Straße 81	Abzweig Straße 81	N 58°50'00,3"	E 22°46'47,6"	8 m
Straße 81	Stellplatz Gästehaus Katri	N 58°57'20,1"	E 22°45'50,1"	18 m
Kärdla	Zentraler Parkplatz	N 59°00'09,5"	E 22°44'52,6"	12 m
	Stellplatz Hostel Hausma	N 59°00'11,5"	E 22°46'03,8"	10 m
Straße 80	Stellplatz Malvaste	N 59°00'53,7"	E 22°36'43,4"	24 m
	Stellplatz Ferienhaus Randmäe	N 59°02'46,7"	E 22°35'02,4"	13 m
Tahkuna	Strand	N 59°05'24,2"	E 22°35'10,3"	1 m
Kõrgessaare	Zentrum	N 58°58'45,7"	E 22°28'13,3"	7 m
Kõpu	Leuchtturm	N 58°54'46,4"	E 22°11'59,3"	48 m
	Stellplatz Pihla	N 58°54'10,8"	E 22°12'49,8"	38 m
Sõru	Ablegestelle/Hafen	N 58°41'37,1"	E 22°31'23,1"	2 m

TOUR 17	HIIUMAA – INSEL SAAREMAA – PÄRNU			
Ort	**genaue Bezeichnung**	**GPS-Daten**		**Höhe**
Leisi	Anlegestelle/Hafen	N 58°35‘29,9“	E 22°43‘01,8“	1 m
Kihelkonna	Kreuzung	N 58°21‘49,2“	E 22°03‘22,9“	19 m
Kuressaare	Burg	N 58°14‘59,7“	E 22°28‘53,7“	7 m
	Stellplatz am Yachthafen	N 58°14‘37,0“	E 22°28‘38,9“	1 m
Nasva	Stellplatz Yachtclub-Hotel	N 58°13‘06,0“	E 22°24‘04,6“	1 m
Mändjala	Campingplatz	N 58°13‘09,5“	E 22°21‘05,8“	2 m
Tehumardi	Campingplatz	N 58°08‘37,9“	E 22°14‘28,6“	6 m
Sääre		N 57°55‘06,1“	E 22°03‘52,8“	4 m
Kaali-Krater	Parkplatz	N 58°22‘19,3“	E 22°40‘14,3“	25 m
Orissaare	Hafenmole	N 58°33‘39,8“	E 23°05‘10,1“	1 m
Damm	zwischen Saaremaa und Muhu	N 58°32‘55,5“	E 23°08‘14,2“	2 m
Kuivastu	Ablegestelle/Hafen	N 58°34‘23,3“	E 23°23‘30,0“	1 m
Virtsu	Anlegestelle/Hafen	N 58°34‘20,2“	E 23°29‘56,8“	2 m
Lihula	Abzweig Straße 60	N 58°40‘25,3“	E 23°49‘46,0“	18 m
Pärnu	Zentrum	N 58°23‘12,0“	E 24°29‘51,6“	3 m
	Campingplatz Konse Puhkeküla	N 58°23‘19,1“	E 24°30‘36,2“	4 m

TOUR 18	EXTRATOUR – RUND UM KALININGRAD			
Ort	**genaue Bezeichnung**	**GPS-Daten**		**Höhe**
Bezledy	Grenzübergang	N 55°22'43,0"	E 20°39'03,1"	214m
Kaliningrad	Hotel Baltika	N 54°42'27,8"	E 20°36'57,2"	81 m
Černjahovsk	Zentrum	N 54°36'56,1"	E 21°49'08,0"	126 m
Sovetsk	Grenzübergang	N 55°04'55,9"	E 21°54'14,3"	5 m
Kurische Nehrung	Grenzübergang	N 55°16'16,3"	E 20°56'57,9"	3 m
Zelenogradsk	Zentrum	N 54°57'25,6"	E 20°28'30,9	4 m

REGISTER